U0606338

本书系云南大学《中国边疆研究丛书》成果之一，得到云南大学专门史国家重点学科建设经费资助。

云南大学 中国边疆研究丛书

林文勋 主编

民国时期西南大区区划演进研究

张轲风 著

人民出版社

目　录

图表目录

第一章
导论

第一节　研究的内容

一、问题的提出

笔者对西南大区范围演变的思考，最初萌生于对民国初年军阀政治的观察。起初，对于当时频繁出现的一种空间表述“西南六省”（川、滇、黔、桂、粤、湘），曾一度疑惑，为何“西南”可以包括湖南、广东二省呢？似乎这种空间表述弄错了基本的地理方位。

戴季陶说：“以护法相号召，亦每曰西南云云。”[1] 事实上，不仅护法运动期间，在 1917—1936 年间，也一直存在着一个政治语境里的“西南”，时人多称之为“西南问题”。[2] 新中国成立以后，针对政治“西南”的研究主要形成两大领域：一是西南军阀史与西南地方实力派研究，这一研究领域以西南军阀史研究会展开的相关研究为代表。[3] 学术界对西南军阀史研究向来存在两个疑问：第一，就民初军阀政治研究而言,的确有一些学者认为,广东、湖南不处于中国的西南地区,所谓“西南军阀”研究,当仅限于川、滇、黔三省的军阀。第二,西南军阀与北洋军阀不同,它不是一个独立的、完整的集团,所谓“西南军阀”之说并不成立。[4] 从事西南军阀史研究的部分学者则辩驳道:“西南军阀这个概念,主要不是‘地理概念’,更不是我们今天所习惯的地区概念,而首先是一个政治概念。”[5]“西南军阀作为一个历史概念,它是一个专有名词,它是民国初年出现的与北洋军阀相对立的西南各省的地方军阀。西南军阀不是按地域概念,仅指云南、贵州、四川(即今天中国西南地区)的军阀,应当包括两广、湖南的军阀在内。”[6]“西南军阀”确如谢本书等人的看法,属于一个“历史概念”,并非出自学界的臆造。就笔者所及,“西南军阀”这个词汇早在上世纪 20 年代即被使用。1928 年,汪精卫发表《本党总理孙先生逝世四周(年)纪念日感言》,已明确使用了“西南军阀”这一词汇。[7] 汪精卫决不可能是第一个使用此概念的人,结合社会背景,这一词汇很可能产生于 1926—1928 年间的广州两党党政内部以及社会舆论对军阀政治的反思。

事实上,核心的问题不在“军阀”,而在“西南”。这一时期的“西南”是否真如前述,“主要不是‘地理概念’,更不是我们今天所习惯的地区概念,而首先是一个政治概念”? 近年的“西南异动”研究,则是政治语境下“西南”研究的另一个学术领域。[8] 这一研究领域的学者也谨慎地表示:“1932—1936 年间的‘西南’,通常是一个政治概念,而非地理概念,有时,它用来指称广东与广西这两个‘华南’省份,而非云南、贵州、四川等在地理上真正处于中国西南部的省份。”[9] 那么,事实果如学界强调的那样,民国时期涵盖湖南、广东等省的“西南”概念,仅仅属于政治概念,而非地理概念吗？难道其只是在特定语境、特殊领域内形成的一种政治意愿的表达？

如果说“西南”仅仅作为一个“不合理”的政治概念存在，两广政界要人长期以“西南”二字表达他们的地域归宿，似乎缺乏能够引起认同的地理基础。事实上，两广要人不只是借用了“西南”这一“政治概念”，而且也是他们心目中的地理意识。1936 年，时人在考察广西时曾记述：

> 他们（新桂系军政要人）对“西南”二字的范围很重视，常根据《唐史》以说明“西南”二字在中国版图上，不仅是指粤、桂、滇、黔几个省，而是包括着安南、缅甸、暹罗以及其他被外人劫去了的大小属国。广西有志之士对于所谓“西南”二字的意义，便大有和德意志对于东普鲁士一样的，有着重大的意味和志趣。[10]

可见，对于当时以“西南”相号召的两广政界人士来说，“西南”二字确然是经过他们论证的。从 1936 年前后的政治语境来看，“西南”的确是主要指粤、桂二省，但它并不完全是一个只有在政治语境里适用的“政治概念”，实际情形要复杂得多。

解放前努力建构“西南文化”的陈序经先生，曾经这样评价他心目中的“西南”：“我常常认为，西南是西方文化输入最早的地方，是新文化的策源地；……”[11]陈氏所云“西南文化”，所谈最多的地域空间却是广东。今天看来，我们感觉陈序经先生评价的是华南，而不应该是西南。陈先生是否出现了基本的区域认知错误，留下了硬伤？张俊德《琼崖开发与西南国防》一文探讨海南岛与西南地区的国防关系，依照今天的区域观念来看，似乎不着边际。然如作者强调的那样：

表 1　民国时期西南大区范围认识举隅

序号	作者	原文摘要
1	孙中山	中国西南一部,所包含者:四川,中国本部最大且最富之省份也;云南,次大之省也;广西、贵州,皆矿产最丰之地也;而又有广东、湖南两省之一部。此区面积有六十万英方里,人口过一万万。
2	陈立夫	西南范围,包括川、康、滇、黔、湘、粤、桂诸省,土地面积达 2108041 方里,人口总额计 15000 余万,……
3	王伯群	环睹国中,所谓交通工具者,寥寥可数,而我西南诸省如粤,如桂,如川,如康,如滇,如黔,更属自桧而下,不足与语。
4	胡焕庸	西南者,指四川、云南、贵州、广西、广东五省言之。
5	陆象贤	所谓西南区域,包括四川、湖南、云南、广东、广西、贵州六个省份,占全国总面积七分之一的土地,……
6	贺湄	西南和西北包括哪些省份呢？答案是很不容易确定的。照广义的说法,西南包括了七个省份:四川、西康、云南、贵州、广西、广东、湖南。
7	江应樑	一般人所谓的西南边疆,大概指四川、云南、西康、贵州、湖南、广西、广东诸省境内有苗夷集区的地区而言。

【表 1 说明】

史料来源:1、孙中山著:《建国方略》(1917 年),辽宁人民出版社 1994 年版,第 137 页。2、陈立夫:《如何共同建设西南》,《西南实业通讯》,1940 年创刊号。3、王伯群:《致西南人士及当局论成广铁路有速成之必要书》,《交通杂志》,1933 年第 6、7 合期。4、胡焕庸:《西南亟应建造之铁道》,《时代公报》,1932 年第 3 号。5、陆象贤著:《新中国经济地理教程》,一般书店 1941 年版,第 151 页。6、贺湄编著:《中国地理讲话》,实学书局 1944 年版,第 174 页。6、江应樑:《请确定西南边疆政策》,《边政公论》,1948 年第 1 期。

欲明琼崖与西南之国防,吾人当应明了西南在地理上之范围者如何,盖今指西南乃包括广东、广西、湖南、云南、贵州、四川、西康、西藏八省区也。而此八省区若比一屋宇,则两广为此屋宇之门户;而琼崖又为此门户之锁钥。琼崖存,则两广存;琼崖亡,则两广亡,两广亡则西南危矣。[12]

张氏强调的是"西南在地理上之范围",这样的话,"西南"不属于"地理概念"又属于什么呢?范云迁则云:"西南区域是极广大的地域,包括两湖、两广、川、滇、贵州、西康各省,原是富庶的区域,有'两湖熟,天下足'的名谚。"[13]除非无知之外,"两湖熟"简直与"西南"扯不上关联。那么,这是民国时期不懂地理的小部分人的无知看法吗?我们还可以列举一些更权威的看法:

表1所列,大致上都是包含湘、粤二省的"西南"区域范围界说。从作者的身份来看,孙中山自不待言;陈立夫、王伯群均为国民政府政界要人;胡焕庸、陆象贤、贺湄则是地理学家,贺湄所著《中国地理讲话》曾与翦伯赞的《中国史纲》等著作同被评选为1944年度12种优秀图书,影响较大;[14]江应樑先生则是著名的人类学家。表内且有两种意见来自纯粹的地理学著作。上述列举的"西南"范围界说显然不是"弄错了方位"的无知表现。

笔者对民国时期曾界定西南范围的论著进行了分类统计,得出的结果是:从整个民国时期来看,有45.6%的论著认为湖南属于西南;有44.0%的论著则认为广东属于西南,比例接近一半。如果把认为湖南、广东部分地区属于西南的论著加入,则分别高达53.6%、48.0%(参见表7)。1936年前,湖南则是50.0%,广东则高达65.0%(参见表8)。由此可见,所谓包括湘、粤二省的西南,并非仅仅是一个政治概念,很多时候也是民国时人对西南区域范围的一种较为普遍的认知。即便说,西南曾经属于适用范围狭窄的政治概念，那么它也是一个由地域政治概念影响到民众习惯区域认知的概念。

至于西南涵盖广东，似乎根本上"弄错了方位"，但这不是仅仅存在于"西南"大区概念的特殊现象。有学者针对古代一级政区方位名称研究已明确指出：

> 元朝以来，为了军事统治的需要，一级行政区域划分突出"犬牙相入"的原则，这是行政区划的一大变化，但是受地名稳定性的规定，政区命名惯用方位名称的方式没有什么改变，如明河南省兼有河北之地，却以河南为名，清初江南省兼有淮北、淮南、江南，却以江南为名。[15]

本质上，"西南"是一个基于特定坐标而形成的大区概念，与"西南"可以完全等量齐观的大区概念，实际上只有"西北"、"东北"、"东南"。这些概念具有如下特征：(1)具有特定的坐标中心或参照点。一般来说，这个坐标中心是历代大一统王朝的政治中心所在地。(2)受整体空间范围的影响较大。我国历史疆域变迁较大，对疆域内的"西南"区域认识也自有差异。有时它以政治中心为坐标，可向外无限延展；有时则偏重于在"内地"范围内使用。(3)属于可涵盖数省、多个地理单元的大区概念，受自然地理分异、行政区划等因素的影响相对较弱。(4)空间表达内涵的歧义性。就拿"西南"来说，它不只是偏正结构式的复合词(southwest)，有时还是一个并列结构式的连接词(south and west)。由于"西南"往往处于有差异的空间表达状态，人们对不同时期的区域认识自然存在较大的分歧。

因此，人们对"西南"区域的认识常会随着政治中心(坐标中心参照点)的转移、疆域盈缩的变化而变化。有时，"西南"大区的认定又可涵盖多个区域单元（如云贵、川康、两湖、岭南），受特定历史阶段的政治、经济战略及地域格局影响，“西南”范围又体现为不同区域单元的重组。说到底，不论从地理分区认识，还是历史的认定依据，“西南”似乎都不具有一个固定不变的范围和边际。可见，如“西南”这样的方位名称，是一种人们对区域认识的“习惯”表述，受坐标参照点、疆域盈缩、自然地理、民族分布、政治导向、经济发展、语境表达等诸多因素的影响，人们的区域观是不稳定的，依此出现的区划实践活动，就体现为在不同历史阶段、不同历史情境当中的人为界定。

我们的阅读往往带有明显的现代意识，这种现代意识很容易被带回到历史状态之下，尤其是针对区域史和区域历史地理研究，可能会忽略现代与历史情境下区域认识之间的差异，从而无法解析历史区域的真实状态。如何认识历史区域观的差异及区域范围界定的历史发展过程，应该是区域史和区域历史地理研究的首要问题。早在 2007 年，就有学者针对区域史研究中的区域空间界定问题指出：“对区域的理解不能静态地看，而应将其视为一个具有综合功能的动态系统。”[16]此后，龙先琼更加明确地表达了这一研究思路：“区域历史的‘空间’”，其实“是历史建构过程中的地理空间范围”。[17]正如“西南”大区认识那样：目前学界强调的“西南”，主要是以川、滇、黔、渝、藏为主体的现代“西南”范围认识，没有充分注意到“西南”空间范围演变是一个复杂的历史发展过程。涵盖湘、粤的“西南”空间表述是在历史语境内呈现的，我们认为它“错”了，主要是由于我们有一个既定的“西南”范围认识存在，这个既定认识就是新中国成立后受西南大行政区、西南经济协作区影响而确立的西南（川、滇、黔、藏、渝）五省区市说。由此我们看到，集中的问题就是“西南”一词所指称的范围发生了变化，由此变化带来的种种认识上的分歧，是有待我们廓清的。其变化原因、演变历程、影响因素则是由“弄错了方位”而引出的一系列问题。

二、研究内容

1、研究主题

本书探讨的主题是民国时期“西南”区域观的演变及其区划实践。区域是地理学研究的基本范畴，从科学思维出发，通过对历史阶段区域空间联系性、整体性的考察，并结合当时社会舆论对区域范围的普遍认识，而进行区域空间范围的界定，是区域史、区域历史地理学研究的首要任务。“西南”作为我国的地理大区，具有在政治、经济、国防等多重因素影响下的人为界定和建构特征，这一过程中呈现出区域观念与区划实践之间的互动。其复杂的空间演进过程，主要体现为“西南”范围演变与地域格局的密切关系。笔者将着重从探讨这一关系着手，梳理“西南”区域认识和范围变化状况，复原历史区域的地域格局，呈现区划实践遵循或引导区域观嬗变的历史过程，探究导致其变化的影响因素。

本书所指的“大区”，是指可涵盖多个自然地理单元或一级政区的较大区域表达，其往往是以方位词标定地理范围，或以河流、山脉为坐标点而命名，或以特定坐标中心、特定范围为基础，如江南、岭南、华北、华南、华中、西北、东北、西南、东南，等等。依笔者看来，大区最显著的特征是：它具有一定的区域“自在”性，属于人们心目中逐渐形成的一种“习惯”区域认识和区域表达，其较少受到自然地理单元的结构性所限制，也不同于地文区、行政区等依据特殊原则和意愿人为“划”出的区域。当然，从历史阶段来看，社会各界对大区的界定和认识各有侧重，或各具语境，往往不尽一致，甚至歧乱纷呈。这表明各种区划对大区的认识、建构及其形成具有重要影响，区域观念的形成与区划实践显然是相辅相成的互动关系。

需要说明的是，笔者并不打算从既定区划的角度来研究民国时期的“西南”。一般来说，“西南”、“西北”等大区往往涵盖多个自然区或行政区（当然也可以是经济区或文化区），在历史情境的表达和认识之中，是以方位指向为基础形成的综合区域，在民众意识中是“习惯成自然”的自在区域，而非依据特定目的、意愿、原则划分出来的区域。因此，本书立足于探求大区区域观的认识变迁来解析历史时期大区范围界定与地域格局之间的关系。在实际发展过程中，民国时期的“西南”大区界定往往是以一级行政区的涵盖数量来表达的，尤其是在现代地理学方兴未艾之时。有鉴于此，笔者只能以大区视野下的一级行政区涵盖数作为研究区域观的基础，同时考察自然地理分异等因素的影响。

认识历史区域的空间范围变化，首先要将区域本身看作是一个综合的、动态的、有机的系统，区域空间“是地理的、社会的和历史的诸要素统一体”。[18]因此，笔者引入“地域格局”这一概念来认识区域问题。笔者所指的“地域格局”，是指各区域之间由于地理区位、自然地理特征、交通布局、行政区划、经济联系、国家战略、政策导向、民族分布等因素而形成的地理格局。反过来，地域格局则对区域政治动向、区域认同、区划实践等方面产生重要影响。与此同时，笔者还会使用“地域政治”这一关键概念。近年来历史地理学界频繁借用“地缘政治”这一概念展开中国史研究，且有渐成研究范式之势。[19]但笔者认为，将"地缘政治"概念引入中国史研究当中是不妥当的。所谓"地缘政治"，其适用范围是国家之间的空间秩序研究；其空间尺度是以国家为基本地理单元，进而研究洲际大区乃至全球性的国际政治关系。几乎所有的地理学家、政治学家，都将"地缘政治"概念看作是以国家为尺度而展开的政治地理探讨[20]，这反映了"地缘政治"概念自产生以来的传承脉络和学科属性。与西方相比，我国疆域的形成历程和历代王朝行政管理模式自成脉络，具有特殊性，倘若直接套用"地缘政治"概念研究历史时期我国疆域内部政治问题，极容易混淆研究对象的本质属性，从而将分裂时期的割据政权或诸侯国解释为国际关系。因此，笔者采用了"地域政治"这一较为中性的学术概念。

2、研究阶段

本书的研究重心之所以放在民国时期，这是因为民国以前的"西南"，往往以"西南夷"民族分布为基础，人们将二者对等认识，形成了以川、滇、黔三省为主体的"西南"核心区域，空间范围认识上较为明确。新中国成立后，"西南"大行政区的设置使得现代"西南"区域观得以确立，总体上对"西南"范围的认识趋于一致，一般是指四川、云南、贵州、西藏、重庆五省区市，有时广西也纳入进来。要解析清楚"西南"区域观从传统到现代的转变，民国时期就是一个关键阶段。

民国时期是"西南"区域认识发生重大变化的历史阶段。近代以来，地域政治、经济格局变化较大，各时期呈现出不同的区域联系性，可涵盖多个地理单元的大区面临着重组、整合。因此，不同阶段的"西南"总体现出不同的地域范围。此外，随着现代地理学的发展，"华中"、"华南"等现代大区概念的引进，知识界对大区划分的认识逐渐加深,人们开始自觉地重新界定"西南"范围,在此之后,"西南"具有了以地形、气候等自然地理因素为基础的地理区域特征,使其转变为现代意义上的地理区划概念,这也成为现代"西南"范围认识的主要基础。总体来看,民国时期的"西南"范围,经历了一个复杂的历史演变过程。

3、需要解答的问题

本书旨在回答的问题是,一些看来"习惯"形成的区域,是如何在多重因素作用下实现区划调整和人为建构的。民国时期的"西南"处于什么样的空间表达状态?各阶段的整体范围与核心区域可包括哪些省份?空间范围盈缩的总体趋势是什么?地域格局变化如何影响"西南"范围演变?现代"西南"范围认识如何确立下来?"西南"范围演变研究对我国区域发展与目前学术研究有何启示?

具体而言,事实上本书无须证明川、滇、黔三省的"西南"归属性。我国历代是以政治中心来建立坐标系的,大一统王朝下的政治中心往往选择在黄河流域、长江下游地区。以此为基础,不论政治中心如何迁移,川、滇、黔三省始终处于我国的西南部。这是其一。再者,秦汉以来,人们往往以"西南夷"的地域分布作为认定"西南"的基础,三省则均属于"西南夷"民族聚居区域。因此,三省可谓是历代的"西南"核心区。需要回答的问题是,这个"西南"核心区与周边省区的地域关系如何影响"西南"范围变化。经过对大量材料的比对及量化分析,广西、广东、湖南、西康、西藏的"西南"归属问题是本书欲回答的重点问题。尤其是广东、湖南二省,与现代"西南"范围界定的区域地理分异明显,地理方位也不符合"西南"指向,为何在民国时期有那么高的"西南"认定率?它们是如何进入“西南”的？又是如何淡出的？受什么因素影响？这些问题都是本书希图回答的。

三、研究思路

“西南”与其他地名一样，体现为两种存在状态：1、指向客观存在的地域实体。2、作为一种语言表述存在的空间概念。前者体现为建立在地理环境、交通联系、经济发展、政治形态等基础上的“自在”区域；后者则是针对这个地域实体的一种“他在”表述，往往凝聚着地域意识、区划观念、语言习惯、历史语境等很多不确定的因素。简而言之，区域是客观存在的地域实体，而区域概念是在特定时期、特殊语境中形成的一种语言表述。空间概念与区域实体的统一往往是特定时期的地域格局、地理分区观念共同作用的结果。谭其骧、葛剑雄两位先生指出：

> 即便是政区和地名的研究是可以并且应该向更高的层次发展的，我们从来不以为对政区和地名只要搞清它们的空间和时间的概念，就它们存在的时间及所代表的地理坐标和范围就够了，同样应该探求它们变化的原因，找出规律。[21]

因此，各时期的“西南”尽管呈现出不同的地域范围，但也只是一种外在表现，背后导致其范围变化的因素应是地域结构。只有结合地域结构、区域观念与区划实践三个方面，才能真正解释区域范围变化的空间演进过程。

笔者认为，探讨大区的形成建构过程和区域空间范围的变化或许遵循以下的流程：

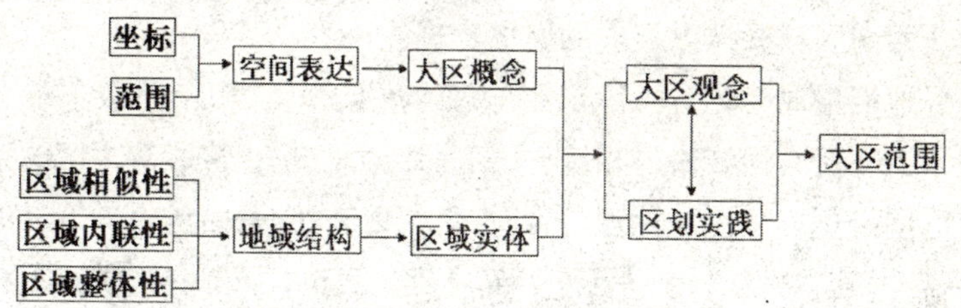

图1 大区建构过程示意图

一方面,人们依据一定的疆域范围和政治中心为坐标参照点形成了对某个区域的空间表达(当然往往是方位指向性的区域表达)最终形成一个大区概念;另一方面,该区域内部诸种要素的相似性、区域内联性和整体性形成了自成一体的地域结构,以此结构为基础最终形成了一个具有较强内聚力的区域实体。恰逢其时地借用上述的大区概念来指称这一区域实体,就会形成时人对该大区较为稳定的一种区域范围认识和大区观念。大区观念和区划实践相互作用,大区观念既影响区划实践中的区域范围界定,区划实践又对时人的大区观念进一步确认、巩固和认同,在此基础上造就了时人对大区范围较稳定的认识,并最终实现了大区的建构。

结合这一基本思路,民国时期的地域格局是影响“西南”范围演变的综合因素,并以当时的地理区划、西南范围界定、大战略区规划等形式具体呈现出来。就西南大区而言,地域格局主要体现在区域单元之间的地理区位、自然地理特征、地缘关系、交通布局、行政区划、地域政治、经济联系、政府战略导向等方面。不同时期的地域格局总会体现为不同区域单元之间地域联系的疏密程度。本书将以地域格局为基础,深入探讨各阶段“西南”大区内部的相似性、联系性和内聚力,进而解析西南大区被建构的空间过程以及现代西南区域观得以形成的历史轨迹。

地域格局变化首先体现在地理分区认识上，不同阶段下的分区认识不仅与地域格局相统一、相一致，而且也直接影响大区的空间范围变化。从经济地理角度看，近代以来，随着沿海对外贸易的兴盛，内陆省份多以三大流域（黄河、长江、珠江）为依托联通出海通道，整体上呈现出东西向经济、交通联系的紧密性，尤其是珠江流域对滇、黔、桂等珠江上游省份具有重要意义。与之相伴随，则形成了对应三大流域区的北部、中部、南部三大区认识，此后又置换为华北、华南、华中三个概念。这一基本格局对“西南”范围造成的影响是，“西南”范围明显体现出向东部延展的趋势，湖南、广东纳入到“西南”中来。因此，“西南”与“华中”、“华南”等大区在范围上就处于交错叠合的状态。

随着全面抗战爆发，国民政府基于国防战略考虑而制定大后方战略，以西南、西北高原地区为抗战复兴的根据地，建设重心开始向西部转移。加之，日本侵略者对我国沿海地区的封锁、占领，一定程度上导致东西向联系态势有所减弱，并事实上形成了国统区与日伪区的政治区域划分。体现在自然地理分区上，第二阶梯与第三阶梯之间的地理界线（太行山—巫山—雪峰山一线）成为划分大区的主要参照。这一地域格局的变化使得通常所说的“西南”范围开始向内收缩，以川、滇、黔、康四省为主体，这些流域上游省份也逐渐脱离了习惯上认定的“华中”、“华南”大区范围，由此为现代大区范围的界定奠定了基础。

第二节　研究的现状

一、目前学界对“西南”的认识

目前针对历史时期“西南”范围演变进行系统论述的成果并不多见，但在现代科学思维指导下，多数论著对“西南”范围有明确的界定和界定依据。部分论著还对“西南”范围变化、范围界定原则等方面进行了简单的历史回顾与归纳。总体来看，集中在以下几个方面：

1、关于“西南”范围的界定

目前学界对“西南”范围认识，是根据自然地理环境、民族分布、新中国成立以来西南大行政区确立的政区范围以及经济协作区等因素，大致形成了以川、滇、黔三省为“小西南”或“狭义的西南”，以含藏、桂在内为“大西南”或“广义的西南”，并及湘西、鄂西南等地的综合认定意见。

“小西南”范围大致是以秦汉时期“西南夷”的地域分布为基础，参照现代自然地理区划形成的以云南、贵州全省以及川西南地区（部分学者则以四川全省包含在内）为主体的“西南”范围界定。目前，相当多的学者又以此范围为“西南”的整体范围，这一意见可以方国瑜先生为代表。方先生在《中国西南历史地理考释》一书中，界定“西南”范围时谈到：

> 本书所说西南地区的范围，即现在云南全省，又四川省大渡河以南、贵州省贵阳以西，这是自汉至元代我国的一个重要政治区域——两汉为西南夷，魏晋为南中，南朝为宁州，唐为云南安抚司，沿至元代为云南行省，——各时期疆界虽有出

入,而大体相同。到明代成立贵州省,又把金沙江以北划归四川省,故明、清限于云南一省。而云南省的西南边境,自明季西方殖民主义的侵略势力不断伸展,以至清季缅甸、老挝、越南沦为英、法帝国殖民地,且强占我国边土,改变了自古以来的边界线,所以有些地方就在现今国界之外。[22]

朱惠荣先生对“西南”空间的界定大体与方国瑜先生一致,并指出:

西南夷、南中等地名的长期流行与使用,反映了西南边疆作为单一的区域早已被人们认同,延续的时间长,指称的范围稳定;但界线比较模糊。……西南边疆大体包括今云南、贵州两省,四川省大渡河以南一片,及今境外部分地区,处于青藏高原向低山丘陵过渡的第二级阶梯,自成一个完整的地理单元。[23]

林超民、秦树才先生则从民族史角度对西南夷的地域范围进行了探讨,并强调:“‘西南夷’的‘西南’不是中国的西南,而是巴蜀的西南。”[24]蓝勇先生的《西南历史文化地理》尽管没有明确界定“西南”范围,但从著作内可知,其以四川、云南、贵州三省为论述范围。[25]以川、滇、黔三省为主体的范围,在部分学者看来就是“小西南”或“狭义的西南”范围,二者没有本质区别,大体上都是对以西南夷为基础形成的历代“西南”核心区的认同。

“小西南”范围由于具有充分的历史、地理、民族等依据,是历代认识“西南”范围的最稳定的看法,也可以看作是整个历史阶段对“西南”核心区的认定意见。同时,这一意见也强调了在历史研究当中应包含“现今国界之外”的地区,并在秦汉时期“西南夷”的地域分布基础上做了修正,一般不再将甘肃南部等地区纳入在内。罗二虎先生对秦汉时代的“西南”范围界定与上述意见稍有不同,认为“包括了现在中国的四川省东部和西部的部分地区，重庆市全境，贵州省、云南省的绝大部分地区，以及湖北省西部、陕西省南部和甘肃省东南部等地区。”但这一意见也大致是对西南夷分布区域的认定。[26]

“大西南”或“广义西南”范围的界定，则具有更广泛的认定影响因素。不过主要有三条基础的认定依据：1、新中国成立后“西南”大行政区管辖范围，包括川、滇、黔、渝、藏五省市区在内；2、经济协调发展战略下确立的“西南”范围，除上述省市区之外，还纳入广西在内；3、以民国时期形成的“西南民族”研究为基础，可涵盖广西、西藏以及湘西、鄂西南乃至海南岛的广大范围。“大西南”界定也是以地理环境为依据的，它大致包括青藏高原、云贵高原、四川盆地、汉中盆地、川东岭谷、鄂西山地、湘西山地、南岭山脉以南两广丘陵部分地区在内的多个地理单元。事实上是大致以秦巴山地为北界，沿第二阶梯线（巫山—武陵山—雪峰山）向东南延伸至南岭为基础形成的，这一地理区划显然与中国历史演进、民族分布有密切的关系。

笔者收集了民国以来 9 种“大、小西南”范围界定意见，对比可见，民国时期的“大、小西南”范围界定分歧较大，而所谓“小西南”，一般来说就是“西南”核心区，但三种意见均有较大出入。新中国成立以来，至少是“小西南”界定是稳定的，存在个别分歧的在是四川全省，还是只有川西南属于“小西南”的差异。而“大西南”界定的主要分歧则在于：除了“小西南”省市外，是仅包括桂、藏二区，还是应涵盖鄂西、湘西等更广泛的范围。1986 年，在召开的开发大西南战略学术讨论会上，还具体划分出一个“中西南”（川、滇、黔、渝、桂），强调是“按照四省（区）五方经济协调会议的行政管辖范围”。[27]这显然是在特殊时期出现的一种界定意见，随着西南"四省区五方(川、滇、黔、桂、渝)"转为"五省区七方"(川、滇、黔、桂、藏、渝、蓉)协调发展战略,"中西南"的说法自然不复存在。上述意见当然不能代表全部的看法,但大致可以反映目前对"西南"范围界定的整体面貌。

表2　民国以来9种大西南、小西南界定意见

界定意见	涵盖地区		
	大西南		
	中西南		
	小西南		
黄汲清(1939年)	云南、贵州、四川、西康、藏东		广西、湖南、湖北、汉中
谢国度(1939年)	云南、贵州、广西、广东		四川、西康、湘西
陈　原(1943年)	云南、贵州、四川、西康		广西、广东
大西南战略会议(1986年)	云南、贵州、四川	广西	西藏
徐新建(1992年)	云南、贵州、四川		广西、西藏、鄂西、湘西
谢本书(1999年)	云南、贵州、四川		广西、西藏、鄂西、湘西、粤西
杨民康(2003年)	云南、贵州、川西南		广西、西藏、四川、鄂西、湘西
王文光(2005年)	云南、贵州、四川		广西、西藏
方　铁(2007年)	云南、贵州、川西南、广西		四川、海南

【表2说明】

1. 重庆均含在四川之内;除特别注明外,海南(琼)含在广东之下。

2. 关于著作的出版或发表情况依次如下:黄汲清:《西南煤田之分布与工业中心》,《新经济》,1939年第7期;谢国度:《西南:我国之抗战根据地》,《明德》(月刊),1939年第1期;陈原著:《中国地理基础教程》上册,文化供应社1943年版,第14页;未署名:《开发大西南战略学术讨论会第一次会议纪要》,唐泽江主编:《经济社会发展战略研究理论与实践》附录,四川社会科学院出版社1986年版,第173—174页;徐新建著:《西南研究论》,云南教育出版社1992年版,第9页;谢本书:《西南地区近代化问题的历史考察》,杨光彦、秦志仁主编:《跨世纪的大西南:近现代西南经济开发与社会发展历史考察》,重庆出版社1999年版,第16—17页;杨民康:《西南传统民间仪式音乐的地域、跨地域文化特征》,曹本冶主编:《中国传统民间仪式音乐研究(西南卷)》,云南人民出版社2003年版,第29页;王文光、龙晓燕、陈斌著:《中国西南民族关系史·序言》,中国社会科学出版社2005年版;方铁:《论西南古代区域史的特点以及研究的内容与方法》,《西南民族大学学报》(人文社科版),2007年第9期。

此外,方铁先生的《论西南古代区域史的特点以及研究的内容与方法》(《西南民族大学学报》人文社科版,2007年第9期)一文,特别强调了历史疆域的盈缩变化与"西南"范围演变的关系:"西南地区作为中国的西南部疆域,与中南半岛和印巴地区相接壤,数千年间中国西南部疆域的盈缩经历了复杂的演变过程。"进而指出:

> 这一地区作为中国西南部的门户,在沟通与邻国的联系、形成祖国西南部的疆界方面有特殊的地位。在长期的历史过程中,西南地区的地域范围,不仅与周围地区相交错并在某些时间内重新分割,在一些历史时期,还与中南半岛北部的一些地区建立密切的政治联系,中国西南部的历史疆域,经历了盈缩变化而最终形成的过程。因此,探讨西南古代区域史,不仅需要研究这一地区与相邻区域的联系,还应探讨与邻邦相连

> 地区的历史关系，在特定的某些时期，甚至应将西南地区与邻邦相连区域作为整体来考察，如唐代南诏统治时期。

方铁先生从民族、地理环境与地缘因素上指出研究西南的古代区域史要将目前的西南地区与中南半岛东南亚相邻地带作为一个整体进行研究。这不仅使我们看到“西南”范围在不同历史语境中的形成演变过程，也提醒人们，在“西南”范围变化的前提之下，区域史研究要充分尊重历史区域范围的整体性、联系性。

方铁先生还总结了目前学者界定“西南”的依据：

> 西南地区在中国的地理位置；西南部历史疆域形成发展的过程；这一地区特殊的地理气候环境及其衍生的特有动植物资源，以及与之相适应的大多数居民的生产与生活方式；当地少数民族的基本分布及其历史活动；我国西南部与周边地区的历史联系以及相关区域的大致划分；西南地区的政治、经济、文化、民族关系等方面的状况，在历史发展过程中，西南地区逐渐形成的区域性特征。

不过，方铁先生界定的“西南”范围却显得有些特别（参见表2）。原文内除了广义“西南”没有纳入狭义“西南”的表述错误之外，其大、小“西南”界定与目前一贯的“西南”范围认定有较大出入，尤其是将广西纳入狭义的“西南”（亦即“小西南”），而将西藏排除在整个“西南”之外，纳入海南岛则又忽略湘鄂山地。这一意见为目前多数意见所不取。

个别学者还明确提出了民国时期“西南”范围认识的纷乱复杂状况。如唐泽江主编的《论大西南战略地位及其开发》提出：

> 历史上，大西南是一个地域范围不确定的概念。人们一般把位于祖国西南边陲的一大片地区泛称为“西南”或“大西

南”。抗日战争时期，西南成为全国的战略后方，但在西南的地域划分上不尽一致，有“西南七省”（川、康、滇、黔、桂、湘、粤）、“西南六省”（川、康、滇、黔、桂、湘）、“西南五省”（川、康、滇、黔、桂）和“西南四省”（川、康、滇、黔）等诸种说法。但从这一时期国民党政府开发西南的规划和实践来看，西南主要包括川、康、滇、黔、桂五省，这与我们现在的划分大体一致。[28]

这一看法简晰明了地勾勒出近代以来“西南”范围认定的存在状况，并认为西南大行政区的设置使得“西南地区第一次有了较明确的地域概念：包括四川（川东、川南、川西、川北）、重庆市、云南、贵州、西康和西藏”。不过，存在的问题是，其中提到的多种“西南”范围说引述率颇高[29]，可能对学界认定民国时期的“西南”范围形成误导，误认为上述几种范围说是民国时期最主要的“西南”范围说。

2、文化视野下的“西南”研究

徐新建先生的《西南研究论》（云南教育出版社 1992 年版）是目前学术界对“西南”大区研究较为系统、全面的研究专著。该专著从文化视野系统全面介绍了“西南”概念的存在状态与历史演变过程，回溯了“西南”作为一种空间方位表达出现的文化因素，地域实体与中央王朝、内地的关系，历史时期在地域政治上的多重表现，也基于地理区位、文化定位、地域结构等因素，为西南地区未来发展提出很多建设性意见。遗憾的是，徐氏对“西南”空间范围演变的叙述，没有体现出足够的材料依据，而且当时的“西南”究竟属于方位表达，还是大区概念，也缺少针对性的详细分析。

徐氏还大线条地论述了历史时期的西南地区，在地域政治格局影响下从“边疆”到“国都”再到“边疆”的历史演进过程，汉代的西南作为“模糊角落”发展为“弹性边地”，体现了重要的政治、交通战略意义，而蒙古军队从南面包抄南宋，最终建立元朝，西南进入行省时代，则更加突出了西南地区的国防战略地位；清末南明抗清力量转移到西南地区，抗战阶段国民政府迁都重庆，都是西南国防战略地位突出的体现。[30]以上述论述为基础，徐氏认为，目前的“西南”范围（川、滇、黔、渝、藏）是一个历史的整体建构过程。依笔者的个人看法，徐氏这一观点是值得商榷的。现代“西南”大区的构建，是在抗战以后才逐渐形成的，此前的“西南”则大体上形成了川、滇、黔三省作为“西南”核心区的地域格局与范围认识，而元明以来，这个“西南”核心区的地域格局内部还应该有广西的一席之地。不过，由于受到民族分布、边疆危机、政治派系斗争、传统内边分野意识的综合影响，此前的“西南”范围除了核心区之外，则显得混乱且不够确定，尤其是民国初年“西南”政治联盟的存在，使得这个“西南”概念成为频繁使用的大区专名，范围上则大致形成所谓“西南六省”的意见。抗战以来，“西南”范围才真正进入一个在科学区划观念、经济交通联系、地域政治、行政设计等多重因素影响下重构的时期。

不过，该书还有很多没有回答的问题。首先，基本上没有在区划观念下系统地对各时期的区划认识进行探讨，而且，这种区划意识除了汉文化扩散框架外，是否还有地域格局的认识？尤其是近代以来的“西南”从一个历史存在的大区概念逐渐向人为区划干预发展的历史，作者对此并没有系统论述。当然，该书是一本大线条勾勒的思想文化研究著作，不属于历史著作，更不属于历史地理著作。上述问题显然不是作者关注的重点。

此外，沈海梅女士《文化中心主义下的西南研究》（《西南民族大学学报》人文社科版，2008 年第 3 期）一文，全面回顾了“西南”

概念的出现及变迁，与之相应的“西南”研究作为近代知识生产、建构的过程。

3、关于民国时期“西南”概念的使用

李绍明先生的《西南民族研究的回顾与前瞻》(《贵州民族研究》,2004 年第 3 期)一文是目前回顾“西南”范围变迁较深入、论述较全面的研究成果。该文全面回顾了近代以来“西南”概念的历史变迁，指出“追根溯源，‘西南’这个概念形成于 1920 至 1930 年间，最初是由民族学界提出的。”并着重谈到:1949 年后，“西南”的概念有了变化。西南大行政区设置后，将四川、云南、贵州、西康、西藏五省区和重庆市划为西南地区，“其范围也有了变化”。在民族、经济联系推动下，西南经济协作区确立，除川、滇、黔、桂、藏、渝六个省市自治区之外，广西、湘西、鄂西等地区也纳入到“西南”范围之中。该文多次使用了“地理概念”、“行政区划概念”、“人文区划概念”、“经济区划概念”来表述“西南”的概念属性，不仅呈现出“西南”概念的多重语境特点，也反映了多种区划类型在西南地区的交错状态。

不过，作者着眼于西南民族研究，所谓“西南”概念“形成于 1920—1930 年间，最初是由民族学界提出的”的观点，并不能成立。从元明以来史籍看，“西南诸蛮夷”、“西南诸部”等传统概念说明，“西南”一词已作为定位辅助，来表述这个地域范围的民族群体。1916 年后，“西南”概念则在地域政治推动下频繁使用，成为一个被广泛接受的政治话语，尤其是以广州为基地的所谓“西南政府”。即便在学术领域内，1920 年前后的“西南”概念已深入到政治学、法学等领域内展开的“西南主义”、联省自治思潮等学理探讨中。如 1919 年，陈启修先生发表一篇法学论文，从文化传统、地域观念等角度对比所谓“北洋主义”与“西南主义”。[31] 直到

1927年前后，在地处“西南”视域中心的广州，中山大学历史语言研究所学者最早提出“西南民族”这一概念。可见，作为民族学领域学术概念的“西南”，至少是在历史传统影响下从政治领域内借用过来的，直接说其产生于“民族学界”，自然是不妥当的。

沈海梅女士的《文化中心主义下的西南研究》(《西南民族大学学报》人文社科版，2008年第3期)一文则强调：“作为学术语汇的‘西南’是在19世纪末20世纪初随着大学等知识生产机构建立而产生的。”沈氏谈到：余永梁先生较早地将“西南”作为学术概念引入中国学术体系中，1927年以后，以广州中山大学为基地，围绕“西南民族”展开的研究逐渐丰富起来。“到1940年以后，‘西南’一词在学术论著中被广泛使用。可以看到，生产西南知识的‘西南研究’是在中国国学和人类学知识体系中衍生出来的。”这一看法与李绍明先生的观点基本一致，但表述清晰，没有歧义，以“19世纪末20世纪初”为“西南”作为学术概念产生为断限，显然有所保留。

沈氏还回溯了西方知识界早期对“西南”概念的使用状况，谈到早在1874年以来，西方人已深入到中国的西南地区，并频频使用“西南”概念。沈氏提出：“如果仅考虑这些论著发表的时间，显然这些非汉语文本对‘西南’学术概念的使用要早于中国学者，但是不是就能得出是中国学者阅读了西方文献而采用‘西南’这一概念尚难以定论。……反思一个多世纪以来的西南中国民族学人类学研究，我们发现它一直是在西方文化中心主义和中国文化中心主义的判断、定位、言说中成长起来的。”由于这一意见局限于对“西南”作为文化概念的探讨，事实上并没有系统全面地反映近代以来“西南”在地理分区、地域格局中呈现的变化。

二、大区研究综述

1、大区区划研究的简要回顾

大区研究实际上是区划研究的一个分支。历史时期的地理分区(行政区划、经济区划、自然区划)都与大区密切相关,所谓大区,仅仅是针对形成的特定区域空间进行定名而已,尽管二者并非是在任何时期、情景下完全对等。历史阶段的地域结构对区域联系产生影响,形成地理分区的要求,大区概念才会浮现出来。对区域实体的界定与划分事实上是探讨大区范围变化的重要基础。因此,这里有必要粗略回顾一下对我国区划认识的重要研究成果。

20 世纪 30 年代,冀朝鼎已提出"基本经济区"概念,认为基本经济区是历代王朝的重要经济基地,它的衰落也会带来王朝的衰落。[32]这一看法对区域史研究具有深刻影响。美国学者施坚雅则根据我国的地文结构,将我国划分为华北、西北、长江下游、长江中游、长江上游、岭南、东南沿海、云贵以及东北九个经济区,充分尊重了流域对经济联系、大区形成的重要影响[33],成为目前广泛接受的区域史研究的区划依据。邹逸麟先生则提出了我国古代经济区的划分原则,认为"自然生态的相对一致性、完整性无疑是最基本的条件",但此外还应考虑劳动分工的地域差异及辅助产业的两个条件。[34]

周振鹤先生的行政区划史研究对认识我国的大区也有重要意义。周氏强调了影响行政区划变迁的重要因素,如自然区、经济区与行政区的密切关系,我国以秦岭—淮河线、南岭线形成的华北、华中、华南认识是地理区域、经济区域形成的自然反映,政区设置倘若不尊重这种地域联系性,很容易造成政区与自然区的脱节,对区域发展造成障碍。例如元代原本作为军事政治区而建立的行省,漫越地理界线,忽略传统的“山川形便”原则,过分偏重于强调南北联系。这种脱节则又与南宋出于政治军事防御的战略区划分设想相一致。[35]这反映了我国特殊的自然地理特征对东西向经济联系、南北向国防战略的不同作用。这对本书的“西南”范围演变研究有重要的启示。此外,周氏从历史政治地理研究角度提出的“边疆区”、“核心区”与“缓冲区”概念,可以看作是对本书提出的我国“内边分野”传统意识的最好诠释。[36]

2、大区范围界定研究评述

早在民国时期,陈正祥先生就针对“西北”提出了大区范围界定的五点依据:(1)名实符合:“一个方位的名称,最基本的条件必须名实符合。”(2)气候相同;(3)地形类似;(4)地理界限分明;(5)人文特殊。[37]此五点依据实际上可以视为大区研究较早的代表性成果。此外,张其昀、陈正祥、蒋君章等学者还提出了以全国几何中心(甘肃武威)重新认定大区范围的思路[38],无疑是突破了长期以来国人以汉文化核心区(内地)划分大区的狭隘观念,为边疆经济开发、区域经济平衡发展,以及抵御西方侵略、维护边疆领土主权等方面都有积极的参考价值。

新中国成立以来,部分学者在区域史研究视野下,在系统研究的基础上,对区域范围作出了科学、准确的界定,并提出了理论性思考,已具备了将大区作为专题研究的性质。周振鹤先生的《释江南》(《中华文史论丛》第49辑)一文,对明清时期“江南”的范围做出了界定,并深入探讨了江南在不同历史阶段呈现的动态性特征;李伯重先生的《简论“江南地区”的界定》(《中国社会经济史研究》,1991年第1期)强调:地理单元的完整性、自然生态条件的一致性,以及内部经济联系的紧密程度是“江南”范围认定的重要依据。李孝聪先生的著作《中国区域历史地理》,不仅对各区域名称作出了严格界定，而且也探讨了如历代“江西”、“江东”、“江南”等大区范围的演变及其原因。[39]

张利民先生的“华北”区域范围界定研究，可谓是目前大区研究中较系统、深入的研究成果。张氏以“华北”为主要研究对象，先后发表了三篇具有开拓意义的大区研究论文，依次是《“华北”考》(《史学月刊》，2006 年第 4 期)、《论华北区域的空间界定与演变》(《天津社会科学》，2006 年第 5 期)、《区域史研究中的空间范围界定》(《学术月刊》，2006 年第 3 期)，针对“华北”这一现代大区概念，不仅深入系统地探讨了其历史形成原因、演变路径以及空间界定，并对华北的地域空间内部关系提出了自己的思考。尤其是《区域史研究中的空间范围界定》，从区域界定研究的总体思路上，提出了区域空间界定的理论性思考，试图提出一种新的区域研究思路。张利民的研究成果针对大区概念研究的主要意义在于：

第一，提出了区域范围界定的必要性意义。正如张利民先生强调：区域史研究对空间的界定应该是理性的，如果不加论证，或从某方面研究就较随意地界定，既影响区域史的科学性和严谨性，也不利于区域史的深入开展和各学科的交叉研究。[40]事实上，目前不加论证地按照“习惯”使用现成区域范围研究区域史的现象是较为普遍的，如何“理性”地、科学论证地界定区域史研究的区域范围，不仅是必要的，而且也是必需的，否则历史空间的地域结构将无法全面准确地呈现出来。这是历史工作者应深入反思的问题。

第二，提出了区域范围界定的一些基本思路。张氏强调了区域概念的历史动态性以及多语境性，应“允许空间范围差异的存在”，[41]而认识这一差异，能够启发我们深入探讨影响空间范围演变的诸多因素。

第三，张氏通过具体研究“华北”概念的形成以及区域范围界定，明确指出了“华北”、“华南”此类大区概念的“舶来”特点：“华北是近代以后从英文衍生出来的具有地理概念的话语，随着日本侵华，以及设立伪华北政务委员会等环境变化，通过媒体的广泛传播得到了民众的认同。”并通过分析其范围演变过程，特别强调了研究“华北”这一现代概念下的范围，应当注意其与传统区域概念（如江南、河北）、自然区划概念（如长江、黄河中下游）的区域差异。[42]此为大区研究提出了新命题。

不过，由于张氏是通过“华北”这一现代大区概念而入手的，并没有多少笔墨着意于传统大区概念，因此，显然对诸如“西北”、“西南”等传统大区概念的复杂性估计不足，尤其是没有论述传统大区概念如何在近代背景下实现转型的，传统大区概念与现代概念的具体关系如何。当然，在大区研究初起阶段，这种情况自然不可避免。

徐国利先生的《关于区域史研究中的理论问题——区域史的定义及其区域的界定和选择》（《学术月刊》，2007 年第 3 期）一文提出了区域的界定应当注意“从历史时间性的角度去认识和把握区域的实质”，对区域的理解和认识不能静态地看，“而应将其视为一个具有综合功能的动态系统”。龙先琼的《试论区域史研究的空间和时间问题》（《齐鲁学刊》，2011 年第 1 期）进而指出：“区域历史的‘空间’是一个历史地理单位，是历史建构过程中的地理空间范围。”作者特别强调了“区域”空间是地理的、社会的和历史的诸要素统一体，由于区域内的各种要素在不断变化，“历史的过程性”就构成了区域的一个重要特点。这与徐国利先生强调的“历史时间性”是一致的，即历史区域研究需要特别注重历史区域空间的变迁过程，历史各阶段的区域界定可能因区域内的多重因素相作用而存在差异。

3、大行政区研究综述

目前的“西南”等大区范围与新中国成立初期设置的大行政区直接相关,而对行政大区的研究形成了相当数量的研究成果。例如:杨世宁的博士论文《西南军政委员会与新中国成立初期西南区的政权接管》(四川大学博士论文,2005 年)是目前直接以西南大行政区为对象的研究论著,该论文对从西南军政委员会的建立、组织形式、性质和职权、人事安排和运作方式等方面进行了详尽的论述,但侧重于政治制度层面的剖析。范晓春的博士论文《中国大行政区研究(1949—1954)》(中共中央党校博士论文,2007 年)从历史的角度对 1949—1954 年间大行政区的来龙去脉、政党政权机构、权力运行、历史影响和评价等方面进行了比较全面的疏理,以廓清这一地方行政建制兴废的全过程,构建起这一历史现象的基本框架,并描述出其基本面貌。朱智宾的硕士论文《大区制度研究(1949—1954)》(中国人民大学硕士论文,2004 年)认为大区的渊源是早年中共领导下的各大战略区,该文并对大行政区制度的“政治核心——中央局”和“大区政府”进行了制度层面的剖析。此外,李格的《略论新中国成立初期大行政区的建立》(《党的文献》,1998 年第 5 期)认为大行政区的建立,源于中共早在新中国成立前就已开始筹划的中央与地方权力的重新划分和确立;华伟的《大区体制的历史沿革与中国政治》(《战略与管理》,2000 年第 6 期)认为大行政区的是战争时期中共各大战略区延伸;张则振的《新中国大行政区制的历史演变》(《百年潮》,2001 年第 12 期)则强调了大区的形成与中共早年建立的中央局有密切关系;陈文南、陈学知的《中国大行政区制度研究》(《党史研究资料》,2003 年第 10 期)指出:新中国成立初期设置的六大行政区是中共在推翻国民党反动统治后,"在借鉴国民党建立跨省机构的制度和经验的基础上,又结合中国的地理方位"而形成的。总体来看,目前的大行政区研究侧重于政治学领域对其制度层面的系统研究,对大行政区与现代大区范围的关系认识尚不够深入。

4、其他研究成果

民国时期,个别学者对大区概念的来源、空间表述功能已提出自己的创见。20 世纪 30 年代,一篇未署名文章明确提出了"华北"、"华东"此类大区概念的外来特点,并强调了其产生的文化内涵:即属于"邻邦时文论著"的"特别予以发挥","究其实际,不过别具用心而已"。[43]曾养甫先生则撰文指出:"西北区域,从广义言之,则西、北二部悉在其内。从狭义言之,则仅指西北一隅。兹有所言西北者,以陕西、甘肃、绥远、宁夏、青海、新疆等省区为范围,乃指西北一隅而言也。"[44]曾氏文可谓是明确发明出了"西北"一词在表述上的双重涵义。

侯甬坚先生在《区域历史地理学的空间发展过程》(陕西人民教育出版社 1995 年版)一书中,简略回顾了东北、华东、华中、华南、西北、西南六个大区概念之由来:

> 虽时代演进,疆域拓展,司马迁作《史记·六国年表》,在"夫作事者必于东南,收功实者常于西北"的结论中,用史实强化了《淮南子·天文训》、《列子·汤问》等著作中提到的东南、西北两个地理概念,又在卷 116 作《西南夷列传》,得到西南地理概念,隋唐后岭南地位突出,明清后关东(山海关外)成为活跃的历史活动舞台,加上原有的传统中原(中州)地理概念,中国六大区的划分逐渐明朗,成为今日东北、华东、华中、华南、西北、西南六大习惯分区之嚆矢。六大区之划分在一定程度上参照了地形条件,但主要是以中原为中心,按方位

和国土形状划分出来的。[45]

侯氏的论述由于过于简略,存在两个问题:首先有将方位词与大区概念混为一谈的嫌疑,方位表述有时是普遍存在的,但不一定形成较稳定的区域概念;再者,混淆了传统大区概念(西南、西北等)与现代大区概念(华东、华北等)的界限,没有清晰地论证其联系与差别。

此外,黄权生、杨光华《浅释中国古代一级政区方位名称变迁》(《湖北社会科学》,2007 年第 10 期)一文,对历史时期一级政区的方位名称进行了系统梳理,该文将古代一级行政区划方位名称的变迁大致分为四个时期:秦汉为确立时期;三国至隋朝为波折时期;唐宋为极盛时期;元明清为整合时期。并总结出"方位名称在一级政区中长期居主体地位"的三大成因:(1)大一统的方位观;(2)社会等级尊卑观念;(3)区域整体认识观念。此外,该文强调了区域整体认识观念对一级政区命名方式的影响。并以"河南"、"江南"为例说明方位名称可能指向超出地理方位指向的地域空间。可贵的是,该文研究还发现:"方位名称的分布也就集中于内地,边疆民族地区方位名称相对较少。"依照笔者的看法,这种现象正是历史时期大区概念常常作为内方区概念使用的特点。

三、语言学、文化学视野下的方位词研究

由于大区概念往往是以方位指向来定名的,因此探讨大区概念,须从最基本的方位词汇使用说起。目前针对方位词的研究成果已经相当丰富,不仅在语言学内,而且学界对方位词本身蕴涵的文化信息也多有挖掘。针对方位词的出现与方位观念的形成,以及在汉语言历史文献当中哪些词汇属于方位词?学界已总结出最

基本的一些方位词,如:东、西、南、北、上、中、下、内、外、前、后、左、右、间、旁等。[46]此外也包括“阴”、“阳”、“表”、“里”、“边”等在历史语境中能够表达方位的词汇。就四方词汇(东、西、南、北)的产生而言,人们对方位的判断,最初选择的参照物通常是太阳升降的地方,因此,“东”与“西”就是两个最基本的空间认识。在“东”、“西”确立之后,又衍生出“南”与“北”两个方位概念。[47]

从纯语言学角度进行研究的论著,有程德祺的《“东西南北”字源商榷》(《文史知识》,1984 年第 11 期)、廖秋忠的《空间方位词和方位参考点》(《中国语文》,1989 年第 1 期)、储泽祥的《现代汉语方所系统研究》(华中师范大学出版社 1997 年版)、齐沪扬的《现代汉语空间问题研究》(学林出版社 1998 年版)、刘本臣的《关于方位词的思考》(《渤海大学学报》哲学社会科学版,2006 年第 5 期);等等。

从文化视野探讨中国古代的方位观念,以及方位词文化内涵的成果颇夥,如陈江的《买“东西”考》(《历史研究》,1996 年第 6 期)联系东西交往史探究“东西”一词的构词理据。对方位名词象征意义的发掘也成为热点,如郭绍虞的《语言中方名之虚义》(《国文月刊》,1946 年第 45 期)较早对成语中存在的方位词汇的虚义进行探讨;张德鑫的《方位词的文化考察》(《世界汉语教学》,1996 年第 3 期)对方位的尊卑象征意义、感情色彩进行了全面考察。[48]有些学者,通过研究与对比方位词的情感色彩,认为其对方位名称的使用产生了影响,例如陈正祥先生通过对台湾地名研究,认为台湾处于中国东南部,“东为四方之首,南为中国人所喜爱的方向”,“故东南二字之用为地名起首字者,遂远较西北二字为多”。[49]目前的相关研究也证明这一点。[50]

上述研究,大致上发明出历代方位词的形成、使用及其文化内涵、象征意义,对于在历史地理学下开展大区研究,理解中国古代空间表达有重要的意义。部分研究成果还对中西语言的方位表达、内涵差别以及习惯上使用的方位序列进行了对比研究,并重点解释了东西方自然环境差异对方位词情感色彩的影响。[51]这方面的研究对我们认识中国传统大区概念的使用,以及现代大区概念的引进具有非常好的启发作用。但由于语言学的方位词汇研究过于考究于词性、词类,并没有延伸到历史研究领域,而且研究视野多集中于方位词,而不是区域,因此仍旧只能视为基础认识。

与本书研究关系密切的,则来自历史研究领域对东、西、南、北、中的五方格局认识的相关探讨。胡厚宣先生已指出:"商为殷人首都,'商'而言'中商',犹言'中央商',中商与东、南、西、北四方并举,则殷人已有中、东、南、西、北五方之观念甚为明显。"[52]有学者甚至认为,商代存在的"东土、南土、西土、北土"等概念,"均是比较固定的区域名称"。[53]这等于说早在商代方位词已作为大区概念使用。顾颉刚、王树民二位先生指出:历史时期"中国"概念有多种含义,早期指国都、"中央之城"或"中央之国",也指周王直接统治区,后来或指文化同质的诸夏地区和诸夏之国,或指中原地区之国,或指列国全境。[54]王家范先生指出:"中国"与"四方"是中国特有的整体性"世界模式",它形成于同质性很强、向心力极大而生产方式相对先进的农业社会。[55]在传统一点四方格局的基础下进行大区研究,更能体现大区概念形成的历史蕴涵。遗憾的是,在如此丰富的方位词、方位观念研究成果之下,展开大区范围演变的研究则可谓凤毛麟角。

第三节 研究的意义

一、学术意义

根据对上述研究现状的回顾，本书研究的学术意义实际上业已彰显出来。

第一，总体上看，目前对“西南”、“西北”等大区形成、范围演变进行历史回溯的系统研究几乎是一片空白，目前大体的状况是停留在论著首页，至多不超过一页纸的简单介绍，与其说是“研究”，不如说是作者为自己的研究界定一个范围，而这十几个、几十个、几百个字的内容，显然无法说清楚这些概念的来源、演变以及导致演变的因素。总体来看，目前学术界尚缺少系统、深入的大区研究专著，尤其是能够结合空间概念与地域实体，联系区域观念与区划实践，并探讨其范围变化与地域格局关系的研究成果。

第二，探究空间概念的历史演变与范围界定，实质上是区域历史地理学、区域史研究的首要问题。“西南”范围认定状况的历史回溯，可以促使我们反思区域范围的变化特征，从时代的范围界定观念重新认识区域空间联系性、整体地域格局等等，从而在历史研究中更科学地界定不同阶段的“西南”、“西北”、“华南”等大区范围。

第三，“西南”大区范围的历史回溯研究，不仅可以部分消弭学界对历史时期区域范围认识的分歧，而且也将加深对区域范围的历史动态性、不同领域内空间范围差异性的理解。目前，区域史研究中有两种现象较为普遍：(1)随意界定区域史研究中的区域范围；(2)不加论证地将现代区域范围观套用在区域史研究当中。

这两种现象都存在人为割裂历史空间的地域格局、地域联系性、整体性的危险，都将导致历史时期的区域面貌无法完整、准确地呈现出来，可谓削足适履。通过区域范围演变研究，梳理历史时期区域范围的认识，解析其影响因素、存在状态，将为日后的区域史研究如何认识历史区域的完整性、系统性提供帮助。

第三，民国时期的“西南”，由于具有地域涵盖面广阔、范围认识歧乱、演变历程复杂等特点，深入、系统地探讨其范围变化及其影响因素，要比研究其他大区范围变化具有更重要的意义。相比华北、华南、华中等现代大区概念而言，“西南”的历史存在漫长，演变历程复杂；相比“南”、“北”而言，“西南”研究不仅不够深入。更重要的是，它本身是“合成”的，兼具中间方位指向（southwest）与双方位指向（south and west）的双重功能，目前学界很少有此认识，由此导致的范围认识上的差异，也没有得到充分认知；相比“东南”、“东北”而言，民国时期的“西南”涵盖的地域范围广阔，范围认识歧乱。由于我国疆域形状特点，“东北”、“东南”范围容易确定，主要是今黑龙江、吉林、辽宁三省，个别情形下纳入热河地区。民国时期的“东南”则大致包括苏、浙、皖、赣、闽、台等省，有时广东也在其内。而“西南”西可及西藏，东可纳广东，北可达川陕、川陇边缘以及两湖二省，甚至相当意见根据历史文献记载，以民族分布为依据，纳入东南亚、南亚等海外地区；与“西北”相比，“西南”范围则受民国时期政治形势变化的因素影响更大，地域格局变化与大区范围调整的关系更为突出。这也是本书之所以选择“西南”为研究对象的原因之一。

第四，本书研究还具有文献史料收集的史料学启示。过去我们忽略了大区空间范围的历史演变过程，倘若研究民国时期的广东时，可能看到一些以“西南”为名的材料，也不以为意，轻易放过了。通过研究，作者有了深切的体会。这是一个很小的问题，但却为我们的史料拓展提供了启示。对两广记载非常详细，但以“西南”命名的著作非常多，如清人邵廷采的《西南纪事》，民国时期余定义的《西南六省社会经济之鸟瞰》、向尚等人编写的《西南旅行杂写》等，尤其是余氏的著作，运用了非常详细的量化分析数据，对认识抗战前夕“西南六省”（川、滇、黔、湘、粤、桂）的社会经济状况有很重要的参考价值，而向氏著作是中央调查团考察南方八省基础上集体创作的，是研究两广等地区 30 年代社会史的综合资料。倘若被“西南”二字误导，没有注意到这些材料，显然是一种损失。

二、现实启示

“西南”作为一个大区概念，本质上只是一种地理方位的空间表达，其不受自然地理单元的结构性所限制，“西南”既可以包括云南高原、贵州高原、四川盆地三个地理单元，也可以包括青藏高原在内的大地理单元，甚至还可以表述得更为广阔。它作为一种“习惯”的区划表达而存在。这种存在状态则成为我们人为界定与建构“西南”的基础。因此，从政治稳定、社会和谐、经济协调发展等方面来看，如何认识“西南”，以及进一步根据现实需要界定“西南”，就体现为国家制定方针政策的合理性、科学性、系统性。而这一研究本身，无疑将为目前种种规划提供一些借鉴，对认识国防、经济、政治、交通在空间区域发展中的作用也有所帮助。可以说，“西南”大区研究为我国的行政、经济等区划工作提供了一种新思路。

第一，“西南”范围界定的历史研究，将对行政区划的合理性提供帮助。例如，明初，为了方便控制两广地区，分割少数民族起义力量,朱元璋采取分而治之的办法,将黎族聚居的海南岛,广西的出海门户钦、廉地区以及雷州半岛一并划归广东。[56]这种状况一直延续到民国时期,导致广西长期以来缺少一条独立的出海通道,对广东的交通、经济依赖就很大。这间接影响了民国初年旧桂系军阀长期把持广东的政治格局,并使得广东置于“西南”势力之下。1930年代初的新桂系,同样对广东的经济依赖很大,交通情势导致其与广州地方势力以及国民党元老派密切联系,并在广州设置带有大政区性质的“西南政务委员会”,直接影响两广成为“所谓‘西南’的一部分”。[57]民国时期,卫挺生认为,若改变广西地方势力侵夺广东的状态,广东省所属之钦州、廉州所辖各县地,即“应全部划归广西省管辖,使广西省辖地,南至于海”。[58]蒋君章在界定“西南”范围时,正是鉴于西南出海口在广东钦县,由此认为“广东西南部与整个西南,也有不可分离之势”,并将广东部分地区纳入“西南”范围。基于此,作者还强调了“粤、桂省界应调整”的必要性。[59]这不仅反映了行政区划对“西南”范围产生的影响,反过来,也昭示了西南范围演变研究将加深人们对合理调整行政区划的认识。

第二,“西南”范围变化的历史回溯,直接关系到我国划分经济区、战略区的合理性、科学性。新中国成立前,广西甚至具有“西南”核心区的地位,这是依循珠江流域,强调东西向经济联系的自然反映。新中国成立初西南大行政区的设置,20世纪50年代的经济协作区划分,均立足于“国防第一,经济第二”的区划原则,偏重于强调区际南北向联系,将广西与滇、黔等同处珠江流域的省份分割开来。一定程度上这阻碍了社会经济的发展。改革开放后,西南五省七方(川、滇、黔、桂、藏、渝、蓉)横向经济协调组织形成;1996年,西部大开发战略启动,将川、滇、黔、桂、藏、渝同列为西南经济区。于是，广西壮族自治区重新成为大西南的组成部分，“把广西包括在内，西南地区更加强了它的整体性”。[60]广西回归“西南”，事实上体现了对“西南”整体地域格局的自觉尊重，尤其是能够发挥在经济发展中联系长江流域、珠江流域以及西南边疆省份的巨大战略作用。

第四节 研究方法与资料运用

一、研究方法

本书研究立足于区域地理学，以民国时期的地域格局、地理分区为基础，探讨当时对“西南”空间范围的存在状态、变化趋势及其影响因素。在研究方法上，则以历史地理区划研究为基础方法，探讨大区形成的地理基础、地理分区观念、各省区之间的地缘关系、交通网络、地域政治格局、地域经济格局等内容，倚重区域地理学、政治地理学、交通史、区划史、地图学等研究方法，引入文化史视角与政治学、统计学等学科的研究方法进行综合考察，并紧密结合大区实体的演进与区域观两个层面，综合反映地域格局与“西南”范围演变的密切关系，从而弥补传统上仅从单一层面进行探讨的不足。具体而言，本书采用的研究方法及其创新主要体现在以下几个方面：

第一，立足于区域实体与区域概念的对立统一关系，紧密结合两个层面进行交叉探讨，希图解析地域格局影响下的大区形成与区域范围认识之间的关系。着眼于二者的动态互动特点进行实证研究。

第二，立足于分析性的研究思路，希图回复到民国时期的历史状态之下，揭示当时区域认知的面貌。从而一定程度上避免将现代区域认识观念引入历史时期之中。这样的方法自然也是冒险的，往往缺乏一条清晰的主要脉络贯穿于研究当中，这是其缺陷。

第三，引入统计学中的量化统计方法，以民国时期“西南”相关论著为对象，重点考察民国时人对“西南”范围认识的整体状况，这首先是基于民国时期“西南”范围的不确定性而做出的，同时也是对“西南”大区区划演进研究在方法上的有益尝试。此外，在论述“西南”等大区概念的使用频率等方面也使用了量化统计方法，以期更准确、更可信地加强佐证。

第四，本书研究亦颇倚重于图表研究方法，以图示反映相关内容，加强人们对研究论题、论点的直观认识，以弥补文字叙述的不足。

第五，本书还大量使用了注释说明方法，将与正文内容间接相关的部分纳入注释当中，希图一方面增加论文研究深度，又减少对行文流畅的影响。

二、资料运用的说明

本书研究倚重的文献资料主要有以下几类：

1、民国时期的政令、电文等档案汇编材料。例如：《中华民国史档案资料汇编》（共5辑，90册）、《中华民国史档案资料丛刊·护法运动》、《中华民国史档案资料丛刊·护国运动》、《国民党政府政治制度档案史料选编》（共2册）、《中国近百年史资料续编》、《中华民国重要史料初编》、《近代康区档案资料选编》、《中国近代铁路史资料》、《辛亥革命资料汇编》、《四川军阀史料》（共4辑）、《中国共产党组织史资料》，等等。

2、民国时期与“西南”密切相关的各领域著作、论文。研究过程中，我大致收集到此类30余部著作，论文200余篇（但不局限于学术专著）。如方显廷等著的《西南经济建设论》、王燕浪编著的《西南与西北》、余定义著《西南六省社会经济之鸟瞰》、西南导报社编《中国今日之西南建设问题》，等等。尤其是曾明确对“西南”范围做出界定的“西南”论著，此类论著对“西南”范围演变研究具有重要价值。

3、民国时期的地理学著作、论文。如吴美继著《中国人文地理》（1929年）、蒋君章著《西南经济地理》（1947年）、陆象贤著《新中国经济地理教程》（1941年）、任美锷编著《中国地理大纲》（1944年），等等。此外，笔者也注重地理教科书的采集与引用，如刘师培《中国地理教科书》（1905年）、葛绥成编《新编高中本国地理》（1937年）、张其昀编《钟山本国地理》（1938年）、抗大政治文化教育科研究室编:《中国地理读本》（1940年代初）、陈原的《中国地理基础教程》（1943年）、贺湄的《中国地理讲话》（1944年），等等。作为教材，此类著作内容的普遍认知度颇高，对于探讨“西南”区域观来说属于更权威的资料。

4、民国以来的辞典、辞书、职官志、目录书、大事记等。如陈旭麓主编《中国近代史词典》、张宪文等主编《中华民国史大辞典》、尚海等主编《民国史大辞典》、田子渝主编《中国近代军阀史词典》、全国第一中心图书馆委员会编《全国中文期刊联合目录（1833—1949）》、上海图书馆编《中国近代期刊篇目汇录》（共3卷6册）、任杰主编《中文期刊大词典》、王桧林等主编《中国报刊辞典（1815—1949）》、《中华民国国民政府军政职官人物志》、《重庆各图书馆所藏西南问题联合书目》、李新总编《中华民国史大事记》、《中华民国史资料丛稿·大事记》，等等。此类资料对量化统计更为有用。

5、历史地图集。谭其骧主编《中国历史地图集》、张海鹏编《中国近代史稿地图集》、郭利民编制《中国近代史参考地图(1840—1919)》、陈潮等编《中华人民共和国区划沿革地图集》,等等。此类著作主要作为辅助性材料使用。

6、民国时人文集。如《孙中山全集》、《梁启超全集》、《蔡锷集》、《马君武集(1900—1919)》、《李烈钧集》、《汪精卫全集》、《于右任先生文集》、《戴季陶集(1909—1920)》、《雷铁厓集》,等等。

7、以回忆录为主的文史资料类。如全国《文史资料选辑》、《近代史资料》、云南、四川、贵州、广西、湖南、重庆等地《文史资料选辑》。

8、1949 年以来数量众多的相关研究论著。如周振鹤主编,傅林祥、郑宝恒著《中国行政区划通史(中华民国卷)》,等等。

注 释

1 戴季陶:《致某君书》(1918 年 5 月下旬),唐文权、桑兵编:《戴季陶集(1909—1920)》,华中师范大学出版社 1990 年版,第 864 页。

2 未署名:《北京政局与西南问题》,《太平洋》,1917 年第 7 号;未署名:《西南问题之种种》,《瓯海潮》,1917 年总 17 期;未署名:《西南问题之变化》,《太平洋》,1917 年第 8 号;未署名:《西南问题》,《华年》,1932 年第 22 期;卫玉:《异哉所谓西南问题》,《国讯》,1934 年第 132 期;太真:《中国的进展:西南问题》,《中华月报》,1934 年第 6 期;未署名:《西南问题和平解决》,《新夷族》,1937 年第 2 期;等等。

3 孙代兴:《西南军阀史研究述评》,张宪文、陈兴唐、郑会欣编:《民国档案与民国史学术讨论会论文集》,档案出版社 1988 年版,第 43 页。

4 参见下列论著中的论述:孙代兴:《西南军阀史研究述评》,张宪文、陈兴唐、郑会欣编:《民国档案与民国史学术讨论会论文集》,档案出版社 1988 年版;谢本书、冯祖贻主编:《西南军阀史》第 1 卷,贵州人民出版社 1991 年版,第 1—3 页。

5 谢本书、冯祖贻主编:《西南军阀史》第 1 卷,贵州人民出版社 1991 年版,第 1 页。

6 谢本书、王永康:《西南军阀史研究中的几个问题》,西南军阀史研究会编:《西南军阀史研究丛刊》第1辑,四川人民出版社1982年版,第26页。

7 汪精卫著:《汪精卫全集》第1册,三民公司1929年版,第192页。

8 参见以下研究成果:杨天石:《胡汉民的军事倒蒋密谋及胡蒋和解》,《抗日战争研究》,1991年第1期;罗敏:《从对立走向交涉:福建事变前后的西南与中央》,《历史研究》,2006年第2期;陈红民:《胡汉民、西南政权与广东实力派(1932—1936)》,《浙江大学学报》,2007年第1期;罗敏:《"矛盾政策"中找寻出路:四届五中全会前后的胡汉民与西南时局》,《近代史研究》,2007年第5期;等等。

9 陈红民:《胡汉民·西南政权与广东实力派(1932—1936)》,《浙江大学学报》,2007年第1期。

10 向尚等著:《西南旅行杂写》,中华书局1937年版,第98页。

11 陈序经:《研究西南文化的意义》,《社会学讯》,1947年第7期。

12 张俊德:《琼崖开发与西南国防》,《边事研究》,1937年第1期。

13 范云迁:《发展西南合作事业与抗战前途》,原载《西南导报》,1938年第3期。此见西南导报社编:《中国今日之西南建设问题》,生活书店1939年版,第119页。

14 李新总编,韩信夫、姜克夫主编:《中华民国史大事记》第5册(1944—1949),中国文史出版社1997年版,213页。

15 黄权生、杨光华:《浅释中国古代一级政区方位名称变迁》,《湖北社会科学》,2007年第10期。

16 徐国利:《关于区域史研究中的理论问题——区域史的定义及其区域的界定和选择》,《学术月刊》,2007年第3期。

17 龙先琼:《试论区域史研究的空间和时间问题》,《齐鲁学刊》,2011年第1期。

18 龙先琼:《试论区域史研究的空间和时间问题》,《齐鲁学刊》,2011年第1期。

19 李孝聪主编:《唐代地域结构与运作空间·导言》,上海辞书出版社2003年版,第1页;成一农:《唐代的地缘政治结构》,李孝聪主编:《唐代地域结构与运作空间》,上海辞书出版社2003年版,第8—59页;满晓晶:《汉唐时期安阳地区地缘政治结构演变初探》,山东大学硕士学位论文,2008年;姚晓瑞:《中国古代地缘政治空间结构过程及模式研究》,《人文地理》,2008年第1期;阎凯东:《近代西北地区地缘政治演变略论》,《人文杂志》,2011年第2期;等等。

20 以下部分辞典、论著对"地缘政治学"或"地缘政治"所下的定义及理解,均体现出"地缘政治"概念是基于国际关系尺度而使用的:(1)地缘政治学是"关于国际政治中地理位置对各国相互关系如何影响的分析研究”。[美]美国不列颠百科全书公司编著:《不列颠百科全书(国际中文版)》第7卷,中国大百科全书不列颠百科全书编辑部编译,中国大百科全书出版社1999年版,第68页;(2)地缘政治学是“根据地理要素来筹划一个国家的安全政策”。[美]斯皮克曼著:《和平地理学》,刘愈之译,商务印书馆1965年版,第14页;(3)地缘政治是“根据各种地理要素和政治格局的地域形式,分析、预测世界或地区范围的战略形势和有关国家的政治行为。”《中国大百科全书·政治学》,中国大百科全书出版社1992年版,第57页;(4)地缘政治是“关于国际政治现象制约于地理的理论。”《辞海》,上海辞书出版社1980年版,第524页;(5)“地缘政治学也称地理政治学或地缘战略学,是关于地理环境制约国际政治现象的一种学说。该学说认为国家的政治事件、对外政策、国际政治事件和国际关系是由地理环境的因素决定的。”王恩涌主编:《政治地理学》,科学出版社2004年版,第2—3页。

21 肖黎著:《中国历史学四十年》,书目文献出版社1989年版,第588页。

22 方国瑜著:《中国西南历史地理考释》,中华书局1987年版,第1页。

23 朱惠荣:《汉晋时期西南边疆的地理分区》,复旦大学历史地理研究中心主编:《面向新世纪的中国历史地理学:2000年国际中国历史地理学术讨论会论文集》,齐鲁书社2001年版,第159页。此外还可参见:陈连开著:《中国民族史纲要》,中国财政经济出版社1999年版,第583页;胡绍华著:《中国南方民族历史文化探索》,民族出版2005年版,第1页。

24 林超民、秦树才:《秦汉西南夷新论》,中国秦汉史研究会主编:《秦汉史论丛》第8辑,云南大学出版社2001年版,第13页。

25 蓝勇著:《西南历史文化地理》,西南师范大学出版社1997年版。

26 罗二虎著:《秦汉时代的中国西南》,天地出版2000年版,第10页。

27 未署名:《开发大西南战略学术讨论会第一次会议纪要》,唐泽江主编:《经济社会发展战略研究理论与实践》附录,四川社会科学院出版社1986年版,第173—174页。

28 唐泽江主编:《论大西南战略地位及其开发》,四川省社会科学院出版社1986年版,第1—2页。

29 下列论著均采用了该书的观点:周天豹、凌承学著:《抗日战争时期西南经济发展概述》,西南师范大学出版社1988年版,第2页;黄立人著:《抗日战争时期大后方经济研究》,中国档案出版社 1998 年版,第 33—34 页;王红曼:《四联总处与西南区域金融网络》,《中国社会经济史研究》,2004 年 4 期;戴逸、张世明主编:《中国西部开发与近代化》,广东教育出版社 2006 年版,第 13 页。

30 徐新建著:《西南研究论》,云南教育出版社 1992 年版,第 85—98 页。

31 陈启修:《从"北洋政策"到"西南政策":从军国主义到文化主义》,《北京大学月刊》,1919 年第 3 期。

32 冀朝鼎:《中国历史上的基本经济区与水利事业的发展》,中国社会科学出版社 1981 年版,第 10—12 页。

33 [美]施坚雅:《中华帝国的城市发展》,施坚雅主编:《中华帝国晚期的城市》,叶光庭等译,中华书局 2000 年版,第 3—32 页,242—288 页。

34 邹逸麟:《我国古代经济区的划分原则及其意义》,《历史研究》,2001 年第 4 期。

35 周振鹤著:《中国行政区划通史 · 总论》,复旦大学出版社 2009 年版,第 164—165、173—175、205—206 页。

36 周振鹤著:《中国行政区划通史 · 总论》,复旦大学出版社 2009 年版,第 195 页。

37 陈正祥著:《西北区域地理》,商务印书馆 1946 年版,第 1—2 页。

38 张其昀:《中国地理的鸟瞰》,《独立评论》,1935 年第 167 号;蒋君章著:《中国边疆地理》,文信书局 1944 年版,第 1—2 页;蒋君章著:《西南经济地理》,商务印书馆 1947 年版,第 2 页。

39 李孝聪著:《中国区域历史地理》,北京大学出版社 2004 年版,第 238 页,251 页。

40 张利民:《区域史研究中的空间范围界定》,《学术月刊》,2006 年第 3 期。

41 张利民:《论华北区域的空间界定与演变》,《天津社会科学》,2006 年第 5 期。

42 张利民:《区域史研究中的空间范围界定》,《学术月刊》,2006 年第 3 期。另参见张氏的两篇论文:《论华北区域的空间界定与演变》,《天津社会科学》,2006 年第 5 期;《"华北"考》,《史学月刊》,2006 年第 4 期。

43 未署名:《经济开发中华北棉产的现况》,《商业月刊》,1936 年第 12 期。

44 曾养甫:《建设西北为今后重要问题》,《建设》(月刊),1931 年《西北专号》。

45 侯甬坚著:《区域历史地理学的空间发展过程》,陕西人民教育出版社 1995 年版,第 189 页。

46 王刚:《方位名词的特殊用法及其文化本源》,《西北民族大学》(哲学社会科学版),2008 年第 4 期。

47 唐兰:《释四方之名》,《考古社刊》,1936 年第 4 期;汪宁生:《初民时间、空间和数字概念探源》,《云南文史丛刊》,2001 年第 1 期;张静:《从先秦方位词看汉民族方位概念的发展》,《东岳论丛》,2006 年第 6 期;卜海艳:《方位词东西与南北的不对称性及成因探析》,《郑州大学学报》(哲学社会科学版),2008 年第 2 期。就文字起源而言,王力先生推翻了《说文》中对“东南西北”四字的解释,认为属于假借字。参见王力著:《汉语史稿》,中华书局 1980 年版,第 572 页。

48 此外尚有:范庆华的《“东西南北”及其文化内涵》,《汉语学习》,1991 年第 2 期;张清常:《北京街巷名称中的十四个方位词》,《中国语文》,1996 年第 1 期;张保宁:《中国古代方位观念初探》,《人文地理》,1998 年第 2 期;周汝英:《中国古代地理方位标志法探索》,《史学月刊》,1998 年第 3 期;等等。相关研究状况,亦可参见陈瑶:《“四方”研究百年》,《深圳大学学报》(人文社科版),2004 年第 6 期;吴佳娣:《方位词研究综述》,《牡丹江师范学院学报》(哲学社会科学版),2008 年第 1 期。

49 陈正祥著:《中国文化地理》,北京三联书店 1983 年版,第 212 页。

50 黄权生、杨光华:《浅释中国古代一级政区方位名称变迁》,《湖北社会科学》,2007 年第 10 期。

51 陈满华:《“东”、“西”与“east”、“west”》,《中国人民大学学报》,1993 年第 4 期;才雅南:《方位词“东、西、南、北”的汉英比较研究》,《牡丹江教育学院学报》,2004 年第 5 期。

52 胡厚宣:《殷卜辞所见四方受年与五方受年考》,深圳大学国学研究所主编:《中国文化与中国哲学》,东方出版社 1986 年版,第 61 页。又参见胡厚宣:《论五方观念及中国称谓之起源》,胡厚宣著:《甲骨学商史论丛初集》上册,河北教育出版社 2002 年版,第 277—281 页。

53 华林甫著:《中国地名学源流》,湖南人民出版社 1998 年版,第 5 页。

54 顾颉刚、王树民:《“夏”和“中国”——祖国古代的称号》,《中国历史地理论丛》,1981 年第 1 辑。

55 王家范著:《中国历史通论》,华东师范大学出版社 2000 年版,第 79—83 页。

56 李孝聪著:《中国区域历史地理》,北京大学出版社 2004 年版,第 359 页;陈正祥编著:《广西地理》,正中书局 1946 年版,第 5 页。

57 胡适:《南游杂忆》,欧阳哲生编:《胡适文集》第 5 册,北京大学出版社 1998 年版,第 644 页。

58 卫挺生:《调整西南各省区划刍议》,《时事类编》,1938 年第 29 期。

59 蒋君章著:《西南经济地理》,商务印书馆 1942 年版,第 2 页。

60 中国科学院西南资源开发考察队著:《西南区域发展》,中国科学技术出版社 1991 年版,第 1 页。

第二章

近代以来我国的地理分区

第一节　影响我国大区划分的地理基础

一、我国的地形与地貌

“西南”作为一个传统上习惯使用的大区概念，其范围变化明显受到地理因素的影响，尤其是早期因流域、地形因素而形成的自然界线对其影响尤大。不同阶段对西南范围的界定始终具有明显的地理基础，而且所包含的地理单元始终不是单一的。此外，民国时期的西南大区范围，与华南、华中、西北等大区存在明显的交错、叠合，因此探究西南大区范围变化，不可就西南而论西南，必须注意对西南与上述大区涵盖的范围相对照，如此才能清晰地反映问题。鉴于以上情形，本书所谈西南范围演变的地理基础，一定要从民国时期我国的地形地貌谈起。

我国的地貌总轮廓是西高东低，自西向东逐渐下降，构成垂直变化的阶梯状斜面。长江、黄河、珠江等主要大河均沿此斜面自西向东流，汇入太平洋。我国地貌骨架主要由三大阶梯所构成：第一阶梯是青藏高原，由极高山、高山和大高原组成，平均海拔达到4000米—5000米，有“世界屋脊”之称。青藏高原东缘则大致以祁连山脉、岷山、邛崃山、横断山脉构成。第一阶梯内分布着一系列山脉，海拔甚至在5000米—6000米以上。其中尚有近南北走向的横断山脉。从民国政区来看，西藏全区、青海全省、西康大部（东南一角除外）和新疆、甘肃南部边缘地区以及四川、云南二省的西北一角均属于地形上的第一阶梯。

第一阶梯也是长江、黄河、怒江、澜沧江、雅鲁藏布江等大河的发源地。长江与黄河上游以巴颜喀拉山脉为分水岭自西往东流注，随着地势降低，河面日益开阔，并形成较大的冲击平原，最终汇入太平洋。长江全长6300公里，发源于青海境内，往下依次流经西康、云南（以上名金沙江，并大致构成了康滇二省的自然政界）、四川、重庆、湖北、湖南、江西、安徽、江苏以及南京等8省、2直辖市，各省均有支流汇入长江，形成东西向横向联系的长江水系，流域面积达到1,808,500平方公里，居全国之首。长江流域也是我国径流资源最丰富的地区，约占全国总量的37%；[1] 黄河全长5464公里，亦发源于青海境内，依次流经甘肃、宁夏、绥远、陕西、山西（晋陕二省自然政界）、河南、河北、山东等8省，流域面积达到752,443平方公里，不过受我国西北、北部气候干燥、降水量少等影响，黄河年径流量仅有2.6%；雅鲁藏布江则发源于我国西藏境内，并呈东西流向，至民国西康境内的南迦巴瓦峰突然南折，形成著名的雅鲁藏布江大峡谷，流入印度境时又向西折，形成布拉马普特拉河；怒江、澜沧江则在横断山脉夹持下形成南北流向，自青藏高原发源流经民国西康、云南等省，分入缅甸（入缅后为萨尔温江）、法属安南境内（出境后为湄公河）。此外，第一阶梯内的诸多山脉与河流，构成了我国西南边疆地区的自然屏障，抗战时期的国防地位显得非常突出。

青藏高原东部外缘至大兴安岭、太行山、巫山和雪峰山之间，为我国第二级阶梯，主要由广阔的高原和大盆地组成，其间也有许多高大山地。其大部分地区海拔500—2000米以上，在第二阶梯内，青藏高原以北为高山环抱的大盆地，包括昆仑山脉和天山山脉之间的塔里木盆地、天山与阿尔泰山之间的准噶尔盆地。青藏高原以东地形、地貌更为复杂，自北向南有泾、渭流域的关中盆地、秦巴山地之间的汉中盆地，面积相对较小。四川盆地则是第二阶梯内南部地区最大的盆地，其西缘为岷山、邛崃山以及川西高原；东缘为大巴山、巫山、大娄山，整体上对四川盆地形成外部环抱之势。四川盆地面积约18万平方公里，盆地周围多为海拔1000米—2000米的山地，盆地底部的海拔高度多在300米—700米之间，由东向西的地貌分别为平行岭谷、丘陵和平原，其中以丘陵的面积最大。在盆地的西部则有面积约7200平方公里的川西平原。内蒙古高原、黄土高原和云贵高原则受阴山、秦岭、大娄山及桂西北山地平行分割，自北向南依次分布于第二阶梯面上。内蒙古高原大致处于阿尔泰山、阴山山脉与大兴安岭的环抱部；黄土高原则处于阴山山脉、贺兰山、秦岭山脉的环抱部；云贵高原实际上由云南高原与贵州高原组成，云南高原位于四川盆地的西南面。除了云南的大部分地区之外，还包括了黔西高原和川南山地等地区，海拔高度大体在1000米—4000米左右，但高原原面的海拔平均在2000米左右。贵州高原则位于四川盆地的南面，海拔高度多在1000米左右，东边一直延伸到四川盆地东面的鄂西山地，武陵山、雪峰山则构成其东缘，南部边缘不甚明显。从民国政区来看，整个云贵高原大致包括滇、黔二省全部，以及西康东南一角、鄂西南山地、湘西、桂西北等部分山地。

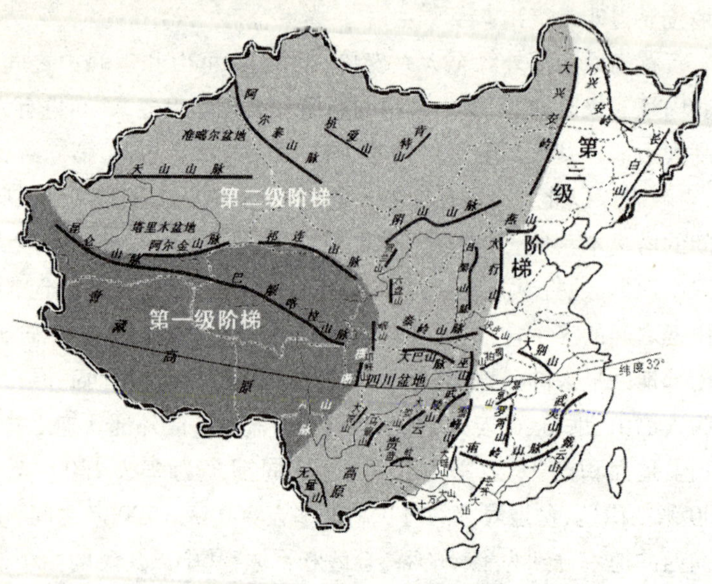

图 2　中国地势及主要山脉、河流示意图(民国)

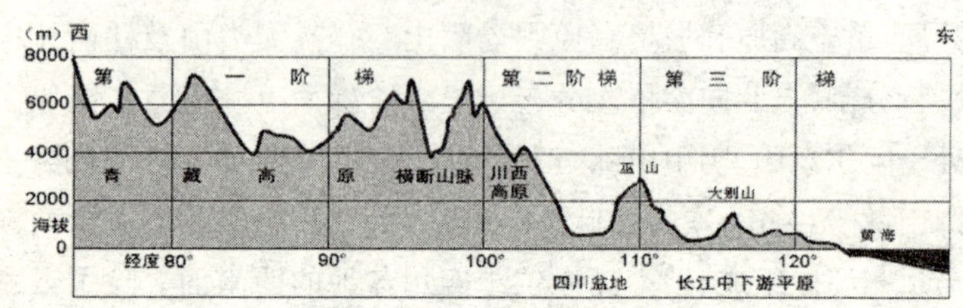

图 3　沿纬度 32°中国地势剖面图

【图 2、图 3 说明】

1. 为反映民国政区与自然地理单元叠合情况,图 2 采用了民国三十四年(1945 年)政区图为底图。底图来源:根据周振鹤主编,傅林祥、郑宝恒著的《中国行政区划通史(中华民国卷)·民国三十四年(1945 年)中华民国政区图》(复旦大学出版社 2007 年版,第 69 页)改绘。

2. 资料来源:王静爱主编《中国地理教程》(高等教育出版社 2007 年版)

之《图2—2:中国地势》(第23页)、《图2—3:中国主要山系》(第25页)。绘制过程中又根据以下资料加以增补:任美锷主编:《中国自然地理纲要》,商务印书馆1992年修订第3版;廖克主编的系列图之一《中国地势图(1:6000000)》,中国地图出版社2007年版。

3. 图内所示的山脉、河流仅仅是与本书内容相关的主要山脉与河流,并非全部。绘制原则是突出自然地理区划界线的主要山脉与河流。

4. 本图是示意图,南海诸岛部分,因与本书内容关系不大,不再绘出。

珠江、元江是发源于云贵高原的主要河流。珠江全长2210公里,流域面积为44.2万平方公里,受南部降水量丰富的影响,其年径流总量仅次于长江,可达到13%,径流资源相当丰富。[2] 珠江流域支流甚多,各段名称各异,主要由南盘江、北盘江(云南、贵州境内)、红水河、柳江、黔江、右江、左江、邕江、郁江、浔江(以上在广西境内),以及广东的西江、北江、东江等主要河段共同构成,形成了一个贯通两广主要城市乃至滇、黔部分地区的密集河网结构,是两广地区水路交通运输的传统要道,其出海口则形成了岭南最大的冲积平原——珠江三角洲,面积1.2万平方公里,不仅农业发达,而且以广州、香港为中心,一直是对外贸易的主要窗口,尤其是以珠江流域及传统五岭通道作为联系纽带,对珠江上游省份及长江上、中游地区的经济拉力较大。

大兴安岭、太行山、巫山和雪峰山一线以东地区则构成了我国第三级地形阶梯,第三阶梯分布着海拔不及200米的宽广平原和海拔不超过500米的丘陵。自北向南有东北平原、华北平原、黄淮海平原、长江中下游平原以及浙闽丘陵、两广丘陵等地貌,整体地形构造以沉降为主,局部隆起而形成海拔普遍在1500米以下的山地,如长白山、鲁中山地、大别山、桐柏山、幕阜山、罗霄山、仙霞岭、武夷山以及南岭山脉等。由于地势相对平缓,气候适宜农业发展,第三阶梯是我国重要的传统农业区,同时交通便利,绝大多数河流的通航条件良好，距离出海口较近，又是我国工商业发达，经济基础较好的区域。此外，由于整体地势的海拔不高，少数山地的自然分界特征明显。

二、影响大区划分的自然地理界线

从地形上看，我国的山脉走向是自然地理界线形成的主要因素，也是自然地理分区的主要依据。从图4来看，对我国大区划分有明显影响的山脉走向，大致可分为东西走向的山脉与南北走向的山脉，导致以其为基础形成的自然地理界线垂直交错，成为大区划分的主要基础。事实上，在地理大区确立之后，不论“西南”还是“华南”等大区概念，只是根据空间状态定名的问题。这些大区概念除了地理方位指向外，并没有特别严格的地理意义。因此，揭示自然地理界线而构成的地理大区划分形态，就是西南大区范围研究的主要步骤。

我国呈东西走向的山脉主要有：

1、我国北部的天山——阴山——燕山。大致展布于纬度40°—43°之间，天山不仅是塔里木盆地与准噶尔盆地的天然分界，也是习惯上所云的南疆与北疆的分野。[3] 阴山一线则构成了我国内蒙古高原的边缘，阴山—燕山线事实上大致是传统时期我国农牧分界线的北缘，邹逸麟先生指出，汉王朝的农耕区曾最远拓展至贺兰山、阴山山脉，此后又内缩于长城一线。[4] 长城作为古代著名的人文历史界线，也紧邻阴山山脉南缘而建。拉铁摩尔谈到长城边疆的地域构成时说：长城作为农牧边界，“它是环境分界线上社会影响的产物”。[5] 褚绍唐先生即曾将长城线作为我国经济地理的5条重要界线之一，认为其“虽非我国地理上的绝对界线，但长城多依山岭建筑，此线的南北约100公里的地带，实为我国经济地理上的重要过渡地带。大约东起燕山山脉，西行经北口山脉（外长城所在的山地）、陕北的白于山、再延甘、宁省界至甘肃的乌鞘岭而止”。[6] 长城线与阴山—燕山线之间，事实上构成了历代农牧文化交融的缓冲地带。民国时期所设立的热河、察哈尔、绥远特别行政区域，作为有别于“内地”省制与“边疆”地方的政区形式，均分布于阴山线与长城线之间。[7]

2、秦岭——伏牛山——大别山。该线大致展布于纬度33°—35°之间，不仅是长江和黄淮水系的分水岭，也与我国传统认识的南北重要分界线（秦岭—淮河线）大致吻合。

3、南岭山脉。南岭山脉大致展布于纬度25°—26°之间，尽管南岭平均海拔只有1000米上下，但我国第三阶梯地势较低，南岭山脉仍旧显得高峻挺拔，而且大致形成自西往东延伸的带状分布特征，南岭还是我国珠江水系与长江水系的分水岭，由此也构成了一条重要的地理分界线。上述三线相距各约8个纬度，具有明显的等距性，是我国大区划分的重要分界线。任美锷先生即认为：“习惯上，华北、华中和华南就是分别以秦岭和南岭为分界的。”[8]

4、对大区划分影响较大的还有阿尔泰山脉，以及昆仑山—阿尔金山—祁连山。二线近于东西走向[9]，阿尔金山—祁连山线是第一阶梯与第二阶梯分界的北缘，也是西藏、青海与新疆之间的自然界限；阿尔泰山脉则是新疆与蒙古的自然界限。

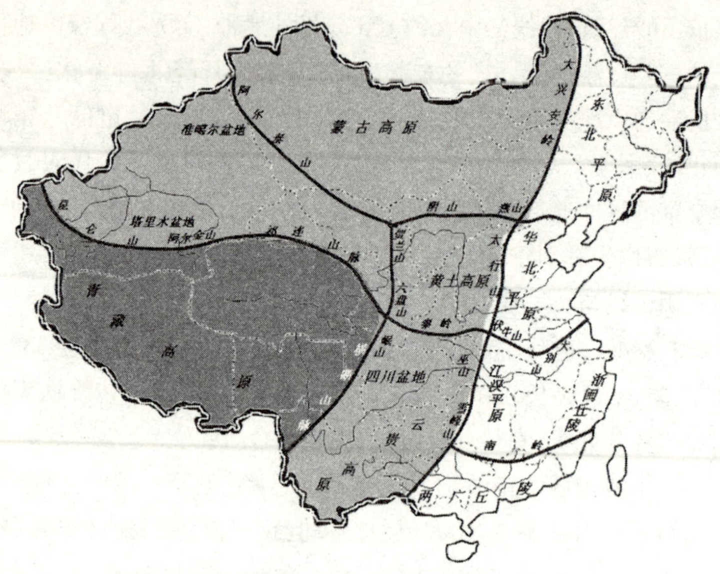

图4 影响我国大区划分的主要地理界线示意图

【图4说明】

1. 为反映民国政区与自然地理单元叠合情况，本图采用了民国三十四年(1945年)政区图为底图。底图来源：根据周振鹤主编，傅林祥、郑宝恒著的《中国行政区划通史(中华民国卷)·民国三十四年(1945年)中华民国政区图》(复旦大学出版社2007年版，第69页)改绘。

2. 图内所示地理界线，主要是直接于西南范围演变相关的地理界线。

3. 本图是示意图，南海诸岛部分，因与本书内容关系不大，不再绘出。

我国呈南北走向的山脉主要有：

1、大兴安岭—太行山—巫山—雪峰山—桂西北山地。地理学著作多认为此线属于"北东走向的山脉"。[10]直观地看，此线则是近于南北走向的山脉。此线事实上是我国第二阶梯与第三阶梯的东部边缘线。民国时期，此线秦岭、汉水以北段也大致可以看作是"大西北"的东部边缘线。[11]此线秦岭以南段则是目前西南范围的东部边缘线。民国时期的西南范围演变复杂，各种西南范围说虽然均有地理基础，但体现为可涵盖不同的多个地理单元。如齐植璐先生即认为："从幕阜山岭、武功诸山，经大庾岭，至云开、十万二大山一线，即所谓'大西南'的东缘。"[12]如此，至少湖南、广西二省亦在西南范围之内。总之，此线对民国前期西南范围界定的影响并不大，直到抗战开始后，在国防地理视野下，此线对西南范围界定的影响才逐渐体现出来。

2、贺兰山——六盘山——岷山——横断山脉。此线大致就是我国第一阶梯与第二阶梯之间的地理分界线。同时，比照邹逸麟先生认定的古代农牧分界线[13]，以及周立三先生的唐代以后农牧分界线[14]，贺兰山线亦与之大体吻合。

图5　古今地图"内边分野"线比较示意图

图5.1　东震旦地理图（南宋）

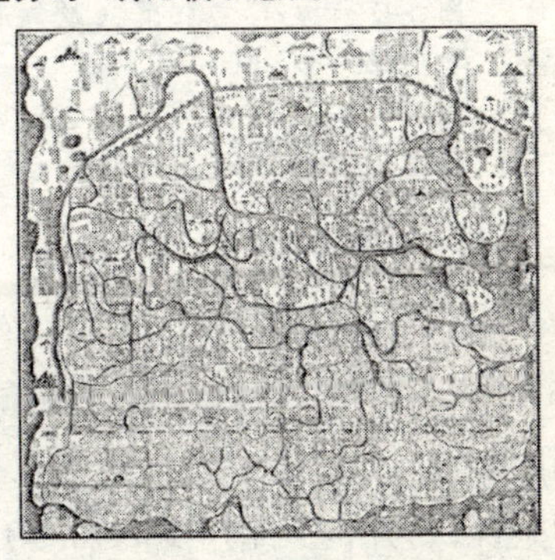

图5.2　今古舆地图（清乾隆初）

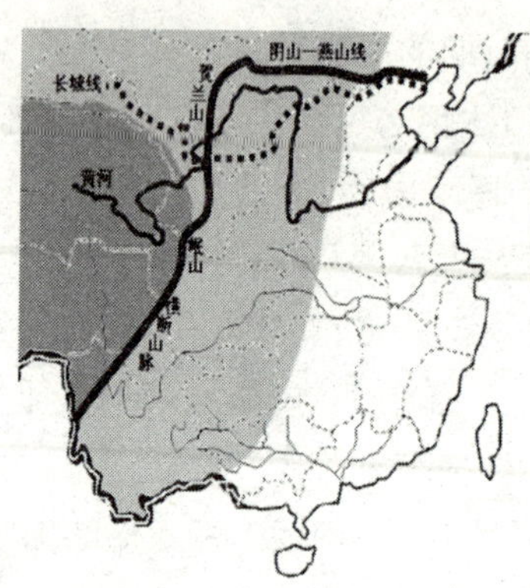

图 5.3　古舆地图所示长城—黄河构筑的内边分野线与自然地理界线比较示意图

【图 5 说明】

1. 图 5.1 来源:阎平、孙青果等编,韩北沙摄影:《中华古地图集珍》,西安地图出版社 1995 年版,第 139 页。

2. 图 5.2 来源:李孝聪著:《欧洲收藏部分中文古地图叙录》,国际文化出版公司 1996 年版,Fig. 19。

3. 上述古舆图,我在采用时进行了截选。

4. 本图是示意图,南海诸岛部分,因与本书内容关系不大,不再绘出。

结合上述分析,东西走向的阴山—燕山线与南北走向的贺兰山—岷山线事实上构成了中国古代的农牧分界线的北缘与西缘。邹逸麟先生指出:“农牧分界线虽然不是国家的边疆,却是疆域伸缩的起点。”[15]历史中央王朝政权的疆域盈缩,大致即以上述二线为缓冲线,并构成了历史时期“内地”和“边疆”分野界限。阴山—燕山线以南,贺兰山—岷山线以东的广大地区,向来可称为“内地”,主要以农耕经济模式为主,不仅是历史时期汉文化传播和固守的主体区域,也是历来中原大一统王朝控制的核心区域;而上述二线以北以西的广袤地区,则历来以游牧经济模式为主,是历代大一统王朝的拓展区域和屏藩“内地”的边疆。

比较图 5 两幅古代舆地图可见,传统的“内地”认知是以北界长城,西沿黄河上游来确定的。尽管古代对黄河发源地尚没有清晰的认识,但不妨碍古人对黄河上游边缘的认识,尤其是南宋《东震旦地理图》且明确标明了岷山的位置。图 5.3 比较可见,这一内边分野意识有明确的地理基础,大致形成了以阴山—燕山线为北界,以第一阶梯与第二阶梯分界线为西限,而且与古代农牧分界线大致吻合的地理基础。在中国疆域内部,这一"内边分野"的圈层结构既是自然地理环境的产物,也昭示了我国疆域构成的特殊性。自然,它的存在也对历史时期人们的大区认识产生了影响。

第二节　内边分野下的大区表达

一、清代以来的内边分野

清代以来的内边分野意识,主要体现为以冀、鲁、晋、豫、陕、甘、苏、浙、皖、赣、鄂、湘、川、闽、粤、桂、黔、滇十八省为"内地",而以外蒙古、西藏为主体的其他地区为"边疆"的地域分区意识。需要辨析一下"内"与"边"两个概念。

近代以来,相对于"边疆"而言的"内地"一词具有两种表述状态:

第一,清代以来传统内边分野意识下形成的"内地十八省"说。在传统五服观念指导下,王朝版图则由中心向外层层推延,由于缺乏国家主权意识,王朝疆域并没有一条清晰的边界。因此,所谓"内地"一般就是以加速边疆地区"内地化",抹杀其特殊性为前提,以汉文化深入程度为衡量标准,以变更其行政管理方式(如建省、改土归流等)为认定标志。说到底,内边分野下的"内地",其核心宗旨是"汉化"。如永乐十一年(1413 年),明王朝对贵州思南、思州二地改土归流，并设贵州布政使司。次年于二地设置八府、四州。《明史》就此云："贵州为内地，自是始。"[16]《明史·广西土司列传》记："明初，改桂林府为广西布政使司治所，属内地，不当列于土司。"[17]雍正皇帝亦曾相对于安南"外藩"而言称滇、粤为"内地"。[18]基于这一认识，清末民初的云南、贵州、广西等省常常被看作是与蒙、藏等"边疆"地方有区别的"内地"省份。

第二，相对于现代边疆（陆疆与海疆）认识的"内地"。其特征是远离政治边界或滨海区域的腹里地区，时常与"沿边"、"沿海"等概念相对。抗战时期强调的"内地"大后方建设，主要是指相对于"沿海"的国防安全地区。不过，有时"沿海"与"内地"相对举时，仅具有纯地理的表述意义，不像"沿边"那样强调国家政治边界。

边疆之"边"，一般具有"边缘"、"边远"二义，通常所说的"边界"、"沿边"等概念实际是从"边缘"义中衍生出来的。因此，边疆又存在政治边疆与文化边疆之分。王恩涌等人强调：

> 边疆是相对于国家的首都和核心区而言的，是距首都和核心区较远的地区。这些地区一般来说具有如下特征：国家的政令在边疆地区远不如在内地或中心区那样有效；经济发展速度也不如内地那样快；边疆地区一般比较偏远，与内地相比，交通运输不很发达；边疆地区可能有居民，也可能荒无人烟，如有居民，他们可能有特定的语言和文化习俗。[19]

王氏总结的"边疆"特征是针对所有边疆类型而言的，但我们知道，政治边疆一般是依据"边界"这条主权国家的外缘政治界线而认定的沿边省份，以边界认定的政治边疆实际上不一定就是"距首都和核心区较远的地区"，倘若政治中心相对靠近国家政治边界，这一意见就很难说是所有边疆类型的共同特征。王氏所强调的边疆特征，实际上是笔者所说的“文化边疆”特征。文化边疆是相对于国家的首都和核心区而言的，“是距首都和核心区较远的地区”，其侧重于强调其距离中心的边远性，以及行政管理、经济水平、地域文化等方面与“内地”的差异性。

尽管“沿边”省份并不一定就是距离政治中心与核心区“边远”的地区，但通常文化边疆会将政治边疆包含在内。传统内边分野意识下的“边疆”，实际上是基于狭隘的文化边疆认识（即内地化程度）来确定的。有时，人们针对滇、桂等省也使用“沿边”、“边地”等概念，并与第二层含义的“内地”相对，则是主要强调其政治边疆属性，二者不可混为一谈。

严格地说，内边分野意识之下而形成的“内地”整体范围观念，到底于何时明确体现出来，尚待进一步研究，但从上述引用的《明史》、《清史稿》材料来看，以采用省制为认定“内地”范围的标准至少在清代已经形成了。清代疆域广大，早已突破燕山—阴山—贺兰山—岷山一线，但在意识领域内却顽固地坚持着以省制区别“内地”与“边疆”的内边分野意识。这一意识最显著的体现则是清代以来延续至民国时期的“内地十八省”概念。

清代“内地十八省”概念是在明代两直隶、十三布政使司基础上形成，因此康熙初年尚只有十五省。康熙二年（1663 年），清政府析分陕西为陕西、甘肃二省；康熙三年（1664 年），分湖广省为湖南、湖北二省；康熙六年（1667 年），析置江南（明代南直隶）为安徽、江苏二省，由此形成“内地十八省”。清代大多数时期在燕山以北、大兴安岭以东地区（今东北地区）则设置奉天、吉林、黑龙江三个将军辖区，阴山—燕山线以北的外蒙古由乌里雅苏台定边左将军统辖，内蒙古则采用盟旗制度；地处贺兰山—岷山线以西的青海、西藏则设置办事大臣，新疆由伊犁将军统辖，均非与“内地”相同的省制管理模式，形成了有别于“内地十八省”的边疆地区。一直到光绪年间，为抵御外侮，加强对边疆地区的控管力度，清政府先后建立新疆（1883 年）、台湾（1886 年）行省，光绪三十三年（1907 年）又改奉、吉、黑三将军辖区为东三省，1894 年台湾省割予日本，由此清末后又有“二十二省”之说。[20]

在现代地理学兴起背景下，内边分野意识对我国的地理分区有重要影响。孙中山先生早期绘制的《支那现势地图》即将中国分为“支那本部”与“地属”两大部。[21] 1902 年，梁启超指出：“中国现今地理，可概分为两部：一曰本部，十八行省是也；二曰属部，满洲、蒙古、回部、西藏是也。”[22]“二十二省”形成后，梁启超又说：“中国领土，以地势言之，可略分为六部：第一部，十八行省；第二部，东三省及三特别区域；第三部，新疆；第四部，外蒙古；第五部，青海及川边；第六部，西藏。”梁氏进而认为：“本部（即第一部）地势毗连不可割，故随民族势力之发展，文化亦愈益扩大，结成单一性的基础。”[23]在传统内边分野意识影响下，民国时人也多以蒙、藏乃至西康、热河、察哈尔、绥远、新疆、东北三省为“边疆”，而以清代“十八省”为“内地”或“本部”。如周昆田表示：“我国边疆区域，习惯相沿，多以之包括东三省、蒙古、热河、察哈尔、绥远、宁夏、新疆、青海、西康、西藏等地；即以内地旧有之十八行省为内地，余则以边疆目之。”[24]张少微亦认为：“中国通常把本部与边疆对立，意思是除了本部十八行省之外，其余的疆域便是边疆。”[25] 1936 年 2 月 8 日，国民政府行政院修正公布的《修正边疆武职人员叙授官衔暂行条例》，第一条则明确提到所谓“边疆”，是“指蒙古、康、藏、新疆等处”。[26]

近代以来，随着西方知识的介入，中西方学者对内边分野的认识，出现了较大的分歧。就其表达形式而言，民国前期以“本部”与“藩部”两个相对称的概念来表达“内”与“边”的形式更为常用，由于我国历史疆域形成的特殊性，中西方文化对“本部”概念的理解就有天壤之别，有些西方学者甚至以中国的“本部”（相对于“藩部”）与西方列强的“本部”（相对于“殖民地”）相提并论。[27] 部分别居用心的国外学者，则据此认为：“中国之名，虽常泛用为包括四百二十五万方里（英里）广大地区之通称，但此全区，若称为广义的中国，较妥当些；狭义的中国，即是中国本部。”而“广义的中国”，则包括中国本部、满洲、蒙古、新疆、西藏。又云：“故泛用‘中国’一名以概括如此毫无联系，且在各方面如此根本不同的诸地方，显系一种错误。我们这里中国的意义，仅适用于中国本部。1932 年，满洲由于日本的帮助，宣布独立。”[28] 可见，当时普遍流行的“本部十八省”说，事实上成为西方列强妄图分裂和控制中国边疆地区的口实。

上世纪 30、40 年代活跃于中国的美国学者拉铁摩尔指出，内蒙古“臣属”满清后：

> 满清就有了一个“内”边疆结构，包括满洲的西部及南部、内蒙古以及拥有众多使用汉语的回教徒的宁夏及甘肃。在康熙年间（1662—1722 年）又加上一个“外”边疆，包括由清朝控制而非直接统治下的满洲北部、外蒙古、西蒙古、拥有众多使用突厥语的回教徒的新疆以及西藏各族。[29]

首先“康熙年间（1662—1722 年）”这一时间值得考虑。更重要的是，尽管这段文字反映了清代以来中国存在内地与边疆的缓冲地带（民国时期主要体现为热河、察哈尔、绥远、西康四大特别行政区域），但这不等于说“满清就有了一个‘内’边疆结构”。内边分野确然存在，然以“边疆”有内边疆、外边疆之分亦甚奇，此与其他西方学者对中国“本部”的错误理解实质上相一致。

我国多数人士对“本部”的理解，实际上就是基于内边分野意识的“内地”，并非将“本部”以外地区视为相对于主权国家形态下的殖民地。所谓蒙、藏、东北均是无可辩驳的中国领土。1911年，马君武郑重指出：“故不惟南北分治之说，当力辟之，即于满洲、蒙古、新疆、西藏，亦不许失尺寸之土地，是乃吾中华民国共和之国土也。”[30]辛亥革命后，四川成都、重庆两地军政府于1912年初商谈合并事宜，驻在重庆的蜀军政府提出五条意见，其中就有“提议西藏为全国之西藏”的倡议。[31]而且，针对内边分野意识产生的巨大负面影响，民国时人已有所警觉，强调应淡化“内边分野”表达，并加快边疆地区建省的内地化进程。1913年，蔡锷就王宠惠《中华民国宪法刍议》提出批评：

> 王君亦既知之而自言之矣（风按：此“之”系指宪法内关于领土规定“不宜明列各地方”），而何以于草案第三条，尚存约法之旧曰：中华民国领土为二十二省、内外蒙古、西藏、青海。……夫蒙、藏地处边疆，文化草昧，在前清已有置省控驭促进之议，今于宪法上显别其称，是将永别外藩，而不得与内地行省等量齐观耶？[32]

中国知识界也对“内边分野”进行深入反思，如陈原表示：

> 所谓“本部十八省”，这种说法是不必要而且不应该的，虽是外国一部分野心的地理学者所赞同，但它的意思无异是说十八省以外其实都不是中国“本部”，而是“边裨”之地，这野心是很显然的。[33]

一方面是内边分野意识的普遍存在，另一方面则是淡化内边分野的反思，这体现了近代以来我国的民族国家建构、疆域形成的基本状态。

孙中山先生提出的汉、满、蒙、回、藏“五族共和”思想，即蕴涵了这两方面看似矛盾的认识：孙中山先生云：“国家之本，在于人民。合汉、满、蒙、回、藏诸地为一国，即合汉、满、蒙、回、藏诸族为一人。是曰民族之统一。”又云：“武汉首义，十数行省先后独立。所谓独立，对于清廷为脱离，对于各省为联合，蒙古、西藏意亦同此。行动既一，决无歧趋，枢机成于中央，斯经纬周于四至。是曰领土之统一。”[34]“五族共和”的民族地理内涵，体现在团结和整合较为单一之民族分布的边疆区域：藏之于西藏、青海、川边等地；回之于青、新等；蒙之于内、外蒙古；满之于东北。马玉华对此评价说：

> 解读这一宣言，这里的“汉”指的是武昌起义时宣布独立的17省的汉族聚居之地，即在19世纪中期完成了省制的中国部分。所谓的“满”是东北地区满族的故地。“蒙”指的是蒙古族聚居的内外蒙古。“回”指的是信仰伊斯兰教的维吾尔人居住的新疆地区。“藏”是指的西藏。由此可知。新建立的中华民国的地域就是由这些原清朝的中国“本部”与“藩部”总合之地域。同时，新生中华民国的人民包括了生活在这些地域内的汉、满、蒙、回、藏等民族。[35]

可见，孙中山先生的“五族共和”思想，充分昭示了以民族整合地域的民族国家建构意义，同时也是促进中华民族多元一体的民族国家形态最终确立的关键步骤。[36]这一思想对推动边疆的内地化进程，维护边疆稳定，抵御西方列强侵略都有十分重要的现实作用。

然而,"五族共和"思想又蕴涵了明显的内边分野意识在内。其民族指向的地域分布集中单一的特点突出,显系"边疆"而发。事实上,孙中山先生甚至在1920年的一次党部会议上强调,此后的"五族共和","务使满、蒙、回、藏同化于我汉族,成一大民族主义的国家","不能笼统讲五族,应该讲汉族底民族主义"。[37]可见,孙中山先生亦受传统汉化思想影响,对"边疆"还没有形成一种基于"他者"的现代性认识。抗战期间,人们的目光转向积极经营西南建设,对西南地区分布的众多民族开始进行实质的研究,一些学者即对西南苗、瑶等族不在"五族"之列而忿忿不平,[38]这或许可以看作是知识界对长期推行的内地化政策的抗议。

那么,内边分野与西南大区范围界定有什么样的关系呢?内边分野意识下的"内地(本部)十八省",尽管地域面积仅为全国总面积的三分之一,但其政治、经济、文化等各方面都是我国的中心。"内地"人的视域范围受限于其活动区域,往往形成了一些特殊的大区表达。如1941年出版的《中国地理读本》指出:

> 这些区域(沿海、沿河、平原地区)都是全国人口集中的中心地区,一向被称为中国的本部或内部,我们经常所说的华北、华中、西北、西南等等就是根据这点来的。其实在地理的位置,并非在中国真正的北部、中央、西北与西南地区。[39]

可见,上述引文提到的大区概念主要是在"内地"范围内使用的"内方区"概念。"内方区"是指在内边分野意识影响下,使用于"内地十八省"范围内的方位大区概念。不仅西南、西北等传统大区概念长期属于"内方区"概念,我们习惯上常说的南、北,以及华中、华南、华北等概念也属于"内方区"概念。尽管目前已经摆脱了内边分野意识,但这些概念的表述仍旧残留着内边分野的阴影。

对此，民国学者曾提出以中国疆域的几何中心来重新界定大区的思路：甘肃武威是中国疆域内真正的几何中心，以此为中心建立坐标，我们目前的西北、西南、东南等大区范围均须重新调整。[40]青海大致处于中国西南部，陕西则处于东南部，而习惯上的“西北”之说均不能成立。所谓西南，也只能涵盖西藏全区、四川与云南的部分地区，贵州则完全不属于西南。而最有资格被称为华中地区的，反而是甘肃省。一般来说，西藏也基本上不在南方视域之下，南北分界线集中于第二阶梯以下的秦岭、淮河一线，并没有延伸到长江、黄河上游的分水岭巴颜喀拉山脉。目前已有研究成果指出：一级政区方位名称的分布主要集中于内地，边疆民族地区方位名称相对较少。[41]可见，政区方位名称的使用同样印证了“内方区”存在的历史现象。

一般来说，以“内地十八省”为整体范围，形成了三种习惯分区意识：一种是以秦岭、淮河为界，将中国划分为南、北二大区。这一分区意识产生甚早，近代以来南、北概念亦很常用。人们对南、北分区意识早已习知，且与本书内容无关，暂且不论。

第二种分区意识则是以十八省范围为基础，采用东南、东北、西北、西南的“四隅”概念表述之，以政治中心为坐标的影响已较弱。需要说明的是，这一分区意识较为混乱，受历史、地理因素等影响，各大区概念的使用频率、空间表达幅度并不一致，同时还受到空间表述功能（“一隅”还是“半壁”？）的影响，导致其表述的空间范围可大可小，既不稳定，延展性亦较大。总体来看，大致可以30年代后期为限，民国前、后期的差别主要有两大变化：1、民国后期“四隅”概念大致突破了内方区意识，可广泛涵盖我国的边疆地区；2、随着“华中”、“华南”等概念常用并被广泛接受，在各种区划实践基础上，大区区域观和空间范围进入一个调整和重构的历史阶段。

第三种分区意识则是以秦岭—淮河线、南岭线为界，分十八省范围为北部、中部、南部三个大区，各大区内均有大河贯穿，北部为黄河流域；中部为长江流域；南部为珠江流域。尽管地形、气候等因素对这一分区意识亦存在较明显的影响，但根本上还是体现为强调横向地域联系的流域分区意识。整体来看，后二种分区意识均与西南范围演变有明显而直接的关系。下文分述之。

二、内边分野下的"四隅"分区

传统研究过多地强调了以中原为坐标中心认识方位，尤其是将全国政治中心转移看作是中心坐标系变化的决定因素。对于中国文化的"一点四方"区域格局体系来说，其对历史早期的影响是非常明显的。但作者认为，至少在明清时期，以政治中心为坐标参照点的意识已有所弱化，而是以"内地"为整体范围，按照地理坐标（几何中心），进行"四隅"方位（西南、西北、东南、东北）的认定。

元以后，首都多建在北京，陕西大致处于北京的西南方向；江浙则大致处于北京正南方向。但陕西仍旧属于习惯认识的"西北"核心区，江浙则依旧是"东南"。清末于右任先生就社会风潮云："东北也，西北也，西南也，烽火惊心，危乎殆哉。"接着又具体解释道："外患之不已，而政府偏欲酿内乱。天津盐风潮，甘肃烟风潮，湘粤之路风潮，推原其故，无一非政府处置不善之所致。"[42]这里存在一个对应关系，即以天津属"东北"，以甘肃属"西北"，以湘、粤属西南，不仅反映了以湘、粤为"西南"的认识，而且也体现了这一大区观是在一定范围内做出的，而不是以政治中心（北京）为坐标点确立的，否则天津属于"东北"一点则无法成立。

根据图5选录的古代舆地图看，传统地图均将中国“内地”大致表现为一个正方体，若以几何视角来看，这个“方形”的几何中心大致在武汉一带，以广州、湘赣省界、武汉、郑州、太行山东麓、张家口作为南北轴线（大致为经度114度）；以秦岭、淮河一线为东西轴线（大致为纬线33度）。以广州为起点向南海延伸，南海又可分为“西南海”与“东南海”。[43]西南海上诸多岛屿小国则称为“西南海上诸国”。倘若以传统“四隅”来划分这一“内地”空间，川、滇、黔、桂、湘、鄂以及广东省70%的地域面积（以明清民国辖区为准）均属“西南一隅”范围。尽管古舆地图绘制的精度非常差，但它反映的是传统中国人对整体区域形状的认知，由此出发，地理方位表达自然也会受到这一错误地理意识的影响。

需要说明的是，历史时期西南、西北、东北、东南“四隅”概念的使用并不平衡，延展性也不相同。宋代以前，“四隅”概念均很少作为独立的大区专名出现，两宋以后则以“西北”与“东南”对举的现象最为常见，“西南”亦属常见，但“东北”仍旧较少见。究其原因，作为内方区概念的“东北”，其方位指向实际上是中国政治中心的腹心地区（今河北、京津等地），它与“中心”是相重叠的，所以在内方区表述里，基本上没有一个“东北”存在。

“东北”与“西北”是最早突破内方区束缚，大区范围延展至边疆地区的两个概念。1907年，清政府改奉、吉、黑三将军辖区为东三省。东三省地区以平原为主，大量内地移民进入，不仅促进了该地的内地化进程，而且其在铁路交通网络建设等现代化发展方面也走在全国前列，其与“内地”的关系日益紧密。加之，由于我国疆域形状等原因，以“东北”一词表述东三省再确切不过，范围也容易确定，主要指今黑龙江、吉林、辽宁三省。[44]

“西北”一词突破内方区表达，大致有以下几个历史背景：清代西部、北部边疆危机深重;清代多次用兵西北;清代西北地理学的兴起和发展。这些历史事件与活动极大地促动了时人对我国西北边疆地区的了解和认识,逐渐抛弃了狭隘的内方区认识,使得“西北”这一大区概念表述的空间范围日益广大。尤其是同治、光绪时期成为显学的“西北地理学”影响至大,甚至达到“学士大夫,苟不讲求塞外地理、蒙兀历史者,即不足与齿儒雅之林”的地步。其研究范围则“及满、蒙、新、藏及西北域外西亚、东欧诸区”。[45]梁启超先生指出:“自乾隆后边徼多事,嘉、道间学者渐留意西北边新疆、青海、西藏、蒙古诸地理,而徐松、张穆、何秋涛最名家。”[46]金毓黻先生亦云:“清代嘉道以后,学人多究心西北地理,初仅以新疆伊犁为范围,继则扩及蒙古全部,后移其重心于元史,不惟亚洲西部、北部,在所究心,即欧洲东部,亦在研究范围之内。”[47]这使得清末以来时人习惯上认定的“西北”范围,可以涵盖北至蒙、察、绥、宁,内包晋、陕、甘甚至河南,西及青、新、康、藏。

“西北”概念尽管突破了内方区意识,但在空间范围的界定上却显得异常混乱,并没有一致的看法。例如,清人魏源谈及“西北”区域时,涉及内外蒙、新、甘、宁、青、藏七大地区。[48]任美锷先生界定的“西北”包括八省:山西、陕西、甘肃、察哈尔、绥远、宁夏、青海、新疆。任氏认为蒙、藏为“我们真正的边疆”,由于“至今蒙古和西藏尚未设为行省,所以在政治地理上,应列为一个特殊的单位”,故没有将蒙、藏纳入“西北”。这显然是内方区意识的体现。[49]与任氏的西北范围界定相比,王文萱编录的《西北问题图书目录》有蒙、康、藏,而无山西。[50]丁步武则又将河南纳入“西北”。[51]在此基础上,民国时期甚至出现了“近西北”、“远西北”、“内西北”、“外西北”、“内东北”等概念。[52]

在20世纪30年代以前,“西南”概念总体上属于一个在“内地"范围内使用的内方区概念。清末刘师培将"三苗、南蛮、黎民"定义为"交趾支那族",认为分布于"中国本部之西南";汉族则主要分布于"中国本部",以此与分布"边疆"各地的"西藏族"、"通古斯族"(满族)、"蒙古族"相区别。[53] 1929年,吴美继先生对"贵州"的区位表述是:"位置在中华本部的西南。"[54]这些材料都特别强调了西南是在"本部"范围之下的表达。

民国时期,我国以"四隅"概念划分中国的分区意识体现得较为明显。笔者通过对《中国近代期刊篇目汇录》所录篇目内出现的大区概念频率进行统计发现:1857—1899年间,四隅概念(西南、西北、东北、东南)出现次数均在4次(含)以下;1900—1911年间,"西北"猛增至36次,其他概念与此前相比有明显上升(出现次数在5—13次之间);1912—1918年间,"西南"、"西北"均在30次以上,"东南"、"东北"也有小幅增加(参见表3)。随着东三省沦陷,"东北"一词被使用频率的上升趋势很快,西南、西北大后方建设也使得二词保持着高使用率。1935年,张其昀先生说:"近年来通俗的论文,常常提到东北、西北、东南等名词。"[55]这反映了民国时期以"四隅"分区的显著特点。

民初以来,"四隅"分区现象之所以非常普遍,一定程度上与民初大区政治有密切关系。进入民国,在地域政治上时而体现出由民初省界主义在"联省"基础上形成的大区政治特征。目前多数论著仅言"省"政治,[56]少有论及数省联合形成的大区政治。大区政治体现为以省为基本单元,实现政治军事的小区域联合,进而形成以两个或两个以上的小区域联合,并以数省为整体的大区政治单元。例如,李烈钧曾质问袁世凯政府:"军事计画,有以一省自为区域者,有合数省成一区域者,其联络统一之法何说优良?"[57]

表3　《中国近代期刊篇目汇录》中大区概念出现频率统计表

<table>
<tr><th>时间阶段
区域概念</th><th>1857—1899</th><th>1900—1911</th><th colspan="3">1912—1918</th></tr>
<tr><td rowspan="3">西南[b]</td><td rowspan="3">4</td><td rowspan="3">7</td><td>1912—1916</td><td>1917—1918</td><td>1919—1925</td></tr>
<tr><td>9</td><td>15</td><td>9</td></tr>
<tr><td colspan="3">33</td></tr>
<tr><td>西北</td><td>4</td><td>36</td><td colspan="3">30</td></tr>
<tr><td>东北</td><td>3</td><td>5</td><td colspan="3">7</td></tr>
<tr><td>东南</td><td>4</td><td>13</td><td colspan="3">13</td></tr>
<tr><td>南北</td><td>15</td><td>52</td><td colspan="3">64</td></tr>
<tr><td>南(方/部/清/省)</td><td>15</td><td>35</td><td colspan="3">21</td></tr>
<tr><td>北(方/部/清/省)</td><td>29</td><td>28</td><td colspan="3">45</td></tr>
<tr><td>华北</td><td>0</td><td>3</td><td colspan="3">14</td></tr>
<tr><td>华南</td><td>0</td><td>0</td><td colspan="3">0</td></tr>
<tr><td>华中</td><td>0</td><td>0</td><td colspan="3">0</td></tr>
<tr><td>华东</td><td>1</td><td>1</td><td colspan="3">0</td></tr>
<tr><td>华西</td><td>0</td><td>1</td><td colspan="3">2</td></tr>
</table>

【表3说明】

1. 表注:a. 该资料内收录的个别期刊篇目,延续到了1925年,为方便统计,1918年以下的篇目一并计入。b. 表列"西南",除独立以"西南"出现之外,也包括以下表述:西南各省、西南诸省、西南六省等,但不包含"西南夷"在内(1900—1912年间出现2次)。

2. 数据统计的依据资料:上海图书馆编:《中国近代期刊篇目汇录》,上海人民出版社。第一卷(共1册,1857—1899),1965年版;第二卷(共三册,1900—1911),上册1979年版,中册1981年版,下册1982年版;第三卷(共二册,1912—1918),上册1983年版,下册1984年版。

3. 这个统计是以全国性的大区概念为主,仅表示局部地区方位的则排除在外,如"滇西南"等。

4. 统计数据的分期与时间上下限均是按照原书的编排。

5. 部分文章连载数期,或转载于它刊,文章篇目就有重复,针对这种情况,仅按1篇统计。

1916年9月21日,北洋军阀出于"图势力保存的自觉",皖系徐树铮等暗中与倪嗣冲及张勋代表万绳拭等,秘密往还磋商,愿奉张勋为首领,令各省区复派代表集会于徐州。到9月21日便有所谓"省区联合会"出现。加入此会的,初为九省,后增至十三省(安徽、江苏、江西、湖北、河南、山东、直隶、甘肃、奉天、吉林、黑龙江、福建,并粤省琼崖的龙济光)。这就是当时舆论所称的"督军团"。李剑农对此评价道:"他们自己知道失去了统一的头脑(袁世凯),形势日趋散漫,非有一种团体的结合,不足以抵抗民党的新势力,不过他们的团体只有一种形式,精神上也是同床异梦的。"[58]督军团以北洋系控制地域范围为基础,包含了东南、北方(华北)、东北等大区,事实上是大区政治的特殊形式。

一般来说,大区政治若以中央任命形式体现,则是省内各区设镇守使;一省设督军,两省以上设巡阅使,军防区设置及地域范围划分均具有历史、地理基础。例如护国运动后,桂系势力控制广东,桂系首领陆荣廷出任了两广巡阅使,粤、桂二省督军分由桂系头领担任。1917年,唐继尧曾表示:"中央苟顾持大局,推诚相与,应速明白表示,果处分悉当,不惟川事尧可担任完满解决,此后并可力顾统一,共维国是。至表示之标准,陆例(指段祺瑞政府任陆荣廷为两广巡阅使事)具在,不烦远引,……"[59]唐继尧请求中央援引陆例,直接索要川、滇、黔三省巡阅使职,是谋求滇系势力在黔、川二省的合法地位。

大区政治的形成与近代以来出现的起义"响应"模式有很大关系,起义"响应"模式的特点是以一省为基础发起,然后谋求或敦促其他省份响应,共同达到某种政治利益,体现为省际或区域的政治联合与协作。这与传统农民起义、叛乱等采用的路线型发展有较大区别。前者的最大弊端是基本上不会触动每个地域政治单元内部的原有统治秩序,这成为各种地方势力长期存在的重要原因。当然,这种大区政治模式仍旧是一个社会表现,背后的深层原因则有很多,例如传统的地方主义意识,近代的督抚专权,地方势力兴起等等。近代最早能够体现"响应"模式的运动是针对义和团运动的"东南互保"。这种模式成为清末革命党人较为倚重的一种革命形式。例如黄兴就曾提出:"吾人发难,只宜采取雄踞一省,与各省纷起之法。"[60]推翻清政府的辛亥革命运动就是"响应"模式的体现。

民国初年的多数政治运动都体现了这种模式,例如二次革命、护国运动、护法运动、联省自治运动等等。各种地方势力均没有受到实质触动,成为影响国家统一的因素。直到孙中山接受共产国际与中国共产党的帮助,改组国民党后,以肃清各省军阀势力为要义,路线型地发动北伐,才基本解决了全国统一问题。但由于孙中山的早逝,在北伐过程中,蒋介石的新军阀力量过度膨胀,对部分地区的军阀达成妥协,这种路线型发展的革命模式并没有持续下去,使得西南、西北等地的军阀势力仍旧保留下来,并曾于1932—1936年间形成以两广地方实力派为主体的"西南政府",与蒋介石代表的国民政府和平对峙。

话说回来,正由于大区政治的存在,民初时期常用西北、西南、东北、东南“四隅”概念来表述这些区域政治联盟所控制的地域（20世纪30年代后，华中、华南、华北等概念也逐渐频繁被使用）。有时，由于某种政治运动主要集中于一个大区，也用大区之名来概括此运动。早启其端者，莫若1900年由湖广、两广、两江总督及山东巡抚联合发起的“东南互保”运动。[61] 1913年，反对袁世凯称帝的二次革命，由于主要发生在苏、皖、赣、湘、粤等省，当时习惯上又称为“二次东南革命”。[62]某文评价1923年的地域政治格局则云：“大政变发生后，反对方面拥有实力而足使人注意的，除直系内部的吴佩孚外，东北有奉系，西南有孙文系，东南有安福系。”该文作者所论的“东南各省”，则是指苏、浙、赣、闽、皖的“东南五省”[63]，“西南”则显然以广东为主体。1924年，时人则将第二次直奉战争分解为两大战区，即东南与东北。[64]习惯上，1925年冯玉祥担任西北边防督办后，其所辖军队统称为“西北军”；1929年1月，国民政府尚设立具有准政区性质的东北政务委员会于沈阳，张学良担任主席。[65]我国西北甘肃、宁夏、青海等地军阀，习惯上又称为“西北诸马”。

1918年，唐继尧针对南北和议提出划分全国军区：“兹就中国形势，拟划全国为五大军区：一、东北军区；二、西北军区；三、东南军区；西南军区；五、中部军区。”并强调：“一、每区内划入各省，以地理、民情、实力、财政、交通各项能互相联络、互相补助者为根据；二、划分军区本为国防计，边地各区区域应较广，内地各区应较狭。”[66]这里的“边地”是指沿边各省，与习惯上内边分野意识下的“边疆”有异。当然，唐继尧提出的“边地各区区域应较广，内地各区应较狭”，事实上是为地方军阀势力割据张目。这里在“四隅”之外，多出一个“中部”，可看作是“四隅”分区意识的变体。

1931年，时人就中央欲划军区提出看法，认为如果在缩小省区后，军区划分又分为东北、西北、东南、西南四区，“则区积愈大，师积愈多，军权庞大，三藩、七国之祸变，仍为中原之争端，政局仍不能安定。”[67]一篇写于1932年的文章，针对广州“西南政府”对抗中央行为而发议论说：

> 以前的中国常不免剖分为南、北两大区域，西方观风的学者说这是有民族性的根据的：北方保守，南方急进，两不相让，终于分治。如今的局面似乎可以分做四块了。东北一块已经在别人的咽喉里；西北据说尚在开发，东南快被灾、匪（蔑指中共）和其他类似的东西蛀空了，只有西南似乎比较还完整；西南的亟亟于脱离南京的羁绊，也许为的是求自给自足，少一分连累，即多为中国留一分干净土罢。但不只这四分五裂的局面也有民族性的依据没有。[68]

还有一首名为《西北和西南》的诗，也体现了与上述引文同样的区域认识：

> 东北破碎了，希望西北的开发
> 东南颓废了，希望西南的兴奋
> 但西北饥荒得可痛
> 西南昏沉得可哂
> 那么到那里去？
> 彷徨，徘徊，终于停顿。[69]

甚至到20世纪40年代，钱穆先生《政学私言》一书，还屡用“四隅”概念论我国地理与政治局势。[70]不过，也有个别的“四隅”分区表达明确突破了内方区，例如1936年，刘文翩先生将我国划分为东南本部、东北草原、西北高原和西南高原四大区，将整个“内地十八省”定名为“东南本部”。[71]

具体说到“西南”，更是如此。1916年后，西南各省联合对抗北洋政府，内部以省为基本单元，进而形成川、滇、黔三省以滇系军阀为主导，桂、粤、湘由桂系军阀所主导的地域政治格局，又以滇、桂二系为基础实现联合，形成“西南六省”为主体的大区政治联盟。[72]

这种大区政治联合也体现在政治组织形式上。护国运动后，肇庆军务院采取抚军制；护法时期附于桂系的政学会改组军政府，由大元帅制改组为七总裁制，都是一种合议制的政府组织形式。一般来说，除少数人外，西南各省督军均为抚军、总裁，体现的是对大区内部不同地域派系的联合。“西南各省”名义上的首领是有声望而无实权的岑春煊，岑春煊能够成为名义上的西南领袖，体现了各省政治联合模式下对那种具有广泛地脉基础的人物的需求。岑氏是广西西林人，前清云贵总督岑毓英之子。岑春煊于前清时，曾是与袁世凯“名位相埒”的南方大员，先后担任四川、两广、云贵等地总督，官声甚好，参与护国运动重要人物陆荣廷、龙济光均为岑氏旧部，在西南各省具有广泛的人脉与地缘基础，声望极高，与西南各方力量都有渊源关系。[73]

1920年，湘、粤、滇等西南各省为对抗吴佩孚武力统一政策，又各自倡导“省自治”，并进而谋求西南各省联合，形成“联省自治”模式以对抗北洋政府。[74]一篇政论在评价这个“西南”政治联盟时说：

> “西南”原是一个整个的团体，当民国六、七年时，两广巡阅使陆荣廷、广东督军陈炳焜、广西督军谭浩明、云南督军唐继尧、湖南督军谭延恺、四川督军熊克武、贵州督军刘显世取一致行动，与北京的段祺瑞派政府脱离关系，拥戴孙文在广州设政府，其势力原亦不弱。后来内部分裂，陆荣廷、岑春煊所

领袖的广西派把持西南政府，与孙文所领袖的国民党发生冲突，互相排挤，一场争闹，西南团体遂无形解散。更后则赵恒惕在湖南，唐继尧在云南，陈炯明在广东高唱联省自治，虽勉强保持西南自治的面目，但局面已非六、七年时可比，势力亦远不及了。[75]

陈独秀的一番话，更能反映西南大区政治在民国前期反复呈现、根深蒂固的地域政治局面。陈氏表示：

“西南自主”乃中国过去内战史上一名词，乃民国六、七年间，由西南数省新兴的小军阀以“暂时自主”的名义，脱离北方大军阀之管辖而产生。先后加入此运动者为两广巡阅使陆荣廷，广东督军陈炳琨，广西督军谭浩明，云南督军唐继尧，湖南督军谭延恺，四川督军熊克武，贵州督军刘显世，和西南数省人民都无关系。……现在又来了！自但懋辛、石青阳奔走滇黔以后，“西南团结”的呼声，充满了国民党的机关报。据9月23日《民国日报》的广州通信，所谓西南大团结之大人物如左表：（一）陈炯明；（二）唐继尧；（三）熊克武、刘成勋、杨森；（四）刘显世、唐继虞；（五）沈鸿英、林俊廷。[76]

以上材料表明，大区政治实际上是民国初年突出的地域政治特征，“四隅”概念的介入尽管只是一种语言表达，但却是大区概念和大区政治实体相结合的体现。这一大区政治因素必然会极大地影响时人的区域观念，进而对“西南”等区域范围的认识产生干扰。

民国时期没有设置过管辖范围明确的大行政区，其习惯分区的地域范围不够稳定。不过笔者发现，历来行政区划简表中的政区排列顺序都遵循某种“大区”性，即同处一个大区的省份往往排列在一起。根据这一特点，“四隅”分区意识可通过民国时期中央政府公布的行政区划简表内的政区序列推测一二。如图 6 所示：

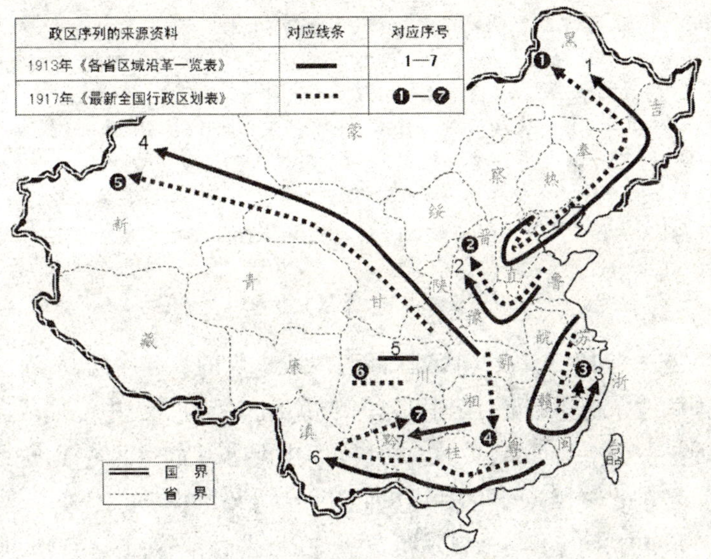

图 6　1913 年、1917 年行政区划简表内政区序列示意图

【图 6 说明】

1. 底图来源：周振鹤主编，傅林祥、郑宝恒著：《中国行政区划通史（中华民国卷）·民国九年（1920 年）初中华民国政区图》，复旦大学出版社 2007 年版，第 45 页。

2. 资料来源：内政部职方司第一科编制：《各省区域沿革一览表》，1913 年 8 月刊行，第 1—2 页；内政部职方司第一科编制：《最新全国行政区划表》，1917 年 11 月刊行，第 1—2 页。

3. 图内线条的断限起始是由省区之间的区位连接性决定的，具体绘制方法如下：据原资料提供的政区排列顺序，自起首省区为线条起点，依次贯穿起首地以下省份，直到线条在无交叉往复情况下无法延伸为止，即为序号“1”或“❶”，然后依据上述办法重新画线，分别得出 1—7、❶—❼序号。以 1913 年《各省区域沿革一览表》政区序列为例，该表公布的政区序列为：顺天府、直隶省、奉天省、吉林省、黑龙江省、山东省、河南省、山西省、江苏省、安徽省、江西省、福建省、浙江省、湖北省、陕西省、甘肃省、新疆省、四川省、广东省、广西省、云南省、湖南省、贵州省。以顺天起首,及以下直隶、奉天、吉林、黑龙江四省地域连接,可以一线贯之,是为“1”;黑龙江省以下为山东省,二省相隔甚远,不可能一线连贯,只好以山东另起一线,贯穿至山西止,是为“2”。依此方法,得出上表。

4. 海南岛时属广东,台湾为日所踞。

5. 1913 年《各省区域沿革一览表》没有涉及边疆地区;1917 年《最新全国行政区划表》内没有介绍外蒙古、青海、西藏,热河、绥远、察哈尔、川边四个特别行政区域依次列于各省之后。该表“例言”介绍:“本表首京兆地方,次各省,又次各特别区域。”在政区序列上显然有内边分野观念贯穿其中,故未列入。

6. 本图是示意图,南海诸岛部分,因与本书内容关系不大,不再绘出。

该图是 1913、1917 年政区简表内所提供的政区序列,从对应序列的线条走势看,该序列以我国中部地区(湖北)为中心形成向四周扩散的空间形态,大体上形成四大地域板块的空间特征,这或许正是东北、东南、西北、西南“四隅”分区意识的体现。

从 1913 年的《各省区域沿革一览表》来看,序列 1 之京师、直隶、奉天、吉林、黑龙江四省一区连贯为一线,序列 2 之山东、河南、山西贯穿一线,上述省区构成了一个东北范围;序列 3 则以江苏起始而以浙江终,形成一个封闭的东南五省区域;序列 4 湖北、陕西、甘肃、新疆四省一线贯之,构成西北区;序列 5、6、7 的序号相连,构成川、粤、桂、滇、湘、黔的西南六省区。与 1917 年简表相比,唯一的变化是湖南排在湖北之后,其潜在的分区表达是似以鄂、湘为中部,以川、粤、桂、滇、黔五省为西南区,以陕、甘、新为西北区。笔者对西南区域观的量化统计分析也证明,上述西南六省、五省说也是民国前期流行的西南范围界定意见。

从上述的详细分析来看,民国时期,尤其是抗战以前,“四隅”分区是相当普遍的一种大区认识。

三、内边分野下的流域分区

清末以来，在“内地十八省”范围内体现出一种明确的习惯分区意识，即分十八省范围为北部、中部、南部三个大区，各大区内均有大河贯穿，北部为黄河流域；中部为长江流域；南部为珠江流域，并分别以新设置的东三省、新疆为黑龙江流域、塔里木河流域。尽管地形、气候等因素对这一分区意识亦存在较明显的影响，但根本上还是体现为强调地域经济联系的流域分区意识。

流域分区一般是以政区范围为依据进行表述的，但也暗含着三条地理界线，即以阴山—燕山线、秦岭—淮河线、南岭线为界。1902 年，欧榘甲倡导革命，认为或可“因河流、江流、海流，分（内地）为北、中、南三大部分”，阴山以南，黄河以北为北部；黄河以南，扬子江以北为中部；扬子江南岸，南洋北岸为南部，针对满清政府宣告“自立”。[77]

就笔者视野所及，内边分野下的流域分区意识较早体现在 1905 年刘师培编制的《中国地理教科书》当中。刘氏将我国分为“本部”、“边疆”两大部，以蒙古、青海、西藏为边疆，而将“本部”分为内地十八省与关东三省、西域三大区，体现出明确的以省制为标准的区划形式。内地十八省内则依据流域，将京、直、鲁、晋、豫、陕、甘七省区纳入黄河流域；以苏、浙、皖、赣、鄂、湘、川、黔八省为长江流域；闽、粤、桂、滇四省为珠江流域。

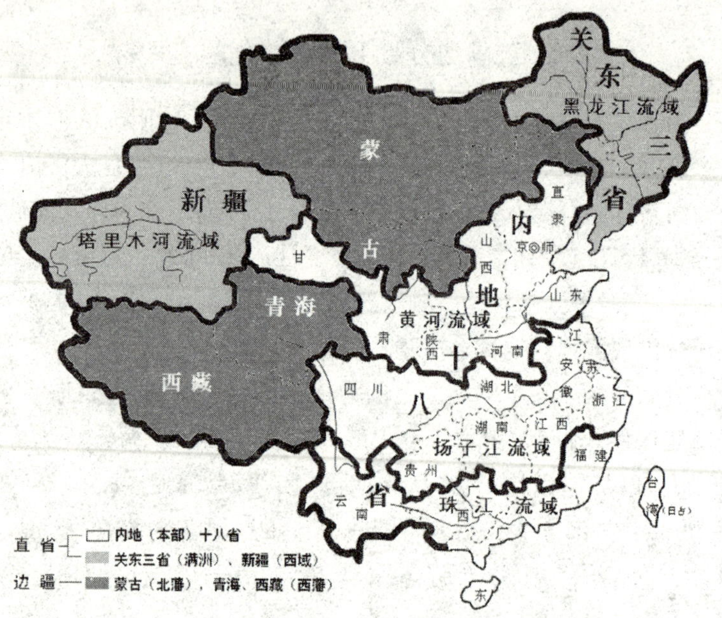

图 7　刘师培《中国地理教科书》的综合分区示意图

【图 7 说明】

1. 底图来源：谭其骧主编：《中国历史地图集》第八册《清时期·清时期全图(二)》，中国地图出版社 1987 年版，第 5—6 页。

2. 资料来源：刘师培编：《中国地理教科书》第 1 分册，国学保存会 1905 年印行，第 4 页。

3. 本图是示意图，南海诸岛部分，因与本书内容关系不大，不再绘出。

民国时期，以黄河流域、长江流域、珠江流域为北、中、南“内地”三大区的意见甚为多见，一些别具用心的西方学者也据此将中国分为本部与外部，又分本部为南部、中部、北部三个大区。[78]总体来看，多数意见则以冀、鲁、豫、晋、陕、甘为北部（黄河流域）；苏、浙、皖、赣、鄂、湘、川为中部（长江流域）；以闽、粤、桂、滇、黔为南部（珠江流域）。

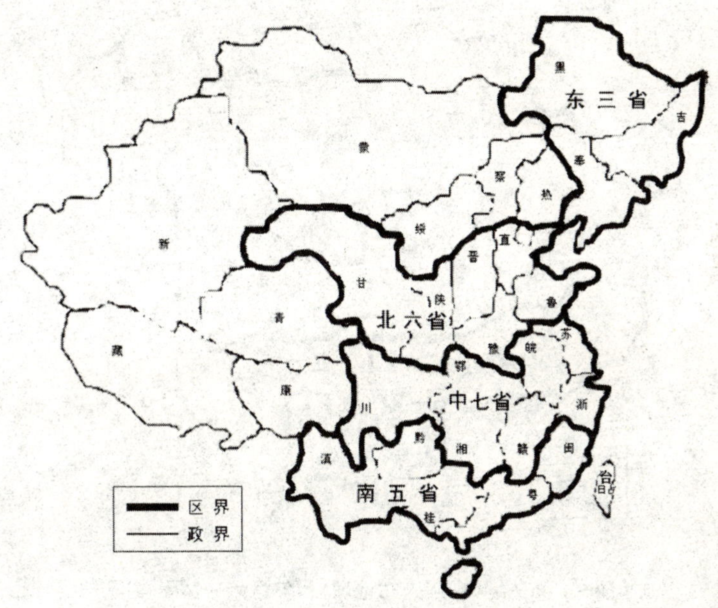

图8　中国生计调查会《秘密生涯：中国无职业人生活问题》中调查分区示意图

【图8说明】

1. 底图来源：周振鹤主编，傅林祥、郑宝恒著：《中国行政区划通史（中华民国卷）·民国九年（1920年）初中华民国政区图》，复旦大学出版社2007年版，第45页。

2. 资料来源：中国生计调查会编：《秘密生涯：中国无职业人生活问题》，世界书局1920年版。

3. 海南岛时属广东省，在“南五省”范围之下。

4. 图示大区为原资料对各省无业人士的调查范围，即集中于内地十八省与东三省，故不及其他地区。

5. 本图是示意图，南海诸岛部分，因与本书内容关系不大，不再绘出。

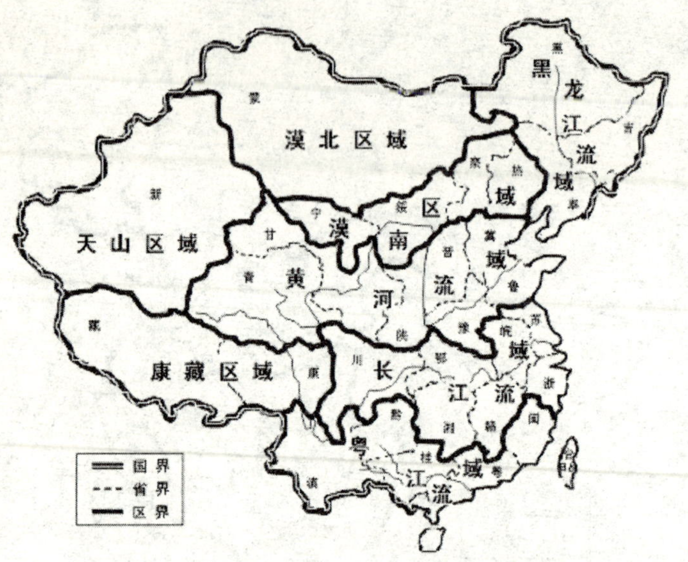

图9　吴美继《中国人文地理》自然区划方案示意图

【图9说明】

1. 底图来源：参考1929年政区设置情形，并根据周振鹤主编，傅林祥、郑宝恒著《中国行政区划通史(中华民国卷)·民国九年(1920年)初中华民国政区图》改绘而成，复旦大学出版社2007年版，第45页。

2. 资料来源：吴美继著：《中国人文地理》，中山书局1929年版，第2—4页。

3. 尽管1929年西康已建省，但宁雅二属尚未划归西康，故沿用了此前的西康特别区域图。

4. 本图是示意图，南海诸岛部分，因与本书内容关系不大，不再绘出。

20世纪30、40年代，国民政府公布的行政区划简表内的政区序列，与1913年、1917年公布的行政区划简表内的政区序列相比发生了较大改变，很显然已不再是四隅分区意识的体现，而是反映出北、中、南横向性的流域分区意识(对照图6)。1930年的《现行行政区划一览表》与1947年的《中华民国行政区域简表》均自政治中心(南京)所在省份江苏为首,次及浙江、安徽、江西、湖北、湖南、四川等省,形成沿长江流域自东向西延伸的中部地区;河北、山东、河南、山西、陕西、甘肃、宁夏、青海,形成沿黄河流域自东向西延伸的北部地区;福建、台湾、广东、广西、云南、贵州,则属于大致沿珠江流域自东向西延伸的南部地区。

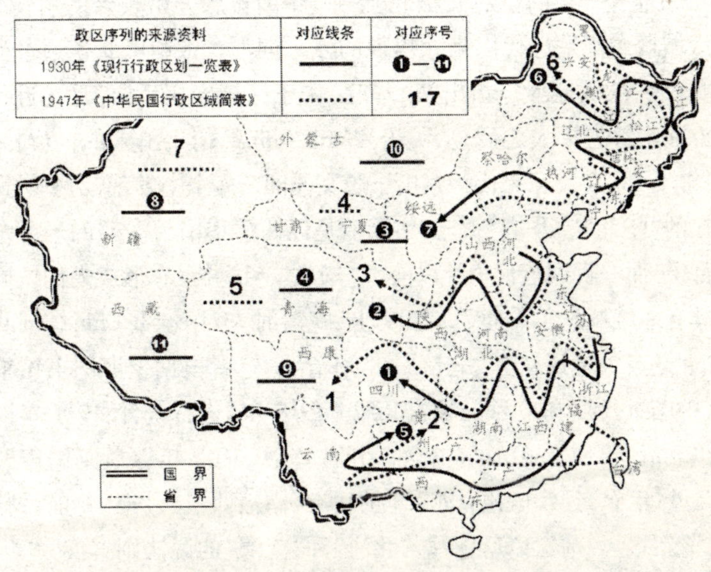

图 10　1930 年、1947 年行政区划简表内政区序列示意图

【图 10 说明】

1. 底图来源:周振鹤主编,傅林祥、郑宝恒著:《中国行政区划通史(中华民国卷)·民国三十四年(1945 年)9 月中华民国政区图》,复旦大学出版社 2007 年版,第 69 页。

2. 资料来源:《现行行政区划一览表》,商务印书馆 1930 年 8 月版;内政部编:《中华民国行政区域简表》,商务印书馆 1947 年版。

3. 图例参见图 6 说明。

4. 海南岛时属广东,1945 年前,台湾为日所踞。抗战胜利后,台湾省回归祖国。

5. 1947 年《中华民国行政区域简表》没有涉及西藏地方，国民政府于1946 年 1 月承认外蒙古独立，也未在 1947 年简表内。

6. 1930 年《现行行政区划一览表》"例言"介绍："（本表）首列各市，次各省，又次各地方。"1930 年的东北地区为辽宁、吉林、黑龙江三省，日军侵占东北后曾划东三省为十八省，抗战胜利后，国民政府在此基础上并为东北九省。

7. 本图是示意图，南海诸岛部分，因与本书内容关系不大，不再绘出。

20 世纪 30 年代以后，华北、华中、华南概念开始频繁使用。这些区域概念都是近代以来才出现的外来词汇。张利民先生通过研究"华北"的区域界定指出："'华北'用于区域专用话语，是在近代西方在华势力扩大之后，从英语'North China'衍生出来的，也与日语'北支那'有关。"张氏检索电子版文渊阁四库全书发现，历史时期存在的"华北"、"华南"概念，实际上是以西岳华山为参照的局部范围言说，而一直到清代中叶以前，"'华北'一词并没有形成人们认同且具有地域概念的名词"。[79]事实上，晚清时人对 North China、South China 还有一种译法是"北清"和"南清"。笔者根据上海图书馆编的《中国近代期刊篇目汇录》（1857—1918 年）进行统计：1911 年以前，"北清"出现了 19 次，"南清"出现 18 次，1912 年以后则销声匿迹。该《汇录》还反映出：1907 年前后有《南清西报》，1904 年前后有《北清新报》。清亡以后，所谓"北清"和"南清"的说法则置换为"华北"与"华南"，如此可见此类大区概念的"进口"性质。

同时，这些现代大区概念也体现出西方人对我国疆域别具用心的看法。尤其是民国时期，华北、华中、华南概念事实上是直接对应流域分区中的北部、中部、南部三区而定名的，[80]特别发挥了"华"与"非华"的区别，妄图将"内地十八省"之外的地区排除在中国之外。比如产生于清末民初的"华西"这一区域概念，字面理解应该是指我国西部地区的西藏、青海等地方才合理。但一直到今天，仍旧是四川省的代名词之一，这正是清末民初以来我国内方区意识和部分西方学者不承认青藏地区为中国领土之明证。

美国学者斯坦普就直白表示："中国本部包括三大流域——黄河流域、长江流域及西江流域，这种基本的地理分区颇好，因其能符合华北、华中及华南的人文分区也。"并认为将蒙、满、藏等地纳入中国，"显系一种错误"。[81]民国时人也指出：

> 在我国，本无所谓"华北"、"华中"、"华南"名词之分。但自九一八以后，邻邦时文论著对所谓"华北"、"华南"、"华中"等名词，特别予以发挥。一若我国南北景象，迥不相侔。究其实际，不过别具用心而已。[82]

日军侵华期间，先后组织华北方面军、华中派遣军、华南方面军，分驻上海、天津、广州，对我国开展三线侵略。[83]随着华北、华中、华南现代大区概念的频繁使用，人们对其本身蕴涵的错误观念习焉不察，其也逐渐取代原本的北部、中部、南部概念，逐渐获得地理学界的承认和广泛借用。正如任美锷先生指出："习惯上，华北、华中和华南就是分别以秦岭和南岭为分界的。"[84]事实上是受传统分区影响，结合自然地理分异特点而做出的界定。甚至1949年后，以"华北"、"华中"、"华南"概念对应黄河流域区、长江流域区、珠江流域区的意见仍旧存在，如胡云就"华中区"指出：

> 华中区界于秦岭、淮河与南岭之间，……包有我国最重要、最庞大并且也最完整的长江水系，所以习惯上华中区也称为长江流域区。它包括了四川、湖北、湖南、江西、安徽、江苏、浙江七省和上海直辖市。[85]

华北、华中、华南的流域分区特点，事实上体现了以自然地势为基础的经济地理东西向联系的特点。1943年，齐植璐先生强调："中国的分水岭，除横断山脉外，都是东西走向的，阴山、秦岭、南岭三大山系将中国本部沿纬度横分为四段，即内蒙草原、黄河流域、长江流域和粤江流域，由于这些纵断（东西向）山脉的阻隔，各流域间很少天然的通道相互沟通”，以此为基础，齐氏亦将“中国本部”划分为长江流域区、粤江流域区和黄河流域区，与“松花江、辽河流域之东北”并称为“中国四大经济单元”。齐氏又指出，沿流域形成的中国经济区，都是东西向发展的：

> 由于此种自然地势的影响，中国在经济地理上，也表现着一个主要的特征：即各区域经济的发展，除东北地区外，其趋势大都是东西走向，并且和江河的流域一致的。海口和河流就是构成每个经济区的心脏和动脉，农产品和工业品的对流，输出品和输入品的吐纳，水产品和林产品、畜产品的交换，以及劳力的移动，资本的流通，都依循着这国内海口和河流所构成的循环系统而进行。因之在同一流域之中，从农村而城市内，从内地而沿海，从高地而平原乃由其盈亏相济，有无相通的依存关系，而构成一个不可分割的经济单元。[86]

民国时期东西向联系的经济地理格局与近代陆权向海权的变革相一致，内地经济沿流域向沿海地区靠拢，沿海则向内地辐射，形成“港口—腹地”模式。尽管民国时期的铁路交通（尤其是纵贯南北的平汉路、汉粤路）对这一东西向经济格局有所冲击，但始终不能取代以流域形成的东西向经济发展格局。

四、西南与华中、华南的范围交错

民国时期，在“四隅”分区与流域分区两种分区意识影响下，西南与华中（中部）、华南（南部）事实上属于两种分区方案下使用的区域概念，并不能并列使用。因此，它们在空间范围表达上，往往存在着明显的交错、叠合现象。尤其是在20世纪40年代前，这种倾向就更为显著。正如谢国度先生指出：

> 我国地理习惯区域之划分，常与政治区域之划分，微有不同。政治区域概及全国二十八省，一地方，六直辖市，二行政区，分为中部地方、南部地方、北部地方、东北地方、漠南北地方及西部地方等六部。中部地方包括江苏至四川等九省市，南部地方包括福建至云南等五省，北部地方包括河北至甘肃等十一省市，东北地方包括辽宁至热河等五省区，漠南北地方包括察、绥、宁、蒙四省区，西部地方包括新、青、康、藏四省区。而习惯区域则有东北、华北、华中、华南、西北、西南诸多称。东北、华北、华中、华南诸地或在政治区分上，犹可与上列之东北、北部、中部、南部四“地方”所包括之省区相浑合，至若西南与西北两地域，如以与上述各“地方”之省区相对照，则不能丝丝如窍。[87]

从量化统计分析看，在民国前期人们的西南区域观里，多包括湖南、广东，广西甚至可看作西南的核心区。西南六省（川、滇、黔、桂、粤、湘）的界定意见在1936年前占总比的30%（参见表10）。有时，湖北甚至也可以看作是西南的一部分。而我们目前认定的华中范围，主要包括湖北、湖南二省，有时也将河南、江西纳入在内；华南则以广东、广西、海南为主要省份，有时包括福建在内。新中国成立初的中南大行政区、中南经济协作区就是合并华中、华南地区而形成的。民国时期的华中（中部）、华南（南部）则地域范围广大，正如上述谢国度的看法，所谓“中部地方”是包括苏、浙、皖、赣、鄂、湘、川及宁、渝等九省市；“南部地方”则指闽、粤、桂、黔、滇五省。而华北、华中、华南事实上与北部、中部、南部所指称的地域范围可“相浑合”。由此可见,西南与华中、华南原本并非对等的区划概念,在地域范围上也存在明显的交错、叠合关系。

就华南(南部)与西南的范围交错而言,所谓南部或华南,往往指滇、黔、滇、粤、闽五省而言。例如,葛绥成先生认为,南部地方包括福建、广东、广西、云南、贵州五省,作者认为这个地域范围“关系颇密”,除福建属于闽江水系外,“余则都属于粤江流域。”[88]金喻《日本觊觎中之华南之资源》一文界定华南说:

> 若分中国本部为华北、华中、华南的时候,则华南通常就是指南岭以南之地。所谓南岭,是在扬子江的南面,西从云贵高原起,东至海岸所连续着的许多山脉之总称。所以华南和华中的境界,不甚明确,但根据一般的说法,则称福建、广东、广西、贵州、云南五省之地为华南。[89]

个别情形下,“华南五省”范围甚至与西南是基本重叠的。例如,1911 年 2 月广西同盟会支部创办的《南风报》,是《南报》的继续,所谓“南风”之“南”,“狭义而言,是指中国的西南,即两广、云南和贵州,尤其是指两广”。[90]全面抗战前存在的西南政务委员会,大致即以闽、粤、桂、滇、黔五省为管辖范围。[91]罗鸿诏《华北与华南》一文,虽名为“华北与华南”,但全文中“华南”只出现 2 次,余皆以“西南”一词代之,以指称西南政务委员会的管辖范围。[92]谢国度甚至认为,“狭义的西南仅指两广、云贵”。[93]

民国前期,华中与西南的范围交错也很明显。当时所谓的华中或中部,多数时候是指苏、浙、皖、赣、鄂、湘、川七省。甚至抗战时期,亦有多人主张“华中七省”说。如李宗文即指出:“华中是农产物资最丰富、工商业最发达的地方,就敌人(日伪)惯常所用的范围来说，包括苏、浙、皖、赣、湘、鄂、川七省，现在其中六省都已成为战区。”[94]此外还有冯和法《敌人统制华中贸易批判》一文也持这种看法。[95]

由此可见，尤其是在抗战以前的民国，西南与华中、华南大区范围的交错态势是非常明显的。将四川与长江中下游省份纳入同一大区单元（中部、华中），云贵与粤桂闽纳入同一大区（南部、华南），既体现了大河流域区之间在地域联系上的紧密程度，也反映了川、滇、黔、桂等内陆省份沿水系向沿海靠拢的经济发展格局。这样的大区观念和区划状态是在长期的经济交往中形成的，是近代经济地理格局的体现。抗战爆发后，随着对国防地理的强调，以及政治军事态势变化，大区范围受地域政治格局影响，迎来了一个重新界定和建构的阶段，深刻地影响了西南、华中、华南等大区范围的演变。

注　释

1　任美锷主编：《中国自然地理纲要》，商务印书馆 1992 年修订第 3 版，第 70—71 页。

2　任美锷主编：《中国自然地理纲要》，商务印书馆 1992 年修订第 3 版，第 71 页。

3　任美锷主编：《中国自然地理纲要》，商务印书馆 1992 年修订第 3 版，第 10 页。

4　邹逸麟主编：《中国历史人文地理》，科学出版社 2001 年版，第 187 页。

5　［美］拉铁摩尔著：《中国的亚洲内陆边疆》，唐晓峰译，江苏人民出版社 2005 年版，第 17 页。风按：原著初版于 1940 年。

6　褚绍唐编著：《新中国地理》上册，地图出版社 1954 年版，第 5—6 页。

7　周振鹤先生从历史政治地理研究角度提出的“边疆区”、“核心区”与“缓冲区”概念，事实上是对我国“内边分野”的传统意识的最好诠释，民国时期的四大特别区域即属于“缓冲区”。参见周振鹤著：《中国行政区划通史·总论》，复旦大学出版社 2009 年版，第 195 页。

8　任美锷主编：《中国自然地理纲要》，商务印书馆 1992 年修订第 3 版，第 10 页。

9　多数地理著作将此线称为“北西走向的山脉”。如：任美锷主编：《中国自然地理纲要》,商务印书馆 1992 年修订第 3 版,第 11 页;王静爱主编:《中国地理教程》,高等教育出版社 2007 年版,第 25 页。

10 任美锷主编:《中国自然地理纲要》,商务印书馆 1992 年修订第 3 版,第 10 页;王静爱主编:《中国地理教程》,高等教育出版社 2007 年版,第 25 页。

11 齐植璐《由地理观点论西北、西南之经济依存关系》(《新经济》,1943 年第 5 期):"吕梁山接连三崤、熊耳、外方、武当、巫诸山东端之一线,即所谓'大西北'的东缘,可以说是中国国防线的第一条天然沟堑。"风按:对"大西北"东部边缘线的认定,齐氏以吕梁山为起点。任美锷先生则将吕梁山脉与太行山脉同纳入大兴安岭线内。见任美锷主编:《中国自然地理纲要》,商务印书馆 1992 年修订第 3 版,第 11 页。两者差别并不大。齐氏认定的"西北"范围可能稍狭,民国时期的"西北"范围,事实上亦可内包晋豫,外及蒙古。因此,综合来看,此线北段可作为"西北"的东缘线。

12 齐植璐:《由地理观点论西北、西南之经济依存关系》,《新经济》,1943 年第 5 期。

13 邹逸麟主编:《中国历史人文地理·图 6—1:中国古代农耕区扩展示意图》,科学出版社 2001 年版,第 188 页。

14 周立三主编:《中国农业地理·图 12—1:我国主要历史时期农牧界线变迁示意图》,科学出版社 2000 年版,第 240 页。

15 邹逸麟主编:《中国历史人文地理》,科学出版社 2001 年版,第 187 页。

16 《明史》卷 316《贵州土司列传》,中华书局 1974 年版,第 8178 页。

17 《明史》卷 317《广西土司列传一》,中华书局 1974 年版,第 8201—8202 页。

18 《清史稿》卷 527《属国传二》,中华书局 1977 年版,第 14631—14632、14636 页。

19 王恩涌等编著:《政治地理学:时空中的政治格局》,高等教育出版社 1998 年版,第 90 页。

20 谭其骧:《历代行政区划概说》,王力等著:《中国古代文化史讲座》,中央广播电视大学出版社 1984 年版,第 49—50 页。

21 孙中山:《支那现势地图》,《近代史资料》第 54 号,第 5 页。

22 梁启超:《中国地理大势论》(1902 年),张品兴主编:《梁启超全集》卷 4,北京出版社 1999 年版,第 926 页。

23 梁启超:《地理及年代》(1922 年),张品兴主编:《梁启超全集》卷 12,北京出版社 1999 年版,第 3578 页,3579 页。

24 周昆田:《三民主义之边政建设》,《边政公论》,1941 年第 1 期。

25 张少微:《研究边疆社会之内容、方法及步骤》,《边政公论》,1941 年第 3、4 合期。另参见马玉华著:《国民政府对西南少数民族调查之研究(1929—1948)》,云南人民出版社 2006 年版,第 119 页。

26 中国第二历史档案馆编:《中华民国史档案资料汇编》第 5 辑第 1 编《政治、民族事务》,江苏古籍出版社 1994 年版,第 19 页。

27 [法]Andre Siegfried 演讲:《中国之经济地理》,班文茗译,《桂潮》,1934 年第 5、6 合期。

28 [美]斯坦普(L. D. Stamp)原著:《中国地理》,冯绳武译,出版地不详,1944 年版,第 2 页。风按:原书初版于 1936 年。法人 Andre Siegfried 将中国分为"本部"与"外部"。[法]Andre Siegfried 演讲:《中国之经济地理》,班文茗译,《桂潮》,1934 年第 5、6 合期。

29 [美]拉铁摩尔著:《中国的亚洲内陆边疆》,唐晓峰译,江苏人民出版社 2005 年版,第 55 页。

30 马君武:《言论自由》(1911 年 11 月 19 日),莫世祥编:《马君武集(1900—1919)》,华中师范大学出版社 1991 年版,第 243 页。

31 《南京临时政治公报》第 24 号(1912 年 2 月 28 日),《近代史资料》总 25 号,第 201 页。

32 蔡锷:《读王君亮畴〈中华民国宪法刍议〉》(1913 年 7 月 15 日),毛注青、李鳌、陈新宪编:《蔡锷集》,湖南人民出版社 1983 年版,第 292—293 页。

33 陈原著:《中国地理基础教程》上册,文化供应社 1943 年版,第 13 页。

34 孙中山《临时大总统宣言书》(1912 年 1 月 1 日):中国社会科学院近代史研究所中华民国史研究室、中山大学历史系孙中山研究室、广东省社会科学院历史研究室合编:《孙中山全集》第 2 卷,中华书局 1982 年版,第 2 页。

35 马玉华著:《国民政府对西南少数民族调查之研究(1929—1948)》,云南人民出版社 2006 年版,第 111 页。风按:原文有表述错误,宣布独立不足 17 省,若以"完成省制"论,则为 22 省。其实际想表达的是"内地十八省"。

36 费孝通先生强调:"中华民族作为一个自觉的民族实体,是近百年来中国和西方列强对抗中出现的,但作为一个自在的民族实体,则是近几千年的历史过程中形成的。"费氏将传统时期未发展到民族自觉意识程度的中华民族整体性定义为"中华民族的自在发展过程”,这对我们认识边疆危机深化以后产生的民族国家认同有巨大帮助。费孝通:《中华民族多元一体格局》,费孝通著:《中华民族多元一体格局》,中央民族学院出版社1989年版,第1页。另参考马玉华对孙中山“中华民族一元理论”的论述。马玉华著:《国民政府对西南少数民族调查之研究(1929—1948)》,云南人民出版社2006年版,第113—116页。

37 孙中山:《在中国国民党本部特设驻粤办事处的演说》(1921年3月6日),中国社会科学院近代史研究所中华民国史研究室、中山大学历史系孙中山研究室、广东省社会科学院历史研究室合编:《孙中山全集》第5卷,中华书局1985年版,第473—474页。

38 王玮西:《怎样发展西南特种民族教育》,原载《西南导报》,1939年第1期,今见西南导报社编:《中国今日之西南建设问题》,生活书店1939年版,第133页。

39 抗大政治文化教育科研究室编:《中国地理读本》第1分册,华北新华书店1941年版,第35页。

40 张其昀:《中国地理的鸟瞰》,《独立评论》,1935年第167号;蒋君章著:《中国边疆地理》,文信书局1944年版,第1—2页;陈正祥著:《西北区域地理》,商务印书馆1946年版,第1页;蒋君章著:《西南经济地理》,商务印书馆1947年版,第2页。

41 黄权生、杨光华:《浅释中国古代一级政区方位名称变迁》,《湖北社会科学》,2007年第10期。

42 于右任:《如此政府何》(1911年6月17日),于右任著:《于右任先生文集》,台北国史馆1978年版,第144页。

43 可参见孙江:《“东洋”的变迁——近代中国语境里的“东洋”概念》,孙江主编:《新史学》第2卷,中华书局2008年版,第7—12页。

44 张其昀先生指出:“东北范围较为确定,包括辽、吉、黑三省,即所谓东三省,热河省后来勉强加入的。”张其昀:《中国地理的鸟瞰》,《独立评论》,1935年第167号。

45 唐景升:《清儒西北地理学述略》,《东方杂志》,1931年第21号。

46 梁启超著:《清代学术概论》,梁启超著:《中国历史研究法(外二种)》,河北教育出版社2003年版,第327页。

47 金毓黻著:《中国史学史》,河北教育出版社2003年版,第296页。

48 魏源:《答人问西北边域书》,贺长龄辑:《皇朝经世文编》卷80《兵政十一·塞防上》,沈云龙主编:《近代中国史料丛刊续编》第74辑,文海出版社1967年版。

49　任美锷编著:《中国地理大纲》,正中书局1944年版,第55、128页。

50　王文萱编录:《西北问题图书目录》,鸡鸣书屋1936年版。

51　丁步武:《抗日准备与整理西南》,《人民周报》,1933年第56期。

52　胡嗣春:《开发西北问题新检讨》,《边疆》,1937年第1期;程纯枢:《黄土高原及内西北之气候》,《地理学报》,1943年第10期;蒋君章著:《中国边疆地理》,文信书局1944年版,第1页。

53　刘师培撰:《中国地理教科书》第1册,国学保存会1905年版,第36页。

54　吴美继著:《中国人文地理》,中山书局1929年版,第128页。

55　张其昀:《中国地理的鸟瞰》,《独立评论》,1935年第167号。

56　胡适论民初"省"自立现象说:"(晚清)六十年来,中央的权限一天天的缩小,地方的自觉一天天的增加,到了辛亥革命军起,'省的独立'遂成一件历史的事实。"胡适:《联省自治与军阀割据》,《东方杂志》,1922年第17号。能够反映近代"省界主义"的资料,莫如欧榘甲写于1902年的《新广东》:"爱中国者不如爱其所生省份之亲。"又云:"故窥现今之大势,莫如各省先行自图自立,有一省为之倡,则其余各省,争相发愤,不能不图自立。各省既图自立,彼不能自立之省,必归并于能自立之省。省省自立,然后公议建立中国全部总政府于各省政府之上,如日耳曼联邦、合众国联邦之例,即谓全中国自立可也。此之注意,有四者焉:一因人心视其生省份之亲切,易于鼓舞;二因专力一省,易为措置;三因一省自立,各省得以感动奋起,不致如泛言中国,各存观望而无实志;四因一省自立即为中国自立,人人视其省为中国之土地,而图自立,则视此中国,自为切实,将来联合,亦自容易。有是四者,故一省自立之说,不可不大明也。吾广东人,请言自立自广东始。故名是议曰'新广东',以念我广东人欲享新国之福份者。"由此,作者喊出口号:"广东者广东人之广东也,非他人之广东也。"欧榘甲:《新广东》,原载《新广东》杂志,今见张枬、王忍之编:《辛亥革命前十年间时论选集》第1卷上册,北京三联书店1960年版,第270、287页。20世纪以来,在民族主义、地方主义影响下,形成了"国"与"省"的两种认同。国家意识强调"中国者中国人之中国也";相反,省意识则强调"某省是某省人之某省",颇与美国门罗主义类似。"省"与"国"的认同是同时存在的。一方面,当时地方主义意识的空前高涨促发了以"省"为单位的小区域认同,并对后来的军阀割据形态产生了一些不利影响;但另一方面,"中国人"认同却紧紧地凝聚着中华民族的整体性与地域的完整性。即便是军阀割据状态也没有破坏这种国家认同。这使得从地域上来说,即便再"坏"的军阀,也从来没有产生过独立于中国实体之外,另行建立一个政治实体的念头。可参见章开沅、严昌洪主编:《辛亥革命与中国政治发展》,华中师范大学出版社2005年版,第150—157页。关于省界主义、省籍主义、省籍意识,还可参见以下资料:刘伟:《晚清"省"意识的变化与社会变迁》,《史学月刊》,1999年第5期;胡春惠著:《民初的地方主义与联省自治》,中国社会科学出版社2001年版;江远山:《近代中国地域政治化与国家建设——以省为考察对象》,《上海行政学院学报》,2007年第5期;杨妍著:《地域主义与国家认同:民国初期省籍意识的政治文化分析》,天津人民出版社2007年版;李国忠著:《民国时期中央与地方关系》,天津人民出版社2005年版;等等。

57 李烈钧:《提问袁世凯政府十五个问题》(1912年9月9日),周元高、孟彭兴、舒颖云编:《李烈钧集》,中华书局1996年版,第78页。

58 李剑农著:《中国近百年政治史(1840—1926)》,复旦大学出版社2002年版,第432页。

59 《唐继尧请向梁启超等人解释愿援陆荣廷之例使川事完满解决密电》(1917年8月5日),中国第二历史档案馆、云南省档案馆合编:《中华民国史档案资料丛刊·护法运动》,档案出版社1993年版,第49—50页。

60 刘揆一:《黄兴传记》(1929年),饶怀民编:《刘揆一集》,华中师范大学出版社1991年版,第162页。

61 《清史稿》卷437《张之洞传》,中华书局1977年版,第12379—12380页。

62 张勋:《为唐继尧等反对帝制陈述对待办法密电》(1915年12月28日),中国第二历史档案馆、云南省档案馆编:《中华民国史档案资料丛刊·护国运动》,江苏古籍出版社1988年版,第504页。

63 朔一:《东南各省的和平运动》,《东方杂志》,1923年第15号。

64 分别见大山:《东南大战及其前途》,佚名:《东南战局中两方兵力之调查》,佚名:《东北战局中两方兵力之调查》,《东方杂志》,1924年第17号。风按:所谓东南大战,是指本年直派齐燮元、孙传芳联合的苏皖赣闽陆军与在奉系支持下的浙江旧皖系军阀卢永祥之间的江浙战争,结果是卢氏兵败赴日。东北战局,则是张作霖与吴佩孚之间的直奉战争,在辽宁朝阳、榆关一带展开,是整个直奉战争的主体部分。结果是冯玉祥发动政变,直系溃败。

65　刘国铭主编:《中华民国国民政府军政职官人物志》,春秋出版社 1989 年版,第 365 页。

66　《唐继尧关于召开和平会议地点电稿》(1918 年 12 月 14 日),中国第二历史档案馆编:《中华民国史档案资料汇编》第 4 辑,江苏古籍出版社 1986 年版,第 168 页。

67　宁墨公:《缩小省区与军事区域之分野》,《军事杂志》,1931 年第 36 期。

68　未署名:《西南问题》,《华年》,1932 年第 22 期。

69　含凉:《西北和西南》,《珊瑚》,1933 年第 1 期。

70　钱穆著:《政学私言》,商务印书馆 1944 年版,第 24、55、58、61、100、114、120、135、146—149 页。

71　刘文翩:《中国近世史之地理的解释》,《图书展望》,1936 年第 1 期。

72　谢本书、冯祖贻主编:《西南军阀史》第 1 卷,贵州人民出版社 1991 年版,第 2 页;谢本书、王永康:《西南军阀史研究中的几个问题》,西南军阀研究会编:《西南军阀史研究丛刊》第 1 辑,四川人民出版社 1982 年版,第 26 页;李烈钧《复唐继尧电》(1917 年 8 月 23 日):"设(滇黔川)三省总机关于叙、渝间,控制一切。庶能收如响斯应之效。(二)西南枢纽,在公(唐继尧)与干老(陆荣廷)。今国事方艰,彼此联络,方足以固局势而奠邦基。"周元高、孟彭兴、舒颖云编:《李烈钧集》,中华书局 1996 年版,第 277—278 页;陈征平:《民国时期唐继尧地方实力派与西南军政府的关系》,《学术探索》,2006 年第 5 期;包红君:《试论西南地方实力派在民主革命中的地位和作用》,《辽宁师范大学》(社会科学版),2002 年第 3 期。此外,滇、桂二系军阀之间的矛盾,也是导致西南大区联盟瓦解的重要原因。参见李剑农著:《中国近百年政治史(1840—1926)》,复旦大学出版社 2002 年版,第 481—488 页。

73　沈云龙著:《现代政治人物述评·清末民初之岑春煊》,沈云龙主编:《近代中国史料丛刊》第 2 辑,文海出版社 1966 年印行,第 127—164 页。

74　参见李剑农著:《中国近百年政治史(1840—1926)》,复旦大学出版社 2002 年版,第 14 页。

75　大山:《北伐声中的西南团结运动》,《东方杂志》,1924 年第 18 号。

76　陈独秀:《西南团结与国民革命》,《向导》,1924 年第 84 期。

77　欧榘甲:《新广东》(1902 年),张枬、王忍之编:《辛亥革命前十年间时论选集》第 1 卷上册,北京三联书店 1960 年版,第 310 页。

78　[法]Andre　Siegfried 演讲:《中国之经济地理》,班文茗译,《桂潮》,1934 年第 5、6

合期。

79 参见张利民:《"华北"考》,《史学月刊》,2006年第4期;此外还可参考张利民先生的两篇论文:张利民:《论华北区域的空间界定与演变》,《天津社会科学》,2006年第5期;张利民:《区域史研究中的空间范围界定》,《学术月刊》,2006年第3期。

80 需要说明的是,"华北"、"华南"两个概念有时也直接与传统的南、北分区相对应,其范围表达也是相对而言的。民国某文指出:"华北、华南这两个名词,往往因人们所居住的地域而有不同的观念。即中国的地理学家,对此亦无确切的规定。"曲直生著:《华北民众食料的一个初步研究》,南京参谋本部国防设计委员会1934年印行,第1页。如1850年英人奚安门(Shearman Henry)在上海创办了英文周刊"North China Herald",当时即称《北华捷报》,就是站在广东和福建的角度,将上海视为"North China"。张利民:《论华北区域的空间界定与演变》,《天津社会科学》,2006年第5期。1949年的一篇文章也指出:"从习惯上来说:以长江南岸,江苏、安徽、湖北等省的一部,及浙江、安徽、福建、广东、广西、台湾、海南等省的全部称做华南。"韦开宇:《华南和西南》,《社会新报》,1949年第3期。

81 [美]斯坦普(L. D. Stamp)原著:《中国地理》,冯绳武译,出版地不详,1944年版,第2、3页。风按:原书初版于1936年。

82 未署名:《经济开发中华北棉产的现况》,《商业月刊》,1936年第12期。

83 张宪文、方庆秋、黄美真主编:《中华民国史大辞典》"日军华中方面军"、"日军华中派遣军"、"日军华北方面军"诸词条,江苏古籍出版社2001年版,第224页;廖盖隆主编:《中国共产党历史大辞典(新民主主义革命时期)》"日军华南方面军"词条,中共中央党校出版社2001年版,第577页。

84 任美锷主编:《中国自然地理纲要》,商务印书馆1992年第3版,第10页。

85 袁著、胡云编著:《初中中国地理讲话》,浙江人民出版社1957年版,第94页。

86 齐植璐:《由地理观点论西北、西南之经济依存关系》,《新经济》,1943年第5期。

87 谢国度:《西南——我国之抗战根据地》,《明德》(月刊),1939年第1期。

88 葛绥成编:《新编高中本国地理》中册,中华书局1937年版,第1页。

89 金喻:《日本觊觎中之华南之资源》,《民族公论》,1939年第4期。

90 彭继良:《谈〈南风报〉的特点》,《广西文史资料选辑》第34辑,第197页。

91 张宪文、方庆秋、黄美真主编:《中华民国史大辞典》"西南执行部"、"西南政务委员会"条,江苏古籍出版社2001年版,第655页;《最高法院西南分院组织暂行条例》(1932 年 8 月 16 日),《广东省政府公报》,1932 年第 197 期。

92 罗鸿诏:《华北与华南》,《中国新论》,1936 年第 6 期。

93 谢国度:《西南——我国之抗战根据地》,《明德》(月刊),1939 年第 1 期。

94 李宗文:《敌我"华中物资争夺战"》,《时代精神》,1939 年第 5 期。

95 冯和法:《敌人统制华中贸易批判》,《贸易月刊》,1941 年第 9 期。

第 三 章

抗战前的地域格局与西南范围

第一节 传统时期西南大区的演进

一、西南夷、南中及西南道行台

历史时期的西南夷是我国西南大区得以确立的重要标志,至少在西汉时期已奠定了以西南夷分布区域为基础的西南范围。据《史记·西南夷列传》载:

西南夷君长以什数,夜郎最大;其西靡莫之属以什数,滇最大;自滇以北君长以什数,邛都最大:此皆魋结,耕田,有邑聚。其外西自同师以东,北至楪榆,名为嶲、昆明,皆编发,随畜迁徙,毋常处,毋君长,地方可数千里。自嶲以东北,君长以什数,徙、筰都最大;自筰以东北,君长以什数,冉駹最大。其俗或士箸,或移徙,在蜀之西。自冉駹以东北,君长以什数,白马最大,皆氐类也。此皆巴蜀西南外蛮夷也。[1]

《史记·西南夷列传》是现存最早、最可靠的西南民族史料。司马迁对西南夷的记载，有以下两个方面值得注意：

第一，西南夷是指“巴蜀西南外蛮夷也”，正如林超民先生指出的那样：“‘西南夷’的‘西南’不是中国的西南，而是巴蜀的西南。”[2] 可见，其中的“西南”是以巴蜀地区为参照的。

第二，根据司马迁的记载，西南夷事实上是西夷与南夷的总称。朱惠荣先生指出：“按其（西南夷）位置，它又分为西夷和南夷。”[3]《史记·西南夷列传》内多次分别提到“西夷”、“南夷”概念，其中明确提到属于“西夷”的部族有邛、筰等；明确提到属“南夷”的部族有夜郎、且兰等。再者，《汉书·西南夷传》所记西南夷部分，大致与《史记》同，但首句为“南夷君长以十数，夜郎最大”[4]，地理方位性更为明确。方国瑜、林超民先生也指出，《史记》“西南夷君长以什数”一句中的“西南夷”，本为“南夷”之误。[5]

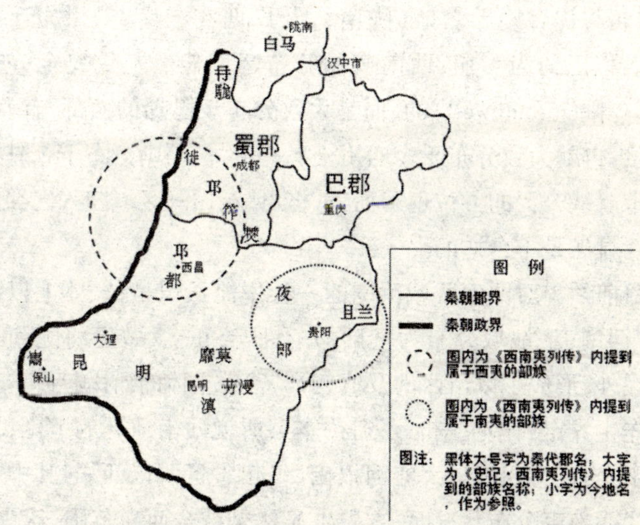

图 11　《史记·西南夷列传》内提到的部族地域分布图

【图 11 说明】

1. 底图来源:根据谭其骧先生主编的《中国历史地图集·秦代淮汉以南诸郡图》改绘,谭其骧主编:《中国历史地图集》第二册《秦·西汉·东汉时期》,中国地图出版社 1982 年版,第 11—12 页。

2. 根据《史记》卷 116《西南夷列传》内容绘制,并参考了以下资料:罗二虎绘制的《秦汉帝国统治前西南地区民族集团分布》(图 3),罗二虎著:《秦汉时代的中国西南》,天地出版社 2000 年版,第 6 页。

西南夷的民族分布状态也可以证明,所谓“西南夷”是指南夷与西夷两个地理方位上的部族而言。沈海梅指出:西南夷的“含义是大渡河以西以南外的蛮夷”。[6] 唐润明则认为,西南夷可分为“西夷”和“南夷”两个族群,前者以氐羌族系为主,后者则以百越族系为主。[7] 尽管学界对西南夷内部的族群认识尚有较大争议,但至少都承认了西南夷是指西夷与南夷的合称。西南夷的分布区域包括今云南全部,贵州的大部,川西南、川南与云南、贵州接界的部分,川北与甘肃接界之地(陇南),及广西与云南、贵州相连接地带。[8] 若以巴蜀为参照,西南夷的分布区域显然不是完全分布于“西南一隅”(southwest)的,而是大致分布于巴蜀的西部与南部两个方位:冉駹大致分布于今四川松潘一带,白马则分布于今甘肃陇南一带。从今天的方位理解而言,将冉駹、白马区域归入巴蜀之西南一隅显然是不合适的。

目前学界对西南区域范围的一种主流认识是,大体上以秦汉时期“西南夷”地域分布为基础,并有所修正,大致已将陇南等地排除在外,形成了以川西南及滇、黔二省为主体的西南核心区。方国瑜先生界定西南范围时谈到:“本书所说西南地区的范围,即现在云南全省,又四川省大渡河以南、贵州省贵阳以西。”[9] 其中在具体论述西南夷分布状况时,方先生显然是结合西南范围,认为“其中冉駹、白马在大渡河以北、蜀之西境,本文不作讨论”。[10] 尤中先生亦强调：

> 川北与甘肃接界的地带，当时的部落称为白马、冉駹，虽也同被视之为“西南夷”，但由于各种条件，我认为他们都不能与其西南的各部成为一个区域，除了在族系来源上要涉及他们外，对于他们的其他方面，本文不拟讨论，是否恰当，希读者指正。[11]

朱惠荣先生大致也以西南夷为基础，认定西南边疆大体包括今云南、贵州两省，四川省大渡河以南一片，及今境外部分地区。[12]

“西南夷”概念不仅为历代所沿用，西南夷的地域分布也成为人们界定和认识西南的基础。它以指向一个地域实体的面貌而出现，不同于以往抽象性的方位表达。正如徐新建先生的评价：“对‘西南夷’各部的大致分类和粗略描述，表明此时的西南已不仅只是远古时期‘一点四方’结构中的抽象方位，而成为紧挨着帝国主体的边缘存在了。”对西南区域范围认识而言，的确可以视为“一个重要的时代标志”。[13]

西汉建元六年至元封二年（前135—109年）间，汉武帝曾多次派人经略西南夷地区，并按部族区划，先后设置了犍为、牂柯、越巂、沈犁、汶山、武都、益州七郡，各设太守。此后并由全国十三州之一的益州刺史负责监察这一区域。东汉后监察区又逐步演化为正式政区。西汉政府在西南的建置，也充分考虑了在西南夷地区内部进行地理分区的合理性，即最初设置的七郡主要是以在西南夷中最大的七个族群活动中心为主要依据的，而监察区、政区的设置则使这一区域单元更加具有内聚力。

三国两晋南北朝时期的西南地区习惯上称为“南中”，行政区划为“宁州”，辖有南中七郡。“南中”范围大致包括今滇、黔、川西南及今缅甸伊洛瓦底江上游地区。[14]隋唐时期，曾短暂设置西南道行台。[15]周振鹤先生认为，从行台的施政范围以及施政内容来看，已经可以看成是一级准政区和准地方行政组织。[16]推测其管辖范围，则以今天的四川、重庆为主体，具体情形史阙不详。此后，我国大致处于疆域分裂状态，云南先后存在南诏、大理地方政权，西南大区为人为割裂。但从大一统王朝的地域设计而言，西南范围仍旧以川、滇、黔三省为主体。

二、元明清时期两湖、两广的大区归属

元代云南重归版图，且实行行省制度，不论作为大区概念的“西南”，还是民族语境下的“西南”，川、滇、黔地区都顺理成章地属于核心区域范围。而至少从明代开始，西南大区范围的界定出现了显著变化：广西逐渐体现出稳定的西南省份地位，而湖广（今湘、鄂）也多被纳入其中。

有明一代呈现的整体分区意识，或许更能反映广西、湖南属于西南的事实。明朝万历年间，吏部始行分区掣签制度：

> 分签为四隅，东北则北京为主，而以山东及河南之汝、彰、归，南京之卢、凤、淮阳附之；东南则南京、浙江、福建、江西、广东为主，（风按：此处疑有脱漏）而以河南之怀庆、开封、河南、南阳，湖广之郧阳附之；西南则以湖广、四川、云南、贵州为主，而广西之柳州、南宁、庆远、浔州、太平附之。[17]

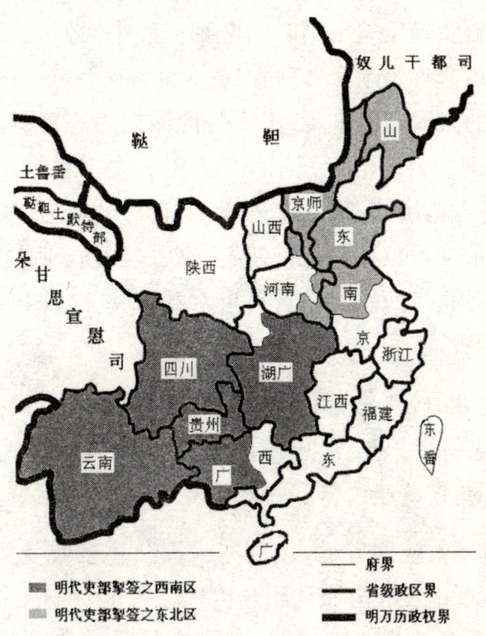

图 12　明代分区掣签制度中的西南区和东北区示意图

【图 12 说明】

1. 底图来源：根据谭其骧先生主编的《中国历史地图集·明时期全图二》改绘，谭其骧主编：《中国历史地图集》第七册《元明时期》，万历十年(1582 年)，中国地图出版社 1982 年版，第 42—43 页。府界则根据本册地图集内相关部分对照绘制。

2. 根据《陔余丛考》所记的情形绘制。遗憾的是，此则史料似有脱漏，原文首言“分签为四隅”，但除西南、东北二区的表述完整外，东南区仅云主体部分，不及小区；且根本没有提到西北区。不过，在东北与西南二区确定后，其他“二隅”自然可推测得出：西北区可能是以陕西、山西为主体，“而以河南之怀庆、开封、河南、南阳，湖广之郧阳附之”；东南区则“南京、浙江、福建、江西、广东为主”，而以广西桂林、平乐、梧州三府附之。故谨慎起见，图内仅标明了西南区与东北区。

3. 本图是示意图，南海诸岛部分，因与本书内容关系不大，不再绘出。

这则史料明确反映出当时的区划实践中对西南范围的认识：包括滇、黔、川全省及湖广、广西二省大部地区。

就广西的大区归属来说，王士性的区划思想值得重视。王氏《广志绎》成书于万历二十五年(1597年)，全书目录作六卷，实成五卷：第一卷方舆崖略；第二卷两都(南北直隶)；三、江北四省(河南、陕西、山东、山西)；四、江南四省(浙江、江西、湖广、广东)；五、西南诸省(四川、广西、云南、贵州)，六卷未成，曰《四夷辑》。其中针对"西南诸省"云：

> 蜀、粤(广西)入中国在秦汉间，而滇、贵之郡县则自明始也。相去虽数千年，然皆西南一天，为夷汉杂错之地，未尽耀于光明，故以次于江南。[18]

王氏将川、滇、黔、桂四省纳入"西南一天"，主要是从"西南隅"来看的，同时体现出民族分布认识与内地化程度对王氏界定"西南"的影响。明景泰五年(1454年)，礼部实行科举分区录取，分两京十三布政使司为南、北、中三卷，而中卷即以四川、云南、广西、贵州四省为主体。[19]这表明了明代人对"西南四省"已形成了某种整体性的区域意识。日本学者桑原隲藏对此强调说：

> 四川、云南、贵州、广西四省，都是山岳重叠的高地，住民也是蕃、汉相半的样子。中国十八省之中，以这四省杂居的异族尤夥。无论从地势上观察，人文上观察，我以为这四省大致可以认为一个团体看待。[20]

既然以民族分布的相似性为基础，川、滇、黔、桂四省的整体性亦体现出来，用"西南"概念表述这一整体区域也就顺理成章了。可见，明清时期的广西属于西南几乎是一种共识，这也影响了近代以来广西的方区归属认定。量化统计分析表明，广西在整个民国时期的西南认定率，高达89.6%（参见表7），可谓属于西南核心区之一。

究其原因，五代、两宋以来政治中心的转移是主要的影响因素。政治中心的转移带来的直接结果就是坐标中心的转移。唐代以前，多建都关中盆地的长安，从西南隅（southwest）来看，广西大致处于正南，湖南处于东南隅。这至少影响了一部分人对其方位大区归属的认识。五代及两宋时期，首都主要建于洛阳、开封等地，不论西南处于何种空间表述状态之下，广西、湖南二地都大致可以纳入。尤其是从民族地域分布上来看，这些地区又体现出与川、滇、黔等地不可分割的特点。明初建都南京的背景，似乎为广西归属西南提供了合理依据。《明史・靖江王守谦传》强调"洪都重镇"（今江西南昌）具有"屏翰西南"的地位，以政治中心南京为坐标看，此显然将湖南、广西等地纳入到了西南范围之内。洪武三年（1370年），朱守谦被封为靖江王，藩镇桂林，太祖敕其从臣曰："从孙幼而远镇西南，其善导之。"[21]这句话又明确将广西归为西南。

其次，民族分布格局将川、滇、黔、桂、湘、鄂、粤诸省塑造为一个具有广泛相似性的大区。元代对西南民族的记载有将"西南夷"与"西南蛮"两个不同地域的民族群体结合起来的特征。如《宋史・蛮夷传》云："西南诸蛮夷，重山复岭，杂厕荆、楚、巴、黔、巫中，四面皆王土。"《蛮夷传》内又分记"西南溪峒诸蛮传"与"西南诸夷传"，前者大致涵盖了今天湖北、湖南、贵州、广西等广大地域的民族；后者则专记四川、云南、贵州等地的"西南夷"，但统一以"西南"概念来涵盖之。[22]《明史》内将"自巴、夔以东及湖、湘、岭峤"广大区域的民族群体称为"西南诸蛮"[23]，事实上进一步将过去的"西南夷"、"西南蛮"合称了，涵盖了自南岭以南，长江上游、中游的广大民族，而赋予了这个广大地域共同的一个区域名称，这就是“西南”。《明史·土司列传》又将川、滇、黔、桂以及两湖部分地区的土司统称为“西南诸部”。魏源强调说：“云、贵、川、广恒视土司为治乱。”[24]清雍正六年(1728年)，鄂尔泰受川、滇、黔三省总督印，并“兼制广西”，开展大规模的改土归流活动，而改流的主体范围即集中于川、滇、黔、桂四省，并及两湖地区。民国初年编撰的《清史稿》，则将川、滇、黔、桂、湖广明确称为“西南诸省”。[25]

费孝通先生强调：“民族格局似乎总是反映着地理的生态结构。”[26]这一“西南诸蛮”区域，内部虽可分为多个地理单元，但就大区着眼，其以岷山、横断山脉等构成的第一、第二阶梯分界线为西缘，以巫山、雪峰山构成的第二、第三阶梯分界线为东缘，南岭线又构成了其北部边缘，以此为范围与青藏高原、内地平原、丘陵地区相分割(参见图4)。由此构成了一个具备地理环境复杂、族群众多、开化较晚等广泛相似性的西南大区。其民族分布格局似乎也奠定了此后西南范围的基础。杨成志先生追溯民国“西南民族”研究的兴起说：

所谓“西南民族”者，系出于民国十六年广州中山大学语言历史研究所周刊出版《西南民族专号》，在我国为第一次的采用。当时我们认定分布于粤的黎、傜、畲；桂的苗、傜、侗；黔的苗、仲、夷；湘的苗、傜；滇的夷人(即罗罗)、摆夷；川的蛮子(罗罗)、羌戎(藏人)；康、藏的西蕃或古，及印度支那的掸族，……或泰族及在我国史书上称为“三苗”或“有苗”，“南蛮”、“西南夷”、“百越”、“南蛮”、“苗蛮”、“百夷”、“百濮”……各种旧名，综合厘定，为着研究其文化体质与语言的学术上便利起见，统称为“西南民族”。后来逐渐为全国学术界所引用,而决定了今日固有的名词。[27]

兴盛于20世纪30年代"西南民族"研究,始于1927年广州中山大学语言历史研究所周刊出版《西南民族专号》,以杨成志、马长寿等学者为代表,形成一个固有的研究领域,研究地域即以广东、广西、湖南、云南、贵州、四川为主体范围。[28]这一研究范式以及"西南民族"这一概念逐渐为学界所承认和广泛使用,成为以民族分布界定"西南"的一个实例。可以说,历史时期的民族分布格局为西南民族研究的地域范围提供了一种历史依据。

李绍明认为:"追根溯源,'西南'这个概念形成于1920至1930年间,最初是由民族学界提出的。"[29]这一观点显然不符合实际,更准确的表述应该是"西南民族"这一概念形成于1920—1930年间,元明以来史籍内"西南诸蛮夷"、"西南诸部"等传统概念说明,"西南"一词已作为定位辅助,来表述这个地域范围的民族群体。这一带有区域性的民族分布认识应是"西南民族"概念出现的渊源,并进而影响着人们的西南区域观。

再者,从地域政治层面上看,明清以来的川、滇、黔、桂、湘、粤等省内部的凝聚力也加强了,具备了一定的整体性和内聚力。明末清初,上述诸省"已可用为抗敌的根据地。"南明永历政权一度曾有两广、云、贵、江西、湖南、四川七省之地。[30]尽管内部成分复杂,但都曾受永历政权的号召,时人称之为"西南幅员且半天下"。[31]清人邵廷采曾以"西南纪事"为书名,撰写永历一朝史事,地域范围所及即是川、滇、黔、桂、湘、粤等省。[32]与之相应,围剿永历政权反清势力的洪承畴则受命经略湖广、广东、广西、云南、贵州等处地方,总督军务,兼理粮饷。[33]康熙朝爆发的"三藩之乱",则波及滇、黔、桂、粤、川、湘、鄂等省。上述区域内部密切联系,各地区力量交融整合,呈现出与民国初年西南地域政治发展极为相似的态势,也推动了以上述省份为基础的西南大区在地域政治格局中的一体性发展。

需要说明的是,在传统时期人们的区域观念里,诸如西南、西北、东南等大区并不具备明确而稳定的区域属性。湖南、广东等省,多数时候呈现出"亦此亦彼"的大区归属特征。例如,尽管民族语境下的湖广(湖南、湖北)通常也被视为"西南诸省"的一部分,但湖广的区域归属仍旧分歧较大。有时,它甚至被看作属于"东南"的一部分。明人陈瑄云:"湖广,东南大藩,襟带湖、湘,控引蛮越,……"。[34]而广东则较少被视为西南的一部分。最显著的体现是,1900 年,湖广总督张之洞、两广总督李鸿章,联合两江总督刘坤一、山东巡抚袁世凯,"同与外国领事定保护东南之约",在中国近代史上形成著名的"东南互保"运动。[35]再如:光绪二十三年(1897 年),清政府筹划修筑粤汉铁路,张之洞等人认为"由粤汉以通两广"属于关系"西南商务"的干路。[36]1911 年,盛宣怀提议将粤汉、川汉铁路收归国有,又说"川粤汉(铁路)为东南一大干线"。[37]同时,以广东为"东南"的意见似乎更为常见。

不过,也有一种特殊的语境会将广东直接与西南挂上钩,这就是"西南海上诸国"、"西南诸国"以及对"西南海上交通"的记载。如:近代日人藤田丰八著有《东西交涉史研究》,郑师许选译了其《南海篇》中的部分,将之定名为《前汉时代西南海上交通之记录》[38],我们目前学术界一般称之为南方海上丝绸之路,近代及民国时期则多以"西南"名之。如钱穆先生云:"中国自秦以下,西北陆路、西南海路两交通线,梯航往返者不绝。而西南海上一线之繁荣,尤时时见称于史乘。"[39]这实际上是传统认识的延续,《明史》内出现了"西南诸国"、"西南海"等概念,均指今云南、两广以南的东南亚、南亚部分地区。究其原因,早期中国一般以广州或福建泉州为起点，将南海分为“西南海”与“东南海”[40]，在西南海上诸多岛屿小国则称其为“西南海上诸国”。

在笔者看来，导致湖南、广东这种“亦此亦彼”的大区归属特性的主要原因是，湖广、广东尽管与西南核心区山水相连，拥有与其在地理上不可分割的相似地形、地貌，但二省作为行政区划，内部地理差异较大，多以盆地、丘陵为主。再者，在地理区位上，湖广为中部，广东则靠近东南沿海，与“西南隅”（southwest）的地理方位指向亦不相切合。受此影响，尽管清末以后，以湖南、广东属西南的意见逐渐增多，但其“亦此亦彼”的大区属性仍旧明显，湖南、广东始终没有进入西南的核心区。

三、清末民初西南大区范围认识的变化

清末民初，西南大区范围认识呈现出一些不同于以往的特点，即以湘、粤二省同属西南的意见逐渐增多，湖北也间有体现。前文提到了广东在对外交通语境下往往会与西南产生联系，并形成了“西南海上交通”等固定表述。近代以来，随着与西方列强在沿海区域的接触，广东沿海地位更显重要，湘、粤之间则有传统的五岭孔道，也是早期西方人深入中国内地的主要通道，而沿珠江流域上溯，可达桂、黔、滇、川等省。再者，这一广大区域处于英法列强的势力范围交错之下，法踞安南，英占缅甸，并依云南“倒挈天下之势”（姚文栋语），从西南高地贯通长江、珠江流域。清末滇越铁路的筑成，更在对外交通方面，对以云南为首的西南核心省份，与广州、香港、琼崖等地的经济、政治联系，具有非常重要的意义。由此，清末民初，川、滇、黔、桂、粤、湘、鄂等省整体上呈现出沿边、沿海、沿江三大自然地带的联通关系。倘若说，此前这些省份主要体现为民族分布格局、地理环境、开发程度等方面的相似性，那么，近

代以来的上述变化无疑加强了这些省份的内联性，呈现出区域联系日益紧密的特征，乃至需要用一个大区概念（西南）对其整体空间加以表述和指称。

1908 年，京畿道监察御史赵炳麟奏请讲求“西南马政”，认为“今日就西南辟大牧场”，以广西马平以西为宜，所养马匹则预备供应广东、广西、贵州、湖南等“西南各省陆军之用”。[41]该则史料呈现出在特殊语境下湘、粤同入西南的特征。1909 年，黔籍湘人张百麟认为“政治活动本以国家为对象，今鞭长莫及，至少亦团结西南数省形势才有可为”，由此创办《西南日报》。从笔者所见资料来看，这是中国第一份以“西南”为名的报纸。根据周素园先生的回忆：“其（《西南日报》）后编排顺序，中央要闻后，贵州、四川、湖南、广西、云南、广东平列为六栏；特约通讯，力谋六省关系之接近。”可见，这里的西南是以川、滇、黔、桂、粤、湘为范围的。而且周氏认为：“入民国后，军阀横恣，民党活动之根据地，乃专恃西南以为对抗，百麟于此，若有先知启示者，亦异矣。”[42]张百麟在“西南六省”正式确立之前，提出“西南六省”说，反映了近代六省的自然区域联系，尤其是在地域政治上唇齿相依的特点。不过，周氏以为“若有先知启示者，亦异矣”，也至少说明，在清末并没有“西南六省”说，而其产生则在民初以后。

1910 年 5 月 29 日出版的《孔圣会星期报》总 114 期《本省大事记》栏目下，收录有《西南禁烟之前途》一文。该期刊发行于广州，而于“本省大事记”下列此文，是以广东自认属西南之证。[43]1911 年，于右任先生就社会风潮论，亦以湘、粤二省属西南。[44]1912 年，蔡锷曾表示：“溯自云南反正，继湘、鄂之后援，倡黔、粤之先声，西南大局视此为转移，影响民国至为伟大。”[45]从辛亥革命角度，似乎表明以湘、鄂、滇、黔等省为西南。

1913 年 1 月，由王宠惠、马君武、李根源、居正、张培爵等人发起，西南协会成立，公推广西人马君武担任主席。该协会表示：

> 民国甫成，诸端待理，内忧外患，国是堪虞。西南半壁河山，危急尤甚。外而强邻逼视，鬼蜮为心；内而滇黔猜疑，固结莫解。同人等心猿一片，杞忧实多。借便利之交通，冀为老马之先导，用特组织斯会，讨论一切。[46]

该协会显然是在“内忧外患”之下加强“西南各省”的政治联系性而成立的，也是近代以来第一个以“西南”为名的社会性团体。该团体发起人多是民初以来即活跃于政界的领导人，这对 1917 年后形成的“西南政府”及西南区域观自然会产生影响。

那么，西南协会究竟是以哪些省份为西南范围呢？《西南协会第一次宣言书》首先针对辛亥革命以来滇川、滇黔冲突强调：“川、滇、黔毗连接壤，犬牙相错，唇齿相依，其于地理、历史均有密切之关系，此固不待言也。”其次则从英法势力范围角度强调西南七省（川、滇、黔、桂、粤、湘、鄂）联合的必要性。[47]黔籍湘人张百麟的《西南协会第二次宣言书》则强调：

> 今者西南协会之结合，地域的结合也。两湖据长江上游，左接黔、蜀，右邻桂、粤；滇、黔、蜀三省与中原之交通，湘、汉且为其咽喉焉。[48]

该宣言从地缘关系上强调了川、滇、黔、桂、粤、湘、鄂七省的唇齿相依程度，而加入该协会的人士亦全部来自上述七省。可以说，西南协会已明确地勾勒出一个“西南七省”范围，在西南大区建构的过程中发挥了不小的作用。

护国运动尚未发动之前，唐继尧欲反对日本对北洋政府提出的“二十一条”，曾密电七省将军，希望“西南各省”能为“中央后援”,七省“相依车辅,同处漏舟”,应该相互提挈,在军备等方面采取一致行动,以援助中央反对日本。[49]可见,护国运动之前的“西南七省”说,是有相当一部分人主张的,尤其是在列强瓜分中国的危机背景下,七省体现出在地缘关系的紧密程度,国防上的唇齿相依特点。

第二节　地域政治视野下的“西南”

一、民初政治态势下的“西南”概念

“西南”一词,民国时期首先在政治领域内被频繁使用。梁启超在酝酿护国运动期间,与其弟子蔡锷书信往还,在四封书信中,共出现“东南”8 次;“西南”则出现 7 次,与“东南”基本形成对举之势。梁启超笔下的“东南”,是指以冯国璋为首的长江下游地区北洋势力,属于加意联合的潜在反袁力量;“西南”则指称云南以及具有潜在反袁可能的黔、桂二省。[50]梁启超在致蔡锷第一书中,以“西南”与“东南”对举,分析反袁称帝过程中的地域政治格局及实现地域政治联合战略:“以东南大势论之,大约非俟西南更得数省响应后,不能有所动作。”并表达了对“海疆诸区”的顾虑。“海疆”指称龙济光盘踞广东的事实,龙氏作为袁世凯的亲信,其存在则是护国反袁的隐患。在“东南”迟缓、“海疆”卧侧的政治地理大势下,梁启超强调了“西南一隅为我神明氏胄唯一遗种之地”的地位,甚至云“西南责任之重大,国家存亡,系此一片土而已”。[51]就范围论,此处的“西南一隅”(southwest),实指非北洋系统的滇、黔、桂三省。

总体来看,梁氏的论述只是渐启其端,护国前后则很少使用

“西南”概念来表达泛珠江流域各省的地方力量。1916年,张勋针对护国独立省份,两次使用了“南方各省”的表述,而不是“西南”。[52]护国期间,即便广西方面的护国人物如岑春煊等,只是重提“南北”,使用“南方”概念涵盖参与护国运动各省。[53]而多数表达则是直接使用省名,如“滇黔各省”等说法。

“西南”一词被频繁地使用,则是在1917年护法运动背景下才开始的。戴季陶说:“以护法相号召,亦每曰‘西南’云云。”[54]我的一项统计也印证了1917年可以作为“西南”概念被频繁使用的开端:在《中华民国史档案资料丛刊·护国运动》与《中华民国史档案资料丛刊·护法运动》二书汇集的电文内,1915年“西南”仅出现2次;1916年增至11次;1917年则猛增至198次;1918年又上升为222次。[55]其递增趋势不仅明显,而且1917年的上升幅度非常大。民国时人曾表示:“从民国七年(1918)十月十日,护法国会在粤开幕,‘南’、‘北’‘西南’等字样,才见之于报章。”[56]这一看法存在纰漏,作为近代的地域政治话语,“南”、“北”概念早在晚清已现端倪;“西南”频繁出现于报章,则至少可以追溯到1917年。但该文作者如是说的价值是,提出了考察地域政治话语的一种意识。

1917年是护法运动开展的第一年,也是参与护法的地方力量,准备成立“西南各省”联合机关以对抗北方政府的时期,“西南”二字就被频繁地使用起来。伴随出现的还有“西南各省”、“西南护法”、“西南半壁”、“西南团体”、“西南政府”、“西南主义”、“西南局势”、“西南旧侣”、“西南问题”等表述,“西南”已演变成为一个相对于“北洋”的政治话语。它首先是以六省范围(川、滇、黔、湘、桂、粤)为基础,形成由多股政治势力捏合而成的地域政治联合的一种表达。[57]其地域空间范围的认定尚在其次,而是突出地表现为这个西南政治联盟所实际控制的地域范围,完全超出了其地理方位所指向的区域。其时所谓的政治“西南”实际上是涵盖了以六省（川、滇、黔、湘、桂、粤）为主体，包括陕西、湖北、福建等省部分地区的一个地域政治概念。

倘若说，上述统计主要是针对政治运动电文展开的，缺少与其他领域的对照性，还可以用以下统计数据加以印证。我通过对《中国近代期刊篇目汇录》篇目中所录篇目内出现“西南”一词的情况进行统计（参见表3）发现：在1857—1911年间，出现在篇目中的“西南”一词，总共只有11次，而且都与国家内部政治无关；但在1912—1918年间，“西南”则骤然增至33次，超过了其他3个大区概念（西北、东南、东北），成为被使用最多的一个大区概念。而集中于1917—1918这两年间，则出现了15次，延及以下年份个别刊物内的情况，则总共达到24次。1917年以后除个别篇章外，全部都是针对这个“西南”政治团体的。围绕西南地域政治联合态势，则出现了“西南问题”、“西南主义”、“西南政策”、“西南自治”等政治意味浓厚的表述。[58]陈独秀更是以《西南简直是反叛》为标题来批评西南地方军阀的联省自治运动。[59]“西南”越来越明显地体现为超然于地理方位之外的政治话语。实际上，除了“南北”这个词汇仍旧常用外，在很大程度上，1917年以后的社会舆论常用“西南”概念取代原来的“南方”，而与“北方”、“北京政府”、“北洋”、“国民政府”、“中央”等概念形成直接或潜在的对称关系。[60]目前已有学者指出：“（西南）这一概念本与北洋相对，属于‘民党’的一方。”[61]这些方面显著体现出“西南”一词作为特殊的地域政治概念与政治话语的特点。在1857—1911年间，“北方”（共57次）是与“南方”（共50次）相对举的；而在1912—1918年间，“北方”有45次，“南方”仅有21次，“西南”则上升为33次。

1920年，桂系岑春煊、陆荣廷把持的军政府与徐世昌北京政府恢复南北议和，尽管“南北议和”时常作为固定名词出现，但在具体行文内则多以“西南”与“北方”对举。自本年夏开始，陈炯明率领的粤军以武力驱逐盘踞广州的桂系势力，身处上海的孙中山、唐绍仪、伍廷芳、唐继尧四总裁联合发表第一次宣言，强调“西南护法各省区各军，仍属军政府之共同组织，对于北方继续言和，仍以上海为议和地点，由议和总代表（唐绍仪）准备开议。”并强调：桂系岑春煊、陆荣廷把持的广州军政府为“假托名义之机关，已自外于军政府，其一切命令行动及所有西南盐余及关余各款均应交于本军政府。”[62]文内提到的“西南盐余”，实际是指两广盐税。两广盐税过去是中央政府的直接收入，第一次护法运动期间，护法军政府成立后，便收归军政府所有。[63]文内还出现了两个“军政府”，桂系广州军政府被指为“假托名义之机关”，孙中山所谓的“本军政府”，则是以身处上海的四总裁为代表的虚幻组织。因此，北方徐世昌政府认为“沪上本非西南范围”，对身处上海的孙中山等人“对于北方继续言和”的资格提出质疑。[64]孙中山等四总裁在第三次宣言内则反驳说：

> 以事实论，岑、陆匪特不能代表西南，广东一省，已十九为粤军所有；以法理论，七总裁缺其四，广州已无军政府，岑、陆私人签订之条件，直等废纸，绝对不生效力。倘或北方不察，贸然与签，固不能约束西南，亦且贻笑中外。[65]

孙中山等四总裁发表的六次宣言内，共出现“西南”一词8次。[66]1920年11月28日，孙中山先生重返广州恢复军政府，开展第二次护法运动（1920年11月至1922年6月），孙中山强调“如不举总统，西南无发展之望”。[67]1921年4月，非常国会选举孙中山为非常大总统，“组织正式政府于西南”。[68]上述事实，不仅体现出

"西南"一词作为地域政治话语的特征，而且也反映出广州作为西南阵营的中心的地位。总之，自1917年开始，一直持续到1930年代，"西南"一词在政治领域的使用频率，大大超过了在地理以及其他语境中的使用频率，成为一个特殊但影响广泛的大区概念。

民国初年作为政治话语的"西南"，实际上具有双重蕴涵：一是国家内部政治分裂状态下的政治地域化。为谋求地域集团利益，西南政团内部喜欢利用这个空间概念来表达他们有别于代表中央的"北方"势力，也有别于冯国璋代表的"东南"、张作霖代表的"东北"，形成了明显的、具有自立意味的大区政治趋势。正如"西南团体"喜欢强调"为西南大局计"一样，北方势力也在强调"为北人计"[69]、"我北方将领必须一致"[70]等。然而，这种政治自立状态并不意味着国家的分裂。尽管省籍主义甚嚣尘上，大区政治态势显明，但西南毕竟还有另外一层内涵：地方力量不论怀有何种目的，都是首先承认国家统一为基础的，他们所反对的仅仅是代表中央的北方政府而已，正如"西南"二字体现的内涵那样，"西南"是中国的西南，这些被政治化的大区概念，毕竟是在承认国家统一背景下言说的，是维系国家一体化的地域政治概念。

二、"西南六省"说的兴起

民国初年的"西南"，主要是作为一个地域政治话语而呈现的，其范围认定与"西南各省"发起的护法运动（1917年7月至1918年5月）有直接关系。护国运动后，已形成了川、滇、黔、桂、粤、湘六省脱离北洋势力并紧密联络的地域政治格局。[71]1916年10月22日，韩凤楼给唐继尧的函电云：

> 弟意现在可拉拢为我辈之一气者，滇、黔、川、桂、粤、湘耳。务当彼此联合，协力同心，培植实力，以为联邦中之普鲁

> 士。不宜以小嫌隙而予人以可乘之机也。浙吕、陕陈可利用为友，而不可以心腹相示，盖亦地理、历史之关系然也。[72]

韩凤楼电函中提到的“浙吕”是指参与护国运动的浙江吕公望部，“陕陈”则指参与护国运动的陕西陈树藩部。韩凤楼强调了上述川、滇、黔、桂、粤、湘六省“可拉拢为我辈之一气”，浙江、陕西等其他地域则“不可以心腹相示”，并将这样的政治关系上升到历史、地理中形成的区域关系，似乎说明了“西南六省”的密切合作和区域内聚力有深厚的历史地理基础。事实上，此后的政治发展态势也证实了这一点。

1917年7月，孙中山与廖仲恺、朱执信等人南下宣布护法，不承认段祺瑞政府的合法性，致电西南六省军政要人，认为“唯西南六省，为民国干净土，应请火速协商，建设临时政府，公推临时总统”，以图恢复民国。[73]1917年8月25日，非常国会在广州召开，通过《中华民国军政府组织大纲》，成立护法军政府，选举孙中山为大元帅。然而，滇、桂地方力量在护国运动后势力有所壮大，滇系势力在遥控贵州基础上势力拓展至四川；广西则占据了广东，并谋求向湖南发展。[74]除此之外，黔、粤、湘、川等省又存在力量较小的地方军事力量。正如李剑农先生的妙语评价的那样：“军政府有‘政府’而无‘军’，军阀有‘军’而无‘政府’。”[75]孙中山领导的军政府只好依托滇、桂等省地方军事力量展开护法，而滇、桂等省地方势力也有意借助孙中山的“护法”旗帜实现政治、军事目标的愿望。[76]在这一政治背景下，“西南”一词被频繁地用来指称以六省为主体控制范围的政治联合团体，尤其是滇、桂等省地方力量欲架空孙中山领导的军政府，意在另组“西南各省”联合机关，以“护法”、“靖国”为名对抗段祺瑞领导的北洋政府。[77]西南各省联合会议的成立，甚至曾征得孙中山的同意。孙中山一度表示，同意“发起西南联合会议，务期联西南各省为一大团体”，以资抵抗北京政府武力统一之方针。[78]

在政治局势影响下，政治语境里“西南六省”的整体范围认识，成为一种具有代表性的意见呈现出来。[79]1922年8月，章太炎表示：“西南六省，唯川、湘为当冲，北虏所寤寐不忘者在此。……湘本同盟，固当唇齿辅车之倚；滇、黔密迩，亦宜存弃嫌修好之心。”[80]1923年，农商总长李根源颁布《农商部特定西南六省实业案件暂行办法》[81]，全文虽未明确指出“六省”为何，只有“西南六省”基于习惯认识之后才会出现这种情况，这反而体现出人们对这一时期“西南六省”范围认知的程度颇高。1917年，孙中山提出全国铁路建设计划，对西南铁路系统亦有相当筹划。其中，孙中山谈到西南范围说：

> 中国西南一部所包含者：四川，中国本部最大且最富之省分也；云南，次大之省也；广西、贵州，皆矿产最丰之地也；而又有广东、湖南两省之一部。此区面积有六十万英方里，人口过一万万。[82]

孙中山的“西南”界定意见蕴含了丰富的区划思想，其中仅言“广东、湖南两省之一部”属于西南，并不像政治语境下的“西南六省”说那样绝对而笼统，显然是参考了地理环境、民族分布、行政区划、交通格局等要素而作出的界定。就拿广东来说，广东之一部，其实是指今天的海南和雷州半岛。当时的海南属广东所辖，该地是黎族等少数民族聚居区域，在民族分布上与其他西南省份广泛相似；此外，海南及雷州半岛在明代以前原属广西。可见，民族分布和政区是影响大区区划认识的重要因素。不能忽视的是，章太炎、孙中山、李根源三人均是活跃于西南的政界人物，其对西南范围的界定可能受地域政治的影响更大。那么,“西南六省”的区划意见是否在政治以外的其他领域也有体现呢?

答案是肯定的。首先,“西南六省”界定意见在交通语境里也有较多体现。如1936年的一篇文章谈到:“查西南各省,若滇、黔,若粤、桂,若川、湘,其面积约占全国七分之一有奇。”文内还多次使用了“西南六省”这一表述。[83]朱鹤宾的《统一救亡声中的西南铁路建设》(1936年),章勃的《完成西南铁路系统与民族复兴》(1936年)尽管没有明确界定西南范围,但从全文来看,其所指的西南均为川、滇、黔、湘、粤、桂六省。[84]事实上,交通语境下的西南范围表达,可能受孙中山先生提出的建设西南铁路系统计划的直接影响较大。

与之相应的是,上世纪20—30年代,部分学者对“西南民族”研究的地域范围的认定,呈现出与政治语境下“西南六省”的高度一致性。如马长寿先生云:“中国西南民族系指四川、云南、湖南、贵州、广西、广东诸省所有之原始民族而言。”[85]凌纯声先生亦云:“所谓西南民族,系指云南、贵州、四川、湖南、广西、广东诸省的非汉民族而言。”[86]与此同时,当时也存在以民族分布状况认定“西南民族”研究地域的意见。例如,杨成志先生强调的“西南民族”研究的地域范围主要是指粤、桂、黔、湘、滇、川、康、藏诸省区及东南亚地区的民族聚居区。[87]李绍明先生也曾表示:

> 我这里有一张“西南民族分布与分类略图”,是1930年以前绘制的。……地图表明,当时的西南包括了四川、云南、西康、西藏、广西和湖南的湘西,以及广东的海南岛,乃至青海玉树、甘肃甘南等地,代表了20世纪30年代学术界对西南及西南民族分布的认识。[88]

杨、李二先生的意见，不只是西南六省，而是着眼于西南民族分布状况而做出的。与之相比，马长寿、凌纯声二先生的意见则显得过于笼统，没能反映出自然地理分异特征，以及民族分布区域与政区的交错状况，似乎是受到了当时流行的“西南六省”说的影响。

由此可见，自政治领域而及其他领域，“西南六省”说的影响深远而广泛。不过，这种影响在1936年前还体现得不够明显，当时的社会舆论总体上对西南的关注度还不够，而且明确界定西南范围的意见亦不多见。随着抗战爆发，建设西南大后方的战略方针得以确立，西南得到了前所未有的关注度，“西南六省”说在抗战前几年内获得很高的认同。如余定义先生曾撰写名为《西南六省社会经济之鸟瞰》的长篇学术论文，开首即云：“本文所称之‘西南’，包括粤、桂、湘、黔、川、滇六省。”全文以详实的数据，总体上论述西南六省地区的社会经济发展状况。该文影响较大，并曾发行单行本。[89]1940年，卫挺生先生撰文表示：“所谓西南，其范围系包括川、黔、桂、湘、滇、粤六省而言。”[90]抗战初期，卫氏且以“西南六省”为范围，积极筹划西南国防、经济建设与政区调整。[91]“西南六省”说在地理著作中也有体现，如陆象贤先生的《新中国经济地理教程》云：

> 所谓西南区域，包括四川、湖南、云南、广东、广西、贵州六个省份，占全国总面积七分之一的土地，集中了中国主要的农业经济，丰富的地层，新建设的工业，交通运输工具，而成抗日革命的一个重要的根据地。[92]

需要说明的是，“西南六省”说尽管是一种代表性的界定意见，但还不是占据绝对主导地位的区划认识。这与民国时期西南范围本身的不确定有关，缺少以政区或其他区划形式对西南范围加以固定化。虽然“西南六省”受民国前期政治局势影响较大,但南北对峙状态下的政治控制区域是不断变化的,随之带来的就是西南范围的认识变化。例如,民国初年有“西南七省”(川、滇、黔、桂、粤、湘、鄂)说形成之苗头;1917 年后,之所以变成排除湖北在外的“西南六省”说占据主流地位,主要原因就是北洋系至二次革命后,即通过京汉铁路(北京—汉口)牢牢控制着湖北省[93],从而使其脱离“西南”政治范围;再如:南北和议(1919 年 2 月)前后,代表北方力量的吴佩孚占据湖南,并电请南北息战,电文中已变成“西南五省”[94],湖南显然脱离了“西南”政治实体(时为桂系控制的军政府)。这充分说明:当时西南大区的盈缩受政治势力消长的影响很大,时人的西南区域观亦常处不稳定的变化和歧乱之中。

此后,“西南五省”说(川、滇、黔、桂、粤)也多有呈现,如蒋君章先生在回顾西南范围变化时指出:“按民国肇兴以后,护法政府当时目为西南政府,其势力所及为两广及川、滇、黔。”[95]1928 年的一篇时评谈到北伐时说:“此次革命军统一中国,差不多各省都已参加入。惟西南几省除两粤以外,如四川、云南、贵州等省,内争的还是内争,旁观的还是旁观。”[96]1926 年,湖南方面已归附国民政府,省长唐生智就任国民革命军第八军军长等职,参加了大革命。[97]此处仅云“除两粤以外”,而不及湖南,似乎表明作者是持“西南五省”说。著名地理学家胡焕庸先生甚至也认为:“西南者,指四川、云南、贵州、广西、广东五省言之。”[98]不过,目前尚没有足够的材料证明,“西南五省”说是一种具有代表性的、稳定的西南范围认定意见。同时,它的出现是否受政治局势影响尚存疑问。

事实上,抗战前(1917—1936 年),除“西南六省”已属代表性的西南界定意见之外,由于尚缺乏大区区划的科学观,多数论著很少对西南范围作出明确的界定,因此缺少从整体上认识西南范围的有力证据。从明确界定西南范围的少数论著来看，除“西南六省”说外，其他意见则混杂而零碎，并不具有代表性。若分省来看，可归纳为以下几个总体特点：1、川、滇、黔、桂四省体现出稳定的西南核心区地位；2、此时的广东较前已获得相对稳定的西南地位，尽管还不如上述四省；3、湖南也多被看作西南的一部分。4、西康的大区归属则分歧较大，西藏则很少纳入西南范围。

三、西南政务委员会的设立及其管辖范围

1932—1936 年间，国民政府在广州设置过一个带有大行政区性质的西南机构——西南政务委员会。1931 年 12 月 31 日，广州国民政府撤销前夕，该机构由国民政府第四次全国代表大会之议决案通过成立。之所以说它具有大行政区性质，是由于《国民政府西南政务委员会组织条例》内宣称“以西南各省为管辖之区域”，监督、指挥西南区域内之内政、军政、财政、交通、实业、教育、司法等行政及审计事宜，并规定有权发布与中央不相抵触的命令和单行法规。

浦善新先生曾提出作为行政区的八要素：1、一定数量的人口；2、一定范围的地域空间；3、相应的机构，如立法、行政、司法等机关；4、一个行政中心；5、隶属关系；6、行政建制；7、行政等级；8、行政区专名。[99]从形式上看，设立于广州的西南政务委员会在隶属关系、行政建制、行政等级等方面体现不够明显。傅林祥、郑宝恒先生的《中国行政区划通史（中华民国卷）》介绍了汪伪国民政府下的华北政务委员会[100]，但没有提到与之组织形式类似的西南政务委员会（1932—1936 年）。除此之外，东北易帜后，1929 年 1 月尚成立东北政务委员会于沈阳，张学良担任主席，直隶于行政院。九一八事变后，该机构迁往北平，并更名为北平政务委员会，辖河北、

察哈尔、热河三省及京津两市。[101]就我的个人意见，东北、西南二政务委员会均具有准政区性质，至于从政区角度如何认识民国时期存在的行政组织形态，还有待进一步研究。[102]

西南政务委员会是所谓"西南政府"的高级行政机关。与之同时成立的，还有中国国民党中央执行委员会西南执行部，是所谓"西南政府"的高级党务机关。上述党、政机关时称"西南两机关"，事实上是以陈济棠、李宗仁为代表的两广地方派和以胡汉民为核心的国民党元老派联合起来，对抗蒋介石政府的两大依托机构。两机关领导层的构成如下：西南执行部设常委6人，胡汉民、陈济棠、白崇禧、刘纪文、陈策、李扬敬；西南政务委员会有委员27人，5位常委是唐绍仪、萧佛成、邓泽如、陈济棠、李宗仁。他们分别属于胡汉民的元老派与两广实力派，两机关由胡汉民"主持一切"，陈济棠则是唯一兼任两机关常委的人。[103]

以此为基础，"西南政府"同时设立军事委员会西南分会、西南财政委员会。[104]此后，陆续设立西南国防委员会、最高法院西南分院、西南外交讨论委员会、西南行政裁判委员会、西南国外贸易委员会、西南教育改革委员会等一系列配套机构。[105]行政、党务、军事、外交、经济等机构可谓一应俱全，不仅时人称其为"西南政府"[106]，李宗仁在回忆录里也将西南政务委员会的成立说成是"开府西南"。[107]由此，张宪文等人在《中华民国史大辞典》中将其定性为"国民党反蒋派成立的地方政权机构"。[108]

就西南政务委员会管辖范围来看，张宪文等人主编的《中华民国史大辞典》认为，"西南两机关"的管辖范围是"广东、广西、云南、贵州、福建5省"。[109]1932年，最高法院西南分院成立时也曾明文规定："最高法院西南分院，为广东、广西、福建、云南、贵州五省终审机关。"[110]似乎范围明确。然而，《国民政府西南政务委员会组织条例》仅规定"以西南各省为管辖之区域",并没有具体说明包括哪些省份。据马存坤《西南国防委员会之设立》一文记录,1933年西南国防委员会成立时,"西南两机关"要人邹鲁表示:计划布置"西南五省"之国防事宜,而"暂以粤、桂、闽为范围"。该文内针对"西南两机关"的管辖范围还出现了"西南三省"(粤、桂、闽)、"西南五省"(粤、桂、滇、黔、闽)及"西南七省"(粤、桂、滇、黔、闽、川、湘)等表述。[111]李姚黄《在建设中的西南》一文则提到了"西南六省",认为:"现在西南政府要建设新的西南,进而建设新的中国,故首先把西南政府所在地的广东着手建设起来,做整个西南以至整个中国的模范。"该文着重介绍西南政务委员会之下广东省的建设计划,并对"西南六省"(粤、桂、滇、黔、川、闽)之建设表达了乐观态度。[112]1933年,两广当局曾通电粤、桂、闽、滇、黔、湘等省主席参加西南航空公司筹备会议,但最终加入者只有两广当局。[113]同年又拟议设立西南银行,由粤、桂、滇、黔、川五省合组,总行设于广州,余四省各设分行。[114]由此可见,当时西南政务委员会号召的"西南各省",事实上是一种政治区域设计,究竟包括哪些省份,并不是确定的。

西南行政区域的不确定,实际上是与政治发展态势和地方政治力量重组相影随的。民国某文揭示了个中原委:

> 西南两机关,最初是以粤、桂、湘、滇、黔五省为号召。那时云南的龙云羽翼未丰,受制于桂;贵州则毛光翔、王家烈方忙于内争,无所可否;湖南的何健,也只是偶然藉此发抒其取瑟而歌之意。到去春湘、黔问题先后解决(风按:指蒋介石代表的中央权力深入二省),龙云态度亦日渐显明(风按:表示拥护蒋介石的中央政府),所谓"西南",实际只是两广

罢了。[115]

从上述议论可知,西南政务委员会的政治初衷是联合粤、桂、滇、黔等省对抗蒋介石政府,是以两广地方政治力量为主体形成的国民党内部反蒋集团。在地域上则可以看作是民国初年西南地域政治的延续发展,也是其时西南各省军阀自立状态的现实反映。然而,这只是西南政务委员会的政治区域设计,并未真正实现各省的紧密联盟。实际情况是这个政治"西南",只是指两广而已。陈红民先生对此就指出:"按照设计,西南两机关管辖权限应该可以到达广东、广西、云南、贵州、福建五省,这只反映了胡汉民等人的一种理想,但实际上只有广西、广东两省服从其领导。"因此,1932—1936年间的"西南",主要是"指称广东与广西这两个'华南'省份",而不是云南、贵州、四川等在地理上真正处于中国西南部的省份。[116]

综合而言,从政治形势来看,西南政务委员会成立之初所设计的行政地域范围,涉及到粤、桂、滇、黔、闽、川、湘七省,若依广西新桂系军政要人的意见,"西南"范围甚至还要超出这一地域设计,涵盖"安南、缅甸、暹罗以及其他被外人劫去了的大小属国"等更广阔的区域。[117]然而事与愿违,最初与该委员会关系密切的省份只是粤、桂、滇、黔、闽五省。随着政治局势的发展,该委员会可控制的实际范围仅以两广为主,多数时候福建也在其中,其他省份则不听其号令。因此,具有行政大区性质的西南政务委员会,并没有最终确立一个稳定的"西南"范围。

不过,西南政务机关的存在意义至少是,以行政机构形式强化了广东属于西南的区域认识,以行政中心巩固了广州作为1917—1936年间的西南视域中心的地位。所谓视域,是指社会舆论的视野范围,视野范围则主要通过各种语境呈现出来。一般来说,视域是语境的基础,大区概念呈现的多语境差别,也是多视域的体现。在以大区概念相号召之下的政治导向(如民国前期的"西南问题",抗战时期的"西南大后方"国防建设定位),社会舆论的目光自然会集中在政治导向体现出的大区中心区域。

就拿西南来说,1917—1936 年间,社会舆论普遍认识的"西南"、"西南问题"、"西南当局"、"西南政府",实际上是以广东为中心视域的西南,广东长期被视为"西南根据地";[118]孙中山先生在广州领导的北伐活动,时常被标以"西南"的地域标签。如1923—1924 年间的时评中就出现"西南有孙文系"[119]、"西南的广州方面"、"西南的孙中山"[120]等表述;孙中山、汪精卫、孙科、胡汉民等人在不同时期均被奉为"西南领袖"。[121]社会民众一旦提到"西南",在脑海里首先不是反映为地理方位上的川、滇、黔三省,反而是地处"华南"的广东,其中心视域则集中于广州。

1932 年西南政务委员会成立后,以"西南"命名的机构、社团与刊物更是如雨后春笋一般纷纷出现,由此延续与巩固了广州作为西南视域中心的地位。根据笔者的粗略统计,在 1932—1936 年间,在广州成立或拟议成立以"西南"命名的机构(行政、党政机关,社会、学术团体,教育、金融、经济等部门)多达 17 个;而包括西南核心区省份在内的全国其他地区,在此期间存在或成立的机构一共只有 5 个(四川 2 个;滇、黔为 0)。[122]这一时期,以"西南"命名刊物的地域分布也体现出广州作为西南视域中心的地位。1937 年前,广州有 8 种,其中 6 种属于机关刊物;川、滇、黔三省则仅有 5 种。[123]

在大区范围不稳定的状态之下,大区的视域中心是保证社会舆论认定大区范围的重要媒介。某种程度上可以说,广州的西南视域中心地位,不仅影响人们普遍认定的西南范围内可以包括广东，而且由于西南政务委员会的管辖范围及影响地域（如湖南），以及广东周边省份的地缘关系，导致湖南、福建等省份在西南政治大区框架下也有较高的区域认同感。如福建的大区归属问题，江亢虎撰有《西南四省及港澳越台教育情形》一文，江氏所谓的"西南四省"，是指其到过的西南省份，即广东、广西、云南、福建。[124]马存坤先生在《西南国防委员会之设立》一文内，多次提到"西南三省"，是指闽、粤、桂三省。[125]福建向来属于"东南"地区，只有在西南视域之下，才可能成为"西南三省"或"西南四省"之一。正如国共内战阶段，福建本质上与西南已毫无关系，但在新桂系人物的头脑里，仍旧脱离不了当年传统视域影响，将福建纳入到"西南七省"之一。[126]上述意见将福建纳入西南视域，一方面反映出当时福建在西南政务委员会管辖之下的政治现实，在大区政治框架下福建的西南归属感被提升了；另一方面，也反映出福建与广东密切的地缘关系，造就了地域政治在特殊历史阶段下的极端表现。

需要说明的是，西南政务委员会是以对抗中央的形态出现的，蒋介石政府迫于"剿共"之内忧、抗日之外患，暂时默认了它的存在，事实上没有得到国民政府的支持；其次是它存在的时间较为短暂，不足五年；再者，西南政务委员会以"西南各省"相号召，没有明确规定西南所涵盖的省区，如此模糊的表达显然是为两广地方派拓展西南地域范围，拉拢西南各省地方势力，以对抗中央留下余地。现实的局势发展与两广派的预想相去甚远，四川、云南这些核心省份多数时间里反而自外于这个政治"西南"，贵州则若即若离；而其实际管辖范围却是以广州为中心的粤、桂、闽三省。没有西南核心省份参加的"西南"行政机关，不仅无法得到民众的认同，也很难持续存在。正如川人任鸿隽暗含讥讽地说："西南这两个字，近来被用来做特别区域的代表。"[127]亦如潘公弼先生的质疑：

> 政务委员会与中委执行部之组织于粤中，自始自冠以冠词曰“西南”，即此名称，可知个中贤儁，亦未尝自居为政务、党务之正统；国与中央共之，党与中央共之，独以其组织，自外于中央之政令，而谋与中央分庭抗礼；姑无问其基础信念奚若，割据之客观条件则具备也。更考核其实际，广东、广西政出殊途，各行其是；往日之福建，今日之云贵（谓内部争纷），更无论矣；然则西南云何！藉曰所谓“西南”者，自有其重心，不容咬文嚼字，以推敲其范畴。……即就目前状况言之，所谓政委会与执行部，徒见其寄生粤中，未闻粤中军政乃至党务，为政委会与执行部所控制。综上所述，名实两亡，所存者形骸而已。[128]

潘氏所云“所谓‘西南’者，自有其重心，不容咬文嚼字”，显然与任鸿隽一样，是质疑广东被称为“西南”的资格。可见，不论是在部分人的心目中，还是从政治区域的实际控制范围来看，当时事实上存在着两个“西南”：一个是以两广地域范围为主，对抗中央的政治“西南”，另一个是以川、滇、黔为主体，关注度不如前者的地理“西南”。后者的地方力量则与中央和两广保持着若即若离的关系。由此“西南”概念在地域上形成了微妙的差别。早在1925年发生的第一次滇桂战争，不仅确立了以李宗仁、白崇禧等人为代表的新桂系势力，而且据罗志田先生的看法，它也“决定了北洋的对立面由‘西南’向‘南方’的地域转变”。[129]在此之后，云南地方力量与两广的政治关系便不再像此前那样密切了。

再者，就政治“西南”而言，尽管国民党元老派与两广地方派以“西南”相号召，督促中央抗日为目的，反对蒋介石的独裁统治以及对日妥协政策，但在内忧外患的背景下，两广地方派此举却被指为“假抗日之美名，演内战之实际”，不仅没有赢得社会舆论的同情与认可，反而获得了自私的“割据”者、破坏统一的恶劣形象。罗鸿诏云：“观近日的文电，各方都以为西南‘假抗日之美名，演内战之实际。’这就是说抗日是好的，但他们的真正动机不在乎抗日，而在乎反抗中央，所以是要不得的行动。”又云：“故一闻西南异动之说，国人咸疾首蹙额以相告曰：华北亡矣，冀、察不能守矣。盖深知国难当前，内战断不能再演。”[130]陈嘉庚先生曾谈到：“秋间发动叛变（西南异动），余乃联络各界假总商会开侨民大会，表决趣向，结果大多数反对异动，拥护南京中央政府。于是余乃以大会主席名义，发电劝广州陈济棠，广西李、白、黄以‘外侮日迫，万万不可内讧’等语。”[131]其所依托的政治“西南”概念，也逐渐“由正面转向负面，渐被‘军阀化’”。[132]

在这种背景下，随着蒋介石代表的中央政府深入贵州、四川，两广以“西南”相号召的力量日趋单薄，蒋介石又采取分化广东内部的办法，驱逐广东省主席陈济棠，成功解决“西南异动”。[133]1936年8月，中央执行委员会决议撤销西南执行部及西南政务委员会。[134]由此，存在五年的“西南问题”得以和平解决，政治“西南”就此终结。随着全面抗战爆发与西南大后方战略确立并实施，不仅西南视域中心开始由广州向重庆转移，而且省际之间的地域格局发生了很大变化，西南范围迎来了地理“西南”（川、滇、黔）与华南（两广）实现“分家”的重构契机。

总结1917—1936年间的发展历程，“西南”概念主要是以地域政治话语呈现的，这种状况大致延续到1936年。这一时期作为政治话语的“西南”，在各阶段表现为不同的政治状态。1917年至1920年代初，体现为滇黔川（滇系）、桂粤湘（桂系）以及孙中山革命力量三派政治力量，若即若离的联合关系；1920年代初至北伐时期，则体现为西南内部各省为保持割据状态，推行联省自治运动;[135]陈炯明被击败后,孙中山名义上被舆论奉为西南领袖,开始筹划北伐事宜;[136]北伐以后的1928年,则形成名义上统一于国民政府,但实质内部仍旧割据,并与中央时常有所摩擦的事实;1932—1936年,粤、桂、闽三省地方力量与国民党元老派凭依西南两机关(国民党中央执行委员会西南执行部、国民政府西南政务委员会),半公开地与中央对抗,而川、滇、黔三省则和中央政府、西南政府两方保持着微妙关系。[137]至全面抗战前夕,蒋介石势力深入湘、黔、川等省,两广之"西南"没有力量再与之对抗,1936年8月,西南政务委员会及西南执行部被撤销。[138]至此,尽管西南各省地方势力仍旧延续,但西南各省力量相号召的"西南"政治实体已不复存在,作为政治话语的"西南"概念随之隐为历史,西南范围由于政治控制区域实体的瓦解,也发生了较大的变化。

第三节　地理基础、交通格局与西南大区演进

一、西南范围认定的地理基础

就西南范围而言,全面抗战爆发以前,内边分野意识影响较为明显,总体上"西南六省"(川、滇、黔、桂、粤、湘)界定意见占据了主导地位。量化统计分析表明,这一意见在40个样本中出现了12次,认定率达到30%。位居其后的是"川滇黔桂粤"说、"川滇黔桂粤湘鄂"说,均仅出现3次(7.5%)。卫挺生先生认为:"今湖广以西,五岭以南,今之所谓西南各省也。"[139]这一意见若不含湖广在内,内方区意识下的所谓"西南各省",实际上指川、滇、黔、桂、粤五省;若包含湖广,则是指纳入鄂、湘的七省。卫氏另文又明确指出:"所谓西南,其范围系包括川、黔、桂、湘、滇、粤六省而

言。”[140]上述西南五省、七省与六省说的简单关系就是，三种界说均含滇、黔、桂、粤、川五省，处于主导地位的“西南六省”（川、滇、黔、桂、粤、湘）意见纳入了“湘”而排除了“鄂”。是否存在更深层次的关系呢？

事实上，“川滇黔桂粤”说、“川滇黔桂粤湘鄂”说与占据主导的“西南六省”（川、滇、黔、桂、粤、湘）说有相似的地理区划基础，只是由于受到地域政治格局因素影响，才表现为围绕湘、鄂二省不同归属的西南范围。参考图4的自然地理界线来看，以岷山—横断山脉为西部边缘线，以秦岭、大巴山为北部边缘线，然后沿巫山、武陵山、雪峰山南折，至南岭山脉，再向东部延伸，可形成一个地理范围。这个地理范围大致包括四川盆地、云贵高原、两广丘陵三个地理单元。岷山—横断山脉是我国第一阶梯向第二阶梯的过渡线，也大致属于我国的“内地”西部边缘线。南岭线则是人们早已公认的一条自然地理界线，也是长江水系与珠江水系的分水岭。巫山、武陵山、雪峰山一线则构成我国第二阶梯与第三阶梯的过渡界线，鄂西、湘西地区是第二阶梯向东部延伸的山地，这些广袤山地与云贵高原及今重庆平行岭谷地带有不可分割之势。湘南地区则属于南岭山脉延伸部分，与两广北部地区地理环境相似。若以政区来表述，上述地理界线圈定的范围大致包括四川、贵州、广西、广东全省，云南绝大部分，以及鄂西、湘西、湘南等地。[141]

一般来说，民国时期的西南范围总是以政区来表达的，这在西南范围表述上就往往造成两种现象：第一种是湘、鄂二省因部分地区与西南其他省份的地理形势相似，而将湘、鄂全省纳入到西南范围之中。尤其是，湘、鄂部分地区地理形势与西南其他省份的相似性总会影响到地域政治、经济格局，使得湘、鄂全省在特定时期体现出与西南其他省份更为密切的地域内联性，从而将其整合到整体的西南范围中来。第二种现象是,因湘、鄂二省仅有部分地区与西南其他省份的地理形势具有相似性,在特定时期的地域政治、经济格局上,二省其他地区体现出与别的大区具有更强的内联性特点,因此将二省完全排除在整个西南范围之外。换言之,被自然地理界线贯穿横切的省份,在大区归属上总会体现出明显的"亦此亦彼"特点。上述两种现象尤其是在缺少人为地、科学地界定西南范围时体现得更为显著。若将上述地理界线圈定的范围与西南范围相对照,"西南七省"(川、滇、黔、桂、粤、湘、鄂)属于第一种现象;"西南五省"(川、滇、黔、桂、粤)说则属于第二种情形。

由于秦岭、长江、南岭等自然界线的阻隔,上述地区事实上是较晚纳入"内地"范围的省区,内部广泛分布着"西南诸蛮夷",而且很多地区直到清代中期才进行了规模较大的改土归流。李济先生曾依据《古今图书集成》内相关记载对我国"内地"各省筑城数目进行统计,并对汉人从中原向周边地区的深入排列出一个时空序列。他的研究前提是:"在中国本部之内,只要在任何地方发现城墙,就意味着我群(汉人)中国人已经以某种定居的状态存在于当地。因此,筑城活动在各个历史时代的扩展,是历史上的我群扩展的一个可靠标记。"李氏进而认为:城垣数目多少受到很多综合因素的制约,首先是地貌条件,一般来说,多山地区由于存在很多自然屏障,减少了人工防御工事修筑的必要性。在平原地区则相反;另一个决定因素则是:"占居时间的长短","不言而明的是,一个地区被占居的时间越长,它可能受到袭击的时间也就越长,因而百姓也就越有必要修筑城垣,于是就有更多的城垣修筑起来。"[142] 根据李济先生提供的《表二:各省在每 1000 平方英里内的城垣数》,每 1000 平方英里的城垣数在 2 个以下的省份分别为:甘肃(1.91)、湖南(1.82)、广西(1.69)、福建(1.49)、广东(1.10)、四川(1.02)、云南(1.02)、贵州(0.71)八省,[143]除甘肃之外,其他省份均曾属于西南范围,尽管福建省只是短期内纳入到西南政务委员会管辖范围之下。这一结果表明:民国前期的西南各省多为汉人推进时间较晚的省份,同时也反映了这些省份多山的地理环境,相对中原省份则具有地理空间上的相对封闭性特点。

这种地理的相对封闭性特点,还反映在学界对明清时期的瘴病分布研究当中。目前研究已指出,清代瘴病主要分布区域为云、贵、川、桂、粤等地,闽、湘等省也有少数分布。这些地区受到山川自然地形的阻隔,与北方、长江下游之间存在明显的地理界线,即秦岭以南、大巴山地以西,长江天险,武陵山—雪峰山一线延伸至南岭山地。幕阜山—罗霄山的平行山脉则将江西与湖南自然分割开来。除湖南的平原、盆地以外,这大体也是清代所谓瘴气的分布范围,同时也是向来被认为南方苗蛮民族的分布区域。[144]由此可见,川、滇、黔、桂、粤以及湘、闽等省,受到相似的地理环境、地理区位影响,在民族分布、内地化程度等方面存在广泛的地域相似性。

二、贯通"三沿"地带的省际交通格局

元代以来,西南内部的省际交通除长江、西江等河流发挥着天然的省际沟通作用之外,贯穿各省的驿道已大有发展。

滇、川交通主干道主要有三条:

1、昆明—昭通—宜宾道。此道以昆明经昭通至四川宜宾为主干线,藉此可沟通长江。

2、昆明—威宁—泸州道。此道自昆明始,经曲靖转贵州威宁抵达四川泸州,贯通滇、黔、川三省。

3、昆明—西昌—成都道。此道大致延续此前的清溪道而建,是川、滇联系的重要交通线。[145]抗战前期,自宁雅二属(今四川雅

安、西昌一带）划归西康省后，该线贯通滇、康、川三省，对将西康整合到西南整体地域格局中来具有重要意义。

此外，西南地区已形成以贵阳为中心的滇黔、川黔、湘黔、桂黔四条主要干线。

1、滇、黔之间有横贯东西的滇黔大道，其自昆明经贵州盘县、安顺、贵阳。

2、川黔线自重庆出发，经綦江，至贵州桐梓、遵义、息烽以达贵阳。

3、湘黔线则以贵阳为起始，经龙里、福泉、凯里、黄平、镇远、玉屏，东出湖南，经新晃、芷江、洪江、邵阳以抵长沙。

4、桂黔线由贵阳起，东折贵定、福泉，然后南折都匀，经独山、荔波，入广西境，抵达宜山、柳州等地。

滇黔、湘黔线是元代以来云南、贵州与长江中下游地区、中原地区联系的东西向主要干道。川黔、桂黔二线则构成了以贵阳为中心的西南南北干道。由此初步形成贵州十字型交通架构，连接滇、川、湘、桂、黔五省的梅花型地域交通格局。[146]20世纪30年代，国民政府大致以传统驿道为基础，将上述四线改建为联接五省的公路网络，组成抗战五省运输联运系统。

贯通滇、黔、桂三省的东西向交通道路则兴起于南宋，南宋王朝曾经广西横山寨向大理政权大量买马，使得滇桂交通迅速发展。当时的滇桂路习惯上称为“邕州道”，由三条线路组成：

中线为自杞道，由横山寨（今广西田东）起，向西北至泗城州（今广西凌云），然后渡南盘江，经贵州自杞（今贵州兴义）进入云南罗平一带，穿过石城（今云南曲靖）、善阐府（今昆明）往西抵云南大理。

北线为罗殿国道，由横山寨出发，往北至罗殿国（今贵州安顺一带），进入云南，至善阐府后与中线合并。

南线为特磨道，其自横山寨，经安德、那坡、由云南剥隘达今广南，经云南开远地区至大理中心地区。

由横山寨往东，则沿右江、邕江而达邕州（今南宁）。自邕州西南行可达安南；南行则下钦州，形成重要的滇、黔出海通道；东行沿郁江、西江而至广州；东北陆行则连接岭南、中原各驿站道路。[147]可见，邕州道的兴起不仅贯通滇、黔、桂三省，同时也在联系粤、湘及越南等海外地区方面发挥着重要的地域联系功能。

元代以后，滇、桂之间不经贵州的交通也有所发展，形成两条主要干道：

1、自昆明经晋宁、澄江、陆良、师宗、广南、富宁，入广西境，经百色等地抵达南宁。

2、自昆明，经晋宁、建水、开源、广南入广西，经靖西、大新至南宁。[148]

历史时期的两湖与两广交通则以穿越南岭的五岭通道为主：

1、越城岭道。由汉水、长江入湘江，溯湘江经衡阳、永州等地至广西全州，沿灵渠抵桂林，顺桂江而下达梧州，随西江以至广州，越城岭道自秦汉以来一直是湖广与广西联系的过岭南北交通干线。

2、萌渚岭道。沿湘江上溯至湖南永州后，与越城岭道分途，再沿潇水上溯，经湖南道县、江永，越过萌渚岭隘口，到达广西的贺县，由此沿贺江顺流而下，至广东省西江沿岸的封开县江口镇，便可以顺西江而至广州。

3、骑田岭道。自湖南衡阳沿耒水上溯，经耒阳，由郴州转旱路西南行，经兰山县，南至广东连州市。或南下坪石，再西南行，经星子也可至广东连县。这段陆路没有崇山峻岭，进入广东连州后，可利用连江、北江水路直下广州。

4、零陵、桂阳峤道。此道北段与萌渚岭道相同，从湖南永州沿湘江支流潇水上溯，至道县与荫渚岭道分途。在萌渚岭与九嶷山之间穿行，东至广东连州市，再由连江顺流而下，沿北江而抵广州。实际上把萌渚岭道北段与骑田岭道南段连接起来。唐以前这条路使用最多，亦成为后世湖南与广东之间常选用的道路。[149]

目前，已有学者指出历史时期西南交通格局的整体变化趋势：宋元以后，随着政治中心转移，传统上云南经巴蜀而至中原的南、北交通线不再是开发西南的主通道：

> 上溯长江和长江南侧支流进入西南，成了经营西南的主要路线。此外，溯西江而上，进入西南的南部，成为开发西南的辅助线，这乃是南宋横山寨商业繁荣勃兴的原因所在。总之，传统的自北向南开发西南的模式，从此改为自东向西开发西南的新模式。[150]

东西向联系以滇黔大道与长江流域为主线，事实上体现为川、滇、黔、湘、鄂数省的地域关系较此前更为密切。

近代以来，原本的西江辅助线地位也逐渐提升，这种变化与近代我国陆权向海权的变更有着密切的关系。美国学者葛德石指出：

> 中国近代史上最重要的一种地理事实，就是她与海洋的新的关系。以前中国是面向西和北，太平洋是后门。在甘肃离长城尽头不远的玉门，就是最前面的入口，对于亚洲内陆和西北诸省的接触，她这国家的历史上担负了重要的任务。今日则一切情形都已改变。中国变更了她的面向，太平洋是前门了。上海、广州和天津代替了西安和北平。海洋现在是一

条藉以引进贸易和知识的通路。各国轮船到达中国的各口岸，贸易就非常迅速地扩张起来。比中国进口和出口的物品还来得重要的是那些横越海洋而来的观念。[151]

就清末民初的各省区位而言，滇、黔、桂是内陆沿边省份；川、鄂、湘有长江中贯；广东则独具沿海优势，清代大部分时间实行广州一口通商，西方文明沿粤江流域、五岭通道向内地渗透的历史自然要早过以上海为据点沿长江沿线渗入内地。上述诸省的对外贸易和交流对广东沿海颇多倚重。如此，长江、珠江横贯东西，川黔、桂黔线以及五岭通道等传统内陆交通干道纵贯南北，整体上呈现出以重庆、汉口、广州为据点，以贵阳为内陆交通枢纽，贯通"三沿"（沿江、沿边、沿海）地带的省际交通格局。历史交通格局奠定的基础，使得"珠江东西，行省分列，而其势归于羊城"。[152]尤其是同处西江流域的滇、黔、桂、粤四省，经济联系和政治合作较前显著加强，体现出以西江流域为连贯的整体大区特征。在区域认识上，抗战前期谢国度甚至以四省为"狭义的西南"。[153]

三、滇越铁路与桂越境外交通线

清末，中国西南门户洞开。川、黔、湘、鄂属于英国势力范围，桂、粤则大致属于法国势力范围，云南是英法列强共同争夺的中国西南地区的"后门"。鉴于上述的地域关系，英法两国试图通过修建联通上述省份铁路，并获得利权的方式进一步控制中国命脉。正如梁启超所揭示得那样：

英人开通滇缅铁路，不辞劳费，不惮险难以图之，其宗旨盖有二：一由云南经楚雄、宁远以通四川，控中部之上流；一由云南出临安，达广东，通香港，于南部阻法人之开拓。法人南宁北海之路，将延长而经桂林、永州、长沙以达于汉口接芦汉铁路，坐享其利，握南部之全权；其龙州云南路，亦所以固其云南、两广势力之范围。[154]

由此，英法列强可以缅、越为跳板，以云南为入口，进而实质性地深入到珠江流域与长江流域。滇缅铁路因种种原因并未修成，法国侵略者的北海—南宁一线亦停留在计划当中，不过由法国控制的滇越铁路则于清末修成通车了。

1910 年滇越铁路的通车，尽管路权由法人把持，但客观上也使我国形成了一条重要的西南境外交通线，即自昆明出发，经越南河内、海防，越东京湾（今北部湾）、琼州海峡抵达香港、广州，又可北上抵上海、天津、日本等地。此外还有桂越境外交通线，广西方面出镇南关至越南同登，同登至河内则有铁路联系，由河内可达海防、香港、广州等地，也是民国时期西南联系海外和内地颇为倚重的交通线。民国初年，全国铁路建设尚处于起步阶段，尤其是地理环境复杂的南方地区，没有形成系统的铁路网络。原本联系云南与内地各省的滇黔、川滇大道，不仅交通条件恶劣，行程较长，而且在军阀割据、时局动荡等社会状态下显得很不安全。南部境外交通线则全由现代交通联系，方便快捷，因此成为云南与内地、海外联系的重要交通线路。时人的切身感受是："由云南至外蒙，若非假道外国，非几个月路程不为功，即由四川至北京，也要一个多月。"[155]因此，西南各省人士不论出入内地还是联系海外，常走境外线。

滇越铁路的开通，促进了近代西南地区对外贸易的拓展，极大地加快了社会现代化的历史进程。正如云南通志馆编《续云南通志长编》记述：

清宣统间，滇越铁道筑成，以丛山僻远之省，一变而为国际交通路线，匪但两粤、江、浙各省之物品，由香港而海防，海防而昆明，数程可达，即欧美之舶来品，无不纷至沓来，炫耀夺目，陈列于市肆矣。欲返于古代之朴质，纯以农立国，其势有所不能也。[156]

以往研究也侧重于强调滇越铁路促进云南经济贸易增长与现代化进程方面的贡献。[157]事实上，在民国初年的政治形势下，滇越铁路和桂越线也发挥了特殊的政治作用，对民初地域政治格局具有深远影响。

滇越、桂越二线广泛联系着日本、上海、香港、广州、越南海防及河内、广西镇南关、云南河口这些区域。日本是近代革命的策源地，上海则是全国通讯的联络中心，尤其是在南北联络方面发挥着重要作用；香港的殖民地地位，使得中央势力很难完全深入香港，而香港以其交通区位优势，成为两广以及云南等省份的进出跳板；越南海防、河内则是广西、云南的对外窗口。而且，东南亚地区的华侨众多，革命与立宪基础都很雄厚，不论历来的革命党还是在护国期间发挥重要作用的立宪派人，都在东南亚地区能获得足够的支持。

滇越铁路与桂越交通线发挥的政治作用最明显的时期，就是护国运动前夕。其时，袁世凯称帝活动愈演愈烈，袁政府对中国内地乃至香港都有严密的布置。四川、湖南等地由袁世凯心腹陈宧、汤芗铭分别驻守。内地袁党爪牙遍布，以防革命党及其他反对派相互联络。内陆交通既遭封锁，而香港、海防等地终属北洋政府管辖之外。在这种情形下，地处边疆的滇、桂二省，因境外线的存在反而具备了特殊阶段下的交通区位优势。当时的滇越、桂越境外交通线几乎是反北洋势力的唯一出入通道。

于是，各党派人士联合起来，通过这两条境外交通线，纷纷进入云南、广西两地，策动反袁护国运动。例如，李烈钧、方声涛、林虎、陈泽霈、何子奇等人由香港乘船至海防，转抵河内。在河内留2日后，前往老开，从云南河口入滇，沿途甚至受到法警保护。[158]再以梁启超的行程为例：1915年12月16日，梁启超由天津乘轮至沪，18日抵上海；居沪70多天，运动冯国璋襄助反袁并筹划滇黔桂三省举义；1916年3月4日，梁氏由上海乘坐日轮横山丸赴香港，3月7日抵港；3月12日乘日轮妙义山丸前往越南海防，3月16日抵达海防；居海防10日，26日出发，27日抵镇南关入广西，4月4日抵达南宁。前往广西会见陆荣廷的途中，梁启超曾有"冒险入梧州"的打算，被同人劝阻，才绕道走海防入桂。[159]由此可见，境外线不仅安全得多，也造就了大批反袁志士齐聚云南的局面，从而开创了云南首义、广西继起的反袁护国的良好局势。同时，滇、桂二省为西南核心区省份，两省又是护法运动的军事主导力量，以"西南"概念涵盖护法军政府控制的六省（滇、黔、川、桂、粤、湘）也就不足为怪了。

上述事实表明：元代以来的西南交通，整体上呈现出贯通"三沿"地带的省际交通格局，使得西南诸省的区域联系更为紧密。尤其是在清末民初法踞安南、滇越铁路通车的背景下，国人提出的修建滇桂铁路倡议，代表了滇、桂、粤三省亟需加强区域合作的社会呼声，反映出国人对珠江流域省份互相策应、协同对法的政治诉求。而法人控制的西南境外交通线，不只意味着利权的丧失，其在民国初年护国运动中也发挥了独特的政治作用。西南境外交通线保证了全国反袁力量齐聚滇桂，再造共和。此后，西南各省又成为各地反北洋力量的聚集地，为护法运动后西南地域政治联盟的形成奠定了基础。

四、西南铁路建设计划体现的区域内联性

在英法侵略西南的背景下，西南人士倡议修筑贯通各省的铁路干线，其中以滇桂、川汉、粤汉铁路干线的建设倡之尤力。川汉路、粤汉路计划甚至引发声势浩大的保路运动，为近代辛亥革命开启了大门。1917年，孙中山先生甚至提出一个完整的西南铁路系统建设计划，进一步推动了西南各省的地域政治联合。这些铁路建设计划可谓是西南人士加强区域内部联系性的自觉要求。

能够体现云南与两广地区联系加强的是滇桂铁路的建设倡议。1910年初，云贵总督李经羲上折，请修云南出入内地铁路，认为滇蜀铁路、滇桂铁路本同等重要，权衡利弊，则宜先修滇桂铁路。邮传部尚书徐世昌附议：鉴于法国列强已开辟东京湾，获得经广西入中国的铁路修筑权，加上已修通的滇越铁路，法人"于滇桂两边，实擅有海路交通之势"，倘若法人挑起兵衅，"我则畛域攸分，首尾不能救祸"，因此应当先修筑滇桂铁路，"足以预伐其阴谋"。再者，"昆明、百色、南宁千数百里之间，道出空虚，煤矿、五金、山泽，往往而有"，若能修成滇桂铁路，则"可衔接桂邕之线，上达于三湘，……贯串粤境，辐辏于香港，以平分法人运输之利权"。[160]民国成立后，云南都督蔡锷再提修筑滇桂铁路事：

> 然熟审边地情形，滇蜀一线尚可缓图，滇桂一线尤为切要，其路线尤以曲靖经兴义、百色达南宁为宜。若此路修通，厥有数利：一则路线较短，成功较易，需款较省；一则滇粤交通互相策应，可固国防；一则与滇越（铁路）不平行，免资外人口实，且离越较远，利于兵事；一则经滇、黔、桂三省之地，可扩商业，可辟荒土；一则滇川、滇黔两线将来便于延长；一则东、昭矿产，便于转运；且此路一通，则滇越一线之势顿失，既可以阻

其伸张之势,并可以徐图赎回之机。故前清李督密奏,请先修滇邕,又以滇省奇穷,应归部办,皆得部复允准,并已派员踏勘。改革之际,事遂中止。现大局已定,亟应先为筹计,继续进行。惟锷前游两粤,近复来滇,足迹所经,详察形势,觉滇省铁路自以先修滇邕为宜,而滇邕路线尤以延长至龙门岛,去南宁不过四百余里,山岛屿环抱(此处原文有脱漏),为泊船最良之海湾,而风浪不惊,较北海为尤善。以之辟为商港,则粤、桂、滇、黔四省之物产,皆可委输于此,商业可期发达。且此中海水深广,可泊兵轮,而海口甚窄,间有暗礁,新到之船,亦难蘧堂奥,可并营军港以屯海军。将来铁路、军港首尾衔接,滇、桂不致坐困,庶可巩固国防。[161]

显然,在抵御法国侵略态势下,倡修滇桂铁路体现出云南与桂、粤地域联系的加强趋势。

能够突出反映这种加强趋势,沟通西南内陆省份与沿海广东联系的,则是孙中山先生在 1917 年《建国方略》中提出的西南铁路系统建设计划。在提出计划之先,孙中山对西南范围做出明确界定:我国西南所包含的地域范围为四川、云南、广西、贵州四省及"又有广东、湖南两省之一部"。孙中山认为,应在广州建立国际大港口,"由广州起,向各重要城市、矿产地引铁路线,成为扇形之铁路网",形成西南腹地与港口相贯通、联结之势。倡议以广州为西南铁路系统的终点,建设以下七条铁路干线:

1、广州重庆线,经由湖南。

2、广州重庆线,经由湖南、贵州。

3、广州成都线,经由桂林、泸州。

4、广州成都线,经由梧州、叙府。

5、广州云南大理腾越线,至缅甸边界为止。

6、广州思茅线。

7、广州钦州线，至安南界东兴为止。[162]

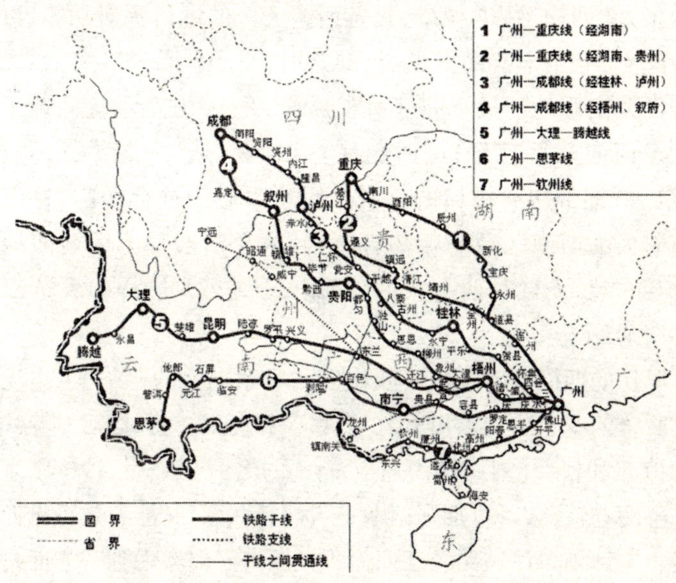

图 13　孙中山西南铁路系统建设计划示意图

【图 13 说明】

1. 底图来源：陈潮、陈洪玲等编：《中华人民共和国区划沿革地图集·中华民国时期的行政区划（1949 年 9 月）》，中国地图出版社 2003 年版，第 4 页。

2. 资料来源：孙中山著：《建国方略》（1917 年），辽宁人民出版社 1994 年版，第 173—179 页。

3. 本图是示意图，南海诸岛部分，因与本书内容关系不大，不再绘出。

图 13 所示，广州—腾越线不仅“自东至西，贯通桂、滇两省”，而且此线可与“缅甸铁路系统之仰光、八莫一线相接，将来此即自印度至中国最捷之路”。[163]此线事实上与广州—思茅线均体现了联通沿边与沿海地区的价值。广州—重庆线、广州—成都线则体现出沟通沿江与沿海的诉求。孙中山倡议的西南铁路

系统建设，尽管停留于理想状态，全部付诸实施几乎不可能，但其旨在加强西南大区内部联系的愿望是显而易见的。广州在时人看来是“西南”中心城市，具备西南大区的港口辐射功能，以广州为起点，七条干线横贯东西，贯通川、湘、滇、黔、桂、粤六省，呈扇型向西南腹地形成空间辐射和延伸。这一方案不仅体现了明确的东西向联系特征，同时也表达出对沟通“三沿”（沿海、沿江、沿边）地带交通格局的诉求。联系当时的社会实际，这一方案与时人的西南区域观相吻合，与大区政治态势下的西南地域整合相一致，无疑是西南大区建构和区划实践过程中表达出的一种交通愿景。

民初的西南各省不仅反映出区域联系加强的趋势，也出现了自觉联合的要求。清末川、鄂、湘、粤四省商民，为共同对抗英法列强的掠夺利权，计划修筑沟通成都—重庆—汉口—长沙—广东的川汉粤商办铁路，既可加强西南各省经济联系，又能有效抵御西方侵略。原计划粤汉铁路经江西而不经湖南。但考虑到一方面自粤出江西而至汉口，路稍迂远；另一方面，法国已取得广西边境龙州一带的筑路权，倘若法人日后经广西而至湖南境内展筑铁路，“直抵汉口，以拊我之背，则我所造江西至粤之铁路，利权尽为彼所分夺矣”。故决定抢先一步，线路改为由汉口经湘境而抵广州。[164]于是，川、鄂、湘、粤四省商民声气相通，围绕可贯通四省的川汉路、粤汉路建设积极筹备。川汉粤铁路的建筑计划，不仅明确体现出抵御西方侵略，维护国家利权的实质，而且也是西南省份沟通沿江、沿海地带的自然要求。

1911年夏，清政府突然将川汉粤铁路收归国有，川、鄂、湘、粤四省民声鼎沸，形成声势浩大的联合运动之势，尤其以四川为主导，发起了反对铁路国有化的保路运动。[165]川人呼吁道：“川人所争者,一省之路,而非一省之路也。盖使川路得,则川汉、粤汉与之并得;川路失,则川汉、粤汉与之俱失。”倡议四省乃至全国人民联合起来,共同抵制清政府的收归国有政策。[166]湘、鄂、粤三省绅士与川人声气相通,“往返亟商,意见均合,亟为和众丰财,克期并举”。[167]在保路风潮下,鄂人雷铁厓先生甚至为四省的军事联合进行过具体筹划。[168]保路运动成为清王朝灭亡的导火索。

五、西南弧:“内联外拓”的地域政治结构

不难发现,四省联动的保路运动呈现出一种地域政治圈层结构:交通便利、经济富庶的西南外围四省(川、鄂、湘、粤)区域政治合作加强,形成一个西北—东南走向的“西南弧”,将交通不便、相对落后的滇、黔、桂三省围合在内,使之与其他省份相阻断。

这一地域政治结构也明确体现在清末革命人才的地域分布上。由孙中山、黄兴等人创立于1905年的中国同盟会,是发动辛亥革命的重要组织。其成员是以三大地域政团为基础联合而成的,即以广东籍人为主体的兴中会,两湖籍人为主体的华兴会以及皖浙籍人为主体的光复会。[169]此外还有一些规模更小的地域性的革命团体,例如部分川、鄂、湘人组成的共进会。[170]这些革命团体统一在同盟会之下,当内部仍旧保留着较强的独立性,体现的是以“省”为基本单位的区域联系性特征。因此,革命党人的地域分布很能反映地域政治的发展态势。

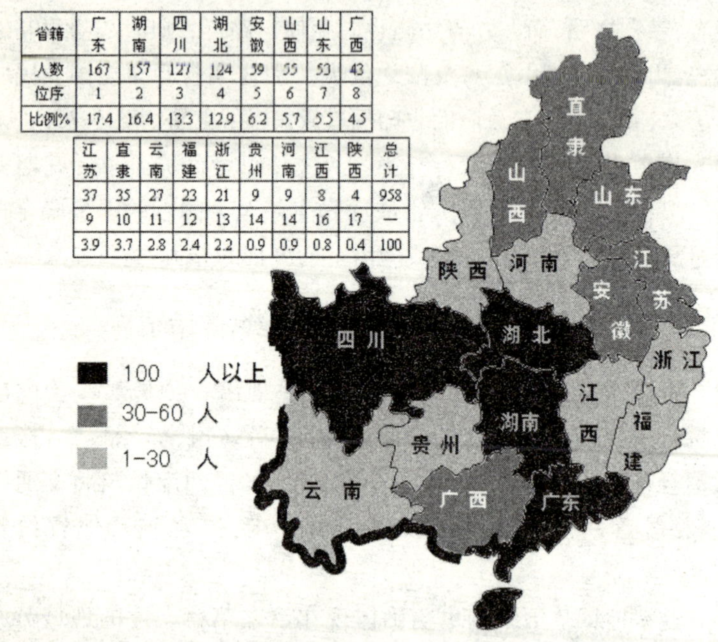

省籍	广东	湖南	四川	湖北	安徽	山西	山东	广西	江苏	直隶	云南	福建	浙江	贵州	河南	江西	陕西	总计
人数	167	157	127	124	59	55	53	43	37	35	27	23	21	9	9	8	4	958
位序	1	2	3	4	5	6	7	8	9	10	11	12	13	14	14	16	17	—
比例%	17.4	16.4	13.3	12.9	6.2	5.7	5.5	4.5	3.9	3.7	2.8	2.4	2.2	0.9	0.9	0.8	0.4	100

图 14　中国同盟会最初三年会员籍贯分布图

【图 14 说明】

1. 资料来源:《中国同盟会最初三年会员人名册》,冯自由著:《革命逸史》第六集,中华书局 1981 年版,第 63—86 页。

2. 底图来源:谭其骧主编:《中国历史地图集》第八册《清时期·清时期全图(二)》,光绪三十四年(1908 年),中国地图出版社 1987 年版,第 5—6 页。

3. 根据冯自由的介绍,这一名单可能尚存在遗漏。

4. 原人名册内没有计入的省区,不再绘出。

5. 各省内部区域分布特征如下:广东省主要集中在珠江三角洲与韩江三角洲之潮嘉地区,西江上游与东江流域次之,高雷地区及海南岛则基本没有;湖南早期同盟会员最集中的地区是中部的长沙府与宝庆府,以长沙府最多,宝庆府次之,洞庭湖平原区又次之,湘西、湘西南、湘南唯零星出现;四川以川东重庆地区最为集中,其次为川西成都,体现出四川的双中心格局。再次为泸州,其他地区则零星分布,雅州以西的川边民族地区则基本没有;广西早期同盟会员主要集中于东南部的浔州府与梧州府，靠近广东。广西中部、北部分布较少，西部则几乎没有；云南人较少，且来源地非常分散，没有明显的地域分布特征。若将大理、保山、蒙化、景东、顺庆均看作滇西地区的话，那么来自滇西的人员则有12人；贵州人数太少，无法客观地反映其分布状况，不过，其中有5人均来自贵州中部的贵阳府。

6. 本图是示意图，南海诸岛部分，因与本书内容关系不大，不再绘出。

根据冯自由《革命逸史》中收录的《中国同盟会最初三年会员人名册》，中国同盟会最初三年的成员籍贯分布如下：粤167人，占17.4%；湘157人，占16.4%；川127人，占13.3%；鄂124人，占12.9%。四省人数最多，均在100人以上，总比达到60%。位居第五的安徽仅有59人，可见四省革命人才及其革命风气远盛于他省；桂（43人，4.5%）、滇（27人，2.8%）、黔（9人，0.9%）三省则较少，为外围四省汹涌澎湃的革命风潮所笼罩（见图14）。

结合图14，倘若将西南内部三省（滇黔桂）看作一区，外围四省（川鄂湘粤）为一区，西南内、外两区的地形、地貌存在结构性差异，经济发展不平衡状况也十分突出。内部三省大体处于地理环境更为复杂的云贵高原，属内陆沿边省份，交通不便，经济落后；外围四省则地貌、水文、气候条件均适宜农商发展，经济富庶，且具沿江、沿海的区位优势，交通便利。

根据余定义《西南六省社会经济之鸟瞰》提供的1938年数据，内部三省（滇黔桂）总面积为79.5万平方公里，占“西南六省”（川、滇、黔、桂、粤、湘）总面积的48.5%，接近一半。但人口总数只占六省总人口的20.5%，人口密度只有每平方公里18人；外围川、湘、粤三省总面积为84.3万平方公里，占“西南六省”总面积的51.5%，人口总数则占六省总人口的79.5%，人口密度则达到了每平方公里69.9人。人口总数及人口密度比较为悬殊。[171]

据1925年财政部公布的各省岁入概算表显示：湖北为7436481

元(1923年度);湖南为5923056元(1920年度);四川12747834元(1919年度);广东15323147元(1919年度);广西4909501元(1923年度);云南2219988元(1919年度);贵州1573946元(1919年度),七省总计50133953元。内部三省的财政收入仅占七省总量的17.4%,尽管地域范围较小,但富源不足、交通不便当是主要原因。内部三省的岁入,以广西最高,只占9.8%;外围四省以湖北省最低,但也达到11.8%。结合同年度七省政费、军费两项岁出情况来看,内部三省年赤字总计高达800余万元,超出总岁入近一倍;尽管鄂、湘两省年赤字达到700余万元,但只占总岁入的一半多,相比之下少得多。川、粤二省则尚有较多盈余。[172]

总体来看,内部三省入不敷出的财政状况更为严重,对外围四省的经济依赖也较大。清时期,内部三省长期受外围四省的协饷。滇、黔协饷受之于川、鄂;[173]广西则受之于湘、粤。[174]辛亥后协饷不继,内部三省地方势力开始走上侵夺外围省份的军阀道路。大致情形是滇、黔军阀谋取四川利源,桂系军阀则侵夺、控制广东,并向湖南发展。[175]

从军事交通上分析各省的地缘关系,西南外围四省(川鄂湘粤)隐含着秦巴山地—巫山—雪峰山—南岭这条自然地理界线,形成西南的第一道天然屏障;内部三省(滇黔桂)地处边隅,地势更高,大致算是"更上一层楼"的西南高地。外围四省若在地域政治上形成联动之势,即构成内部三省的外卫屏藩。反之,内部三省又多赖外围四省为联系内地的前出通道。清末革命党人即分析说:"然苟不得广东以为出口,一旦上下游之路为他人所闭塞,朝夕可以毙命。"[176]章太炎针对护法运动的军事态势亦云:"西南门户,实在湘、粤,湘、粤沦陷,则西南无进取之途。"[177]又强调"西南无川,则湘孤而滇黔无屏蔽"。[178]护法运动期间,滇系军阀之所以出兵四川，除图谋四川利源外，还有控制长江上游交通要道，遏制北兵南进之意。唐继尧曾强调："西南欲达救国目的，非将兵力达到长江不能施展。此间计划仍从收拾川局入手。"[179]事实上，这一地域政治结构在抗战期间得到充分体现。国民政府大致遵循这一地缘结构确立西南抗战大后方战略，并引导社会舆论普遍形成了西南区划为"中心"与"外卫"的空间分层认识。[180]

概括言之，这一地域政治结构呈现出"内联外拓"的特点：

1、内联性。西南外围四省（川鄂湘粤）构成内部三省（滇黔桂）的外卫屏藩，对其革命风气形成辐射和引导，并将其与北洋势力分割开来，较容易形成七省联络声气、一致行动的地域政治态势。

2、外拓性。三省又以四省为前出通道，内部三省在交通、富源等方面对外围四省具有较多的依赖性，只有联络四省，才能在政治军事活动中掌握进退伸缩之主动权。

由七省人士发起于1913年的西南协会，正是这一地域政治结构的重要体现。二次革命前夕，川、鄂、湘、粤、滇、黔、桂七省均控制在有别于北洋系的革命党、立宪派以及地方势力手中。1913年1月12日，近代以来第一个以"西南"为名的社会团体——西南协会宣告成立。该会以联络七省人士、整合"西南半壁河山"为宗旨，由粤人王宠惠、滇人李根源、鄂人居正、桂人马君武、川人张培爵、黔人张百麟等人发起，公推马君武为临时主席。[181]该会发表宣言说：

> 今者西南协会之结合，地域的结合也。两湖据长江上游，左接黔、蜀，右邻桂、粤；滇、黔、蜀三省与中原之交通，湘、汉且为其咽喉焉。若夫两粤之形势，则一方近邻南海，直接英人之租借地；一方逼于法越，强邻酣睡于卧榻之侧，欧风美雨之逼近更不自今日始也。至于四川夙称天府之国，近接滇、黔、湘、

鄂，密迩西藏，沃野千里，本足以有为，而大利所在，野心国早已注意及之矣。云南后接川、桂、黔三省，前临缅甸、越南，外患之逼，较他省尤有岌岌不可终日之势。贵州据山傍岭，旧称岩疆，然襟滇带楚，近桂邻川，以地势而论，实为西南各省之中心点，更不能以山国小之。夫然则西南各省之关系切近，固彰明较著也。就政治上说，苟一省不治，必将扰及邻封，譬诸人身，指臂腹心，血脉本互相联络，一部有病，则害及全体，不待周身病作，始谓之为险症也。地域生活之关系，岂有以异哉。[182]

上述张百麟的《西南协会第二次宣言书》，详论西南七省毗邻勾连、犬牙相错、唇齿相依的地缘关系，对各省的地域政治态势均有透彻的分析：两湖据长江中游，为川、滇、黔之咽喉；粤、桂邻近南海，英、法交迫；四川幅员广大，经济富庶而有“大利”；云南则地临缅、越，无异与英法列强直接接壤，是英法列强垂涎已久的西南门户；《宣言书》对贵州的分析，可谓是对西南交通格局的精辟总结：贵州据山傍岭，襟滇带楚，近桂邻川，“以地势而论，实为西南各省之中心点”。西南协会以地缘关系为基础，以川、鄂、湘、粤、滇、黔、桂七省为范围，以抵御英法侵略相号召，以加强区域政治合作为目的，成为贯通“三沿”、“内联外拓”的西南地域政治结构得以成型的重要标志。它庄严宣告“今者西南协会之结合，地域的结合也”，表明一个与今日西南不同的另类“西南”大区正呼之欲出，其作为大区的整体性、内聚性业已体现无遗。

然而，碍于当时未与北洋公开决裂的政治气氛，西南协会的《宣言书》仅指出抵御英法列强的对外一面，而隐晦了抗衡北洋的对内一端。从日后的事态发展来看，抗衡北洋才是西南协会的着意处。前已述及，1917 年护法运动后，“西南”作为一个政治话语已经站在了“北洋”概念的对立面。可见，西南大区的呈现不只体现为西南协会的成立，护法运动促成的西南六省（川、湘、粤、滇、黔、桂）政治联盟才是其最显著的表现。

还有一个问题需要澄清：既然西南七省（川、滇、黔、桂、粤、湘、鄂）的地缘关系如此密切，为何护法运动后出现的却是西南六省（川、滇、黔、桂、粤、湘）政治联盟呢？据笔者之浅识，1913 年虽有西南协会之设，且有众多鄂人参与，湖北与西南他省之地缘关系不可谓不密切，然以其地处南北要冲、长江中流之区位，北洋系也绝不会放弃这一中间地带。1906 年，京汉（北京—汉口）铁路已运行；1912 年，津浦（天津—浦口）铁路通车。京汉铁路、津浦铁路以及横穿其间的陇海铁路共同形成了一个 A 字形铁路交通网，[183]它使得北洋系很容易深入到湖北与长江下游地区，并以长江航道相维系，控制鄂、赣、皖、苏、浙等省。依当时情势论，西南势力事实上无法控制湖北。由此，导致湖北脱离了这个西南政治势力控制范围，从而影响到西南大区认识的变化和区域范围的表达。

第四节　“西南一隅”与“西南半壁”

一、“西南”一词的两层含义

就现代“西南”一词的含义而言，其明确指向西方与南方之间的一隅（southwest）。为何民国时期的“西南”一词，可以涵盖广东等看似不符合其地理方位的省份呢？就此，必须从历史时期“西南”一词的空间表达内涵说起。

从空间表达功能来看，传统语境下的“西南”等大区概念，除一隅指向（southwest）之外，实际上还存在一种双方位指向（south and west)的表达功能。由于汉语表达的模糊性,在传统语境里,两种表述功能交错存在。这一特征体现出“西南”一词在传统语境下进行空间描述的多样性和复杂性,并进而影响到了西南范围认定,尤其是为广东可纳入西南的看似不合理的认定,提供了一种传统语境的空间表述依据。随着“西南”概念在近代区域界定和区划实践中的频繁运用,其本身也经历了一次从传统到现代的转型。这一转型的结果是,“西南”概念的一隅指向功能(southwest)得到强化,而双方位表述功能(south and west)逐渐丧失。如此复杂的演变过程,导致目前历史研究中对历史阶段下西南范围认定产生了诸多分歧。因此,这一问题有重点阐述和论证的必要。

令人遗憾的是,不论是目前的语言学界,还是文化、地理学界,均对此缺乏足够的认识。个别学者以严谨的学术态度,曾注意避免了传统区域表述可能带来的歧误。例如,苏德先生的《试论晚清边疆、内地一体化政策》一文,主要谈晚清蒙、藏问题,涉及到当时所谓“西北”概念时,很可能考虑到西藏、蒙古的大区归属,均采用顿号分割为“西、北”的形式。[184]龚荫先生的《中国土司制度》也采取了类似办法,将“西南”分为“西、南”。[185]尽管如此,这一以顿号分割的做法仍无法呈现传统语境下方位表述的内涵。

就其构词法而言,“西南”等合成方位词具有偏正结构式与并列结构式两种。所谓偏正结构式,就是九个基本方位词之一的“西南”(southwest),指向西部与南部之间的那个方位。由此衍生的大区表达,也正是我们通常理解的“西南一角”或“西南一隅”。需要重点阐述的是,作为并列结构式的“西南”概念(south and west)。其指向的则是西部与南部两个方位,有时会后置“两”、“二”等数词,明确说明指向的是两个方向。例如:《汉书·高帝纪》颜师古注“东阙、北阙”云：“至于西南两面，无门阙矣。”[186]再如，1914年有一篇名为《经营西南两边宜建同成铁路之计画》的文章，[187]其中的“西南”也属此类。严格地说，这种情形应该以顿号断开。近代常用的“西南各省”、“西南诸省”等词汇，其中“各”、“诸”都具有数词性质，似乎是这一构词法的变相使用。然而很多时候，并列结构式的“西南”、“西北”等概念则没有明确的数词来强调其双指向特征。

首先，举一个民国时期的例子。1938年，史维焕先生谈到西南各省的国防地位时说：

> 惟西南各省，居全国西陲，宁、青、西藏屏障于西北，陕、皖、赣、鄂掩护其东北，安南、缅甸围绕其南，除广东滨海部分外，大抵可作国防工业及一般产业之重心。[188]

从其表述可知，史氏认定的西南范围应是川、康、滇、黔、桂、湘、粤七省，此区域本身即很广大。观察其外部方位表述，若以四川而言，宁夏为正北，西藏为正西，陕西处东北，赣、鄂处正东；若以黔桂而言，宁夏、陕西则处正北，青藏处西北，赣鄂处东北。以某个中心点而言，史氏的方位表达很难成立。史氏以“西南各省”为整体参照进行表述，宁、甘（原作者可能遗漏了甘肃）、青、藏四省区只是大致处于“西”、“北”两个方向；陕、鄂、赣、皖四省则分处“东”、“北”两个方向。很显然，这里的“西北”、“东北”概念并不属于“一隅”表达，也没有明确的坐标中心。

这种并列结构式的方位概念，倘若是以某一广大区域为参照点确立的（如史文内以“西南各省”为参照），一般没有明确的坐标中心点，周边区域由于民族分布、政区设置等因素，形成了“犬牙交错”的格局，而精确的八方位表述与这一格局产生矛盾，很难彼此精确对应。因此便以两个正方位词的并列形式来表述之,但从表面来看,则容易被误解为是偏正结构式的大区概念。

从历代方位分区表达来看,这种情形比较常见,“西南夷”实际上就是其中有代表性的一个词汇,其本身即是“西夷”与“南夷”的合称。与“西南夷”的表述特征相似的还有“东南夷”。《南齐书·东南夷传》记“东夷高丽国,西与魏虏接界”;“加罗国,三韩种也”。所谓东夷,指向朝鲜半岛及今东北地区。又记“南夷林邑国,在交州南”;“扶南国,在日南之南大海西湾中”。[189]所谓南夷,又指向地域上与东夷毫不相接的今越南一带。很显然,上述所引的“西南”和“东南”都是并列结构式的方位表达。三国时期,时人站在曹魏的立场,认为应该推行德化,如此则“西南将万里无外,权、备将与谁守死乎”?[190]此条清晰地说明:“西南”是指孙权控制的南部(吴)与刘备控制的西部(蜀汉)两个方向的政权。前赵时期,太史令康相对烈宗刘聪说:“愿陛下以东夏为虑,勿顾西南。吴、蜀之不能北侵,犹大汉之不能南向也。”[191]蜀指地处西部的成汉政权,吴则指地处南部的东晋,此亦以“西南”概括之。《元史》谈到元朝疆域时说:“元东南所至不下汉、唐,而西北则过之,有难以里数限者矣。”所谓“东南”,是指东部与南部;“西北”则指西部与北部,其义甚为显明。其中又记:“宋患常在西北。”[192]两宋边患以正北方向为剧,此显然以“西北”涵盖两个方位。由此可见,这种并列结构式的“西南”、“东南”等方位概念,在古代如“南北”、“东西”一样,是较为常见的。

二、民国时期“西南”双指向功能的呈现

民国时期,“西南”、“西北”等大区概念往往是两种表述功能均有体现,导致时人对“西南”、“西北”的区域范围认识纷乱复杂。

有些人认定的西南范围,大到七、八省以上,如:贺湄先生编著的《中国地理讲话》说:

> 西南和西北包括哪些省份呢?答案是很不容易确定的。照广义的说法,西南包括了七个省份:四川、西康、云南、贵州、广西、广东、湖南。西北包括了甘肃、宁夏、青海、陕西,更广义的可以连新疆也包含在里面。[193]

范云迁认为:“西南区域是极广大的地域,包括两湖、两广、川、滇、贵州、西康各省。”[194]张廷休认为:“此地所说的西南,除川、康、藏、滇、黔、粤、桂、湘等地而外,印度支那半岛、马来半岛及其附近各岛屿都包括在内。”[195]著名地理学家任美锷先生在《中国地理大纲》里界定“西北”范围为八省,其中察哈尔、绥远这些正北方向的省份悉含在内。[196]由于“西北”具有双指向表述功能,目前认为属于西南的康、藏地区,也时常被纳入到“西北”范围之内。如王文萱编辑的《西北问题图书目录》,其中“西北”包括了康、藏在内的10个省区。[197]1934年,开发西北协会主办的《开发西北》杂志,则出版了一期《西藏专号》。[198]

在西南、西北等大区重构的背景下,民国时人提出很多有建设性的意见。例如,张其昀、陈正祥等地理学家主张以全国地理中心(甘肃武威)重新界定大区,不能将陕西、西藏等省区纳入“西北”。不过,这一意见尚没有改变大区概念的双指向的表述功能。如张氏认为“外蒙古可称为真正的西北”。[199]以甘肃武威为中心点来看,蒙古在中国正北部,如何能算“真正的西北”呢?陈正祥先生提出:“一个方位的名称,最基本的条件必须名实符合。”然而,陈氏以甘肃武威为中心,将蒙古、新疆及今宁夏大部、内蒙古北部等地区划为“西北”。既然“名实符合”,宁夏、内蒙古这些正北地区如何属于“西北”呢？陈氏的解释是：“作者所指的西北，大致正在全国几何中心以西及以北，名称与事实可谓符合。”[200]作者强调了“以西及以北”，明确反映了大区概念的双指向功能仍旧存在。

民国时期，人们逐渐认识到区域的科学界定问题，对大区概念的双指向表述功能本身，也有了初步认识。例如，钱穆先生指出：“古人所谓西、南两域，亦常混近。”[201]1931 年，曾养甫先生撰文说：

> 西北区域，从广义言之，则西、北二部悉在其内。从狭义言之，则仅指西北一隅。兹有所言西北者，以陕西、甘肃、绥远、宁夏、青海、新疆等省区为范围，乃指西北一隅而言也。[202]

曾文区别得非常清楚，所谓广义的“西北”，就是在其双指向功能的表述下，可涵盖西部与北部的广大省区；而狭义的“西北”则是“西北一隅”。仔细辨察，民国时期存在的所谓“大西南”与“小西南”，或“广义的西南”与“狭义的西南”等区分，大致就是根据两种不同的表述功能而认定的。

不过，“西南”等方位词作为大区概念而言，是否就是如方位表述那样，完全指向正西与正南的双方位呢？从空间分区来看，大区概念的双指向功能与简单的方位表达仍旧存在一些差别。“西南”作为大区概念的双指向表述功能，已形成历史语境里的一种固定表达，不能以顿号贸然断为“西、南”。理由是，有时候它不能够理解为双方位完全并列的一种表达。也就是说，其具体用法不是指向正西与正南两个方位，而是大致包含西部偏南、西南一隅、南部偏西三个方位区域的组合。例如，习惯上有“西南半壁”的说法，既然是“半壁”，自然是二分之一，而不是九分之一的“西南一隅”。那么，这一区划形式如图 15 所示：

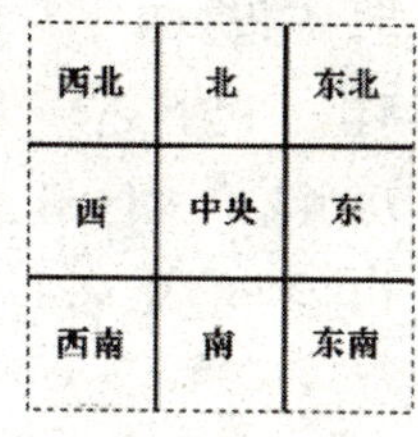

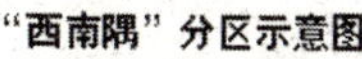
"西南隅"分区示意图

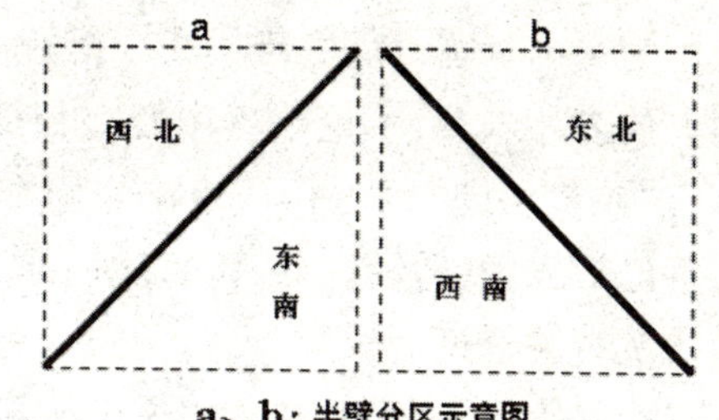

a、b：半壁分区示意图

图 15　"一隅"与"半壁"区划法对照图

"半壁"区划法是一种在特定范围内的斜线区划法，呈现出有范围而无中心的特点。如杜甫的著名诗句："支离东北风尘际，漂泊西南天地间。"[203]所谓"东北"，是指杜甫曾任华州（今陕西华阴）司功参军，后因关中乱离，寓居成州同谷县（今甘肃成县），后又移居四川成都。若以杜甫的活动范围来看，"西南"与"东北"可构成两个"半壁"，相对"西南"的成都而言，华州在东，同谷在北。唐人欧阳詹诗云："万里东北晋，千里西南秦。"[204]此句是指诗人往东北方向的山西去，后又自山西往西南方向折回到陕西，也大致属于以秦晋为范围的"半壁"表达。1914 年 10 月中旬，邓铿、朱执信共同策划军事行动，讨伐广东督军龙济光，便将全粤分成"东北"和"西南"两个方面：东北方面（惠州、潮州、韶州、增龙）由邓铿负责策动；西南方面（番、花、清，南、顺，恩、开、新，西阳，高州）由朱执信策动。[205]

传统语境里，习惯上常以"西北"与"东南"对举，其使用频率超过了"西南"和"东北"两个大区概念。究其内涵，也有"半壁"区划法的意味。"西北"与"东南"对举，大致是在政治中心由陕西关中盆地向洛阳、开封等地转移之后逐渐形成的。如《新五代史·四夷附录第三》记："五代，四夷见中国者，远不过于阗、占城。史之所纪，其西北颇详，而东南尤略，盖其远而罕至，且不为中国利害云。"[206]于阗在今新疆境内,占城则指越南,从中间方位表述来看,不论政治中心在长安还是洛阳、开封,占城尤不合"东南一隅"的方位。但作为两个对举的"半壁"大区概念似乎已形成。延及以下历代,以"西北"与"东南"两个大区对举的情况更为常见。[207]

在方位大区的空间表述形态中,"一隅"和"半壁"区划法常常依个人的习惯认识、具体语境等情势而交错呈现,目前学界对此也少有认识。一般基于现代理解,认为"东南"即指长江下游地区,"西北"则指以陕西为中心的小片地区。这一认识实际上只是基于两个概念的"一隅"表述而得出的片面理解。在传统语境里,至少有一部分意见是以"西北"与"东南"两个"半壁"来涵盖整体范围的。例如,陈天华《狮子吼》记:"然满洲仅占得西北几省,东南各省仍为明朝所有。"[208]其时,滇、黔等西南省份尚在南明控制之下,此显然以"东南"概括之。1912 年南北和谈期间,清廷派兵进攻山西、陕西等省,欲从西部包抄各省反正的革命军。时人认为其意图在"固守西北,控制东南",[209]显然是以两个"半壁"分指北方清廷势力与南方革命力量。地理学家张其昀先生就边疆云:"就中华民国之版图言之,西北为陆疆,东南为海疆。一般所称之边疆,指大陆边疆而言。"[210]这也是将中国疆域分成两个"半壁"来谈的,只是这里强调的是边缘,而不是区域。

民国以前,图 15 内的 a 型半壁斜式分区较为常见,而"西南"与"东北"对举出现的"半壁"区划法(b 型),则几乎不见于史籍。究其原因,作为"西北"核心区的陕西是传统的政治中心,而"东南"核心区(江浙)则是宋代以后的经济重心区域。就地理、经济、人口等方面来看,这两个"半壁"也是具有相当大差异的。郑观应《盛世危言》云:

> 夫中国大势，西北土满，而东南人满，若有铁路以流通之，则东南之闲民，可以谋生于西北；西北之弃地，可以开垦如东南。[211]

在这些传统认识基础上，地理学家胡焕庸先生的人口密度分界线“腾冲—瑷珲线”的出炉，就是必然了。人口地理学上著名的胡焕庸线，是以黑龙江的瑷珲（今黑河），云南的腾冲为两极，划出一条界线，将中国总分为两大区域，现在一般称为“东部”与“西部”，但胡氏在1935年最初提出时，则将之称作“西北半壁”与“东南半壁”。[212]胡焕庸线可谓是将传统的半壁区划法具体落实到了科学研究当中，直观呈现出“西北”（north and west）与“东南”（south and east）大区概念的双指向表达功能（见图16）。

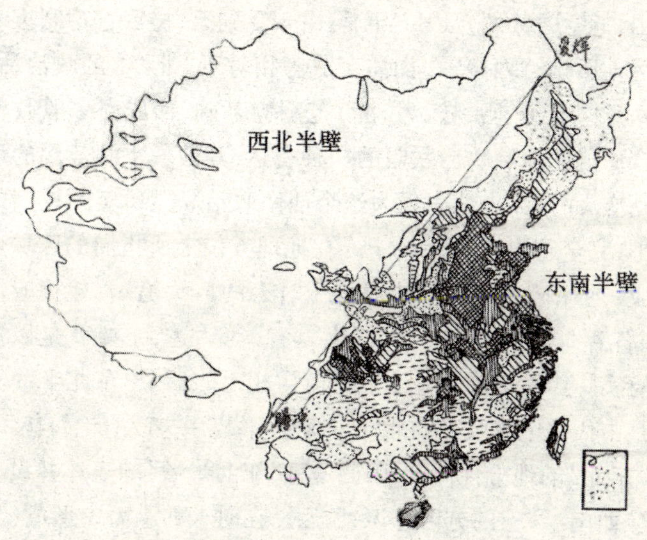

图16　1935年胡焕庸人口分布图中反映的半壁区划法

【图16说明】

1. 底图来源：胡焕庸：《中国人口之分布·中华民国人口分布图》，《地理学报》，1935年第2期，第33—74页。

2. 原图内无“西北半壁”与“东南半壁”字样，笔者根据胡氏论文内的相关论述所加。此外，原图有人口密度数据等图例，因与论述主题无关而删去。

3. 本图是示意图，南海诸岛部分，因与本书内容关系不大，不再绘出。

三、“西南半壁”的形成

相比“西北”、“东南”来说，历史时期的“西南”和“东北”概念并没有形成明确的“半壁”区划认识。直到民国时期，“西南”才成为有影响的“半壁”区划概念。清末民初存在的“西南六省”（川、滇、黔、桂、粤、湘）、“西南七省”（川、滇、黔、桂、粤、湘、鄂）认识，即内含有“西南半壁”之意。1913 年，西南协会成立通告云：“西南半壁河山，危急尤甚。”[213] 1917 年后，由于受到滇、桂等省军阀推动的护法运动影响，“西南”一词演变成为相对于“北洋”的政治话语。它以六省（川、滇、黔、桂、粤、湘）范围为基础，形成由多股政治势力捏合而成的地域政治联盟的一种表达，其地域空间范围的认定尚在其次，而是突出地表现为这个西南政治联盟所实际控制的地域范围，完全超出了“西南一隅”在地理方位上所指向的区域。与之相应，“西南半壁”的说法频见于时人的口头笔端，并相应形成“西南各省”、“西南诸省”、“西南六省”等表述，主要就是以护法军政府实际控制范围来说的。而所谓相对的那个“东北半壁”，实际上是由代表中央政府的北洋军阀控制，以中央政府论，自然不会标以“东北”的地方性标签，因此这种“东北半壁”的表述并没有出现，但“西南半壁”的分区意识，已逐渐在时人的脑海中形成（见图 17）。

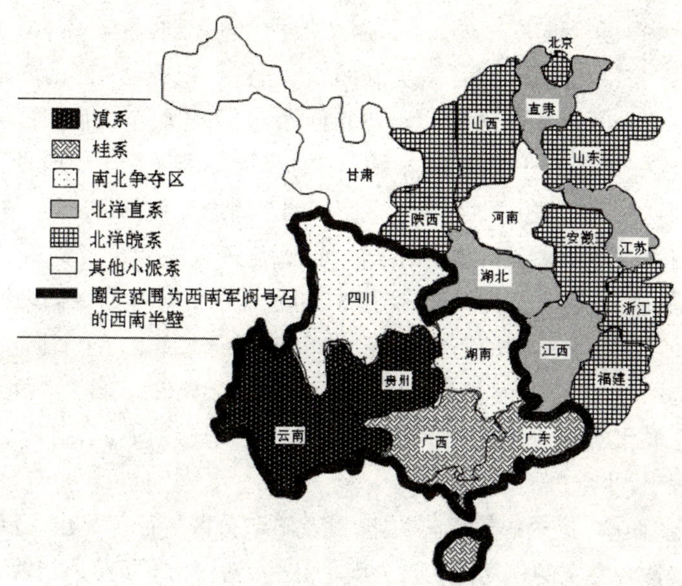

图 17　护法运动期间军阀政治下的"西南半壁"示意图

【图 17 说明】

1. 笔者只绘出了清代"内地十八省"范围，这是考虑到民初"西南"概念主要是在"内地"使用的内方区概念。

2. 该图是据张海鹏编著《中国近代史稿地图集·北洋军阀统治时期军阀割据示意图(1917—1918 年)》(地图出版社 1984 年版)改绘而成，同时也参考了谢本书、冯祖贻主编的《西南军阀史》第 1 卷(贵州人民出版社 1991 年版)内的相关论述。西南六省军政要人常有"西南半壁"的说法，而"六省"范围则是根据当时护法政府大体能够控制的地域范围确立的。

3. 底图来源：周振鹤主编，傅林祥、郑宝恒著：《中国行政区划通史(中华民国卷)·民国九年(1920 年)初中华民国政区图》，复旦大学出版社 2007 年版，第 45 页。

4. 本图是示意图，南海诸岛部分，因与本书内容关系不大，不再绘出。

广东省之所以被时人纳入到西南范围，尽管是由于广东受到广西军阀势力的控制，但若在大区表述上缺少合理的依据，所谓西南始终不会指向广东的,也不会以“西南”概念来涵盖川、滇、黔、桂、粤、湘六省。“西南”等方位概念,不仅可以表达“西南一隅”(southwest)的内涵,而且也可以指向西部、南部两个方向,作为大区概念,又有历史形成的“半壁”区划传统。尽管在历史时期,这种区划法主要是由“西北”与“东南”两个概念承担的,但近代以来西南六省地区呈现出政治活跃的特征,这种政治活跃表现不仅促使了以六省(川、滇、黔、桂、粤、湘)为主体的省际联合,体现出作为一个大区整体性的历史潮流,实际上,除了“南北”这个词汇仍旧常用外,在很大程度上,1917 年以后的社会舆论,已经用“西南”概念取代了原来常用的“南方”而与“北方”直接对等,名副其实地呈现出“半壁”特征。

“西南”概念的双指向功能,以及半壁分区特征都显出了汉语在表达含义上的模糊性。过去我们认为,对应方位词(东与西、南与北)是直接可以并列使用的方位概念,从本节论述来看,在传统语境里,“西”与“南”何尝不能作为并列结构的连接词出现呢?英语表达则要比汉语明确得多,表示“西南一隅”,则用“southwest”;分指西、南二方,则借助连接词“and”,即便“南北”、“东西”并列亦要借助“and”。[214]近代以来,来华的西方人依据中国“内地十八省”观念,别有用心地使用“华北”、“华南”等概念,分别表示“内地”的小片地域,但就地理方位指向而言,则要精确得多。1882 年,英国人葛洪于广州至云南大理一线考察,由此写成了名为《华南及华西南的探险》的调查报告,考察筹建滇缅铁路的可行性。[215]葛洪将“华南”(South China)与“西南”(southwest)并列使用,本身就说明了在大区上的精确表达。而早期西方学者标以“西南”为名的考察报告、论著等,均是指向滇、黔等西南核心省份的[216],而多以粤、桂为“华南”。

上世纪 20—30 年代,“华南”概念才逐渐被广泛使用,随着现代知识的建构,时人对汉语空间表达的精确性也提出了要求,而界定大区概念的范围,就是这种要求的一种具体呈现。指向两广的“华南”概念被广泛接受后,“西南”的双指向表述功能也逐渐在现代思维的冲击下丧失,原本的双重表述功能逐渐被局限于“西南一隅”,“西南半壁”不复存在,这不仅促成了西南与华南在大区范围表述与认定上的“分家”,也奠定了现代“西南”概念及范围认识的基础。需要说明的是,在西南范围认定上,并非是所有人都坚持“西南”的双指向功能(south and west),它与“西南一隅”(south-west)是两种并存的表述形式,正由于此,历史时期的西南范围认定才呈现出纷乱而不确定的特点。

注　释

1 《史记》卷 116《西南夷列传》,中华书局 1959 年版,第 2991 页。

2 林超民、秦树才:《秦汉西南夷新论》,中国秦汉史研究会主编:《秦汉史论丛》第 8 辑,云南大学出版社 2001 年版,第 13 页;徐新建著:《西南研究论》,云南教育出版社 1992 年版,第 58 页。

3 朱惠荣:《汉晋时期西南边疆的地理分区》,复旦大学历史地理研究中心主编:《面向新世纪的中国历史地理学:2000 年国际中国历史地理学术讨论会论文集》,齐鲁书社 2001 年版,第 158 页。

4 《汉书》卷 95《西南夷两粤朝鲜传》,中华书局 1976 年版,第 3837 页。

5 林超民、秦树才:《秦汉西南夷新论》,中国秦汉史研究会主编:《秦汉史论丛》第 8 辑,云南大学出版社 2001 年版,第 12 页。

6 沈海梅:《文化中心主义下的西南研究》,《西南民族大学学报》(人文社科版),2008 年第 3 期。

7 唐润明著:《中国民族学理论探索与实践》,中央民族大学出版社 1999 年版,第 14—15 页。唐润明说:“司马迁在有关纪传中又进而把‘西南夷’划分为‘西夷’和‘南夷’。我们从历史民族志的角度来分析,上述‘西南夷’中可以分为两个族群,……”

又云:“更确切地说,‘西夷’地区以氐羌族系为主,‘南夷’地区则以百越族系为主。滇池地区和洱海地区则正是氐羌和百越两大族系和两大文化区接触交汇的中心地带。”

8 尤中:《汉晋时期的“西南夷”》,尤中著:《西南民族史论集》,云南民出版社 1982 年版,第 1 页。

9 方国瑜著:《中国西南历史地理考释》,中华书局 1987 年版,第 1 页。

10 方国瑜著:《中国西南历史地理考释》,中华书局 1987 年版,第 5 页。

11 尤中:《汉晋时期的“西南夷”》,尤中著:《西南民族史论集》,云南民出版社 1982 年版,第 1 页。

12 朱惠荣:《汉晋时期西南边疆的地理分区》,复旦大学历史地理研究中心主编:《面向新世纪的中国历史地理学:2000 年国际中国历史地理学术讨论会论文集》,齐鲁书社 2001 年版,第 159 页。此外这方面的意见还可参见:陈连开著:《中国民族史纲要》,中国财政经济出版社 1999 年版,第 583 页;胡绍华著:《中国南方民族历史文化探索》民族出版社 2005 年版,第 1 页。

13 徐新建著:《西南研究论》,云南教育出版社 1992 年版,第 57 页。

14 方国瑜编著:《云南地方史讲义》上册,云南广播电视大学 1983 年印行,第 52 页;朱惠荣:《汉晋时期西南边疆的地理分区》,复旦大学历史地理研究中心主编:《面向新世纪的中国历史地理学:2000 年国际中国历史地理学术讨论会论文集》,齐鲁书社 2001 年版。

15 《隋书》卷 1《高祖上》,中华书局 1973 年版,第 16 页;《旧唐书》卷 41《地理志四》,中华书局 1975 年版,第 1663 页。

16 周振鹤著:《中国地方行政制度史》,上海人民出版社 2005 年版,第 346 页。

17 赵翼撰:《陔余丛考》卷 26《吏部掣签》,商务印书馆 1957 年版,第 543 页。

18 王士性撰:《广志绎》卷 5《西南诸省》,中华书局 1981 年版,第 106 页。风按:王氏“滇、贵之郡县则自明始”的看法是错误意见,滇、黔二省早在西汉已经设置郡县了。

19 《明史》卷 70《选举志二》,中华书局 1974 年版,第 1698 页。

20 [日]桑原隲藏著:《由历史上观察的中国南北文化》注二,杨筠如译,《国立武汉大学文史季刊》,1930 年第 2 号。

21 《明史》卷 118《诸王三 · 靖江王守谦传》,中华书局 1974 年版,第 3612 页,3613 页。风按:文正,守谦之父,朱元璋之孙。

22 《宋史》卷493《蛮夷传一》,中华书局1985年版,第14171—14248页。

23 《明史》卷310《土司列传》,中华书局1974年版,第7981页。

24 魏源撰:《圣武记》卷7《土司苗瑶回民·雍正西南夷改流记上》,中华书局1984年版,第283页。风按:文内提到的“粤”、“广”,实以广西为主而言。

25 《清史稿》卷512《土司传》,中华书局1977年版,第14203页。

26 费孝通:《中华民族的多元一体格局》,费孝通著:《费孝通文集》第11卷(1987—1989),群言出版社1999年版,第382页。

27 杨成志:《西南边疆文化建设之三个建议》,《青年中国》,1939年第1期。

28 马长寿:《中国西南民族分类》,该文原发表于《民族学研究集刊》,1936年第1期,今见马长寿著,周伟洲编:《马长寿民族学论集》,人民出版社2003年版,第49页;凌纯声:《云南民族的地理分布》,《地理学报》,1936年第3期。

29 李绍明:《西南民族研究的回顾与前瞻》,《贵州民族研究》,2004年第3期。

30 吕思勉著:《吕著中国通史》,华东师范大学出版社2005年版,第472页。

31 瞿式耜撰:《瞿式耜集》卷1《奏疏·报中兴机会疏》,上海古籍出版社1981年版,第105页。

32 邵廷采撰:《西南纪事》,上海古籍出版社1996年版。

33 蒋良骐撰:《东华录》卷7“顺治十年五月”条,中华书局1980年版,第112页。

34 《明史》卷116《诸王一·楚昭王桢列传》,中华书局1974年版,第3571页。

35 《清史稿》卷437《张之洞传》,中华书局1977年版,第12379—12380页。

36 《张之洞、盛宣怀请饬各直省将军督抚通行地方官帮同招集商股片》(光绪二十三年三月二十六日),宓汝成编:《中国近代铁路史资料(1863—1911)》第1册,中华书局1963年版,第265页。

37 参见宓汝成编:《中国近代铁路史资料(1863—1911)》第3册,中华书局1963年版,第1253页。

38 [日]藤田丰八著:《前汉时代西南海上交通之记录》,郑师许译,《新亚细亚》,1934年第5期。

39 钱穆:《中国社会之剖视及其展望》,钱穆著:《政学私言》,商务印书馆1945年版,第113页。

40 参见孙江:《“东洋”的变迁——近代中国语境里的“东洋”概念》,孙江主编:《新史学》第2卷,中华书局2008年版,第7—12页。

41 《清实录·宣统政纪》卷5“光绪三十四年十二月乙亥”条,中华书局1987年影印版,第94页。

42 中国史学会主编:《中国近代史资料丛刊·辛亥革命(六)》,上海人民出版社1957年版,第422页。

43 上海图书馆编:《中国近代期刊篇目汇录》第2卷中册,上海人民出版社1981年版,第1733页。

44 于右任:《如此政府何》(1911年6月17日),于右任著:《于右任先生文集》,台北国史馆1978年版,第144页。

45 蔡锷:《在个旧各界欢迎会上的演说》(1912年8月),蔡端编:《蔡锷集》,文史资料出版社1982年版,第203页。

46 《西南协会成立大会通告》(1913年1月12日),莫世祥编:《马君武集(1900—1919)》,华中师范大学出版社1991年版,第253页。

47 唐允义:《西南协会第一次宣言书》,《平论报》,1913年第1号。

48 张百麟:《西南协会第二次宣言书》,《平论报》,1913年第1号。

49 唐继尧:《唐继尧等为中日交涉建议西南整理军备互相提挈密电》(1915年2月25日),中国第二历史档案馆、云南省档案馆编:《中华民国史档案资料丛刊·护国运动》,江苏古籍出版社1988年版,第38页。

50 丁文江、赵丰田编:《梁启超年谱长编》,上海人民出版社1983年版,第737—751页。此外,李烈钧在护国期间多次将“西南”与“东南”对举而论形势。可参考周元高、孟彭兴、舒颖云编:《李烈钧集》,中华书局1996年版,第209—210、218、222页。

51 梁启超:《致蔡锷第一书》(1916年1月8日),丁文江、赵丰田编:《梁启超年谱长编》,上海人民出版社1983年版,第737—738页。

52 参见《张勋反对惩办杨度等电》(1916年7月17日)、《张勋反对滇黔力劝袁世凯放弃总统职位电》(1916年4月30日),中国第二历史档案馆、云南省档案馆编:《中华民国史档案资料丛刊·护国运动》,南京:江苏古籍出版社1988年版,第706、710页。

53 《岑春煊等、梁启超要求袁世凯退职通电》(1916年5月4日),《岑春煊等提出时局善后办法四端电》(1916年6月13日),中国第二历史档案馆、云南省档案馆编:《中华民国史档案资料丛刊·护国运动》,江苏古籍出版社1988年版,第730、750页。

54 戴季陶:《致某君书》(1918 年 5 月下旬),唐文权、桑兵编:《戴季陶集(1909—1920)》,华中师范大学出版社 1990 年版,第 864 页。

55 统计数据依据的资料:中国第二历史档案馆、云南省档案馆合编:《中华民国史档案资料丛刊·护国运动》,江苏古籍出版社 1988 年版;中国第二历史档案馆、云南省档案馆合编:《中华民国史档案资料丛刊·护法运动》,档案出版社 1993 年版。风按:因为有大量的电文没有选入,因此属于不完全统计。还需要说明几点:(1)笔者所见《护法运动》,因脱漏而最后 40 页未统计;(2)电文标题由于是编者所加,故标题中出现的"西南"不在统计之列;(3)倘若不属于作为全国性的大区概念而出现的"西南",也不在统计之列。

56 铸成:《西南问题之清算》,《国闻周报》,1936 年第 30 期。

57 护法期间,西南各省内部各种政治、军事力量,多发出"西南各省一致护法"的电文,体现出一致行动的特点。如:《张澜宣布与西南各省一致护法密电》(1918 年 3 月 16 日),第 277 页;《刘存厚等愿与西南各省一致拥护约法通电》(1918 年 2 月 16 日),第 323 页;《熊成章等解释刘存厚真诚请和望迅电前方不再交战电》(1918 年 2 月 17 日),第 329 页;《唐继尧请熊克武就任川督兼省长电》(1918 年 2 月 19 日),第 337 页;《谭浩明为北军围攻襄阳无议和诚意通电》(1918 年 1 月 13 日),第 1110 页。以上电文均载中国第二历史档案馆、云南省档案馆合编:《中华民国史档案资料丛刊·护法运动》,档案出版社 1993 年版。

58 未署名:《西南问题之种种》,《瓯海潮》,1917 年总第 17 期;未署名:《西南问题之变化》,《太平洋》,1917 年第 8 号;鹄:《西南政策》,《戊午评论》,1918 年总第 4 期;鹤唳:《西南主义之战胜》,《戊午评论》,1919 年总第 42、43 期;陈启修:《从"北洋政策"到"西南政策":从军国主义到文化主义》,《北京大学月刊》,1919 年第 3 期;陈独秀:《联省自治与新西南主义》,《向导》,1923 年第 49 期;涵庐:《西南自治》,《每周评论》1919 年总 33 号;涵庐:《评徐佛苏的西南自治与和平》,《每周评论》,1919 年总 34 号;等等。

59 只眼(陈独秀):《西南简直是反叛》,《每周评论》,1919 年总 25 号。

60 陈启修:《从"北洋政策"到"西南政策":从军国主义到文化主义》,《北京大学月刊》,1919 年第 3 期;未署名:《北京政局与西南问题》,《太平洋》,1917 年第 7 号;未署名:《西南与中央》,《中学生》,1933 年第 38 期;昭琛:《中央和西南》,《清华周刊》,1936 年第 8 期;长春:《中央与西南》,《砥柱旬刊》,1936 年第 16 期;等等。

61 王东杰著:《国家与学术的地方互动:四川大学国立化进程(1925—1939)》,北京三联书店 2005 年版,第 315 页。

62 《孙文等四总裁第一次宣言》(1920 年 6 月 3 日),中国第二历史档案馆编:《中华民国档案资料汇编》第 4 辑,江苏古籍出版社 1986 年版,第 89 页。

63 《两广盐运使李茂之上大元帅呈》(1918 年 3 月 27 日),《军政府公报》第 64 号,军政府印铸局公报处发行,第 5—6 页。风按:两广盐税项下,向来有广东稽核分所所拨付各处款项,其中 1/3 仍留该所,另 2/3 则归军政府在中国银行存款帐下,由中国银行代收盐税。这笔收入,平均每月有 44 万余元,军政府将其分为最急用五项进行分配,以 10 万元为国会经费;5 万元为两广盐运使经费;13 万元为海军经费;9 万元为广东财政厅例拨还款,其余悉数拨给前敌军饷,由两广盐运使向中国银行提款。

64 中国社会科学院近代史研究所中华民国史组编:《中华民国史资料丛稿·大事记》第 6 辑"1920 年 6 月 7 日"条,中华书局 1978 年版,第 52 页。

65 《孙文等四总裁第三次宣言》(1920 年 10 月 23 日),中国第二历史档案馆编:《中华民国档案资料汇编》第 4 辑,江苏古籍出版社 1986 年版,第 90 页。

66 中国第二历史档案馆编:《中华民国史档案资料汇编》第 4 辑,江苏古籍出版社 1986 年版,第 89—92 页。

67 中国社会科学院近代史研究所中华民国史组编:《中华民国史资料丛稿·大事记》第 7 辑"1921 年 3 月 29 日"条,中华书局 1978 年版,第 30 页。

68 李宗黄:《致顾品珍等电》(1921 年 4 月 9 日),中国第二历史档案馆编:《中华民国档案资料汇编》第 4 辑,江苏古籍出版社 1986 年版,第 19 页。

69 《邱斌以冯玉祥"援闽"不进借机攻击致陆军总次长禀》(1918 年 2 月),中国第二历史档案馆、云南省档案馆合编:《中华民国史档案资料丛刊·护法运动》,档案出版社 1993 年版,第 913 页。

70 《张敬尧转陈冯玉祥不满吴佩孚敬电列其衔名密电》(1918 年 8 月 28 日),中国第二历史档案馆、云南省档案馆合编:《中华民国史档案资料丛刊·护法运动》,档案出版社 1993 年版,第 928 页。

71 参见李剑农著:《中国近百年政治史(1840—1926)》,复旦大学出版社 2002 年版,第 431 页。

72 《韩凤楼陈述川中情形及对于大局看法与唐继尧往来函》(1916 年 10—11 月),中国第二历史档案馆、云南省档案馆合编:《中华民国史档案资料丛刊·护法运动》,档案出版社1993年版,第8—9页。

73　孙中山:《致西南六省各界电》(1917年7月4日),中国社会科学院近代史研究所中华民国史研究室、中山大学历史系孙中山研究室、广东省社会科学院历史研究室合编:《孙中山全集》第4卷,中华书局1985年版,第111页。

74　谢本书、冯祖贻主编:《西南军阀史》第1卷,贵州人民出版社1991年版,第188—199页;陶菊隐著:《北洋军阀史话》中册,北京三联书店1983年版,第669页。

75　李剑农著:《中国近百年政治史(1840—1926)》,复旦大学出版社2002年版,第463页。

76　谢本书、冯祖贻主编:《西南军阀史》第1卷,贵州人民出版社1991年版,第244—245页。

77　李烈钧:《李烈钧主张西南从速成立联合政府密电》(1917年12月27日),中国第二历史档案馆、云南省档案馆合编:《中华民国史档案资料丛刊·护法运动》,档案出版社1993年版,第451页;唐继尧:《唐继尧关于成立西南联合政府脱离北方政府致张翼枢令》(1918年6月14日),中国第二历史档案馆编:《中华民国档案资料汇编》第4辑,江苏古籍出版社1986年版,第166页。

78　中国社会科学院近代史研究所中华民国史组编:《中华民国史资料丛稿·大事记》第4辑"1917年11月14日"条,中华书局1976年版,第65页。

79　以下史料内均出现以川、滇、黔、湘、粤、桂为"西南六省"的表述:章太炎:《章炳麟呼吁在川滇军联合讨段电》(1917年?月30日),中国第二历史档案馆、云南省档案馆合编:《中华民国史档案资料丛稿·护法运动》,档案出版社1993年版,第402页;1919年4月,南北议和复会,双方曾就"统筹修筑西南六省铁路"进行磋商。参见中国社会科学院近代史研究所中华民国史研究室编:《中华民国史资料丛稿·大事记》第5辑"1919年4月9日"条,中华书局1978年版,第35页;章太炎:《与西南六省》,《申报》1922年8月20日;在《东方杂志》1931年第19号对辛亥革命纪念回顾的系列文章中,多次出现了这一表述。见第29、54、55、97页。

80　《章炳麟呼吁川、湘、滇、黔弃嫌修好致熊克武书》(1922年8月),四川省文史研究馆编:《四川军阀史料》第3辑,四川人民出版社1985年版,第292页。

81　李根源:《农商部特定西南六省实业案件暂行办法》,原载《农商公报》,1923年总第104期,今见李根源著,李希泌编校:《新编曲石文录》,云南人民出版社1988年版,第203页。

82 孙中山著:《建国方略》,辽宁人民出版社1994年版,第173页。

83 勃君:《建设西南交通中心计划之管见》,《交通杂志》,1936年第6期。

84 朱鹤宾:《统一救亡声中的西南铁路建设》,《中外月刊》,1936年第9期;章勃:《完成西南铁路系统与民族复兴》,《交通杂志》,1936年第10期。

85 马长寿:《中国西南民族分类》,原载《民族学研究集刊》,1936年第1期,今见马长寿著,周伟洲编:《马长寿民族学论集》,人民出版社2003年版,第49页。

86 凌纯声:《云南民族的地理分布》,《地理学报》,1936年第3期。

87 杨成志:《西南边疆文化建设之三个建议》,《青年中国》,1939年第1期。

88 李绍明:《西南民族研究的回顾与前瞻》,《贵州民族研究》,2004年第3期。

89 余定义先生的《西南六省社会经济之鸟瞰》,原连载于《中行月刊》1938年第3、4、6期。我所见到的版本,则是转载于《中外经济拔萃》(月刊)1938年第4、5、10期。其单行本曾由中国银行经济研究室出版发行,出版时间不详,中国人民大学图书馆有藏。

90 卫挺生:《西南经济建设之我见》,原载《西南实业通讯》,1940年第6期,今见重庆市档案馆编:《抗战时期大后方经济开发文献资料选编》(内部发行),2005年,第113页。此外,以下论文亦持西南六省说:未署名:《西南六省交通建设之猛晋》,《银行周报》,1938年第32期;未署名:《西南资源与经济建设》,《经济研究》(月刊),1939年第1期。

91 卫挺生:《调整西南各省区划刍议》,《时事类编》,1938年第29期。

92 陆象贤著:《新中国经济地理教程》,一般书店1941年版,第151页。

93 [加]陈志让:《中国军阀派系诠释》,张玉法主编:《中国现代史论集》第5辑《军阀政治》,联经出版事业公司1980年版,第26—28页。

94 湖南善后协会编纂:《湘灾纪略》,中华书局2007年版,第70—71页。

95 蒋君章著:《西南经济地理》,商务印书馆1947年版,第1页。

96 竞化:《中国建设时代的西南》,《革命周报》,1928年第61期。

97 谢本书、冯祖贻主编:《西南军阀史》第2卷,贵州人民出版社1994年版,第322—323页。

98 胡焕庸:《西南亟应建造之铁道》,《时代公报》,1932年第3号;许晓泉《西南交通与农村经济》(《交通职工》,1937年第1期):“西南者,系指四川、云南、贵州、广东、广西五省而言。”

99　浦善新著:《中国行政区划改革研究》,商务印书馆 2006 年版,第 2—5 页。

100　周振鹤主编,傅林祥、郑宝恒著:《中国行政区划通史(中华民国卷)》,复旦大学出版社 2007 年版,第 144、621—625 页。

101　刘国铭主编:《中华民国国民政府军政职官人物志》,春秋出版社 1989 年版,第 365 页。

102　《国民政府西南政务委员会组织条例》,《广东省政府公报》,1932 年第 181 期。

103　参考陈红民:《胡汉民、西南政权与广东实力派(1932—1936)》,《浙江大学学报》,2007 年第 1 期;又参见刘国铭主编:《中华民国国民政府军政职官人物志》,春秋出版社 1989 年版,第 366 页。

104　李新总编,韩信夫、姜克夫主编:《中华民国大事记》第 3 册(1930—1936),中国文史出版社 1997 年版,第 297、298 页。

105　关于各机构的设置情形及资料来源,参见本书附录 3:民国时期以“西南”命名的机构地域分布表。

106　晦鸣:《黔省内战与西南关系》,《社会新闻》,1933 年第 21 期。

107　李宗仁口述,唐德刚撰写:《李宗仁回忆录》下册,广西人民出版社 1980 年版,第 637 页。

108　张宪文、方庆秋、黄美真主编:《中华民国史大辞典》,江苏古籍出版社 2001 年版,第 655 页。

109　张宪文、方庆秋、黄美真主编:《中华民国史大辞典》“西南执行部”、“西南政务委员会”条,江苏古籍出版社 2001 年版,第 655 页。

110　《最高法院西南分院组织暂行条例》(1932 年 8 月 16 日),《广东省政府公报》,1932 年第 197 期。

111　马存坤:《西南国防委员会之设立》,《时代公论》,1933 年第 47 号。

112　李姚黄:《在建设中的西南》,《先导》,1933 年第 9 期。

113　《西南之民用航空》(国内要闻),《每周情报》1934 年第 51 期;张宪文、方庆秋、黄美真主编:《中华民国史大辞典》“西南航空公司”条,江苏古籍出版社 2001 年版,第 656 页;田子渝、刘德军主编:《中国近代军阀史词典》,档案出版社 1989 年版,第 183 页。

114　《粤省拟设西南银行》(国内要闻),《银行周报》,1933 年第 6 期。

115　铸成:《西南问题之清算》,《国闻周报》,1936 年第 30 期。

116　陈红民:《胡汉民、西南政权与广东实力派(1932—1936)》,《浙江大学学报》,2007 年第 1 期。

117　向尚等著:《西南旅行杂写·南柳杂写》,中华书局 1937 年版,第 98 页。风按:徐燕、朱端强指出,此书由“由钟天石执笔写成”。徐燕、朱端强:《云南史料笔记随录(二)》,《昆明大学学报》,2001 年第 2 期。

118　1918 年,黎天才致电唐继尧云:“惟粤省为我西南根据地,万一有失,则西南无所附丽,恐滇、川、黔三省亦难独存。”《黎天才建议进图武昌断敌后路密电》(1918 年 7 月 9 日),中国第二历史档案馆、云南省档案馆合编:《中华民国史档案资料丛刊·护法运动》,档案出版社 1993 年版,第 1018 页。

119　朔一:《东南各省的和平运动》,《东方杂志》,1923 年第 15 号。

120　大山:《北伐声中的西南团结运动》,《东方杂志》,1924 年第 18 号。

121　和森:“今后(击败陈炯明势力后)应奉党魁孙中山为西南惟一领袖。”和森:《西南形势之进步》,《向导周报》,1923 年第 22 期;潘公弼先生云:“数年间西南人事之变化,既不胜述,汪精卫、孙哲生(孙科)二氏夙为西南领袖,而今为中央院长,其著例也。”潘公弼:《关于西南之三事》,潘公弼著:《时事新报社评集》第 1 集第 1 册,四社出版部 1934 年版,第 285 页;李宗仁回忆说:“原来在‘西南政务委员会’和‘西南执行部’成立后,胡汉民先生俨然是西南的物望。关于西南方面的党务和政事的处理,我们都以胡氏马首是瞻。因胡先生为党国元老,德望素著,推他做西南领袖,原是顺理成章的事,但是当时握广东实权的陈济棠却另有怀抱。”李宗仁口述、唐德刚撰写:《李宗仁回忆录》下册,广西人民出版社 1980 年版,第 662 页。

122　根据以下资料统计:张宪文、方庆秋、黄美真主编:《中华民国史大辞典》,江苏古籍出版社 2001 年版;尚海、孔凡军、何虎生主编:《民国史大辞典》,中国广播电视出版社 1991 年版;陈旭麓主编:《中国近代史词典》,上海辞书出版社 1982 年版;田子渝、刘德军主编:《中国近代军阀史词典》,档案出版社 1989 年版。并根据民国论文、专著、档案等资料增补。列表参见附录 3:民国时期以“西南”命名的机构地域分布表。

123　根据以下资料统计:任杰主编:《中文期刊大词典》,北京大学出版社 2000 年版。并据以下资料增补:全国第一中心图书馆委员会编:《全国中文期刊联合目录

(1833—1949)》,北京图书馆 1961 年版;王桧林、朱汉国主编:《中国报刊辞典》(1815—1949),书海出版社 1992 年版;中国第二历史档案馆编:《中华民国史档案史料汇编》第 5 辑第 2 编《文化》(共 2 册),江苏古籍出版社 1998 年版。列表参见附录 4:民国时期以“西南”命名的刊物地域分布表。

124　江亢虎:《西南四省及港澳越台教育情形》,《教育杂志》,1935 年第 1 号。

125　马存坤:《西南国防委员会之设立》,《时代公论》,1933 年第 47 号。

126　李宗仁曾表示:“美民主党政府如能于此最后五分钟改变对华政策,则西南川、滇、黔、湘、桂、粤、闽七省,或许不致土崩瓦解。”李宗仁口述、唐德刚撰写:《李宗仁回忆录》下册,广西人民出版社 1980 年版,第 980 页。

127　转引自王东杰著:《国家与学术的地方互动:四川大学国立化进程(1925—1939)》,北京三联书店 2005 年版,第 314—315 页。

128　潘公弼:《关于西南之三事》,潘公弼著:《时事新报社评集》第 1 集第 1 册,四社出版部 1934 年版,第 284—285 页。

129　罗志田:《国际竞争与地方意识:中山舰事件前后广东政局的新陈代谢》,《历史研究》,2004 年第 2 期。

130　罗鸿诏:《华北与华南》,《中国新论》,1936 年第 6 期。

131　陈嘉庚著:《南侨回忆录》,南洋印刷社 1946 年印行,第 40—41 页。

132　王东杰著:《国家与学术的地方互动:四川大学国立化进程(1925—1939)》,北京三联书店 2005 年版,第 315 页。

133　蒋介石政府深入贵州经过,可参考王家烈:《贵州桐梓系军阀与新桂系军阀的关系》,《广西文史资料》第 9 辑,第 91—103 页。蒋介石政府深入四川经过,可参考苟乃谦:《蒋介石派参谋团“剿共”图川》,《成都文史资料选辑》第 13 辑,第 223—236 页。西南异动的解决,可参考:程思远:《两广事变》,《广西文史资料》第 22 辑,第 47—56 页;林虎:《西南事变时蒋介石想利用我倒陈济棠的一幕》,《广西文史资料》第 17 辑,第 164—168 页。

134　《中央执行委员会议决撤销西南执行部及西南政务委员会》,《安徽教育周刊》,1936 年第 74、75 合期。

135　大山《北伐声中的西南团结运动》(《东方杂志》,1924 年第 18 号)云:“‘西南’原是一个整个的团体,当民国六七年(1917、1918)时,两广巡阅使陆荣廷、广东督军陈炳焜、广西督军谭浩明、云南督军唐继尧、湖南督军谭延闿、四川督军熊克武、贵州督军刘显世取一致行动,与北京的段祺瑞派政府脱离关系,拥戴孙文在广州设政府,其势力原亦不弱。后来内部分裂,陆荣廷、岑春煊所领袖的广西派把持西南政府,与孙文所领袖的国民党发生冲突,互相排挤,一场争闹,西南团体遂无形解散。更后则赵恒惕在湖南,唐继尧在云南,陈炯明在广东高唱联省自治,虽勉强保持西南自治的面目,但局面已非六七年时可比,势力亦远不及了。"

136 和森:《西南形势之进步》,《向导》,1923 年第 22 期。

137 铸成:《西南问题之清算》,《国闻周报》,1936 年第 30 期。

138 《中央执行委员会议决撤销西南执行部及西南政务委员会》,《安徽教育周刊》,1936 年第 74、75 期。

139 卫挺生:《调整西南各省区划刍议》,《时事类编》,1938 年第 29 期。

140 卫挺生:《西南经济建设之我见》,《西南实业通讯》,1940 年第 6 期。

141 全面抗战前,宁雅二属(今雅安、西昌一带)尚属四川,不属西康管辖,因此这个地理范围内基本没有纳入西康特别区域的部分地区。

142 李济著:《中国民族的形成》,张光直主编:《李济文集》第 1 卷,上海人民出版社 2006 年版,第 112 页。

143 李济著:《中国民族的形成》,张光直主编:《李济文集》第 1 卷,上海人民出版社 2006 年版,第 112 页。

144 梅莉、晏昌贵、龚胜生:《明清时期中国瘴病的分布与变迁》,《中国历史地理论丛》,1997 年第 2 期。

145 李孝聪著:《中国区域历史地理》,北京大学出版社 2004 年版,第 104—105 页。风按:由于元代至民国时期,各处地名多有变化,故以下所涉及交通地名,均对应为今地名。

146 贵州省地方志编纂委员会编:《贵州省志·交通志》,贵州人民出版社 1991 年版,第 1—13 页;李孝聪著:《中国区域历史地理》,北京大学出版社 2004 年版,第 134 页。

147 陆韧著:《云南对外交通史》,云南民族出版社 1997 年版,第 146—148 页。

148 李孝聪著:《中国区域历史地理》,北京大学出版社 2004 年版,第 105 页。

149 此外,五岭通道尚有联系赣、粤的大庾岭道,此道由南昌、吉安、赣州,越大庾岭至南雄、韶关,是维系赣、粤的常用通道。李孝聪著:《中国区域历史地理》,北京大学出版社 2004 年版,第 369—374 页。

150　杨庭硕、罗康隆著:《西南与中原》,云南教育出版社 1992 年版,第 10 页。

151　[美]葛德石(G. B. Cressey)著:《中国的地理基础》,开明书店 1945 年版,第 5 页;许逸超:《论中国的地理位置和疆域》,《中等教育》,1942 年第 2 期。

152　雷铁厓:《粤省动机之关系》(1911 年 11 月 1 日),唐文权编:《雷铁厓集》,华中师范大学出版社 1986 年版,第 377 页。

153　谢国度:《西南——我国之抗战根据地》,《明德》(月刊),1939 年第 1 期。

154　梁启超:《瓜分危言》(1899 年),张品兴主编:《梁启超全集》卷 1,北京出版社 1999 年版,第 296 页。

155　陈达材:《我国的联邦问题》,《东方杂志》,1922 年第 17 号。

156　云南通志馆编:《续云南通志长编》(中册),云南省志编纂委员会办公室 1985 年印行,第 339 页。

157　陆韧著:《云南对外交通史》,云南民族出版社 1997 年版,第 394—402 页;车辚:《滇越铁路与近代云南社会观念变迁》,《云南师范大学学报》(哲学社科版),2007 年第 3 期;毛立坤:《晚清时期香港对中国的转口贸易(1869—1911)》,复旦大学博士学位论文,2006 年,第 13—14 页。

158　李烈钧:《在云南起义十六周年纪念会上的演说》(1931 年 12 月 25 日),周元高、孟彭兴、舒颖云编:《李烈钧集》下册,中华书局 1996 年版,第 696 页。

159　丁文江、赵丰田编:《梁启超年谱长编》,上海人民出版社 1983 年版,第 725—770 页。

160　宓汝成编:《中国近代铁路史资料》(1863—1911)第 3 册,中华书局 1963 年版,第 1112—1113 页。

161　蔡锷:《致袁世凯及粤桂黔都督电》(1912 年 4 月 12 日),毛注青、李鳌、陈新宪编:《蔡锷集》,湖南人民出版社 1983 年版,第 216—217 页。

162　孙中山著:《建国方略》(1917 年),辽宁人民出版社 1994 年版,第 177 页。

163　孙中山著:《建国方略》(1917 年),辽宁人民出版社 1994 年版,第 173—174 页。

164　《湘鄂粤三省绅商请开铁路禀》(1897 年),宓汝成编:《中国近代铁路史资料(1863—1911)》第 2 册,中华书局 1963 年版,第 494—495 页。

165　[美]薛君度著:《黄兴与中国革命》,杨慎之译,湖南人民出版社 1980 年版,第 100 页。

166　杨天石整理:《四川保路运动传单·川人哀告文》(1911 年 8 月),《近代史资料》

总72号,第78—79页。

167 《湘鄂粤三省绅商请开铁路禀》(1897年),宓汝成编:《中国近代铁路史资料(1863—1911)》第2册,中华书局1963年版,第495页。

168 雷铁厓:《铁路风潮之两面观》(1911年8月21日、9月1日),唐文权编:《雷铁厓集》,华中师范大学出版社1986年版,第340页。

169 [美]薛君度著:《黄兴与中国革命》,杨慎之译,湖南人民出版社1980年版,第52页。

170 章太炎:《太炎先生自定年谱》,《近代史资料》总12号,第121页;[美]薛君度著:《黄兴与中国革命》,杨慎之译,湖南人民出版社1980年版,第102页。

171 余定义:《西南六省社会经济之鸟瞰》,《中外经济拔萃》,1938年第4、5、10期。风按:湖北省的数据未获得。

172 诸青来:《二十年来之国家财政》,《东方杂志》,1931年第19号。风按:尽管受到各年度各省具体形势影响较大,这些数据仍旧可作为两大区域的财政收支状况的参考。

173 光绪二年(1876年)始,清政府规定:"每岁由川协济黔饷四十余万两","岁协滇饷二十余万两",作为取消滇、黔二省盐厘局卡的补偿。周询撰:《蜀海丛谈》卷3《丁文诚公》(1935年),沈云龙主编:《近代中国史料丛刊》第1辑,文海出版社印行,第466—467页;同治六年(1867年),云贵总督岑毓英奏请:"现在部臣指拨各省协滇军饷,如浙江、广东、江西,距滇较远,筹拨起解,往返经年,缓难济急。请饬改作京饷,另由川、楚等省应解京饷,改拨济滇,两无窒碍。"《清史稿》卷419《岑毓英传》,中华书局1977年版,第12135页。

174 卫挺生:《调整西南各省区划刍议》,《时事类编》,1938年第29期。

175 卫挺生:《调整西南各省区划刍议》,《时事类编》,1938年第29期;戴季陶:《从经济上观察中国乱源》(1919年1月1日),唐文权、桑兵编:《戴季陶集(1909—1920)》,华中师范大学出版社1990年版,第985—989页;谢本书、冯祖贻主编:《西南军阀史》第1卷,贵州人民出版社1991年版,第188—199页;陶菊隐著:《北洋军阀史话》中册,北京三联书店1983年版,第669页。

176 欧榘甲:《新广东》(1902年),张枬、王忍之编:《辛亥革命前十年间时论选集》第1卷上册,北京三联书店1960年版,第309页。

177 《章炳麟呼吁在川滇军联合讨段电》(1917年?月30日),中国第二历史档案馆、云南省档案馆合编:《民国史档案资料丛书·护法运动》,档案出版社 1993 年版,第 402 页。

178 《章炳麟、谭延闿劝告西南各省一致拒吴电》(1922 年 8 月 15 日),四川省文史研究馆编:《四川军阀史料》第 3 辑,四川人民出版社 1985 年版,第 291 页。

179 《唐继尧嘱徐之琛与张开儒切商联络龙济光密电》(1917 年 7 月 13 日),中国第二历史档案馆、云南省档案馆合编:《中华民国史档案资料丛刊·护法运动》,档案出版社 1993 年版,第 529 页。

180 孙福熙:《西南是建国的田园》,《旅行杂志》,1938 年第 11 期;方显廷等著:《西南经济建设论》,独立出版社 1939 年版,第 4—5 页;张国瑞:《我们需要一个西南最高的经济计划机关》,该文原载张国瑞编:《开发资源与西南新经济建设》,中国建设出版社 1939 年版,今见重庆市档案馆编:《抗战时期大后方经济开发文献资料选编》(内部发行),2005 年,第 171—177 页;张国瑞:《西南经济建设委员会之设置问题》,《西南导报》,1939 年第 4 期。

181 莫世祥编:《马君武集》(1900 - 1919),华中师范大学出版社 1991 年版,第 253 页。

182 张百麟:《西南协会第二次宣言书》,《平论报》,1913 年第 1 号。

183 [加]陈志让:《中国军阀派系的诠释》,张玉法主编:《中国现代史论集》第 5 辑《军阀政治》,联经出版事业公司 1980 年版,第 26—28 页。

184 苏德:《试论晚清边疆、内地一体化政策》,《中国边疆史地研究》,2001 年第 3 期。

185 龚荫著:《中国土司制度》,云南民族出版社 1992 年版。

186 《汉书》卷 1 下《高帝纪》,中华书局 1962 年版,第 64 页。

187 阚铎:《经营西南两边宜建同成铁路之计画》,《铁路协会会报拔萃》,1914 年,期号不详。

188 史维焕:《西南经济建设管见》,《时事类编》,1938 年第 27 期。

189 《南齐书》卷 58《东南夷传》,中华书局 1972 年版,第 1009、1012、1014 页。

190 《三国志》卷 2《魏书二·文帝纪》引《魏略》,中华书局 1959 年版,第 60—61 页。

191 《晋书》卷 102《刘聪载记》,中华书局 1974 年版,第 2674 页。风按:所谓"大汉",是前赵政权自命国号为"汉"。

192 《元史》卷 58《地理志一》,中华书局 1976 年版,第 1345 页。

193 贺湄编著:《中国地理讲话》,实学书局 1944 年版,第 174 页。

194 范云迁:《发展西南合作事业与抗战前途》,原载《西南导报》,1938年第3期,今见西南导报社编:《中国今日之西南建设问题》,生活书店1939年版,第119页。

195 张廷休:《西南青年的责任》,《中国青年》,1941年第6期。

196 任美锷编著:《中国地理大纲》,正中书局1944年版,第55页。

197 王文萱编:《西北问题图书目录》,鸡鸣书屋1936年版。

198 国立中央图书馆筹备处编:《重庆各图书馆所藏西南问题联合书目》,国立中央图书馆筹备处1939年发行,第57页。

199 张其昀:《中国地理的鸟瞰》,《独立评论》,1935年第167号。

200 陈正祥著:《西北区域地理》,商务印书馆,1946年版,第1页。

201 钱穆:《周官著作时代考》,钱穆著:《两汉经学今古文平议》,商务印书馆2001年版,第384页。

202 曾养甫:《建设西北为今后重要问题》,《建设》,1931年西北专号。

203 杜甫:《咏怀古迹五首之一》,彭定求等编:《全唐诗》卷230,中华书局1960年版,第2510页。

204 计有功撰:《唐诗纪事》卷35《欧阳詹》,中华书局1965年版,第553页。

205 广东政协文史资料研究委员会编:《广东文史资料》第43辑《广东军阀史大事记》,广东人民出版社1984年版,第41页。

206 《新五代史》卷74《四夷附录第三》,中华书局1974年版,第922页。

207 朱彧撰:《萍洲可谈》卷2(李伟国点校,中华书局2007年版)云:"汉威令行于西北,故西北呼中国为汉;唐威令行于东南,故蛮夷呼中国为唐。"《续资治通鉴》卷99《宋纪》(岳麓书社1999年版,第304页)载:南宋时,黄潜善、汪伯彦等欲奉宋帝南迁,李纲极论其不可:"自古中兴之主,起于西北,则足以据中原而有东南;起东南,则不足以复中原而有西北。盖天下精兵健马,皆在西北,委而去之,岂唯金人乘间以扰关辅,盗贼且将蜂起,跨州连邑。陛下虽欲还阙,且不可得,况治兵制敌以迎还二圣哉!"《清史稿》卷313《舒赫德传》(中华书局1977年版,第10683页)记:乾隆十五年(1750年),舒氏上疏云:"马兵不宜于东南,其在西北,十居其八,亦可量减。"王韬《答强弱论》(《弢园文录外编》卷7,辽宁人民出版社1994年版,第290—291页):"居东南者每由东南而之西北,居西北者每由西北而之东南,而西北恒强,东南恒弱,东南柔而静,西北刚而动。静则善守,动则善变,故西北至东南独先,东南通西北独后;柔能持己,刚能制人,故西北每足为东南患,东南不足为西北病。”

208　陈天华:《狮子吼》,郅志选注:《猛回头:陈天华、邹容集》,辽宁人民出版社 1994 年版,第 104 页。

209　沈秉:《金口营来电》(1912 年 1 月 31 日),存萃学社编集:《辛亥革命资料汇编》第 5 册《南京临时政府公报》第 2 号,香港大东图书公司 1980 年印行,第 16 页。

210　张其昀:《边疆论文集序》,边疆论文集编纂委员会编:《边疆论文集》第 1 册,台北国防研究院 1964 年印行,第 1 页。

211　郑观应:《盛世危言·铁路篇》(约 1890 年前后),宓汝成编:《中国近代铁路史资料(1863—1911)》第 1 册,中华书局 1963 年版,第 120 页。

212　胡焕庸:《中国人口之分布》,《地理学报》,1935 年第 2 期。

213　《西南协会成立大会通告》(1913 年 1 月 12 日),莫世祥编:《马君武集(1900—1919)》,华中师范大学出版社 1991 年版,第 253 页。

214　才雅南:《方位词“东、西、南、北”的汉英比较研究》,《牡丹江教育学院学报》,2004 年第 5 期。

215　宓汝成编:《中国近代铁路史资料(1863—1911)》第 1 册,中华书局 1963 年版,第 67 页。

216　沈海梅:《文化中心主义下的西南研究》,《西南民族大学学报》(人文社科版),2008 年第 3 期。

第 四 章

抗战以来西南大区的演进

第一节　纷呈杂说的“西南”

一、多种范围说的呈现

1930年代以来,随着抗战形势的吃紧,西南大后方战略的确立,社会各界对川、滇、黔等西南核心省份的关注度,大大超过了此前,尤其是1936年两广“西南问题”的解决,使得西南视域中心真正由两广的政治“西南”转移到了核心区的地理“西南”之上。同时,上世纪二三十年代正是我国现代知识建构的重要阶段,对于中国内部问题的研究与探讨,开始逐渐建立起以西方知识系统为参照的现代学科体系。尤其是在现代地理学兴起的背景下,人们对空间区域的认识较前更加精细。在这种背景下,对西南范围的明确界定也体现在各学科的区域研究当中。由此大致呈现出两种显著变化:西南研究的论著较前迅速增多;对西南的明确界定意见也纷纷出现。

然而,也正是在这种背景下,由于受到传统与现代不同意识、表述以及历史形势的影响,西南范围界定较前呈现出更加混乱的、不确定的特点。1940年,四川省政府教育厅举行第二次边区教育会议,拟设立西南边区文化教育馆,已进入筹备阶段,但具体负责其事的徐益棠先生,却面临着一个很小的困惑:西南应该包括哪些省份?"棠(徐益棠)即以'西南'一词范围如何问诸郭、蒋两先生,两先生亦未加诠释",由于这个原因,最终取而代之的是删去"西南"二字的国立边地文化教育馆。[1] 这一事例将这个区域概念本身的模糊性充分反映出来,也体现了当时对西南范围认识的状态。

从当时存在的多种西南范围说来看,此前的西南六省(川、滇、黔、桂、粤、湘)说已不再是一支独秀,总体上呈现出各执一说、莫衷一是的认定状态。1947年,蒋君章先生曾系统探讨了西南范围认定的状况:

> 汉所谓"西南",实包括今贵州、云南及四川西部,附带及于陇南,……此与现时所言之西南,颇为不同。按民国肇兴以后,护法政府当时目为西南政府,其势力所及为两广及川滇黔;国父《建国方略》中的西南铁路系统,则以四川、云南、贵州、广西四省并湖南、广东各一部分为范围;地质学家谢家荣先生以经济为观点,分全国煤矿为6大区,其中一区为西南区,包括云南、贵州、四川、广西四省之煤田;黄汲清先生则以地理为观点,分西南为"大西南"与"小西南"两种,小西南包括川、滇、黔、康四省和西藏东部,而以湖北、广东、广西以及陕西之汉中区为小西南之前卫,合并称为"大西南";经济学家史维焕、蒋滋福两先生则谓西南应包括川、康、滇、黔、湘、桂六

省。由此可知西南之说甚多,实系泛指而无一定之范围。按我国领土几何上之中心为甘肃省的凉州,所以真正的西南,实仅滇西及康、藏而已;若以南京为中心,则江西省也算在西南之范围以内,那就不成话了;若以现时首都重庆为中心而言,则川康北部,桂黔东部皆不得谓之西南,今参酌各家所说,及国防经济上彼此相依的特点,酌定川、黔、桂、滇、康五省为西南,又西南无出海口,为使西南经济发展便利起见,应以广东钦县为西南出口港(粤、桂省界应调整),那末广东西南部与整个西南,也有不可分离之势。[2]

如此多的西南界定意见,正好体现出西南范围"实系泛指而无一定"的不确定状态。同时,蒋文也反映出西南范围界定往往与多种因素密切相关:汉代为民族分布格局下的"西南";护法时期则是地域政治下的"西南"。此外还有自然地理区划、国防形势、中心点参照、行政区划、经济发展等多重视角下各自的"西南"区域观和区划方案。

总体来看,抗战以来主要有五种较稳定的西南范围界定意见:

1、西南六省说:川、滇、黔、桂、粤、湘

2、西南七省说:川、滇、黔、桂、粤、湘、康

3、西南五省说:川、滇、黔、桂、康

4、西南四省说:川、滇、黔、桂

5、西南四省说:川、滇、黔、康

此外,当时还存在"川滇黔桂粤"[3]、"川滇黔桂湘"[4]、"川滇黔桂湘康"[5]、"川滇黔桂粤康"[6]、"川滇黔桂康藏"[7] 等界定意见。尽管体现得不够稳定,但亦各有所据。以下集中探讨上述五种主要意见。

二、主要意见评述

1. 西南六省说与西南七省说:川滇黔桂粤湘+康

上文已谈及西南六省(川、滇、黔、桂、粤、湘)说情形,此说尽管呈现出急速减少的趋势,但在抗战前期(1937—1939年)仍旧属于主流界定意见。大致在1940年代初以后,则基本上消失了,主要原因是被纳入西康的西南七省(川、滇、黔、桂、粤、湘、康)说取代。其中,1928年西康建省是导致这一变化的关键因素。1928年后的西康,自然顺理成章地被纳入到了西南范围中来。例如,1931年,中山大学对西南各省开展科学调查,即以滇、黔、湘、桂、粤、川、康七省为范围。[8] 史维焕先生强调:"惟西南各省,居全国西陲,宁、青、西藏屏障于西北,陕、皖、赣、鄂掩护其东北,安南、缅甸围绕其南,除广东滨海部分外,大抵可作国防工业及一般产业之重心。"又云:"重庆行营仅管辖川、康、黔三省,无权指导湘、滇、粤、桂,故宜设置西南经济建设之专管机关"。分析史氏语意,可知他主张西南七省说。[9] 前文蒋君章先生提到史氏持川、滇、黔、桂、湘、康六省说,可能是对"除广东滨海部分外"一句的误解。

西南七省说有时具有民族分布语境,如江应樑先生说:"一般人所谓的西南边疆,大概指四川、云南、西康、贵州、湖南、广西、广东诸省境内有苗夷集区的地区而言。"[10] 也体现的是对早期西南民族研究范围——"西南六省"的延续。总体来看,西南七省说在1930年代以后呈现出较高的认同率,且与西南六省说有明显的嬗替关系。

2. 西南四省说与西南五省说:川滇黔桂+康

抗战以来还流行着两种西南范围界定意见:西南四省(川、滇、黔、桂)说与西南五省(川、滇、黔、桂、康)说,尤其是"西南五省”说，呈现出取代原本的“西南六省”（川、滇、黔、桂、粤、湘）说，逐渐上升为主流界定意见的趋势。

西南四省说，大致是以民国时期西南核心区范围为基础的界定。根据笔者看到的材料，西南四省说最早在1936年出现了3次，此前则没有体现。其中，佘贻泽先生在清代土司研究中，界定西南少数民族时说：“本文所谓‘西南少数民族’，系指今日滇、黔、桂、川等省中之苗、夷、番、傜等民族而言。”[11]这一意见与当时存在的“西南民族”研究的地域范围相比，稍显狭窄。1936年以后，还有凌民复《建设西南边疆的重要》等多篇论文亦持西南四省说。[12]尽管这一范围论多有体现，但总体来看，并不属于一种主流的界定意见。其原因是复杂的，首先，由于地域结构的关系，各阶段的西南范围界定总会体现出延展性，因此，单纯以西南核心区为其整体范围的界定意见并不会占据主流地位。再者，1930年以前，由于地域政治影响，涵盖粤、湘二省的“西南六省”说占据主流地位，尽管1940年代的西南六省说呈现出衰减之势，粤、湘二省越来越不属于西南了，西南四省（川、滇、黔、桂）说取而代之似乎顺理成章。但事实是，随着西康建省，在西南四省说基础上纳入西康的西南五省说很快就占据了主流地位，由此西南四省说并没有特别突出的体现。

纳入西康的西南五省说，可以视为西南四省说的延伸和变体。早在西康建省之初，陈大受先生发表的西南各省矿产论文，尽管没有明确界定西南范围，但以滇、川、黔、桂、康五省为论述范围。[13]自1938年8月开始，国民政府开始筹备西南、西北金融网建设，从其第一、二、三期计划来看，西南金融网建设的地域范围，正是川、滇、黔、桂、康五省。1937—1943年间，各银行在西南五省新设的银行网点总共达到707处，其中四川329处；云南102处；重庆市100

处;广西 95 处;贵州 45 处;西康 36 处。[14]1941 年,张有龄先生依据地形、气候等因素,突出"西南山地"的国防地理特点,将西南重新界定为"四川、贵州、云南、广西及西康之一角"。[15]该方案大致以我国地理第二阶梯为界定标准,相较习惯认识而言,亦属一种进步。1944 年,任美锷编著的《中国地理大纲》则界定西南包括川、滇、黔、桂、康五省,进而将西南五省划分为四个自然地理区域:四川盆地、云贵高原、康滇峡谷、广西石林。[16]这一意见也明确体现出以自然地理要素为西南范围界定的基础。此后,任氏又首次提出"建设地理"概念,"按照地理、经济和国防的条件",将全国划分为包括西南区(川、滇、黔、康、桂)在内的六大工业区域。[17]

总体来看,1930 年代后期,西南五省说在多种因素影响下,呈现出迅速取代西南六省(川、滇、黔、桂、粤、湘)说成为主流界定意见的趋势。[18]1940 年,田久安先生比照多种西南范围说后认为:"察诸五省(川、滇、黔、桂、康)之说,较各说为合理,一般研究西南边疆者,大都以此为其范围。"[19]需强调的是,此说也并非占据着绝对优势地位,除受到当时流行的西南六省(川、滇、黔、桂、粤、湘)说、西南七省(川、滇、黔、桂、粤、湘、康)说等多种意见的冲击之外,尤其是抗战胜利后的解放战争阶段,还面临着以川、滇、黔、康为范围的西南四省说的有力挑战,而后者则大致奠定了现代西南范围观的空间基础。

3. 西南四省说:川滇黔康

就笔者掌握的材料来看,西南四省(川、滇、黔、康)说在 1930 年代后期才开始出现,1936 年前没有人持这一看法。1938 年,西南经济建设委员会成立,由财政部长孔祥熙任委员长,其他有关部门部长及川、滇、黔、康四省省长兼任委员。[20]该会作为国民政府领导西南经济建设的一级机关,事实上以行政制度形式确立了以川、滇、黔、康四省为西南的重心建设区域。

除西南经济建设委员会之外,1939 年成立的西南实业协会,总部设在重庆,抗战胜利后迁往上海。该协会由张群担任理事长,成员多数为中央政府及地方政界要人,并发行有《西南实业通讯》刊物,在当时影响甚大。该协会的工作范围则主要集中在川、康、滇、黔四省。该协会还以中国国民经济研究所名义,集数年之力编纂出版西南四省(川、滇、黔、康)经济资料汇编。[21]

不过,除个别意见外,抗战阶段的西南四省(川、滇、黔、康)说,并不是一种稳定的、占据主流的界定意见。施建生《西南工业建设方案》指出:"此地所谓'西南'是指四川、云南、贵州及西康四省。"[22]笔者所见抗战阶段明确以川、滇、黔、康四省为范围者,仅此一条。民国时期田久安、蒋君章二先生曾系统评价当时存在的西南范围界定意见,均没有提到西南四省说。[23]可见,此说当时并不是一种主流意见,而是明确体现为抗战形势、政策导向等因素影响的人为建构、区划特征。例如,方显廷先生认为:"西南一词,恒指粤、桂、川、康、滇、黔等省。"但考虑"行营(军事委员会委员长重庆行营)有西南经济建设委员会之设,划川、康、滇、黔为该会工作对象",因此"本文所指之西南,亦照行营定义,庶免混淆"。[24]抗战阶段,以川、康、滇、黔四省为西南建设重心区域的思路日益突出。斯英的《西康建省与开发西南》一文指出:

> 我们知道,所谓西南者,是指川、康、云、贵、湘和两广,而在开发中最被重视的尤其是处于边陲的川、康、云、贵等省,因为这些地方在长期抗战中,不但不易受敌人的破坏与战争的威胁,且其蕴藏的富源,……[25]

未署名文章《发展西南经济刍议》则强调说:"所谓西南,系包括四川、西康、云南、贵州、广西五省，但通常所称西南则仅指川、康、滇、黔四省而言。”[26]孙福熙以四省为“西南各省”建设之“轴心”；[27]陈原先生《中国地理基础教程》则以四省为“小西南”。[28]由此可见，抗战时期的“西南四省”（川、滇、黔、康）看法并未成型，事实上是对西南大后方建设重心区域的一种表达。

由于国民政府长期以川、滇、黔、康四省为西南建设的重点经营范围，抗战胜利后的西南社会团体、行政机关多以四省为工作范围。如1947年底，中国民主同盟欲在重庆成立西南总支部，领导川、康、滇、黔四省民盟工作。[29]而此前多数时候纳入西南的广西、广东等省则归民盟南方总支部（1945年12月29日设立于香港）领导。[30]至1949年前后，西南与华南、华中等大区范围由此前的交错状态，呈现出明确分离的趋势，而“西南则指贵州、四川、云南、西康等省而言”。[31]1949年1月，在改组重庆行辕基础上成立的西南军政长官公署，则明确以川、康、滇、黔、渝四省一市为主体管辖范围。本年4、5月后，国民政府调整作战指导方针，以川、滇、黔、康为根据地，以重庆为据点，固守西南。同时，调整西南公署的机构组成，新设川黔湘鄂边区绥靖公署、川陕鄂边区绥靖公署、川陕甘边区绥靖公署、贵州绥靖公署、云南绥靖公署等机构，重新进行军事部署：以川陕边为防守重点，以陇南、陕南为主要战区，沿秦岭、大巴山、巫山、武陵山组织“西南防线”。[32]

第二节　大后方战略主导下的西南空间分层

“西南”的空间分层现象（即大西南、小西南之分或广、狭义的西南区域界定）是以往研究极少关注的一个盲点。本节旨在解决以下问题：这一空间分层现象最初是在什么样的背景下产生的？

它的出现反映了什么样的区域认识变化和地域内涵?

一、抗战大后方战略中的地域设计

在全面抗战筹备阶段,国民政府确立对日“实施持久消耗战略”,将对日作战指导方针划分为三个阶段:“第一期为持久抵抗时期,第二期为敌我对峙时期。预定之第三期,为我总反攻时期。”其中,所谓第一期抗战,确立对日攻势“仅作有限度之抵抗”,“保存我军主力,藉以空间换取时间,扩大战场”。[33]1939 年,蒋介石手定的《现阶段之军事、外交宣传要点》指示:“我方军略,系一面在广大战区内消耗敌人力量,一面诱迫敌人入我自动选择之地区,以便歼灭其主力,不拘于一城一地之得丧,而作过大的牺牲。”[34]这战略导向就是著名的“以空间换时间”政策。这一战略指导方针是在对日持久战认识下制定的。

当时对日“持久战”是一种相当流行的抗战认识,毛泽东同志亦曾发表《论持久战》一文。不同的是,国民政府所谓的“持久战”,却是建立在消极抵抗、主动退却基础上的错误主张,其核心宗旨是放弃沿海、平原地区,主动向内收缩,希冀依靠中国内地“空间”(西南、西北高原)的地理优势,拖垮深入之日军,并期待美、英等国际力量的军事介入与经济援助。这一指导方针不仅使得中国广大“空间的不断丧失”,而且也使国民政府丧失了人心。[35]尽管其主张根本错误,但却在客观上为西南大后方经济开发,以及西南范围变化产生了重要影响。

国民政府确立的“空间”,据经济部长翁文灏回忆说,事实上“就是指平汉(北平—汉口)、粤汉(广州—汉口)两路以西地带而言”的“内地”。[36]国民政府的军事部署即主要布防于平汉、粤汉二路沿线,并在放弃沿海,转移内地基础上,强调“今后战争将成为广阔的山地战与河川战，地理上于我有利"[37]，由此，地理环境复杂的西南高地，其国防战略地位进一步得到加强。白崇禧说：

> 此时期内之战略指导：以空间换取时间，为保持实力避免与敌人决战，除部分兵力重叠配备于平汉、津浦、平绥各线，牵制敌人、消耗敌军实力外，主力分布于长江流域，诱敌入山岳地带。[38]

1939年1月制定的《国军第二期作战指导方案》，对军事防御做出如下部署："主力应配置于浙赣、湘赣、湘西、粤汉、平汉、陇海、豫西、鄂西等要线，极力保持现在态势。"[39]

在立足"内地"空间的同时，国民政府还强调了后方抗战的重心建设区域。1935年7月，蒋介石设想："对倭应以长江以南与平汉线以西地区为主要线，以洛阳、襄樊、荆宜、常德为最后之线，而以川、黔、陕三省为核心，甘、滇为后方。"[40]1936年1月，蒋介石表示："一面剿匪，一面将向来不统一的川、滇、黔三省统一起来，奠定我们国家生命的根基，以为复兴民族最后之根据地。"[41]1936年4月4日至5月5日间，蒋介石欲视察西南，表示"川、滇、黔三省施政成绩，现已有显著进步，至足欣慰，以西南为国防之要冲，将来对外作战时，必以此为根据地。余为未雨绸缪，实不能不前往巡视，而为之计划。"[42]1936年，国军参谋本部拟定的作战指导要领指出："以四川为作战总根据地，大江以南以南京、武昌为作战根据地，大江以北以太原、郑州、洛阳、西安、汉口为作战根据地。"[43]1938年，蒋介石具体指示：

> 若武汉失守，即以巴蜀为最后根据地，北固陕甘，南控滇、黔、桂诸省，而将重兵扼守平汉、粤汉两铁路以西，责置相当兵力于浙、闽、赣诸省，稳扎稳打，以消耗敌人。[44]

由此可见,在"平汉、粤汉两路以西地带"广大内地为"抗战建国"根本区域外,同时突出了后方高原地区(西南如川、滇、黔等)的战略地位与重点建设思路。1935 年 8 月 11 日,蒋介石在峨嵋军训团发表演讲,即称要以"川、滇、黔为中华民国复兴的根据地","我们本部十八省哪怕失去了十五省,只要川、滇、黔三省能够巩固无恙,一定可战胜任何的强敌,恢复一切的失地"。[45]

综上可知,1935—1936 年间,国民政府已确立了以川、滇、黔三省为主体范围的西南大后方战略方针,欲将西南确立为抗战建国、民族复兴的抗日根据地。随着西南大后方战略的确立,西康地位提升,建省进程明显加速。尽管 1928 年已宣布西康建省,但由于四川军阀混战,西康建省进展得并不顺利。1935 年在雅安成立西康建省委员会,刘文辉出任委员长。刘文辉与四川省主席刘湘就宁雅二属(名山县除外的雅安、冕宁、西昌等 14 县及 2 设治局)的归属产生争议,直到 1938 年刘湘去世,四川地方势力刘文辉与王缵绪达成政治交易,由刘襄助王担任四川省主席,王上台后则同意将宁雅二属划归西康。1938 年 9 月 1 日,宁雅两属(名山除外)14 县 2 设治局正式划归西康省管辖。本年 12 月撤销西康建省委员会,1939 年元旦,西康省政府正式成立,以康定为省会,共辖 46 县,2 设治局,1 县级实验区。[46]

由于西康与四川等西南核心省份不可分离的地缘关系,尤其是其本身大部分面积原本就属四川,国民政府在西南后方建设思路下,对西康自然也非常重视。1939 年 3 月 2 日,蒋介石核定《国民参政会川康期成会及视察团组织大要》,同年 10 月 25 日,又核定《国民参政会川康建设期成会组织规则》,成立川康期成会,并随之组成川康建设视察团,于 1939 年 3 月下旬分五组赴各地视察,至 7 月下旬完成长达 90 余万字的《川康建设视察团报告书》,

其中指出："以川、康地区之广大，人口之众多，物力之雄厚，诚足以奠定复兴中华民族之基础，而使川、康事实上成为复兴根据地。"[47]1938年，以川、滇、黔、康四省为统辖范围的西南经济建设委员会正式成立，由财政部长孔祥熙任委员长，其他有关部门部长及川、滇、黔、康四省省长兼任委员。[48]该会作为国民政府领导西南经济建设的一级机关，事实上以行政制度形式确立了以川、滇、黔、康四省为"西南"的重心建设区域。

从上述材料来看，当时国民政府对大后方建设区域认定，实际上内部存在地域层次的空间划分：国民政府认定的大后方（或者是抗战时期的"内地"），大致是指以平汉、粤汉铁路以西地区，事实上将中国划分成了东、西两大部。若以秦巴山脉、汉水为分界线来看"西部"广大范围，川、滇、黔、桂、康以及湖南、广东2/3部分（以民国广东辖区言），实际上就是时人常说的西南（西部以南）大后方。而从国民政府重点强调"山岳"地带来看，西南大后方建设的重中之重，则在川、滇、黔、康四省。尤其是国民政府执行"以空间换取时间"的主动退却政策，使得湘、粤等省过早地沦入敌手而成为战区，西南大后方建设亦事实上集中在川、滇、黔、康等省。由此可见，国民政府的地域设计体现出明确的层次性，即在规划出的西南大后方之内，另有重点建设的山岳地带。

二、西南范围界定的"大"与"小"

笔者曾就民国时期西南界定意见进行量化统计，在1931—1939年间的67个样本中，出现3次以上的界定意见就有8种之多（参见表4）。八种意见中仍以西南六省说居首（19.4%），体现出民国以来西南区域认识的延续性特征，但没有超过20%；八种意见均将川、滇、黔、桂四省纳入西南，反映出上述四省作为西南的核心区,具有稳定性。

就“西南”涵盖一级政区数量而言,这一时期以西南五省说与西南六省说占据多数,西南四省说次之,西南七省说又次之,西南八省说乃至八省以上说亦属常见(参见表4)。不论偏大还是偏小的西南区域界定,除具有充分的历史依据和基于不同的空间表述而言外,还主要是对抗战时期地域格局的不同考虑而做出。它们的出现,事实上都与国民政府确立的西南大后方战略方针有直接关系,并非凭空臆想的界说。抗战前期,尽管是多重因素导致了西南区域认识的歧乱,但国民政府确定的抗战大后方战略导向却是主要因素之一。

表4 1931—1939年间西南区域界定主要意见

“西南”区域界定意见	1931—1939(样本容量:67)		
	序号	次数	比例
川滇黔桂粤湘	1	13	19.40
川滇黔桂粤湘康	2	7	10.44
川滇黔桂康	2	7	10.44
川滇黔桂康藏	4	6	8.95
川滇黔桂	5	5	7.46
川滇黔桂湘	5	5	7.46
川滇黔桂粤	7	4	5.97
川滇黔桂粤湘康鄂	8	3	4.47

【表4说明】

1. 包含某省部分地区者,按照全省计入。

2. 数据来源:附录1:《清末至民国时期125种论著反映的西南空间范围统计表》。

西南范围偏大的意见，往往是在这样的国防建设思路下做出的：国防建设的后方根据地要以广阔地域为依托，以建设西南核心区为中心，以周边广大地域为外卫屏障，如此才有伸缩余地。通俗来讲，就是西南范围越大，越有利于抗战。

基于这一认识，西南范围可达到七省、八省乃至八省以上。如全面抗战初期，张俊德分析海南岛对西南的国防战略意义时说：

> 欲明琼崖与西南之国防，吾人当应明了西南在地理上之范围者如何，盖今指西南乃包括广东、广西、湖南、云南、贵州、四川、西康、西藏八省区也。而此八省区若比一屋宇，则两广为此屋宇之门户；而琼崖又为此门户之锁钥。琼崖存，则两广存；琼崖亡，则两广亡，两广亡则西南危矣。[49]

范云迁则认为："西南区域是极广大的地域，包括两湖、两广、川、滇、贵州、西康各省"。[50]有时，西南范围甚至超出国界，拓展到西南边疆之外的广大地区，如张廷休《西南青年的责任》一文认为，西南除包括"川、康、藏、滇、黔、粤、桂、湘等地而外，印度支那半岛、马来半岛及其附近各岛屿都包括在内。"[51]一般来说，西南范围拓展至海外地区，主要是基于历史时期的民族分布而言的，这一意见不仅界定的是当时的西南范围，而且毫无民族背景。如何可以拓展得如此广阔呢？事实上，张廷休的西南界定是以华侨分布为基础做出的，其意在号召东南亚、南亚等地华侨积极回国参加抗战。

与这一国防建设思路相一致的是，田久安等人对西南"关系地带"的认识：

> 察诸五省（川、滇、黔、桂、康）之说，较各说为合理，一般研究西南边疆者，大都以此为其范围，但此说徒以政治区划为

> 其范围标准,大体上视之,固相差甚微,唯考诸地理,察诸实际,亦未免有牵强之处,尤其当此抗战建国的目今形势之下,正从事大西南之建设时代,其所谓西南国防建设之"关系地带",自不应仅此之呆板的划分。川、康、滇、黔、桂五省固在范围之内,此外事实上,湖南省西部沅水流域一带即乾城(第四区)、邵阳(第六区)两督察专员区所属十五县之地,与湖北省大江西南,即恩施(第七区)督察专员区所属八县及长阳、五峰占全省六分之一的面积,均应包括于今日西南边疆的范围之内,无论于地理位置与在抗战情势而论,此种划分较为切当。[52]

从田久安的论述来看,西南"关系地带"的提出是适应国防建设思路和为"抗战情势"服务的。若说西南范围界定仍以西南五省(川、滇、黔、桂、康)说较为合理。这事实上反映出国家战略思考对区域认识和区划活动的重要影响。与之类似,蔡泽也指出:普通认定的西南范围,是指川、滇、黔、桂、粤、康六省而言,同时认为湖南省粤汉路以西 3/4 以上的面积和湖北省长江西南松滋、恩施各属 1/6 以上的面积,也都在今日大西南的"关系地带"以内,"就目前抗战形势而言,这种区划更为明显密切"。[53]蒋滋福尽管认为"平时所谓西南,系指川、康、黔、滇四省而言",但鉴于"现时所谓西南乃指我国抗战后方之整个西南单位",故又将湘、桂两省"列入范畴之内"。[54]

西南范围界定偏小的意见,同样是基于国防建设思路下做出的:西南所涵盖范围本可以非常广大,但在抗战条件下,需要突出西南大后方的重点建设区域,诸如粤、湘、桂等或沿海、或靠近沿海地区的低海拔省份,国防地位下降,不适合作为西南建设的重心地带。正如方显廷认为:"西南一词,恒指粤、桂、川、康、滇、黔等省。”但抗战以来，国民政府制定的西南大后方战略方针“以川、康、滇、黔四省为建设之中心”，国民政府西南经济建设委员会也以上述四省为“工作对象”。随着“战区日广”，“位居西南之粤、桂等省”成为抗战前沿阵地，“从经济建设之场言之，自应另划为外卫区域”。因此，方显廷最终界定的西南范围，则明确参照西南经济建设委员会所划定的地域范围，即指川、康、滇、黔四省。[55]

在国防建设思路的指导下，西南大后方建设一方面要求有“关系地带”或广大的“外卫屏障”；另一方面又强调重心建设区域，与“外卫区域”有所区分。可见，其时社会各界对西南区域范围界定的“大”与“小”，与国民政府制定的西南抗战大后方战略中的地域设计出现了高度契合。

三、中心与外卫：西南界定的空间分层说兴起

与国民政府确立的西南大后方战略方针相适应，当时社会舆论对西南区域的界定呈现出划分为“中心”与“外卫”两个区域的趋势。卫挺生认为：“今湖广以西，五岭以南，今之所谓西南各省也。”[56]另文又明确指出：“所谓西南，其范围系包括川、黔、桂、湘、滇、粤六省而言。”[57]不过，卫氏同时主张：所谓“建设西南”，“应由西南各省如川、滇、黔三省入手，然后向前推进至接近前线之各省”，作者列出三个理由：(1)西南三省，离前线较远，受战事影响较小；(2)利用英缅、法越打通国际交通通道较为容易；(3)“川、滇、黔三省人口、土地，物产富藏，较之德国有过之而无不及，如能尽量开发经济，足可为抗战之根据地。”因此，作者强调：“根据以上理由，于西南各省中，吾人应各以川、

滇、黔三省为根据地。”[58]卫氏以“湖广以西，五岭以南”认定“西南大后方”，与“粤汉路以西”地带为后方战略考虑大致吻合，同时以川、滇、黔为西南重点建设省份，也是国民政府建设后方重点建设战略的一种反映。某种程度上说，这就带有了在抗战条件下重构“西南”区域的意味。对“西南”的内在区分，体现的是西南范围的习惯认识与人为界定两种思维，这是 1938 年前后对西南区域的主要认识状况。

这一思维则明确体现在孙福熙、方显廷、张国瑞等人对西南的“中心”与“外卫”划分上。1938 年孙福熙指出：“西南各省包含云南、贵州、四川、西康为轴心，而以广东、广西、湖北、湖南为外卫。”[59]方显廷先生则认为：

> 西南一词，恒指粤、桂、川、康、滇、黔等省。自军兴以来，我国最高当局采取以空间战胜时间之抗战政策，西南各省，遂一跃而为全国军事政治经济及交通之重心，开发西南运动，遂为朝野上下所注目。最近，闻行营有西南经济建设委员会之设，划川、康、滇、黔为该会工作对象，于是西南一词，包括范围较狭，然含义则更见肯定。良以战区日广，即位居西南之粤、桂等省，从经济建设之场言之，自应另划为外卫区域，而以川、康、滇、黔四省为建设之中心，本文所指之西南，亦照行营定义，庶免混淆。[60]

张国瑞界定的西南亦相当广大，“其范围是指川、康、黔、滇、湘、桂、粤数省区域而言”，[61]同时鉴于“近因粤汉沦于敌手”，将西南分为外卫区域（湘、粤）与中心区域（川、康、滇、黔、桂），强调“应以建立国防工业为目前最迫切的中心工作”，成立以川、康、黔、滇、桂五省为主体管辖范围的西南最高经济计划机关。[62]

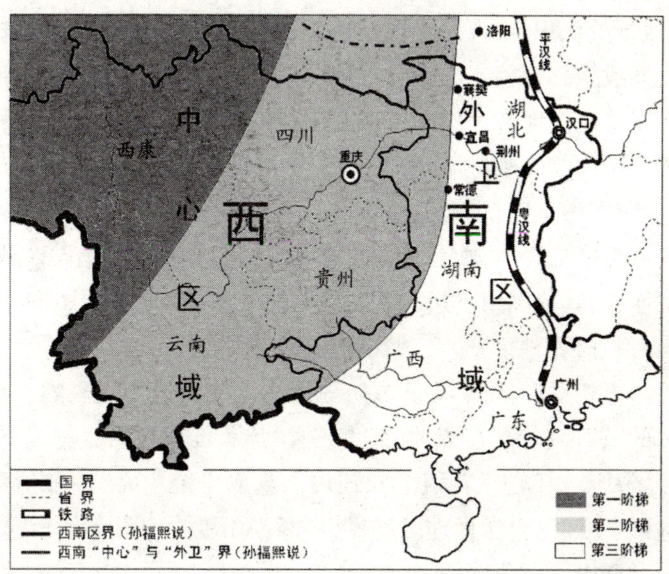

图 18　抗战初期(1938 年)西南大后方战略区与西南空间分层比较示意图

【图 18 说明】

1. 资料来源:(1)平汉、粤汉铁路线,根据龚学遂的《图 3:汉广沦陷时铁路状况图(1938 年 12 月)》绘制,当时平汉、粤汉铁路(长沙—郴州段除外)已沦陷。龚学遂著:《中国战时交通史》,商务印书馆 1947 年版,第 156—157 页。(2)地理阶梯则根据周立三主编:《中国农业地理·图 2—1:中国地势的三大阶梯示意图》,科学出版社 2000 年版,第 21 页。绘制过程中又参考了廖克先生主编的系列图之一《中国地势图(1:6000000)》(中国地图出版社 2007 年版)。(3)西南范围界定,及西南中心区域与外卫区域划分,则采用了孙福熙先生的意见,资料来源见孙福熙:《西南是建国的田园》,《旅行杂志》,1938 年第 11 期。

2. 底图来源:陈潮、陈洪玲等编:《中华人民共和国区划沿革地图集·中华民国时期的行政区划(1949 年 9 月)》,中国地图出版社 2003 年版,第 4 页。

3. 本图是示意图,南海诸岛部分,因与本书内容关系不大,不再绘出。

在西南大后方战略及抗战形势的影响下,西南范围界定也呈现出有层次、有重心的空间分层现象。时人对西南“中心”与“外卫”区域的认识，或许是对现实情势的直观表达，并与国民政府的大后方战略具有较高的吻合程度。就长江以南而言，国民政府所谓粤汉路以西地带，以襄樊、宜昌、荆州、常德为“最后线”，大致属于第三阶梯的“内地”丘陵、平原、盆地区，这一地区则以鄂、湘、粤、桂四省为主体，也正好是孙福熙界定的西南“外卫”区域。地势抬升至第二阶梯，则是国民政府认定的大后方重点建设区域，就南部而言，其范围则以川、滇、黔三省为主体，新划入西康的宁、雅（今西昌、雅安地区）也包括在内（见图18）。

与之相适应，时人均从国防地理角度强调以川、滇、黔三省为主体的“西南高地”特点，并认为三省与“长江流域从宜昌以下，西江流域从广西以东”有别，“在地理上自成一个单元”。[63]张有龄则从地形、气候等自然地理因素界定“西南山地”（四川、贵州、云南、广西及西康之一角）。[64]

尽管如此，由于国民政府并没有明令划定出一个“西南”范围，受到传统习惯认识影响，时人对西南的“中心”与“外卫”区域划分仍存较大分歧。一般来说，西南建设的中心区域大致是指川、滇、黔、康四省。广西的归属则分歧较大。究其原因，广西属于习惯认识的西南核心区省份，1938年前后尚属没有沦陷的后方，这是广西被纳入西南建设中心区域的主要原因。另一方面，广西大部分地区属于第三阶梯的丘陵地带，靠近沿海地区，国防上并不可靠，这则是部分意见将其排除在西南中心区域之外的原因。此外，当时对西南界定的分歧甚大，西可包西藏，东可纳湖北，因此对西南“外卫”区域的界定就更显纷乱。综合多种意见来看，以湘、粤二省为西南“外卫”区域的意见占据多数。

四、"大西南"与"小西南"的提出及其内涵

循着西南国防建设的中心、外卫区域分层思路，大西南与小西南，或西南的广、狭义区分应运而生。1939年初，谢国度针对抗战形势提出了自己的西南区域界定意见：

> 因我国疆域辽阔，西北与西南之界说，有广义与狭义之不同，……狭义的西南仅指两广、云贵，而广义的西南则可包括两广、云贵、四川、西康与湖南之一部，其范围约可与总理（孙中山）实业计划中之西南铁路系统所展布之地域相同。惟湘、粤两省之一部，一则邻近战区，一则以遭侵略者之铁蹄蹂躏，对于抗战建国，只能视为前卫，殊难倚作根据。故于本文之内，拟将湘、粤两省除外。而本题所指"西南"，虽系就广义的西南立言，亦仅限于四川、西康、云南、贵州、广西五省。[65]

这一意见有三点值得重视：

第一，谢氏明确提出了"西南"的广、狭义界说。就笔者所见，这是以前所没有的现象。不过揣度其语气，尚难判定其为最早。

第二，谢国度以滇、黔、桂、粤为"狭义的西南"，将当时的抗战总根据地——四川排除在"小西南"之外，似乎很不合理。但它代表了1930年代以前对西南区域认识的一种观念。这一意见强调省际之间的横向联系，似乎与当时的中国自然分区意识有关，即以珠江流域区为中国"南部地方"，多数时候是指粤、桂、滇、黔、闽五省。[66]部分意见又以四省（滇黔桂粤）、五省（含闽）属于"西南"。[67]1930年代后，这一中国"南部地方"，就习惯上使用"华南"概念来表述；[68]可见，在地域范围指称上，民国时期的"西南"与"华南"概念是存在交错叠合现象的。

第三，谢氏意见清晰地反映出湘、粤二省“邻近战区”、“遭侵略者之铁蹄蹂躏”等抗战形势对西南范围界定的影响，即粤、湘二省“对于抗战建国，只能视为前卫，殊难倚作根据”。谢氏意见尽管以滇、黔、桂、粤为“狭义的西南”，但强调以广义的“西南”立言，湘、粤二省沦入敌手，其所谓的西南“抗战根据地”事实上是指川、康、滇、黔、桂五省。由此，在国防建设背景下，谢氏意见又回复到了当时西南区域的主流界定意见上，亦即与当时西南中心、外卫区域相一致的区划思路。

1939 年 4 月，黄汲清从国防地理角度又明确提出了大、小西南的分层意见：

> 普通所谓西南并没有一定的地理学上的意义。我们现在不妨分别一个“大西南”和一个“小西南”。小西南就是川、滇、黔三省，再加上西康和西藏东部的地方。从地理的眼光看来，小西南的范围，北面有岷山山地和青海草原分界，有巴山山脉和汉江流域分界，有名的阴平道和南栈道即在其间，这是天然的长城。东南的三峡是“不可侵入的”，湘西的武陵山和雪峰山也是天然的屏障。南面广西的石灰岩山地，从广西的东北部延展到广西的西南，而云南南部的万山错杂，就是从安南进攻也是极困难的。大西南除包括小西南在内，尚有广西、湖南、湖北和陕南汉中区域；北面的终南山、伏牛山、大别山，东面的幕阜山、九岭山、武功山、万洋山和南岭山脉，都是很容易防守的。我们相信，只要没有洪承畴、吴三桂，小西南是绝对可以防守的。大西南的防守就比较困难，目前的抗战形势就是好例；我们应该要建筑南阳武胜关、马当湖口武穴和钦州湾三个马卿诺防线，来包围我们的大西南。在不得已的时候我们只好忍痛放弃沿海各省和华北，但大西南是不能放弃的，

> 小西南尤其绝对不能放弃。大西南是中华民族的生命线，小西南尤其是我们的生命线。我们要依靠我们的西南，来恢复我们的沿海、华北和东北四省。[69]

黄氏的意见，不仅从自然地理分异特点分析了“西南”内部的空间分层，而且显然是在抗战背景下就国防建设而言说的，明确具有西南“中心”与“外卫”有别的内蕴，并体现出与西南大后方战略、西南重心建设区域相吻合的特点。谢国度、黄汲清二人的意见，可谓是此后大、小西南或广、狭义西南界定意见之滥觞。

1940年代初，大、小西南的界定思维出现在纯地理学著作当中。陈原《中国地理基础教程》一书延续大、小西南的界定思维，以川、滇、黔、康、桂、粤六省为“大西南”，以前四省为“小西南”。[70]这一意见大致可以代表经历抗战后“西南”范围重构完成并趋于定型的趋势。

比较上述三种大、小西南界定意见，表面看来不尽吻合，但都反映出抗战大后方战略导向下的国防建设对“西南”重构与内部空间分层的重要影响。而在“大西南”认定上，陈原、谢国度二人又体现出较高的一致性。除谢氏纳入湖南部分地区之外，两人均以川、滇、黔、康、桂、粤为“大西南”的主体范围，更体现了早期的“西南”与“华南”概念在区域指称上交错重叠的特征。

总体来看，1938年后的“西南”空间分层意见，多数已将湘、粤二省纳入大西南、广义西南、西南“外卫”区域，而不是笼统地表述为“西南”。与这一变化相应的是，在当时的西南区域界定意见中，“不含湘粤”说提高了将近一倍的比率（10%→19.5%）。1940—1949年间，这一比率更是上升为40.9%（参见表11）。[71]这可以看作是抗战形势下“西南”范围重构的一种体现，而抗战大后方战略主导下的地域设计是该现象出现的主导因素。

随着全面抗战爆发,国民政府基于国防战略考虑而制定大后方战略,以西南、西北高原地区为抗战复兴的根据地,建设重心开始向西部转移。加之,日本侵略者对我国沿海地区的封锁、占领,武汉失守,粤汉铁路失去作用,一定程度上导致东西向联系态势有所减弱,湘、粤转变为西南“外卫区域”,也就是抗战的前沿阵地,使得西南大后方建设的整体地域格局发生变化。随着抗战形势发展,我国南方中、东部地区大部沦陷,并事实上形成了国统区与日伪区的政治区域划分,已经失去了西南大后方建设的实际意义;与之相反,作为西南高地的西康在国防战略上的地位则更显重要。体现在自然地理分区上,第二阶梯与第三阶梯之间的地理界线(太行山—巫山—雪峰山一线)成为划分大区的主要参照。这一地域格局的变化,使得“西南”区域认识呈现出由东部向内收缩、向西部延展的趋势。

“西南”空间分层现象是在特定时期产生的,因此也具有特定的内涵,绝非时人灵机一动、随意为之的区域设想。“西南”空间分层现象不仅是西南区域认识变迁和重构西南区域的一种区划思路,也体现出国家战略导向对大区认识和界定产生的重要影响。

第三节　地域格局变化与西南范围界定

全面抗战以来,由于抗战需要,强调“内地”与“高地”的国防战略地位,原本在经济上对滇、黔、川等内陆省份有重要辐射影响的沿海区域,变得既不安全,而且由于沿海被日军封锁,其经济、交通功能亦很难发挥。各省之间沿长江、珠江流域进行东西向联系的态势有所减弱。这一地域格局变化对西南范围认识造成的影响是,西南区划或界定意见总体上呈现出向内收缩的趋势。原本多被看作属于西南的湖南、广东乃至广西三省，受这一趋势影响，或者直接脱离西南范围，或者划入“西南”外卫区域，而与“中心”区域有别。

由于沿海被封锁，“西南”沿海国际通道被阻断，滇越铁路亦因越南的沦陷无法使用。在这种困难局面下，选择或打通内陆国际交通线就显得意义重大。云南、西康与英属缅甸、印度界临，西南大后方的国际通道只能依凭二省。尽管西康省大多数地区的地理环境，并不适合作为抗战根据地，但至少从国防上看，在抗战时期的地位则非常突出。因此，在湘、粤等省脱离西南的同时，西南范围认定又呈现出向西部延展的特征。这一变化带来的直接影响是，西康省逐渐被纳入到西南范围界定的核心区（小西南、狭义的西南）之内。

一、1930 年以来地域格局的变化

1、抗战前夕的西南铁路建设计划

目前学术界一般认为，大致在 1935 年确立了以西南为大后方中心区域的战略方针。[72]不过，早在 1931 年日军发动侵华战争之初，国民政府即开始整体上考虑抗战后方根据地的选择，部署国内地区经济、交通、国防建设，进行抗战准备。1932 年，国民政府铁道部“鉴于暴日入寇，有积极筹设西南铁道之计划”，并派员咨询地理学家胡焕庸关于西南铁路建设意见。胡氏主张修筑钦渝路、粤滇路、川广路、滇缅路四条干线。建议修筑滇缅铁路，主要是针对“接近欧西，直达印度洋”考虑的，并没有纳入抗战因素，但认为此道亦有军事上之重大意义：“太平洋上一旦有警，印度洋上之供给，即可源源而来。”钦渝路的修筑建议，也没有突出抗战建设思维，而是鉴于此路可“贯穿粤、桂、黔、滇、川五省，并联络长江上游

以达于海口，对于西南各省，实具提纲挈领之价值。……且能削减滇越路之运输，使云南商货，得由本国海口出入”。[73]

1933年，当时的西南政务委员会开始筹议修建贯穿粤、桂、滇、黔、川五省的钦渝铁路，分电各省派遣代表赴粤商谈具体事项，并组织筑路委员会，拟议破除省界，各省分段承修。[74]钦渝路建设筹备工作年余，广东省主席陈济棠出于本省利益考虑，提出应以广东三水为起点（时广州至三水已通铁路），反对以靠近广西的钦州为起点。两广意见分歧甚大。[75]加之当时川局混乱，贵州政局动荡，钦渝路筹建工作停顿下来。同年，时任交通部长的贵州人王伯群发表文章，就“西南诸省”（粤、桂、川、康、滇、黔）国防、政治、实业、文化多方面考虑，倡议修筑成广铁路（成都—广州），该计划是修改孙中山先生西南铁路建设计划后做出的，以此贯穿西南六省（川、黔、桂、粤、滇、康）。[76]当时粤汉路（广州—汉口）除湖南株州至广东韶关段外已修筑完成，故上述计划较少提到湘鄂与粤桂的铁路修建情形。事实上，鉴于抗战建设，当时也在加快实现粤汉路全线通车的准备。株韶段于1933年7月始筑，至1936年7月实现全线通车。[77]

上述铁路建设计划延续了此前西南地域强调东、西向联系的特点，尤其是体现出沟通沿边（滇、桂、康）、沿江（川、湘）、沿海（粤）“三沿”地带的发展要求。以川、粤两个富庶的西南省份为沿江、沿海的两极，贯通并带动中间省份的发展。

2、抗战初期对广州出海通道的倚重

全面抗战爆发后，交通成为影响抗战成败的关键因素。“抗战与交通，相为表里，不可或分”。[78]蒋介石强调说：“无论是财政、金融、经济和军事，一切都要以交通为基础。”[79]就大后方而言，“西北、西南交通经济建设之发展，实为长期抗战与建国工作坚实之基础”。[80]交通格局的变化不仅直接影响到西南后方建设一系列问题,同时也是影响西南范围变化的主要因素。在抗战建设背景下,尽管广东地处沿海,极易受到日军攻击,但鉴于其在对外交通、争取海外援助方面的重要地位,国民政府首要考虑的是加快发展西南交通系统,尽快充分利用港粤国际出海通道。因此,抗战之初并没有将广东排除在西南交通运输格局建设之外,相反则更加重视。

1937 年 10 月 1 日,军事委员会于广州设立西南进出口物资运输总经理处(简称西南运输处),对外称西南运输公司,负责接运英美各国援华物资,并在香港、河内、桂林、长沙等地设立办事处。1938 年 2 月后,在滇、黔、桂、鄂、粤、湘、川、港、越、缅等地均设立运输分处;于湖南、广西、广东等省设立汽车技工训练所。[81] 1938 年 3 月,西南运输处为统筹西南各省进出口物资运输事宜,扩充运输路线为七段:即同衡段、衡常段、昆贵段、贵常段、贵柳段、贵重段、重常段,由此形成一个对外联系香港、海防,对内联系粤、桂、湘、鄂、川、黔、滇等省的铁路、公路、水路的西南综合运输网。[82]

广州、武汉沦陷(1938 年 10 月)前,当时西南国际交通线主要有四条:

1、粤汉铁路(汉口—广州)、广九铁路(广州—九龙)。以香港为转运口岸。

2、湘桂铁路。此路“系以接通越南海口及西江水运为目的”,[83]“为西南交通干路,正当湘、桂两省锁钥,关系国防极巨”。[84]湖南衡阳至桂林段自 1937 年 9 月动工,一年时间完成。原计划修筑之桂林以下路段(桂林—柳州—南宁—龙州—镇南关),受战事影响大多没有完成(桂柳段曾于 1939 年 12 月通车,因日军在北海登陆而拆迁),因此,自桂林以下,主要是南借公路抵达南宁、龙州,出国境接越南同登,通铁路于越南河内、海防。

3、滇越铁路。自昆明经个旧、蒙自出河口入安南之老开,可达海防、西贡。

4、滇缅公路。自昆明经大理、保山而至缅甸八莫、接通铁路于缅甸腊戍、仰光。1937 年 8 月,云南省主席龙云提出修建滇缅公路的建议,12 月底正式动工。公路充分利用 1935 年刚刚修通的从昆明至下关的全长 411 公里的滇西土路,并部分利用大理至缅甸八莫的古代驿道,使实际工程量大大减少,并于 1938 年 8 月基本建成通车。[85]

相较而言,广州、香港出海通道直通铁路,且直接联系湖南、湖北等当时抗战的中心区域,无须转道国外,故此时"粤汉路与广九路运输便捷,远胜他途"。[86]自 1938 年 1 月起至 10 月广州沦陷止,西南运输处在港粤承办的进口运输,共计运入物资 106,143 吨,月平均 10,614 吨。最高的 5 月份则达到 22,076 吨。[87]

3、抗战初期西南内部交通网络

在西南内部交通建设方面,随着全面抗战的爆发,国民政府则加快了修筑西南铁路、公路的进度,积极建设以贵阳为中心的交通网络。曾任交通部长的王伯群提到,1937 年国民政府欲在五年内完成以贵阳为中心的西南铁路网建设。王伯群强调以贵阳为中心的重要意义说:首先,贵阳是西南公路网的中心,以其为铁路网中心枢纽,则可以沟通铁路、公路交通设施,提升运输效能。其次,"贵州天然的地理,是在于西南各省的中心,我们能利用这天然的地理中心建筑交通中心"。再者,以贵阳为中心,不仅可以促进西南各省内部联系,而且可以贯通桂越、滇越、滇缅三条国际交通线路,形成内外结合的交通格局。王氏呼吁说:"我们知道,要整个西南打成一片,才能成为复兴我中华民族的根据地,所以贵州为交通中心是势所必然的。”[88]这一交通格局呈现出当时西南各省整体上加强内联性对抗战的重要意义。尤其是王氏提到贵州地处西南各省“天然的地理中心”，依现代西南范围观来看，贵州属于西南最东部的省份，若以贵州为西南的地理中心，则“绾毂西南五省（滇、黔、川、桂、湘）之交通”，[89]在范围界定上桂、湘等省均属西南省份，这不仅是西南范围与现代意识的差异，同时也说明不同时期的地域格局对西南视域产生的影响。

然而，在抗战条件下，在地理环境复杂的西南地区完成这一铁路交通网络几乎是不可能的，而颇具成效的是西南公路运输网的建设与经营。1935 年 2 月，蒋介石电令贵州省主席薛岳要在九月前完成黔川、黔湘公路。6 月又电龙云要求滇黔路在三个月内开通。到 1936 年，以贵州为中心的湘黔线、黔桂线、川黔线和黔滇线公路网初步形成。[90]西南五省（黔、川、滇、湘、桂）公路运输网的筹建，实际上是对西南内部传统交通线的现代化改造，在战时状态下，贯通“三沿”地带，充分利用传统交通格局优势，对于西南抗战显得意义重大。

在西南五省公路运输网络建成后，则进一步筹划适应战时需要的西南五省公路运输联运事宜。1937 年 7 月 1 日，国民政府行政院、军事委员会、全国经济委员会军政、交通、铁道三部，及川、滇、黔、湘各省当局，在南京集议改进西南公路交通办法，以长沙至贵阳，贵阳至昆明，及重庆至贵阳为联运线，另组西南各省公路联运委员会主其事，于同年 9 月 20 日成立办事处于长沙，开展川滇黔湘四省联运事宜。“本路统一运输，此时已略具雏形”。此后，西南后方运输日益紧张，当局“深感原有组织，尚不能与需要相配合”，决定改组西南各省公路联运委员会为西南公路运输总管理处，仍隶全国经济委员会。贵州省主席吴鼎昌又呈请行政院，认为

“贵阳、柳州一线，北通湘鄂，南接安南，亦关重要，似应加入联运范围，以完成西南公路运输干网”。[91]由此，广西加入到西南公路联运范围。

1938年1月1日正式成立西南公路运输总管理处于长沙，旋即改归交通部管辖，并改名为西南公路运输管理局；1938年6月，因两湖战事吃紧，管理局迁往贵阳。[92]这样，在抗战前期，以贵阳为西南公路交通之中心点，形成了一个十字构架型的西南公路交通格局；从“面”上看，则是以贵州为核心，紧密联系周边地域的梅花型西南五省（黔、川、滇、湘、桂）联运体系。

4、湖南在西南大后方建设中的地位

事实上，随着西南大后方战略的确立，以及全面抗战的爆发，广东作为低海拔的沿海省份，存在被日军封锁的威胁，国防地位下降，其已脱离国民政府重点建设的西南交通系统之外。相较而言，湖南属于“内地”省份，总体上衡量抗战前期的湖南，国防地位要比广东重要。内迁西南的工业情形可为一个佐证。

1937年8月至1940年7月，作为内迁工业重心的机械、纺织、化工三大工业，迁往湖南的厂数，湖南仅次于四川，占29.21%。[93]至1942年，尽管迁驻湖南的公私企业数量有所下降（13.34%），但仍居后方省份第二位。[94]从西南大后方建设的整体性出发，湖南被多数人置于西南视域之下。如，1938年2月国民政府工矿调整处所编制的《迁往西南之工厂一览表》内，则以四川、湖南、云南、鄂西、广西、贵州六省区为西南地域范围。[95]蔡泽则云：“西南几省的大都市，在抗战以后已无一不为公路所连贯，国府所在的重庆和各省省会的成都、康定、贵阳、昆明、桂林、长沙，是西南公路的几个轴心。”[96]

由于上述原因，抗战前期，湖南的西南认定率则要远远超过广东。结合量化统计比较，抗战前湖南的西南认定率（45%）还要低于广东（60%）；而在抗战前期（1937—1939 年），湖南则上升到了 61%，广东则下降至 48%（参见表 8）。抗战时期，不仅西南公路交通联运管理处最初设于湖南长沙，设于湖南的西南机构也相当多，例如，1938 年 8 月，由国际友人埃德加·斯诺创办，得到宋庆龄及中共大力支持的中国工业合作协会西南区总办事处即设于湖南邵阳（武汉沦陷后，工合总部亦迁往该地），而西南区负责湘、桂、黔三省小型工业合作事宜，并创办有《西南工合》等期刊，在当时影响很大。[97]

抗战期间存在于湖南者，还有 1939 年 2 月，由国共两党合作创办的西南游击干部训练班，设于湖南南岳，至 1940 年 3 月止，受训军官达到 3000 余人。[98]此外还有直属国民政府军事委员会的同名机构，1940 年 6 月设于湖南祁阳，属于中英合作项目，至 1945 年撤销。[99]种种迹象表明，至少在全线沦陷前湖南被纳入西南视域的情形是很常见的。

从西南范围界定上看，在抗战前期（1937—1939 年），仅就主要的 16 种主要西南范围说分析（参见表 10），不包括广东的西南范围说达到了 46.3%，而不包括湖南的范围说只有 34.1%。尤其是抗战前期的西南界定意见中，西南五省（川、滇、黔、桂、湘）说呈现出增多的趋势。例如：中国旅行社编《西南揽胜·序言》记西南范围云："以言开发西南之区域，实以四川、贵州、云南、湖南、广西五省为其范畴。"[100]量化统计显示，西南五省（川、滇、黔、桂、湘）说在 1937—1939 年间，与逐渐占据主导地位的"川滇黔桂康"说甚至均占 12.2%，并列第三位。而西南五省（川、滇、黔、桂、湘）说在此前此后的阶段都没有出现过。由此可见，抗战前期湖南的"西南"地位反而显得更加稳固了，而不是立即淡出"西南"之外。在整个抗战阶段,湖南相比广东而言,其西南认定率呈现出的先升后降趋势要为明显。

5、抗战形势发展与地域格局变化

随着抗战形势的发展,西南地域格局也在发生着变化,从而间接地影响着西南范围的认定。自抗战全面爆发以来,日军即以封锁中国沿海交通线为目的,企图切断中国所有外援通道。[101] 1937年底,日军先后占领中国最大的进出口通道上海,首都南京,以及杭州等沿海、滨海城市;1938年,进而控制厦门、九江;1938年10、11月则相继占领广州、武昌、汉口、岳阳;1939年2月,侵华日军又在海南岛的澄迈湾和三亚登陆,占领海南岛,切断了香港至新加坡的海上交通线,进一步加大了对中国海上封锁的力度。由此,港粤国际交通运输线被日军封锁。时人评价说:

> 西南各省交通,自广州沦陷,武汉撤守,形势为之一变。其出入要道,向素集中于粤汉铁路及西江水道者,今悉取道于昆明经法属海防及桂境广州湾、龙州三处,向以武汉为中心者,今以重庆代之。[102]

随着1938年10月广州沦陷,"国际路线西移",[103]由于滇缅路线迂远不便,此后西南抗战运输重心一度转移在中越交通线上,出现了"西南进口物资几全恃越南输入"[104]的局面。

1938年9月,西南运输处由广州迁往昆明,中越运输的主干道是由河内直通昆明的滇越铁路。而在越桂交通线上,除增设西南运输处河内分处外,移设原海防分处自越南同登,经理由河内经铁路至同登,转公路运输入广西境内的抗战物资运输事宜。[105]日军为"彻底切断中国西南国际交通线",[106]于1939年11月攻占南宁,越桂交通运输只能暗中开展,运量有限。

表5　1944年西南七省公路状况表

西南七省	已完成里程	沦陷或破坏里程	废用率(%)
四川	6,377		0.0
云南	4,291		0.0
贵州	2,893		0.0
西康	1,624		0.0
广西	5,650	4,738	83.9
广东	14,516	11,952	82.3
湖南	3,440	2,680	77.9

【表5说明】

1. 资料来源:本表是从交通部统计处编《抗战以来之交通概况》(1945年5月)提供的《表5:全国公路里程表(1944)》截出的。中国第二历史档案馆编:《中华民国史档案资料汇编》第5辑第2编《财政经济(10)》,江苏古籍出版社1998年版,第149页。但原表内并没有列举"废用率",该项是笔者以沦陷或破坏里程与已完成里程相除得出的。

2. 本表使用的"西南七省"概念是指民国时期主要西南范围说涵盖一级政区的上限,从量化统计分析《各省西南认定率纵比表》来看,上述七省是西南认定率达到40%以上的省份,排列其后的西藏(13.6%)、湖北(5.6%)二省区的比例远低于此,很难将纳入二省区的意见看作西南范围界定的主要意见。

1940年6月20日,在日本的压力下,法越政府宣布停止中国一切过境运输,中越交通线亦被完全切断。至此,原本四条西南国际运输线仅剩下滇缅公路一线。[107]联系鄂、湘、粤的粤汉铁路,贯通湘、桂二省的桂越国际水陆交通线均失去作用,由此减弱了湘、粤、桂三省的对外交通地位。1944年,日军启动一号作战计划,妄图灭亡中国。至1944年底,日军甚至深入到贵州独山地区,粤、湘、桂三省则几乎全线沦陷,铁路、公路交通大多被阻断,至此,三省已完全脱离了西南大后方建设区域。

二、广东、湖南二省淡出“西南”

1938年10月武汉、广州沦陷后,这一抗战格局变化开始明显呈现出来。自此以后,粤、湘二省即开始实质性地走上了脱离“西南”之路。广、汉沦陷后,此前多被纳入西南的湖南、广东等省,成为与日军直接交接的抗战前沿阵地。1938年,孙亚夫即建议国民政府确立以“西南之川、康、黔、滇、桂五省”为复兴区域;而以“粤、闽、赣、鄂、湘、陕、宁及皖、浙、豫之未失县区”为军事区域。[108]李卓敏《中国西南之经济发展》一文也强调说:

> 考我国战时经济之基础,厥在西北各省,如陕西、甘肃、绥远、青海、宁夏、新疆以及西南各省,如四川、西康、贵州、云南、广西。此并非谓其他各省于经济上毫无贡献,不过因其近于前线,军事上尤较经济上为重要耳。[109]

上述论述体现出在抗战形势下,广东、湖南等地与西南核心区域的地理分异特点。尤其是从国防地理角度突出了对西南高地的重视。

这一地域格局变化使得此前西南视域中心集中于广州的局面彻底改变,重庆则取而代之。1939年5月5日,国民政府明令定重庆为行政院特别市。1940年9月6日,国民政府将重庆明令定为陪都。其令云:“重庆绾毂西南,控扼江汉,尤为国家重镇。”又云:“今行都形势,益臻巩固,战时蔚成军事、政治、经济之枢纽,此后自更为西南建设之中心。”[110]

根据笔者粗略统计,1936年前,在广州成立或拟议成立的以“西南”命名的机构多达17个,而包括西南核心省份在内的全国其他地区,一共只有5个(川、滇、黔仅2个)。全面抗战爆发后,情形急转,抗战时期只有 1 个西南机构(西南进出口物资运输总经理处,一般简称"西南运输处")曾设在广州,1938 年秋且因抗战形势恶化迁至昆明。在抗战背景下,设于川、滇、黔三省的西南机构达到 22 个中的 13 个。[111]以"西南"命名刊物的地域分布也体现了中心视域的转移。1937 年前,广州有 8 种,香港 1 种;川、滇、黔三省则仅有 5 种;1937 年后(含本年),川滇黔三省达到 18 种,广州仅有 1 种。[112]抗战时期,国民政府迁往重庆,西南被视为"抗战建国"、"复兴中华"的根据地,而川、滇、黔三省则是西南建设的重中之重。重庆不仅成为西南大后方建设下的战时首都,而且是联系川、滇、黔、康等重点建设省份的西南视域中心地。

由西南视域变化影响到西南范围界定上,则是广东、湖南等省脱离了西南后方建设范围。1939 年,谢国度先生探讨西南抗战根据地的范围时,声明是"就广义的西南立言",即包括川、滇、黔、桂、粤、康六省以及湖南的部分地区在内。但他以湘、粤二省"邻近战区",又"遭侵略者之铁蹄蹂躏",就抗战建设而言,"殊难倚作根据",因此将二省排除在西南建设范围之外。[113]

由于抗战形势的这一变化,很多学者无奈地根据现实状况来重新看待西南。王燕浪指出:

> 我国目前姑置失地与极边之蒙古、西藏不计外,而独可恃为抗敌之根据地者,尚拥有 620 万方公里之面积。至于完整而没有敌蹄蹂躏的省份,在西南有四川、西康、云南(今滇西已有少数敌踪)、贵州、广西五省;……[114]

董汝舟也指出:"目前所谓后方,在西北则有陕、甘、宁、青、新疆诸省;在西南则有川、滇、黔、桂、西康等省。"[115]从西南界定角度看,这些意见特别的是,作者使用的是"在西南"的表述,而不是"西南包括”或“西南是指”等更明确的表述。很可能如谢国度那样，作者心目中的西南范围本可能更加广大。如董氏一文内，即常将湘、粤二省纳入西南。这充分说明一个现象，就是针对国民政府现有控制的西南区域来重新界定西南范围，也就是“被剩下的西南”。

由于沦陷的实际影响，此后湘、粤二省就常被多数意见排除在外，由此影响了西南范围的演变。事实上，西南的空间表述与西南视域如影随形，相互影响。这也是大区范围习惯认定的一条内在规律。东北范围变化是战时因素影响的一个典型例证，抗战以前，普遍以“东三省”为东北，后来热河连同东三省沦陷，逐渐形成了一个“东北四省”概念。[116]

湘、粤二省沦陷，粤港国际通路失去作用，后方建设西移，事实上就使得二省与川、滇、黔等西南核心省份形成了明确的战区、沦陷区、国统区之分，这一地域格局的变化影响到西南抗战建设上，则是时人普遍将湘、粤等省以“西南”外卫区域视之，与川、滇、黔等西南建设中心有别，进而出现了“大西南”与“小西南”的划分。同时，整个抗战过程中，二省与川、滇、黔等省都处于不同的政治、经济发展状态当中，此前的密切联系与整体性特点被割裂了，更多地体现为地域分异特点。

这一地域格局变化影响到人为区划上，就使得过去常常纳入一个整体大区的上述省份呈现出分离的趋势。例如，1938 年孙亚夫以川、滇、黔等省为复兴区域，而以粤、湘等省为军事区域；工合组织则将广东纳入东南区；抗战胜利后，在交通建设方面，国民政府将全国分为抢修区、复兴区、西南西北区。抢修区是以“长江以北及汉口、西安、包头线以东地区为界”。之所以定名为抢修区，实际上是为了下一步发动内战，控制解放区与国统区之间的交通要道做准备。复兴区则包括长江以南苏、浙、皖、鄂、湘、赣、闽、粤、桂九省，是以该广大区域曾为沦陷区与“区内无奸匪窜扰”为定名依据的。而西南西北区则笼统地称“包括西南、西北诸省”。[117]这种人为分区建设计划，无疑是抗战时期形势发展的延续，由于原本属于西南的粤、湘等省，战后情形与西南核心省份情形已大有不同。这种影响尽管不是直接的、立即发生的，但却是深远的。

三、广西与“西南”的区域关系变化

需要说明的是，地域格局变化对西南范围界定的影响不是绝对的，而是相对的。西南本身亦具有相当的稳定性。抗战中期以后，滇西地区亦窜入敌踪，但云南作为百分之百的西南省份，抗战形势对其不会产生影响。与之相似的是广西的西南归属问题。历史时期的广西，由于民族分布、地理方位等因素，它基本上保持着西南核心区省份的地位，而且其与滇、黔等西南核心区省份的地缘关系，要比湘、粤更为密切。因此，尽管部分意见受战事影响，也将广西纳入到“西南”外卫区域，或者排除在“小西南”之外，但事实上抗战以来的西南五省（川、滇、黔、桂、康）说占据着“西南”范围界定的主流地位，广西则在绝大多数意见当中均属“西南”之列。广西的“西南”归属受抗战形势变化影响并不如湘、粤等省那样大。

1938 年 12 月，国民政府曾在桂林设立军事委员会委员长桂林行营，以白崇禧为行营主任。该行营与重庆行营、昆明行营不同的是，它又与甘肃天水成立的“西北行营”相对，习惯上被称为“西南行营”。[118]1944 年 2 月，广西省政府在桂林承办了有八省三十余个剧团，诸多政界、文化界名流参加的西南第一届戏剧展览会，展览会甚为隆重，甚至被誉为“我国近百年来最大的一个文化活动”，期间还召开了西南戏剧工作者大会。[119]抗战以来，广西省内即有《西南青年》（1939 年创刊于桂林）、《西南儿童》（1939 年创刊于桂林）、《西南邮风》（1947 年创刊于柳州）等刊物。

广西呈现出明显的脱离西南之势，大致已在新中国成立前夕。一方面，新中国成立前夕的“华中”、“华南”等概念已被广泛接受，地域范围亦趋于稳定，此前多以四隅概念区分中国的现象，逐渐转变为西南、西北、东北、华北、华中、华南、华东等概念并用阶段，区域概念指称的地域范围也由交错重叠状态而转向重构后的分离。在这一背景下，广西则与广东共同组成了华南的主体省份，习惯上已较少以广西入西南视域；另一方面，行将崩溃的国民政府曾分设西南、华中、华南等军政长官公署，以军政大区形式确立了西南的范围，新中国成立后以第二野战军为主体成立的西南军政委员会，大致即以解放的西南公署地域范围为基础。而广西则与湖南、广东一起，为林彪率领的第四野战军实现解放，并以被解放的华中、华南公署地域范围为基础，成立中南局。[120]

四、西康、西藏：大区归属认识的转向

目前的西南范围认定，是包含西藏、西康地区在内的。1955 年，西康省撤销后并入四川省，因此我们目前的西南表述不会直接提及其属于“西南”，其地域则包含在内。然而，在新中国成立以前，康、藏二地的大区归属问题则经历了复杂的变化。上世纪初（大致为 1900—1930 年间），对康、藏的大区归属界定，存在三种主要意见：

第一种意见是，将康、藏视为纯粹的边疆地区，从文化内涵上与“内地”相区别。周昆田先生指出：

我国边疆区域，习惯相沿，多以之包括东三省、蒙古、热

> 河、察哈尔、绥远、宁夏、新疆、青海、西康、西藏等地；即以内地旧有之十八行省为内地，余则以边疆目之。[121]

由于存在内边分野意识，“西南”这样的大区概念也体现为在“内地十八省”范围内使用的内方区概念。因此，很多人只将西康（川边）、西藏等地看作是“西南”的屏藩，很少将其视为“西南”的一部分。[122]

仅就西藏而言，这一意见不仅属于清末民初的普遍认识，也几乎是民国时期的一种主流看法。如1944年著名地理学家任美锷先生提出的区划方案，就将蒙古、西藏看作是“我们真正的边疆”，而没有将之纳入“西南”、“西北”之中。对此，任氏解释说：

> 在政治上，清代一向以蒙古与西藏为外藩，虽加统治，但其方式多为羁縻遥领。蒙古的政治大权，操于王公和活佛；西藏则为活佛的神权政治。民国成立以来，国家多故，对蒙藏也没有切实经营，至今蒙古和西藏尚未设为行省，所以在政治地理上，应列为一个特殊的单位。[123]

1943年，国民政府教育部的边疆教育工作报告内，也根据“各种语文不同，边胞分布情形”，将边疆教育开展区域分为“蒙古、西藏、新疆及西南边地等四区”，尽管这里的“边疆”内涵已呈现出变化，将包括川、滇、黔、桂、湘、粤的西南区（西南边地区）看作“边疆”，但仍旧将西康省纳入“藏胞住区”（西藏区）。[124]参考本书提供的附录1、附录2相关内容来看，将西藏视为“西南”一部分的意见寥寥可数。整个时期，西藏地方的西南认定率只有13.6%；而且，民国时期主要的四种西南范围界定意见，没有一种是包含西藏在内的。西康则由于1928年建省等缘故，大区归属变化较大，与西藏情形尚有不同。

第二种意见则是，将康、藏看作是“西陲”[125]、“西藩”[126]、“极西一隅”[127]的地区。最能体现这一点的，则是1931年西陲宣化使的设置。1931年6月21日，蒙藏委员会请特派班禅为西陲宣化使，并拟议在青海或西康两省境内选择适当地点，组织行署。[128]最终，西陲宣化使公署虽成立于甘肃的阿拉善旗[129]，但其“宣化”范围则是包括康、藏在内的整个藏区。

有时，康、藏也与四川等地被看作同属“西部”。早在1911年，卢静远即奏请清廷，于“沿边各省”分设各路陆军都督，“西路陆军都督府兼辖川、藏”（时西康尚未析置），“西南陆军都督府兼辖云南、贵州、广西”。[130]这体现出四川相比西南其他省份，与康、藏二地更加紧密的地缘关系。尤其是民国时期的川、康二省，常常作为独立的一个区域单元出现在各种区划当中。1926年11月27日，国民党中央政治会议议决设立“川康绥抚委员会”，为处理四川全省及西康特别区域军务、政务的临时权力机关，翌年元旦该委员会在重庆成立。[131]1938年，中国工业合作协会分设有西南区（湘、桂、黔三省）、西北区、东南区、川康区、云南区5个办事处。[132]1940年6月，国民政府曾设川康经济建设委员会，蒋介石兼任委员长。[133]此外，根据财政部贸易委员会1940年8月拟定的《外销物资增产计划大纲草案》，当时将茶叶计划增产区域分为新茶区（川、康、滇三省）与旧茶区，新茶区分为川康区、云南区进行分别管理。[134]1948年，国民政府对公路工程实行分区管理制度，将全国划为九区，闽粤桂为第三区；滇黔为第四区；川康藏为第五区。[135]川、康一体，本质上是对西康主体部分正是从四川析置而出的反映，特别是1939年后的西康纳入了原四川地区的宁、雅二属，使得川、康呈现出不可分离之势。

需要说明的是，所谓“西部”的认识，仅仅是作为一种表述状态与特征而存在,原则上与“西南”范围界定并不矛盾。有时是可以交错的,当“西部”作为四方区(东、南、西、北)之一的概念表达时,它就可以包含西北与西南的部分地区在内。在这种情形下,属于“西部”的康、藏,也同时可能属于西南。例如,谢国度先生认为:“西部地方包括新、青、康、藏四省区。”而其与“西南”、“西北”等习惯分区概念则“不能丝丝如窍”,因此又将西康纳入“广义的西南”;新、青纳入“广义的西北”。[136]又如,蒋君章先生将中国的内陆边疆分为东北、北方、西方、西南和南方5个部分,西方边疆包括新疆和西藏地方;西南边疆包括西康、云南两省。同时作者强调:“但就国防形势来看,蒙古地方与新疆不能分离,而西藏与西康关联至深,兹为简化起见,以蒙古地方与新疆合为西北边疆,而以西藏列入西南边疆。”[137]

有时,西部与西南则不会发生交错。当西部基于“正西”而言时,它则属于八方区(东、南、西、北、西北、西南、东北、东南)之一的大区概念,与西南、西北不相交错的地理方位表达。例如,周昆田先生将中国的边疆划分为东北、北部、西北、西部、西南五个边疆地区,其中西部包括西藏地方及西康省;西南则仅包括云南、广西二省,[138]相互并不交错。

第三种意见,则是将康、藏纳入到西北视域之下,看作是与青、新、蒙、甘等地同属西北的一部分。尽管当时存在内方区表达,但各个大区概念的使用与发展是不平衡的。由于清代对西北地区的积极经营,以及晚清西北地理学的兴起,“西北”概念较早地突破了内方区意识,可涵盖西部、北部等广大的边疆地区。

晚清西北地理学的兴起,主要有三个背景:1、“胚胎于朴实之学风”;2、“渊源于治辽金元史学”;3、“激发于清季之外侮”。依此根基,西北地理学至同光之际已成为显学,甚至达到“学士大夫,不讲求塞外地理、蒙兀历史者，即不足与齿儒雅之林”的地步。其研究范围则“及满、蒙、新、藏及西北域外西亚、东欧诸区”。[139]在这一学术风潮影响下，言西北地理常及西藏，谈西藏史地，则不脱“西北”藩篱。如魏源作《答人问西北边域书》，涉及内外蒙、新、甘、宁、青、藏七大地区；[140]魏源《国朝抚绥西藏记下》又云：“故卫藏安，而西北之边境安；黄教服，而准蒙之番民皆服。”[141]此语不仅点明了清人以西藏为“西北”的区域认知，而且也说明了地偏中国西南的西藏与西部、北部的新疆、蒙古具有的相似地域文化特征，反映出宗教信仰等文化因素对传统时期人们常视蒙、藏为一区的视域影响。清人王韬云：“西北一带如西藏、新疆尤多旷土”；[142]署名杰夫者为丹麦学者索伦生《西藏旅行谈》作按语：“蒙、藏僻处西北，某某等国，时时肆其偷羊之计，……”。[143]黄兴在西北协进会欢迎会上的演讲，主要谈的也是蒙、藏问题。[144]

“西北”遭遇内方区意识后，便形成了“近西北”、“远西北”、“外西北”等区分，而西藏在时人看来则属于“远西北”范围。[145]西康的大区归属亦大体如是，只是由于清末民初的西康很少作为单独一区表述出来。例如，最早提出西康建省(1907 年)的两广总督岑春煊，即是从“统筹西北全局”考虑出发，建议在川滇边区建“川西”省的。[146]1928 年西康建省后，康、藏同纳入西北视域的例证逐渐丰富起来。1934 年，开发西北协会主办的《开发西北》杂志，出版了一期《西藏专号》。[147]1935 年，东北沦陷后，积极经营西北的呼声高涨，人们对西北范围开始有了明确的界定意识，时人针对当时显得广泛而模糊的西北范围也提出了疑问：“西北之范围，迄今未见一致之界说，究包有康、青、陕、绥，抑仅甘、青、宁、新?”[148]这从一个侧面反映出，西康被纳入西北的意见甚夥。1936 年王文萱编辑的《西北问题图书目录》，其中的西北，包括了西藏、西康在内的中国西部、北部边疆区域的10个省区。[149]1938年,张国瑞先生更是基于自然地理区域认识,将蒙、新、康、藏合称为“西北高原”[150],体现出康藏早期与西南核心区(川、滇、黔、桂)的地理上之分异,及将康、藏划归西北之区划传统。

从自然地理条件来看,处于我国第一地理阶梯的康、藏等地与地形上以第二阶梯为主体的川、滇、黔等省相比,地形抬高很多,之间的山脉、河流呈南北走向(横断山脉),事实上可分为两大地域单元,这成为两地与西南省份在交通发展与经济文化交流上的地理障碍。相对来说,西藏与西北地区的青海、新疆等地,则交通形势较好一些,而且在文化上联系更为紧密。就西北涵盖康、藏的空间表达依据而言,西北与西南一样,均具有双方位指向功能,而且更为明显,民国时人已言及之:“西北区域,从广义言之,则西、北二部悉在其内。”[151]

尽管上述三种意见,大致代表了1930年以前对康、藏大区归属的一般性认识,以及这些认识在1930年以后的延续性状况。但随着西康建省、抗战形势等因素影响,传统意义上的康、藏、青、新等边疆区域的地位空前提高。陆象贤说:“为了抗战,边疆也为人看重了。”[152]一句看似轻描淡写的话,道出了民国时期在抗战背景下“边疆”地区迎来的发展机遇,以及加速融入内地的进程。

在地方感认识上存在着一条“距离衰减”原则。戴逸、张世明主编的《中国西部开发与近代化》对此说:

中国疆域东西之间的物理空间距离遥远乃不移的事实,而空间映象的内容和清晰度通常都随观察者距离的增加而减少,此即所谓空间映象的“距离衰减(distance decay)”,故中国东部地区的人们对西部的认知模糊不足为怪。[153]

“距离衰减”的观点不仅适用于解说地域印象、地方感的形成，而且同样对我们理解空间视域的拓展或转移有所帮助。在清末民初的内边分野意识里，生活在“内地十八省”范围内的民众，很少有机会真正了解康、藏、新、青、蒙等边疆地域的状况，由于与切身利益并不相关，也很少有真正关心这些地区的热诚态度。抗战期间，随着国民政府、内地工矿、内地人口向西南核心区（川、滇、黔等省）的转移，在经济建设重心上也开始倾向这些省份，而以西南核心区为中心确立的一系列经济建设计划、空间政治举措，与西南核心区地域关系密切的康、藏省区，也受到了空前的重视。正如某文针对西康建省发表的热烈评论：

> 昔日的迷离的西陲，已让青天白日的光辉照成了一片光明的世界，而一切的宝藏也都在等待着我人来发掘、来享用了。[154]

这体现了当时政府及舆论各界围绕“抗战建国”思路出现的一种空间视域整体迁转现象。这是将西康、西藏纳入西南视域的重要因素。

在这样的背景下，1930年以后的康藏大区归属也体现出较大的变化。这种变化就是：西康属于西南的认识逐渐成为一种主流意见，其本身甚至呈现出上升为西南核心区的趋势。同时，越来越多的意见也将西藏看作是“西南”、“西南边疆”的一部分。1932年《建设》月刊第13期推出的《西南专号》，几乎每篇“西南”文章都包括了康、藏二地。[155]尤其是西康的西南归属，逐渐成为社会舆论的一种共识。

全面抗战爆发后，由于经济发展战略向更强调国防地位的转变，西康作为“守康境，卫四川，援西藏，一举而三善备”[156]的国防战略地位也体现出来，西康省呈现出上升为西南核心省份的趋势。1937—1939 年间，该省的西南认定率，从此前的 35% 上升到 58.5%，抗战后期则进而提到 70.5%（参见表 8）。1939 年西康省政府成立之初，蒋介石也特意强调："西康据岷岭之高原，跨长江之上游，屏蔽川滇，控带藏卫，实为中国西南之奥区。"同时表示："（西康）省府行政经费，既由中央尽力补助，西南经济建设，亦在中枢规划之中。"[157]蒋氏所谓的"西南经济建设"，实际是战时经济建设，与此前川、滇、黔等西南核心省份向东部沿海地区靠拢的自然经济发展态势不同，具有在国防地理认识基础上很强的人为规划意味。

在沿海及滇越、桂越国际通路被阻断的情形下，西康省在交通地域格局当中也占有一席之地。从地缘关系上看，西康省紧密联系川、滇两个西南抗战根据地，同时毗邻印度，与缅甸相距甚近，也有自西康打通印度、缅甸国际交通线的可能。其时西康省主席刘文辉即表示：

> 抗战发动以来，海上交通多为敌所遮断，中枢为保持国际联络，获得友邦援助，方筹划完成康缅、康滇、康藏、康青、康川等交通网，而西康因是亦愈为重要。如何完密其建置，充实其力量，加强其建设之效能，此不仅中枢昕夕筹维，抑亦目前时势之要求与事实之期待，不容不急起直追也。[158]

抗战时期，经西康省西昌等地的川滇西路，不仅是西南对内、对外交通的主要干道，而且当时尚有修通康滇路（康定—巴塘—大理）的筹划。此外，抗战时期西康建省委员会还修通了境内总里程达到 2593 华里的南北干路，形成初步的交通网。[159]抗战时期西康省体现出的国防、交通方面的重要地位，西康纳入西南视域由此成为必然趋势。正如田久安先生评价多种西南范围说时强调：

> 四省之说(川、滇、黔、桂)，略西康而不言，考西康，当川、藏两地之冲，外邻缅、印为国防要路，实我西南边疆的主要地区，何可舍而不论耶？故此说更较不当。[160]

就西藏而言，尽管1930年代以后的西南范围主流认识，仍旧没有将西藏纳入，但国民政府通过西康对西藏积极经营，在地域格局上西藏更加密切地跟其他西南省份联系在了一起。在这种背景下，越来越多的学者对西藏纳入西北提出了批评，康、藏二地与西北呈现出明显的"分家"之势。1935年，地理学家张其昀先生首先提出以中国疆域地理中心(甘肃武威)为坐标点重新划分大区的思路，并据此认为"西藏、西康、云南等地组成我国西南边疆"。[161] 1944年，蒋君章先生以几何中心为认定基础，在边疆视野之下参考习惯认识，据此界定"西南边疆包括西藏自治区、西康、云南、广西三省"。[162]这一思路对于在传统华夷之防、内边分野思维下形成的一点四方格局有较大的破除意义。

基于以全国几何中心重新划分大区的认识，陈正祥先生指出："一般所谓西北，甚至将陕西与西藏都包括在内，其实我国疆域的中心在甘肃武威，单凭方位而论，陕西在我国中部偏东，西藏在我国西南，怎能称为中国的西北。"[163] 关于康、藏的大区归属问题——正如马鹤天先生诗云："西北陕甘青，西南川康藏。"[164]——正日益清晰起来。尤其是，依据全国几何中心认定大区的思路，在维护边疆统一、国家主权方面具有重要意义。一定程度上，它不仅打破了传统的内边分野的文化界线，也显然突破了自然地理分界的束缚，以"西南"大区概念的名义，将西康、西藏这些长期被排除在与"内地"同步发展的"边疆"地区，整合在西南的整体地域格局之下了。

五、从流域到高地：西南与华中、华南的"分家"

抗战时期，西南与华中、华南在空间范围上大致也实现了分离。这主要是在三个背景下实现的：

首先，全面抗战前夕，国民政府针对西南大后方战略方针的制订，更加突出了国防建设的核心主旨。前文述及，西南与华中、华南在地域范围上的交错，主要体现了我国各区域经济发展的东西向联系格局。然就抗战背景下的国防地理而言，情形则相反。1943年，齐植璐先生指出："由于前述自然地势的影响，中国在国防地理上，则表现为一个刚刚和经济地理相反的特征，即我们国防线的形成，应该是横断的南北走向的。"[165]

影响西南范围演变的南北走向的地理界线，主要是我国第二阶梯与第三阶梯的地理分界线：大兴安岭—太行山—巫山—雪峰山一线。此线以东以平原、盆地、丘陵为主；此线以西则多为山地，地理条件更为复杂，平均海拔较高。此线以东至大别山、幕阜山岭、武功诸山，经大庾岭，至云开、十万二大山一线，又构成了护卫西南的东缘地理界线。[166]幕阜山—云开大山线又大致与国民政府确立的"粤汉铁路"防御线相吻合，这个包括湘、桂二省的地理区域构成了护卫西南核心区的缓冲地带。国防战略下的地理分区，体现了由东西向的流域分区向南北向的地理分区转向的特点，尤其是突出"西南高地"为国防地理建设之要义。

基于地形上的国防考虑，江令骞强调了川、滇、黔三省与其他地区的地理分异特点：

> 四川、云南、贵州三省位于我国西南部，在地理上自成一

> 个单元，普通称为西南高地，有时将云、贵两省分开，称为云贵高原，四川则称作四川盆地。因为四川、云南、贵州三省在内地各省中，地形特高。长江流域从宜昌以下，西江流域从广西以东，地形很少有高于一千公尺以上的。[167]

张有龄则据地形原则，界定西南范围包括川、滇、黔三省以及“西康之一角”。[168]

其次，20 世纪 30、40 年代，我国兴起了区域地理研究的思潮。20 年代以前，我国现代地理学“尚在幻稚时代，无可言者”。[169]李旭旦先生指出：“我国地理学之进步最速时期，在 1930—1937 年”。区域地理研究则成为人们极为关注的领域。[170]而在抗战国防建设思路下的地理区划则是区域地理研究的基本思路。如丁骕先生指出：

> 我们尤其要从国防的眼光用地理学的方法，去做一切国防建设的设计。无论是政治建设、经济建设、社会建设，应该在“国防为先”的目标之下通盘筹划的，什么人应该负起这种责任呢？应该是“地理学家”，绝对不是政治家、经济学家、工业家或种种系统科学专家单独所能做到的，也绝对不是许多部门研究的专家集议一堂所能做到的。换句话说，我们需要许多能综合一切现象的研究的地理学家去担负这种设计的工作。[171]

任美锷先生则具体提出“建设地理”概念，强调：

> 地理研究是实施经济建设的先导，故参与经济计划的地理学者亦可称为“地理工程师”。有地理工程师和通敏的政治家、经济学家共定建设的大计，技术工程师分任专门分析的

设计，并执行实际的施工；那样殊途同归，方能使国家的经济建设，有美满的成效。[172]

任氏进而又指出：

以中国地域的辽阔，这种国防经济区域的设立，似乎也是必要。要划分经济区域，必先由国家和区域的观点，加以通盘的筹算，而这综合的区位工作，自须借重于地理工程师。[173]

丁氏强调了“地理设计”在国防建设中的重要性，这一思路与确立西南核心建设区域的思路是相始终的，体现了西南范围的人为界定因素。地理学家的确在当时承担了这一任务。著名地理学家翁文灏先生出任国民政府经济部长，具体拟订了西南、西北大后方战时经济建设方案，[174]确立了由沿海转入内地的发展思路。此外，如黄汲清、方显廷等人提出西南建设规划，从国防地理认识出发，划分西南为中心区与外卫区。

1938 年，张其昀先生在自然地理区划上首次使用了“华南”、“华中”、“华北”概念，大体延续了传统上以流域分区的思路，但同时兼顾地形原则，将云南、贵州二省独立划分为云贵区，而没有纳入华南区，这与传统流域分区体现出明显的差别。所谓华南区，张氏又称之为岭南区，包括粤、桂、闽三省，与今天界定的华南范围大致相同。[175]张氏的区划方案对后世影响较大，为多种地理论著所继承。[176]

再者，抗战以来，随着日寇逐渐内侵，我国实际出现了日伪区、国统区等政治区域划分。原本流域分区下的华北（冀、鲁、豫、晋、陕、甘）、华中（苏、浙、皖、赣、鄂、湘、川）、华南（闽、粤、桂、滇、黔），因地形、国防战略等缘故，其流域上游地区均属于我国政府可控制范围,华北的陕、甘,当时该区域被国人习惯上看作是西北大后方的主体部分;华中的四川,习惯上被看作是西南大后方的抗战核心根据地;华南的滇、黔,则被视为西南大后方抗战根据地。

湖南、广西二省在1944年全面沦陷前,大致也属于西南大后方的重要区域,不过,由于二省属于战区,在范围界定上则处于"亦此亦彼"状态:既属于华中或华南,又属于西南。华北(冀、鲁、豫、晋、陕、甘)、华中(苏、浙、皖、赣、鄂、湘、川)、华南(闽、粤、桂、滇、黔)体现的流域中下游地区,或者为战区,或者为日伪统治的沦陷区。日本侵略者扶持汉奸,在沦陷区内组织了以"华北"、"华中"、"华南"命名的政治、经济等日伪机构。1938年3月,日伪政权华中维新政府成立于上海,实际管辖范围为江苏、浙江、安徽三省及南京、上海二市。[177]1940年,北平的伪中华民国临时政府改组为华北政务委员会,其实际管辖范围仅为河北、山西、山东、河南四省及北平、天津二市。[178]华北、华中日伪区的出现,事实上造成了与国统区并存的政治区域单元。

尽管,日伪所使用的"华中"概念,与此前流域分区意识下的华中范围相同,均指华中七省(苏、浙、皖、赣、湘、鄂、川),[179]以"华中"为名设立伪政权,意欲扩大对华侵略。但抗战形势的实际发展状况则是,日伪统治只有在1944年底才拓展到鄂、湘、桂等省,大体上即第二阶梯与第三阶梯的地理分界线上,其习惯上所说的华中、华南,实际上并不能包括川、滇、黔三省。因此,其地域范围受政治态势影响较大。[180]受到政治分野影响,抗战后期又形成了排除四川在外的华中六省说。[181]与之相应,由于抗战后期湖南、广东等省的全面沦陷,所谓大后方的西南,实际上也不再包括两省在内。这一政治分野也成为重新划分大区的基础。

上述背景,为我国地理区划的重新认识、区域范围界定产生了综合影响。人们从抗战条件下的国防经济建设思路入手,不再单一强调传统流域分区的东西向联系特点,而是更多地参考地形、气候等自然地理因素,结合抗战以来的政治、军事实际发展态势,重新界定西南、华中、华南等大区范围。对区域的重新界定,不仅促成了西南与华中、华南在空间范围上的分离,也使得它们成为可平行使用的大区概念,并奠定了现代大区范围的认识基础。

就华中范围而言,抗战以来对华中大区范围的看法,基本上已不再笼统地指称长江流域各省,其不仅不包括长江上游的四川省,而且长江下游地区也多脱离华中范围,而以"华东"一词涵盖之。黄汲清先生指出:

> 所谓华中者,江、浙两省因太偏东且亦无重要煤铁矿藏不与焉,四川、贵州另成地理单位亦不与焉,故华中以鄂、湘、赣三省为主体,而安徽省煤铁尚富,自应置之于华中"集团"。[182]

黄秉维先生则从地形特点入手,强调华中四省"北止淮阳,南限南岭,西抵巴巫",具有"崇由外包"、"盆地四布"、"长江中贯"的地理特点,可谓自成一个自然地理单元。[183]在华中范围界定上,抗战后期的华中四省(鄂、湘、赣、皖)说成为重要的华中范围界定意见。[184]就华南范围而言,抗战以来的华南则多以广东、广西、海南为主体,时及福建、台湾等地,[185]较少有以"华南"涵盖云南、贵州者。

20世纪40年代初,抗大政治文化教育科研究室编辑的《中国地理读本》在自然区划之外,还将我国综合大区明确界定为西北、华北、华中、华南、西南、西部、外蒙、东北八个大区,其中华中区除包括苏、浙、皖、赣、鄂、湘等省外,纳入了河南,而没有纳入四川;华南区则包括闽、粤、桂三省；西南区则包括云南、贵州、四川、西康四省；西部范围则以新疆、青海、西藏为主。[186]

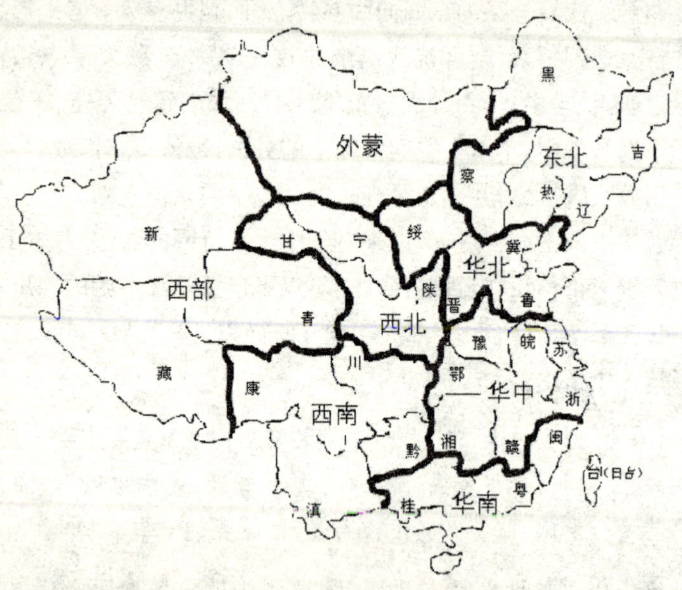

图19 20世纪40年代初《中国地理读本》综合大区区划示意图

【图19说明】

1. 资料来源：抗大政治文化教育科研究室编：《中国地理读本》（共4册），华北新华书店出版，第1、2分册初版时间依次为1941年、1942年，第3、4分册出版时间不详。

2. 底图来源：周振鹤主编，傅林祥、郑宝恒著：《中国行政区划通史（中华民国卷）·民国三十四年（1945年）中华民国政区图》，复旦大学出版社2007年版，第69页。并根据40年代初政区设置情形改绘。

3. 本图是示意图，南海诸岛部分，因与本书内容关系不大，不再绘出。

需要说明的是，即便到20世纪40年代，华中、华南范围仍旧处于不确定的状态，这与西南区域认识的状况是相似的。邓启东《华南区域特征》一文认为，华南大致包括福建、台湾、广东（含海南岛）三省全部，浙江、广西两省大部，及南海许多岛屿；[187]韦开宇先生则明确并用了华南与西南两个区域概念，认为“以长江南岸，江苏、安徽、湖北等省的一部，及浙江、安徽、福建、广东、广西、台湾、海南等省的全部称做华南。”又以贵州、四川、云南、西康四省为“西南”。[188]这里的华南似乎是基于传统的南、北大区观念下的变相表达，而关于西南范围的界定则是近现代大区建构的结果。

尽管华中、华南范围的界定与现代区域范围尚存较大差别，但与民国前期相比，有两点变化是非常明确的：首先，“西南”、“华中”、“华南”由过去在不同分区意识下出现的区域概念，已演变为可并行使用的区域概念；其次，在“西南”与“华中”、“华南”概念并行使用状态下，地域范围已脱离了原本的交错状态。一般认识上，属于华中的湖南，属于华南的广东、广西，已不再属于西南范围了。在大区范围认识上，西南与华中、华南呈现出明显的分离之势，为我国现代大区的界定和区划奠定了基础。

第四节　政治大区的确立与现代西南范围的形成

一、新中国成立前夕的西南军政长官公署

新中国成立前夕，国民政府针对中共展开的军事部署，更加明确地体现出政治大区确立的趋势。1948 年，美国特使魏德迈针对中共部署的军事计划中，将我国划分为六个大区：1、西北防苏区；2、西南国际交通区；3、东北、华北军事区；4、华北绝对军事区；5、华中绝对军事区；6、华南经济建设区。[189]以此为基础，1948—1949 年间，行将崩溃的国民政府曾于国统区先后设立西北、西南、华中、东南、华南五个军政长官公署。五公署设置的目的是加强各战区之

间的策应联系：

> 按照总体战原则，统一各该方面作战事宜，以期巩固四川，并以广东、四川两地为中心，联系西北、华中、华南、东南战场，使能互相策应，互相支援，以为积极反攻之准备。[190]

1948年10月21日，国民政府首先改组西北行辕为西北军政长官公署，驻甘肃兰州，以甘肃、宁夏、青海、新疆为管辖范围，长官为张治中。[191]

1949年1月，国民政府改组重庆行辕为西南军政长官公署，驻地重庆，由张群担任长官。辖区包括川、滇、黔、康、渝四省一市。该机构属于国民政府与国防部的派出机关，它与川、滇、黔、康、渝四省一市地方军政机关是指导关系，不是隶属关系。对辖区内的部队有督练、命令、指挥、调遣之权，但无人事和经理之权。各部队的人事经理直属于国防部。[192]

不过，根据西南公署颁布的政令来看，其辖区不仅明确为川、滇、黔、康、渝四省一市，而且似乎说明该公署兼有地方行政职能。如：1949年2月22日，张群在重庆召开西南川、滇、黔、康、渝五省市军政首要会议，决定在西南地区编组18个军，并筹划设立西南政务委员会，以五省市主席、市长及参议会议长为委员，张群为主任委员，钱大钧为副主任委员。[193]6月21日，西南军政长官公署制订辖区各省市第一期政务提要。[194]8月5日，卢汉电告西南军政长官公署，大理、保山鼠疫流行，居民死亡甚多。8月6日，西南军政长官公署召开首次西南经济座谈会，讨论修建成渝铁路，增加川、渝二省市电力及检讨“评议物价”。[195]8月10日，西南军政长官公署下设西南政委会发表为实施农地减租事宜告川、康、滇、黔、渝五省市民众书。[196]8月30日，西南军政长官公署政务委员会举行首次政务委员会议。[197]9月23日，西南军政长官公署副长官钱大钧主持召集四行二局一库及参议会、银钱两业负责人会议，决定组织银团投资兴建成渝铁路。[198]由此可见，西南军政长官公署已具备军政统一的大区建制性质，并非单纯的军事区划。[199]

华中军政长官公署是在华中"剿匪"总司令部的基础上改组而成。1947年11月，国民政府为防御人民解放军渡江南下，在江西九江成立"国防部九江指挥部"，由国防部长白崇禧亲任其事，"指挥华中军事，并指导鄂、豫、皖、赣、湘五省政务"。[200]1948年6月23日，国防部九江指挥部改组为华中"剿匪"总司令部，国防部长白崇禧兼任总司令，军事防区没有变化。[201]1949年4月，华中"剿总"改组为华中军政长官公署，驻汉口。随着军事溃退，又曾移驻衡阳。[202]据笔者所见资料，均强调该机构与华北"剿总"一脉相承，但没有说明华中公署的辖区，在国民政府行将崩溃之际，推测其辖区可能不会有太大变化。不过，桂省向来是新桂系可控制的范围，尤其是白崇禧以国防部长名义，事实上可指挥粤、桂二省军事。1949年5月19日，华中军政长官公署曾举行军事会议，会议过程中进行军事部署，除长江中游沿线、赣湘边界设防外，又以第五十六军布防于桂林，广州绥靖公署余汉谋部驻防粤北、海南等地，屏障广州。[203]由此可见，从军事区域来看，当时的华中与粤、桂二省亦有密不可分的关系。

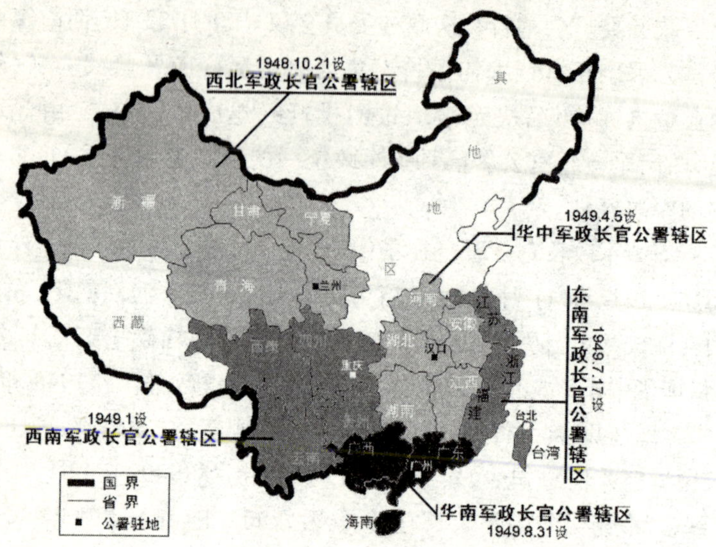

图 20　1948—1949 年间国民政府所设军政长官公署辖区示意图

【图 20 说明】

1. 底图来源：陈潮、陈洪玲等编：《中华人民共和国区划沿革地图集·中华民国时期的行政区划（1949 年 9 月）》，中国地图出版社 2003 年版，第 4 页。

2. 资料来源：

（1）西北军政长官公署设置情形——《行政院公布西北军政长官公署组织规程令》（1948 年 10 月 21 日），中国第二历史档案馆编：《中华民国史档案史料汇编》第 5 辑第 3 编《军事（1）》，江苏古籍出版社 1999 年版，第 329 页；彭铭鼎：《西北军政长官公署始末》，《湖南文史资料选辑》第 45 辑，第 35—47 页。

（2）西南军政长官公署设置情形——刘宗宽：《我在国民党西南军政长官公署的工作和见闻》，《重庆文史资料选辑》第 15 辑，第 171—185 页；四川省地方志编纂委员会编：《四川省志·军事志》，四川人民出版社 1999 年版，第 63 页。

（3）华中军政长官公署设置情形——黄远炽、曾让泉编：《湖南省志·军事志》，中国文史出版社 1994 年版，第 197 页；李新总编，韩信夫、姜克夫主编:《中华民国大事记》第5册(1944—1949),中国文史出版社1997年版,第884页。

(4)东南军政长官公署设置情形——杨元忠:《于役东南军政长官公署回忆》,《传记文学》,1989年总第321号;李新总编,韩信夫、姜克夫主编:《中华民国大事记》第5册(1944—1949年),中国文史出版社1997年版,第943页。

(5)华南军政长官公署设置情形——李新总编,韩信夫、姜克夫主编:《中华民国大事记》第5册(1944—1949年),中国文史出版社1997年版,第960页;台湾学者编写:“维基百科”之“东南军政长官公署”词条。

3. 1948—1949年间是解放战争的关键阶段,军政区划变化极为复杂,加之,各公署设立、裁撤时间不同,因此北方地区的政区没有绘出,仅标以“其他地区”。西藏则不属于任何公署辖地。

4. 本图是示意图,南海诸岛部分,因与本书内容关系不大,不再绘出。

1949年7月,东南军政长官公署设于台北。本年6月底,国民政府决定成立东南军政长官公署,原拟指挥浙、闽、粤、台四省军政事宜。[204]7月17日,行政院会议决议成立时,正式确立其辖区为苏、浙、闽、台、海南(时海南已成立特别区域)五省区,台湾省主席陈诚兼任长官。[205]不过,东南公署一直没能真正管辖到海南,其实际辖区为苏、浙、闽、台四省。[206]

华南军政长官公署事实上停留在一纸任命上,1949年8月31日,代总统李宗仁改广州绥靖公署为华南军政长官公署,特任余汉谋为军政长官。[207]由于国民党军队节节败退,该公署仓促设立,事实上属于虚设。据个别资料称,该公署辖区为广东、广西二省及海南特别区域。[208]但该机构从广东绥靖公署改组而来,况且其时白崇禧部已溃退至湖南、广西一带,广西作为新桂系的根据地,所谓华南军政长官实际很难指挥广西军事。本年10月,余汉谋部退驻海南,次年5月入台湾。因此,华南军政长官公署实际停留在纸面上,辖区不定。图20所示华南公署辖区仅是推拟的地域设计范围。

上述各公署的设置，首次以军政大区形式明确划定了西南、西北、东南、华中、华南的大区范围。可以说，新中国成立前夕的大区范围已趋于明朗化。需要说明的是，国民政府设置的五公署仅仅是民国时期大区建构及其范围演变的最终体现，其对我国现代大区认识产生的影响是有限的。究其原因，五公署设置于国民政府行将崩溃之际，存在时间短暂，设置仓促，并未能充分发挥其职能，多数属于虚设。但这不等于说，五公署对我国现代大区范围确立就没有影响，只是说这种影响是间接的。有学者指出：新中国成立初期设置的六大行政区是中共在推翻国民党反动统治后，“借鉴国民党建立跨省机构的制度和经验的基础上，又结合中国的地理方位”而形成的。[209]所谓“借鉴经验”的说法，实不妥当。这种间接影响事实上体现在中共方面针对国民政府五公署组成的军事防线确立的战略部署方面。

1949 年 5 月 23 日，中共中央军委确立人民解放军向全国进军的战略部署：

1、第一野战军向西北进军，年底前解放兰州、宁夏、青海等地，然后分兵两路，一路由彭德怀率领，解放并经营陕、甘、宁、青、新五省；一路由贺龙率领，协同第二野战军解放川、黔、康西南三省。

2、第二野战军协同三野解放长江下游地区后，集结于湘赣铁路沿线，准备应对外国势力的武装干涉。等此种干涉可能减少后，二野则转向西南进军，在一野贺龙部配合下，解放川、黔、康三省（7 月 16 日增加云南省）。

3、三野则向沿海进军，解放山东、江苏、安徽、浙江、福建五省。

4、四野则由林彪率领，向华中、华南进军，解放并经营河南、湖北、湖南、江西、广东、广西六省。[210]

中共中央军委的战略部署体现出明确的针对性,以二野解放并经营西南公署辖区;四野则解放并经营华中、华南公署辖区。事实上在中共系统里随即形成了西南与华中、华南相分离的两个军政大区单元,并在此基础上确立了新中国成立初期的西南与中南两大行政区。因军事部署和进军路线形成的政区模式其实不乏先例。元初行省与十一道宣慰司构成的江南统治体制即与平宋军事行动紧密联系在一起,其建置原则大体也是"谁攻占的区域谁进行管理"。[211]我国1949年后六大行政区的设置也符合这一特点。

二、西南大行政区的设置及其管辖范围

在做出全国进军的军事部署前夕,1949年5月12日,中共中央决定以中原局为基础成立华中局,以中原军区领导机关与四野领导机关合并,改称中国人民解放军第四野战军兼华中军区。林彪任华中局第一书记、四野兼华中军区司令员。6月7日,中共中央华中局在汉口成立,原中原局管辖的河南、湖北划归华中局领导,安徽划归华东局领导。[212]同年7月,中共为加强对广东、广西地区党政军工作的统一领导,决定组建新的中共中央华南分局。8月1日,任命叶剑英为华南分局第一书记。华南分局领导广东、广西两省及香港工委,隶属于华中局领导。12月,华中局改称中南局,华中军区改称中南军区。[213]

1949年7月16日,毛泽东在给四野领导人的电文中强调:"由刘伯承、邓小平、贺龙等同志组成西南局,经营川、滇、黔、康四省。你们(四野)经营之范围确定为豫、鄂、湘、赣、粤、桂六省。"[214]1949年10月13日,中共中央决定,邓小平、刘伯承、贺龙分任中共中央西南局第一、第二、第三书记,贺龙任西南军区司令员,邓小

平任政委，刘伯承任西南军政委员会主席，经营滇、黔、川、康及西藏。[215]

1949年11月初，由邓小平、刘伯承率领的第二野战军，在一野、四野协同下，开始全面进军大西南。12月9日，云南省主席卢汉、西康省政府主席刘文辉、西南军政长官公署副长官邓锡侯、潘文华通电和平起义，积极配合了解放大西南的斗争。至本年12月27日，川、滇、黔、康（金沙江以西）、渝四省一市宣告解放。[216]1950年6月28日，中央人民政府委员会第8次会议宣布，西南军政委员会为西南地区最高政权机关，隶属中央人民政府，领导机关驻重庆市。西南大行政区，共辖川东、川西、川南、川北4个行政区，云南、贵州、西康3省和重庆直辖市等8个单位。计有41专区、4省辖市、375县、2348区，人口7208.5万。[217]1950年10月23日，西康省境内金沙江以西、西藏江达以东地区解放，中央人民政府划该地为昌都地方，1951年1月1日，成立昌都地区人民解放委员会。[218]1951年5月23日，中央人民政府与西藏地方政府签订《中央人民政府和西藏地方政府关于和平解放西藏办法的协议》，西藏宣告和平解放。

目前学界对新中国成立初期西藏及昌都地方与西南大行政区的关系多有误解。相当多意见认为：西南大行政区辖区，除云南、贵州、西康3省、重庆1市及川东、川南、川西、川北4行署外，尚包括西藏地方及昌都地区。张明庚著作指出：昌都地区解放后，成立昌都地区人民委员会，“由西南军政委员会领导”。[219]陈潮、陈洪玲等编绘的《华北、东北、华东、中南、西南、西北六大行政区图（1949—1954）》也将西藏及昌都地方纳入西南大行政区管辖范围。[220]但根据权威史料看，新中国成立初期的西藏地方及昌都地区均直隶于中央人民政府，与西南大行政区不存在隶属关系。西南大行政区辖区实际上仅包括云南、贵州、西康3省、重庆1市及川东、川南、川西、川北4行署。[221]这与新中国成立初时人认定的西南范围(川、滇、黔、康)亦相一致。[222]

尽管如此,但不可否认的是,当时的西藏及昌都地区与西南大行政区关系密切。早在西藏尚未解放时,西南军政委员会主席刘伯承、中国人民解放军西南军区司令员贺龙、西南军区政治委员邓小平联合发出布告:解放军开入西藏,驱逐英美侵略势力,并承诺"实现西藏民族的区域自治,并与国内其他各民族建立像兄弟一样的友爱互助关系,共同建设新中国和新西藏。"强调"人民解放军入藏之后,保护西藏全体僧俗人民的生命财产,保障西藏人民之宗教信仰自由,保护一切喇嘛寺庙,帮助西藏人民发展教育和农、牧、工、商各业,改善人民生活。对于西藏现行政治制度及军事制度不予变更。各级僧俗官员头人等照常供职。"[223]1952年,西南军区司令员贺龙同志在西南工作的总结报告中,也多次提到西藏和平解放、团结西藏各阶层对西南新建设的重要意义,显然将西藏视为西南的一部分。[224]

由此可以说,新中国成立后西藏事务多由西南大行政区出面协调处理的局面,加强了西南省份与西藏地方的地域联系,不仅对西藏逐渐纳入到西南范围中来有重要影响,尤其是对维护我国边疆稳定、领土完整、更加有力地管理与发展西藏具有十分重大的意义。

图 21　西南、中南大行政区辖区示意图(1954 年)

【图 21 说明】

1. 底图来源:陈潮、陈洪玲等编:《中华人民共和国区划沿革地图集·华北、东北、华东、中南、西南、西北六大行政区图(1949—1954)》,中国地图出版社 2003 年版,第 15 页。

2. 资料来源:参考陈潮、陈洪玲等编《中华人民共和国区划沿革地图集》(中国地图出版社 2003 年版)内的《华北、东北、华东、中南、西南、西北六大行政区图(1949—1954)》(第 15 页)、《全国解放区分布图(1949)》(第 5 页)。由于《华北、东北、华东、中南、西南、西北六大行政区图(1949—1954)》将西藏、昌都地区绘入西南大行政区内,与事实不符。笔者又参考以下图表矫正:范晓春《中国大行政区研究(1949—1954)》(中共中央党校博士论文,2007 年,第 95—96 页)提供的《表格 3:1951 年底各中央局、大行政区和华北事务部设立和管辖情况表》;王静爱主编《中国地理教程》(高等教育出版社 2007 年版)的《图 5—3:1949 年中国行政区划图》(第 232 页)。王氏提供的 1949 年行政区划图尽管在西南大行政区辖区上无误,但 1949 年尚未出现西南等大行政区。

3. 本图内部分省区出现了日期,表示该省区和平解放的日期。

4. 本图是示意图,南海诸岛部分,因与本书内容关系不大,不再绘出。

1949 年底,在中南局、中南军区领导下,第四野战军也实现了对国民政府华中、华南公署辖区除海南岛以外地区的完全解放（海南于1950年5月1日解放）。1950年2月5日，中南军政委员会在汉口举行成立大会。中南军政委员会为中南地区最高政权机关，隶属中央人民政府，行使中南人民政府的职权，下辖河南、湖北、湖南、江西、广东、广西六省，人民政府驻武汉市。[225]所谓“中南”，实际上是“中部”与“南部”的合称，也或者说“华中”与“华南”的并称，其在政治大区组织上则体现为华中局与华南分局的合并。国民政府的华中公署辖区为鄂、豫、皖、赣、湘五省；华南公署辖区为粤、桂、琼三省区。由四野解放华中、华南区域后，基本上继承了原辖区范围而成立了中南大行政区，主要变化是安徽省纳入了华东大行政区。[226]

新中国成立初期，中央人民政府先后设立的西南、中南等大行政区是我国在政权过渡时期设置的最高一级的跨省级政区。1949年12月16日，政务院第11次政务会议通过了《大行政区人民政府委员会组织通则》，明确规定：“各大行政区人民政府委员会是各该区所辖省（市）高一级的地方政权机关，并为中央人民政府政务院领导地方工作的代表机关。”[227]将大行政区政权不仅作为省级政区之上最高一级正式行政单位，而且还作为中央政府的派出机构，以法律的形式确定了下来。[228]这是近代以来我国首次明确以政区形式确立西南等大区的地域范围，事实上奠定了我国现代大区范围认识的基础。同时也使得此后的大区范围摆脱民国时期混乱的、不确立的状态，趋于稳定。

1952年8月7日，中央人民政府批准撤销4个行署区，合并恢复四川省。1955年7月30日，第一届全国人大第二次会议决定撤销西康省，其地域并入四川省。1997年5月，为推动西部经济加快发展，设重庆市为直辖市。原西南大行政区管辖范围——

滇黔康三省及川东、川南、川西、川北四行署，一变而为川、滇、黔、渝四省市。目前人们多以这一范围为“西南”或“小西南”，这样的西南范围认识在民国多数时期内可谓是很少见的，它体现了新中国成立初西南大行政区设置的重要影响。此外，西南与中南分别作为两个大行政区确立下来，不仅与民国后期地域格局、分区意识引起的一系列大区范围认识变化一脉相承，而且切实改变了原本西南与华中、华南在地域范围上的交错状态，以湖南、广东全省属于西南的范围界定意见至此不复存在。

不过，新中国成立初期设置的大行政区，事实上是我国在政权过渡时期特殊的行政区划形态。正如有学者指出的那样：

> 在国内战争时期建立的大区，首先是一种军事区划，然后才是行政区划。大区的政权机关最初均由野战军的领导机关兼任，其所辖省（市）的政权机关则由野战军所辖的兵团部或军部兼任。同时，中共奉行“党指挥枪”的原则，军队设立党的委员会，军事机关接受党的机关领导。因此，大区的领导机关是党、政、军三位一体的。[229]

大行政区的设置，在维护国家稳定，调整我国近代以来形成的中央与地方权力矛盾等方面具有特别重要的意义。1949 年 3 月 13 日，周恩来在七届二中全会上强调：

> 由于地区的不平衡，因而又产生了区域性的问题，分权的问题。中国不是联邦，但是带区域性的。这么大的中国，如果过分强调集中，会办不好事。所以在组织形式上不能一下子都集权，一定要授权地方，才能发挥积极性。但中央必须成为掌握政策的司令部。根据过渡时期的特点，统一的方针是：在分区经营的基础之上，有步骤有重点的走向统一。[230]

本年12月2日，毛泽东在中央人民政府委员会第4次会议上指出："中国是一个大国，必须设立大行政区军政委员会这样一级有力量的地方机构，才能把事情办好。……中央和地方的适当的分工将有利而无害。"[231]

然而，随着人民政权的巩固与发展经济的迫切需要，大行政区的存在对中央加强地方的统一领导，协调发展经济产生不利影响。因此，1952年11月14、15日，政务院召开第158次政务会议，中央人民政府委员会召开第19次会议研究了大行政区的调整问题。周恩来先后在两次会议上作报告指出，"大行政区人民政府或军政委员会，是在新中国初建时成立的。……这种组织形式在全国刚刚解放，各地区工作发展不平衡的情况下，是完全必要的。"但为了适应目前即将开始的国家大规模经济建设的需要，必须加强中央对地方的统一和集中领导，减少行政层级，更好地发挥中央对地方的领导职能。[232]15日，会议通过《中央人民政府委员会关于改变大行政区人民政府（军政委员会）机构与任务的决定》，正式决定对大行政区进行调整，把大行政区人民政府或军政委员会一律改为行政委员会，由此，大行政区由"实"变"虚"，不再是一级政权机关，而只是作为中央领导地方政府工作的代表机关。[233]

三、现代区域经济发展战略下的"西南"

大行政区由于本身具有临时性、过渡性的建制性质，在政权稳固、经济发展走向正规后，其被裁撤则势在必行。1954年6月19日，中央人民政府通过《关于撤销大区一级行政机构和合并若干省、市建制的决定》，要求"按照先易后难、先简后繁的原则逐个的加以撤销"。[234]1954年7月至12月间，中央人民政府逐个裁撤了西北、华北、中南、东北、西南（8月裁）、华东六个行政大区。[235]

1961年,为适应计划经济下的各区域经济协作,以原六大行政区辖区为基础,将全国划分为华东、中南、华北、东北、西北、西南六个经济协作区,并延续至今。其中西南区包括川、黔、滇、藏四省区(西康已撤省);中南区包括豫、鄂、湘、粤、桂五省。[236]

总体上看,新中国成立初期的大区区划,延续了民国后期强调纵向(南北向)联系的国防战略意识,尤其是以将华中(豫、鄂、湘、赣)与华南(粤、桂)合并为一个中南大区,将鲁、皖、苏、浙、闽沿海一线省份划为华东大区,纵贯南北。某种程度上说,它切断了黄河、长江、珠江三大流域体现在经济地理上的横向联系,"人为地把同一个流域的上、中、下游经济联系分割开来,不利于发挥全流域长短互补的作用,使区域经济联合丧失了内聚力"。[237]与民国前期以三大流域为主干,以秦岭、南岭为界限形成的横向(东西向)流域分区恰好相反。流域分区下的华北、华中、华南,大致分别对应黄河流域六省(冀、鲁、豫、晋、陕、甘)、长江流域七省(苏、浙、皖、赣、鄂、湘、川)、珠江流域五省(闽、粤、桂、滇、黔),而且民国前期的西南范围,也体现出向东部沿海地区延展的趋势,除包括长江上游的四川省、珠江上游的云贵外,还可涵盖湖南、广西、广东等省,明确体现出贯通"三沿"(沿江、沿边、沿海)地带的地缘经济格局。经济协作区由于是以大行政区地域范围为基础划分的,不可避免地受到国防、政治战略因素干扰,在自我封闭的计划经济模式下,削弱了沿海、沿江对内地的经济辐射优势,事实上不利于我国经济的快速发展。

改革开放前,不论行政大区还是经济协作区,其地域范围的划定始终与国内、国际环境密切相关。一方面,我国长期处于自我封闭的计划经济体制之下;另一方面,新中国诞生不久,在冷战背景下,美国等西方国家对我国实行海上封锁禁运。因此,这些大区划分“带有明显的战时体制性质”。[238]总体上，仍旧与民国后期强调南北向联系的分区模式相似，体现的是“国防第一、经济第二”的划分原则。

随着我国的改革开放，沿海地区沿流域带动、辐射内地身份的经济发展格局自然体现出来，原本的纵断分区对此形成障碍。上世纪80年代，川、滇、黔、桂、渝四省区五方在自愿互利的基础上结成跨省区、开放式、松散型的横向经济协调组织。1992年4月，国务院副总理邹家华在广西主持召开了“西南和华南部分省区区域规划会议”，并提出：要根据各个地区的资源条件、经济技术基础和相互间的经济联系，按照不同的区域特点，从较大范围来考虑地区经济布局以及省、区、市之间的联合发展，形成全国、区域、省区三个层次有机联系的规划体系。会议制订了《西南和华南部分省区区域规划纲要》，将四川、云南、贵州、广西、西藏、重庆、成都五省市七方看作一个“在地理位置上是彼此接近、互相依托的”经济区，充分利用长江上游运道与广西出海通道，将这一经济大区建设成为一个“既跨沿海地区，又据长江上游，有漫长的陆地边界，还有地域广大的内陆的‘三沿’皆备的经济区域”。[239]

1996年3月17日，全国八届人大四次会议在《九五计划和2010年发展目标纲要》中提出新的七大经济区划分方案，将川、渝、滇、黔、藏、桂六省、区、市列为全国一级经济区之一。[240]于是，广西壮族自治区重新成为大西南的组成部分。“把广西包括在内，西南地区更加强了它的整体性”。[241]广西回归西南，事实上体现了对西南整体地域结构的自觉尊重，尤其是能够发挥在经济发展中联系长江流域、珠江流域以及西南省份的经济战略作用。

同时，在深化改革、扩大开放的商品经济发展态势下，贯通

“三沿”地带的经济发展要求更为迫切。与之相似的是，带来了对沿流域实现东西向经济联系的大区认定的重新回归。民国前期，“西南”一词有时可指川、滇、黔、桂、粤、湘六省，有时甚至可与早期的南部、华南范围相叠合，指大致位于珠江流域的闽、粤、桂、滇、黔各省。随着西南范围演变，“西南”一词内涵的变化，现代的“西南”概念显然已无法涵盖闽、粤等省，名称虽异，大区实体却呈现出重新整合之势。在此基础上，取代民国前期“西南”这一大区表述的，则是“泛珠三角”这一区域概念。某文指出：

> “泛珠三角”的概念源起于珠江流域，即包括珠江流域及周边的广东、广西、湖南、福建、江西、海南、四川、云南、贵州9个省（自治区），再加上香港和澳门2个特别行政区形成的经济区域，简称“9+2”。“泛珠三角”是中国区域合作和发展的新尝试，该区域具有规模大、范围广、次区域体制框架不同和发展水平差异巨大的特点，是中国东部、中部、西部经济互动协调发展的新突破。
>
> ……
>
> “泛珠三角”的各省区以珠江流域文化的相似性为背景，地域相近，联合的目的是促进经济的共同发展，因此从某种意义上说，“泛珠三角”属于地缘经济地域系统。[242]

民国前期，常以秦岭—巫山—南岭线以西以南的“内地”省份界定西南范围，大致与今天“9+2”的泛珠三角区域范围相当，总体上一致体现了贯通我国南部地区“三沿”地带的经济发展格局，不论“西南”还是“泛珠三角”，始终体现的是区域经济协调发展的自然要求。所不同者，名称而已。

注　释

1 徐益棠:《试拟国立边地文化教育馆组织大纲草案》,《边政公论》,1940年第5、6合期。风按:郭、蒋两先生是指主管其事的四川省教育厅长郭子杰与中央图书馆馆长蒋慰堂。

2 蒋君章著:《西南经济地理》,商务印书馆1947年版,第1—2页。风按:蒋氏本段文字出现了多处引述错误,如在黄汲清的"大西南"下误将广东纳入而遗漏了湖南。再者,史维焕持西南七省说,而不是六省说,蒋氏文内遗漏了广东省。

3 胡焕庸先生云:"西南者,指四川、云南、贵州、广西、广东五省言之。"胡焕庸:《西南亟应建造之铁道》,《时代公报》,1932年第3号;许晓泉《西南交通与农村经济》(《交通职工》,1937年第1期):"西南者,系指四川、云南、贵州、广东、广西五省而言。"

4 赵君豪《西南印象·西南全貌概述》(赵君豪编著,编者自刊1939年版,第1页)云:"以言开发西南之区域,实以四川、贵州、云南、湖南、广西五省为其范畴。"中国旅行社编:《西南揽胜·序言》,中国旅行社1939年版;王伯群:《抗战建国与西南交通》,《东方杂志》,1938年第16号;陆鼎揆:《建设西南的必然性及其方案》,原载《西南导报》,1938年第2期,今见西南导报社编:《中国今日之西南建设问题》,生活书店1939年版,第55页。据笔者所见,"川滇黔桂湘"五省说除《西南印象》、《西南揽胜》外,其他意见基本上是基于"西南五省"的抗战交通语境下做出的,尤其是抗战初期成立西南公路运输管理局(西南公路联运委员会),实行川、滇、黔、桂、湘五省公路交通统制办法,确立了以贵阳为中心,贯通五省的十字型交通构架格局,最初该机构设于湖南长沙,后迁至贵阳。正如1938年出版的《贵阳指南》所言:"抗战军兴,交通部为整理西南各省之公路交通,特设西南公路运输管理局于贵阳,办理联运。联运省区,暂以黔川滇湘桂五省为限,此五省间行旅之往来,恃此愈资便利。"又云:"于是公路运输四通八达,而贵阳一市昔仅为一省之中心者,今则绾毂西南五省(滇黔川桂湘)之交通,地位日臻重要矣。"中国航空建设协会贵州分会《航建旬刊》编辑部编:《贵阳指南》,文通书局1938年版,第5页。

5 孙良录《西南:民族复兴的根据地》(《黄埔》,1939年第25期):"当中国人一谈到西南为中国民族复兴及抗战最后胜利的根据地时,他会在脑子里联想到中国的这一部分土地。这部分土地包括湖南、广西、云南、贵州、四川及西康六省。"未署名:《西南:新中国的根据地》(英汉对照学习材料),《英文自修大学》半月刊,1939 年第 1 期《地理知识》栏目;编者:《西南六省暨西北六省人口面积比较统计》,《江西统计》(月刊),1939 年第 11 期;蒋滋福:《西南经济建设四大要素之检讨》,中国经济学社编:《战时经济问题》,商务印书馆 1940 年版,第 366 页;俞履圻:《西南各省之粳稻》,《中华农学会通讯》,1945 年第 50 期。

6　寿景伟:《对外易货问题与西南经济建设》,《财政评论》,1939 年第 3 期;陈原著:《中国地理基础教程》上册,文化供应社 1943 年版,第 14 页。

7　吴承宗:《西南电气建设初步计划》,张范村:《西南畜牧事业之研究》,洪绅、李辑祥:《西南交通初步计划》,以上论文均载《建设》月刊 1932 年第 13 期推出的《西南专号》。1939 年,国立中央图书馆筹备处编辑有《重庆各图书馆所藏西南问题联合书目》(国立中央图书馆筹备处 1939 年发行),编者没有介绍收录书籍的地域范围,但根据所收书籍可以明确判断,是以川、滇、黔、桂、康、藏六省、地方为范围的。这是迄今所见最早将西藏纳入"西南"视域下的目录书。

8　楼桐茂述:《中国西南各省科学调查之实况:中山大学五年来对于滇黔湘桂粤川康各地之科学调查的工作》,《新亚细亚》,1931 年第 6 期。

9　史维焕:《西南经济建设管见》,《时事类编》1938 年第 27 期。此外,持西南七省说的意见尚有如下论著:张国瑞:《如何建设西南》,《西南导报》,1938 年第 1 期;斯英:《西康建省与开发西南》,《时事类编》,1938 年第 29 期;胡竟铭:《西南交通问题之商榷》,《国是公论》,1938 年第 12 期;屈均远:《建设西南与开发水产》,《建设研究》,1939 年第 4 期;陈立夫:《如何共同建设西南》,原载《西南实业通讯》1940 年创刊号,今见重庆市档案馆编:《抗战时期大后方经济开发文献资料选编》(内部发行),2005 年,第 90 页;徐曰琨:《西南农村金融问题与合作金库》,《西南实业通讯》,1941 年第 3 期;贺湄编著:《中国地理讲话》,实学书局 1944 年版,第 174 页。

10　江应樑:《请确定西南边疆政策》,《边政公论》,1948 年第 1 期;陈国钧:《西南新建设中的苗族问题》,《中华评论》,1938 年第 4 期。

11　佘贻泽:《清代之土司制度》,《禹贡》,1936 年第 5 期。另外出现的两次西南四省说均来自汤惠荪先生。汤惠荪《西南各省之农业问题》(《农报》,1936 年第 17 期)云:"余所欲言之西南,系指川、滇、黔、桂四省而言。"汤惠荪《西南各省之土地利用与农业问题》(《地政月刊》,1936 年第 4、5 合期)与此同。

12　凌民复《建设西南边疆的重要》(《西南边疆》,1938 年第 2 期):"所谓西南诸省,主要系指川、滇、黔、桂四省而言。"王成组《抗战期中推进西南垦荒之商榷》(《东方杂志》,1938年第15号):"'西南'这一名词,本来可以同'西北'一样,用得非常宽泛,我们不妨暂且假定是单指广西、云南、贵州、四川四省。"林熙春:《今日西南各省之食的问题》,《时代精神》,1939年第4期。聂光堉《提倡及改良我国麻业之管见》(《西南实业通讯》,1940年第2期)对产麻省份进行分区比对,其中"西南区"包括川、滇、黔、桂四省,粤在东南区,湘鄂在长江下游区。丁道谦:《西南证券市场之我见》,《新经济》,1941年第3期。贾静贞《论西南的水土》(《旅行杂志》,1943年第2期):"西南包括的范围很广,不能一概而论。我们这里所讨论的范围限于川、滇、黔、桂四省。"鲍觉民《西南经济建设与水力利用》(《云南建设》,1945年第1期):"我国西南诸省,居扬子江及西江之上游,以土地言,川、滇、黔、桂四省之面积,计达120万平方公里,……"

13　陈大受:《开发西南各省区铜铅锌铁锰水银钴石油等矿产之研究》,《建设》,1932年第13期西南专号。

14　郭荣生:《战时西南西北金融网建设》,《财政学报》,1943年第3期。

15　张有龄:《西北与西南农田水利之展望》,《中农月刊》,1941年第7期。

16　任美锷编著:《中国地理大纲》,正中书局1944年版,第35—40页。

17　任美锷著:《建设地理新论》,商务印书馆1946年版,第64页。

18　就笔者所见,持西南五省(川滇黔桂康)说的其他论著还有:董汝舟:《战时西南工业建设问题》,《国是公论》,1939年第25期;蔡次薛:《开发西南与交通建设》,《东方杂志》,1940年第3号;何咏南:《抗战重心的西南》,《安徽儿童》,1940年第3期;郭荣生:《四年来西南西北金融网之建立》,《财政评论》,1941年第4期;万斯年先生编辑的《国立北平图书馆西南各省方志目录》(图书季刊社1941年发行,第245页),该目录凡例介绍:"是编所收方志包括我国西南部——四川、西康、广西、云南、贵州五省。"叶良辅:《抗战初期我国西南之矿产业》,《思想与时代》,1942年第9期;王燕浪编著:《西南与西北》,国民出版社1943年版,第2页;张肖梅:《对开发西南实业应有的认识》,《民主与科学》,1945年第5、6合期;胡某:《论西南棉区》,《中国棉讯》,1948年第19期西南棉区专号。

19　田久安:《抗战建国期间西南边疆之国防建设》,《七七》,1940年抗战建国2周年纪念刊。

20　《政府设西南经济建委会》(国内要闻),《银行周报》,1938年第36期。

21 廖石诚:《中国西南实业协会与中国国民经济研究所》,《四川文史资料选辑》第29辑,第95—114页。风按:据该文介绍,先后出版《四川经济资料》(400余万字)、《云南经济资料》(450万字)、《贵州经济资料》(300余万字),《西康经济资料》预计编撰200余万字,已编成一部分,重庆解放时终止,未能出版。

22 施建生:《西南工业建设方案》,中山文化教育馆1939年编印,第2页。

23 田久安:《抗战建国期间西南边疆之国防建设》,《七七》,1940年抗战建国2周年纪念刊;蒋君章著:《西南经济地理》,商务印书馆1947年版,第1—2页。

24 方显廷等著:《西南经济建设论》,独立出版社1939年版,第4—5页。

25 斯英:《西康建省与开发西南》,《时事类编》,1938年29期。

26 未署名:《发展西南经济刍议》,《中外经济拔萃》,1939年第7、8合期。

27 孙福熙:《西南是建国的田园》,《旅行杂志》,1938年第11期。

28 陈原著:《中国地理基础教程》上册,文化供应社1943年版,第14页。

29 潘大逵:《参加民盟西南总支部活动的回忆》,《四川文史资料选辑》第30辑,第16—28页。风按:该机构由于受到政治迫害,并没有实际建设起来。

30 李新总编,韩信夫、姜克夫主编:《中华民国史大事记》第5册(1944—1949),中国文史出版社1997年版,第361页。

31 韦开宇:《华南和西南》,《社会新报》,1949年第3期。

32 刘宗宽:《我在国民党西南军政长官公署的工作和见闻》,《重庆文史资料选辑》第15辑,第171—182页。风按:刘宗宽时任西南军政长官公署副参谋长;四川省地方志编纂委员会编:《四川省志·军事志》,四川人民出版社1999年版,第63页;宋希濂则根据国民政府行将崩溃前,西南军政长官公署调整后的西南军事部署认为:"这时(1949年)的西南,除川、康、滇、黔四省外,还应包括陕南及鄂西、湘西的一部分。"风案:宋氏所云,当是指4、5月后,重新部署后的情形。宋希濂时任调整后西南公署下辖的川湘鄂边区绥靖公署(设湖北恩施)主任。宋希濂:《我在西南的挣扎和被歼灭过程》,《文史资料选辑》第50辑,第1页;元江:《论人民解放军进军西南的主要特点和经验》,《四川党史》,1999年第5期。

33 陈诚:《八年抗战经过概要(附图)》,国防部史料局编印,印行时间不详,第8页。

34 《国民党中央宣传部奉发蒋介石手定〈现阶段之军事、外交宣传要点〉》(1939年4月14日),中国第二历史档案馆编:《中华民国史档案资料汇编》第5辑第2编《文化(1)》,江苏古籍出版社1998年版,第5页。

35　一篇署名“敏”的文章评价说:“前面说的那种人,也就是想把抗战依靠盟军来解决,想把中国抗战拖到盟军在东亚大陆反攻日寇时候来解决的人。他们主张‘拖过这几月,就是由中国基地大反攻日本的时候了’,‘因此我们今天最主要的就是要保留相当力量,以备参加最后决战。我们尽可丢弃些地方,以换取大决战时期的来临。湘桂路的撤退,可以说是“以空间换取时间”的策略的运用。’我们认为这种说法是十分有害的,如果今天真的还要采用这种以‘空间换时间’的战略,那将会使抗战走到什么样的道路上去。我们试一设想,这几个月假使真是‘拖’过的话,那么到那时反攻基地丢完了,即使美军登陆中国沿海,也将感到极大困难,而且因为种种困难危机将会随着空间的不断丧失而增加,而终至不可解救。因此《新民报》所说的‘今日,已再不是用空间换时间的时候了,而应该是以时间换空间’是十分正确的。”敏:《从西南战局说起》,《群众》,1944 年第 19 期。

36　戴光中著:《书生本色——翁文灏传》,杭州出版社,2004 年,第 159 页。

37　《国民党中央宣传部奉发蒋介石手定〈现阶段之军事、外交宣传要点〉》(1939 年 4 月 14 日),中国第二历史档案馆编:《中华民国史档案资料汇编》第 5 辑第 2 编《文化(1)》,江苏古籍出版社 1998 年版,第 5 页。

38　苏志荣等编:《白崇禧回忆录》,解放军出版社 1987 年版,第 103 页。

39　李云汉编:《抗战前华北政局史料》,台北正中书局 1982 年版,第 710 页。

40　陈布雷:《蒋介石先生年表》,台北传记文学社 1987 年印行,第 31 页。

41　国民政府军事委员会政治部、军事委员会政治部编:《峨嵋山训练集选辑》,黄埔出版社 1939 年版,第 135 页。

42　杜松柏:《蒋总统处变慎谋的历史回顾》,台北黎明文化事业公司 1973 年版,第 95 页。

43　何廉:《抗战初期政府机构的变更》,《民国档案》,1987 年第 1 期。

44　程契生编:《蒋委员长抗战言论集》,生活书店 1939 年版,第 180 页。

45　杜松柏:《蒋总统处变慎谋的历史回顾》,台北黎明文化事业公司 1973 年版,第 95 页。

46　张为炯:《西康建省及刘文辉的统治》,中国人民政治协商会议四川省委员会,四川省省志编辑委员会编:《四川文史资料选辑》第 16 辑,四川省新华书店 1965 年印行,第 23－53 页。风按:张氏原为西康省政府首任秘书长;另见郑宝恒:《民国时期川边(西康)特别区域、西康省行政区划述略》,复旦大学历史地理研究中心编:

《面向新世纪的中国历史地理学:2000 年国际中国历史地理学术讨论会论文集》,齐鲁书社 2001 年版,第 231－239 页。

47 周勇主编:《西南抗战史》,重庆出版社 2006 年版,第 87—88 页。

48 《政府设西南经济建委会》(国内要闻),《银行周报》,1938 年第 36 期。

49 张俊德:《琼崖开发与西南国防》,《边事研究》,1937 年第 1 期。

50 范云迁:《发展西南合作事业与抗战前途》,西南导报社编:《中国今日之西南建设问题》,生活书店 1939 年版,第 119 页。

51 张廷休:《西南青年的责任》,《中国青年》,1941 年第 6 期。

52 田久安:《抗战建国期间西南边疆之国防建设》,《七七》,1940 年抗战建国 2 周年纪念刊。

53 蔡泽:《今日西南各省之行的问题》,《时代精神》,1939 年第 4 期。

54 蒋滋福:《西南经济建设四大要素之检讨》,中国经济学社编:《战时经济问题》,商务印书馆 1940 年版,第 366 页。

55 方显廷等:《西南经济建设论》,独立出版社 1939 年版,第 4—5 页。

56 卫挺生:《调整西南各省区划刍议》,《时事类编》,1938 年第 29 期。

57 卫挺生:《西南经济建设之我见》,重庆市档案馆编:《抗战时期大后方经济开发文献资料选编》(内部发行),2005 年,第 113 页。

58 卫挺生:《开发西南经济意见》,重庆市档案馆编:《抗战时期大后方经济开发文献资料选编》(内部发行),2005 年,第 100 页。

59 孙福熙:《西南是建国的田园》,《旅行杂志》,1938 年第 11 期。

60 方显廷等著:《西南经济建设论》,独立出版社 1939 年版,第 4—5 页。

61 张国瑞《如何建设西南》,西南导报社编:《中国今日之西南建设问题》,生活书店 1939 年版,第 7 页。

62 张国瑞:《我们需要一个西南最高的经济计划机关》,重庆市档案馆编:《抗战时期大后方经济开发文献资料选编》(内部发行),2005 年,第 171—177 页。

63 江今鸾:《地理与国防》,正中书局 1941 年版,第 6 页。

64 张有龄:《西北与西南农田水利之展望》,《中农月刊》,1941 年第 7 期。

65 谢国度:《西南——我国之抗战根据地》,《明德》(月刊),1939 年第 1 期。

66 中国生计调查会曾对无业人士进行分区调查,其中以福建、广东、广西、贵州、云南为“南五省”。中国生计调查会:《秘密生涯:中国无职业人生活问题》,世界书局

1920 年版;葛绥成认为“南部地方”包括福建、广东、广西、云南、贵州,这些省份“关系颇密”,除福建属于闽江水系外,“余则都属于粤江流域”。葛绥成:《新编高中本国地理》中册,中华书局 1937 年版,第 1 页。

67　1911 年 2 月,广西同盟会支部创办《南风报》,从《南风报》第一期所发表的社论《南风观》上下两篇的内容来看,所谓“南风”之“南”,“狭义而言,是指中国的西南,即两广、云南和贵州,尤其是指两广。”彭继良:《谈〈南风报〉的特点》,《广西文史资料选辑》第 34 辑,广西区政协文史资料编辑部 1992 年印行,第 197 页;罗鸿诏《华北与华南》(《中国新论》,1936 年第 6 期)一文,虽名为“华北与华南”,但全文中“华南”只出现 2 次,余皆以“西南”一词代之,用来指称全面抗战前夕西南政务委员会以闽、粤、桂、滇、黔五省为主的管辖范围。

68　金喻:《日本觊觎中之华南之资源》,《民族公论》,1939 年第 4 期。

69　黄汲清:《西南煤田之分布与工业中心》,《新经济》(半月刊),1939 年第 7 期。

70　陈原:《中国地理基础教程》上册,文化供应社 1943 年版,第 14 页。

71　以上数据是基于民国时期 4 种主要的“西南”范围界定意见而做出的,四种意见依次为:西南六省说(川滇黔桂粤湘,16.8%)、西南五省说(川滇黔桂康,15.2%)、西南七省说(川滇黔桂粤湘康,11.2%)、西南四省说(川滇黔桂,8.8%)。所谓“不含湘粤”说是西南五省说(川滇黔桂康)与西南四省说(川滇黔桂)的合并,上述数据并非民国时期所有不含湘粤的西南界定意见的统计结果。参见图 23。

72　杨扬:《国民政府抗战后方的确定及其影响》,《成都教育学院学报》,1999 年第 3 期。

73　胡焕庸:《西南亟应建造之铁道》,《时代公报》,1932 年第 3 号。

74　未署名:《西南筹议兴筑钦渝铁路》,《铁道》,1933 年第 4 期。

75　覃华儒:《卢焘传略》,《广西文史资料》第 21 辑,第 12—13 页。

76　王伯群:《致西南人士及当局论成广铁路有速成之必要书》,《交通杂志》,1933 年第 6、7 合期。

77　龚学遂著:《中国战时交通史》,商务印书馆 1947 年版,第 151 页。

78　公权:《“抗战”与“交通”》,《抗战与交通》,1938 年第 1 期。

79　秦孝仪主编:《中华民国重要史料初编:对日抗战时期》第 4 编《战时建设(3)》,台北中国国民党中央委员会党史委员会 1988 年印行,第 35 页。

80　转引自徐曰琨:《西南农村金融问题与合作金库》,《西南实业通讯》,1941 年第

3 期。

81 龚学遂著:《中国战时交通史》,商务印书馆 1947 年版,第 15—16 页。

82 夏兆营:《论抗战时期的西南运输总处》,《抗日战争研究》,2003 年第 3 期。

83 龚学遂著:《中国战时交通史》,商务印书馆 1947 年版,第 153—156 页。

84 佚名:《抗战五年来之交通》(1942 年),中国第二历史档案馆编:《中华民国史档案资料汇编》第 5 辑第 2 编《财政经济(10)》,江苏古籍出版社 1998 年版,第 62 页。

85 张连松:《抗日战争时期中国西南反封锁作战的实践及启示》,《军事历史研究》,2002 年第 4 期;赵祖康:《旧中国公路建设片段回忆》,《文史资料选辑》第 83 辑,第 209—210 页。

86 袁著:《论西南之国际交通线》,《西南导报》,1938 年第 1 期;《战时西南运输档案史料》,《档案与史学》,1996 年第 5 期。

87 中国公路交通史编审委员会编著:《中国公路运输史》第 1 册,人民交通出版社 1990 年版,第 270 页。

88 王伯群:《抗战建国与西南交通》,《东方杂志》,1938 年第 16 号。

89 中国航空建设协会贵州分会《航建旬刊》编辑部编:《贵阳指南》,文通书局 1938 年版,第 5 页。

90 杨扬:《国民政府抗战后方的确定及其影响》,《成都教育学院学报》,1999 年第 3 期;交通部西南公路管理处编订:《三年来之西南公路》,交通部西南公路管理处 1938 年印行,第 1 页;《国内地理界消息》(1935 年 10 月 16 日),《禹贡》,1935 年第 4 期;《国内地理界消息》(1935 年 11 月 16 日),《禹贡》,1935 年第 6 期。

91 交通部西南公路管理处编订:《三年来之西南公路》,交通部西南公路管理处 1938 年印行,第 1 页。

92 交通部西南公路管理处编订:《三年来之西南公路》,交通部西南公路管理处 1938 年印行,第 5 页。

93 《经济部统计处关于战时后方工业统计报告》(1949 年 5 月),中国第二历史档案馆编:《中华民国史档案资料汇编》第 5 辑第 2 编《财政经济(6)》,江苏古籍出版社 1998 年版,第 319 页。

94 《经济部统计处关于战时后方工业统计报告》(1949 年 5 月),中国第二历史档案馆编:《中华民国史档案资料汇编》第 5 辑第 2 编《财政经济(6)》,江苏古籍出版社 1998 年版,第 338—340 页。

95 《工矿调整处协助迁往西南之工厂一览表》(1938 年 2 月 28 日),中国第二历史档案馆编:《中华民国史档案资料汇编》第 5 辑第 2 编《财政经济(6)》,江苏古籍出版社 1998 年版,第 420—429 页。

96 蔡泽:《今日西南各省之行的问题》,《时代精神》,1939 年第 4 期。

97 寿恭藻:《西南各地工合运动概况》,《中国经济评论》,1942 年第 2 期。

98 李新总编,韩信夫、姜克夫主编:《中华民国史大事记》第 4 册(1937—1943),中国文史出版社 1997 年版,第 387 页。

99 李昊、熊壮猷:《西南干部训练班及突击队》,《湖南文史资料选辑》第 4 辑,第 75—88 页。

100 中国旅行社编:《西南揽胜·序言》,中国旅行社 1939 年版。风按:赵君豪《西南印象·西南全貌概述》(赵君豪编著,编者自刊 1939 年版,第 1 页)所记与前书同,可能为同一作者。

101 张连松:《抗日战争时期中国西南反封锁作战的实践及启示》,《军事历史研究》,2002 年第 4 期。

102 西南导报社编:《西南交通要览》,西南导报社 1938 年版,第 1 页。

103 龚学遂著:《中国战时交通史》,商务印书馆 1947 年版,第 10—11 页。

104 《战时西南运输档案史料》,《档案与史学》,1996 年第 5 期。

105 夏兆营:《论抗战时期的西南运输总处》,《抗日战争研究》,2003 年第 3 期。

106 李新总编,韩信夫、姜克夫主编:《中华民国史大事记》第 4 册(1937—1943),中国文史出版社 1997 年版,第 469 页。

107 抗战时期对外交通局势恶化过程,亦可参见以下资料:佚名:《抗战五年来之交通》(1942 年),中国第二历史档案馆编:《中华民国史档案资料汇编》第 5 辑第 2 编《财政经济(10)》,江苏古籍出版社 1998 年版,第 60 页;交通部统计处编:《抗战以来之交通概况》(1945 年 5 月),中国第二历史档案馆编:《中华民国史档案资料汇编》第 5 辑第 2 编《财政经济(10)》,江苏古籍出版社 1998 年版,第 143—144 页;未署名:《抗战期间公路工程概述》(1945 年),中国第二历史档案馆编:《中华民国史档案资料汇编》第 5 辑第 2 编《财政经济(10)》,江苏古籍出版社 1998 年版,第 411 页。

108 孙亚夫:《民众内移西南问题》,《中外经济拔萃》,1938 年第 10 期。

109 李卓敏:《中国西南之经济发展》,《华侨经济》,1944 年第 2 期。

110 周开庆:《四川与对日抗战》,台北商务印书馆 1971 年版,第 68—69 页。

111 参见附录 3:民国时期以“西南”命名的机构地域分布表。

112 参见附录 4:民国时期以“西南”命名的刊物地域分布表。

113 谢国度:《西南——我国之抗战根据地》,《明德》(月刊),1939 年第 1 期。

114 王燕浪编著:《西南与西北》,国民出版社 1943 年版,第 2 页。风按:作者对西南与西北各省在国防等方面的作用进行了概况评价,将“四川”定义为“民族复兴的根据地”;西康属于“中国的新省”;云南是“西南国防的前哨”;“贵州”是“飞跃进步中的山国”;“广西”则是“战斗准备齐全的大要塞”。

115 董汝舟:《战时西南工业建设问题》,《国是公论》,1939 年第 25 期。

116 张其昀《中国地理的鸟瞰》(《独立评论》,1935 年第 167 号):“东北范围较为确定,包括辽、吉、黑三省,即所谓东三省,热河省后来勉强加入的。”黄汲清《西南煤田之分布与工业中心》(《新经济》,1939 年第 7 期):“我们要依靠我们的西南,来恢复我们的沿海、华北和东北四省。”刘行骥《西北畜牧事业之展望》(《新经济》,1940 年第 3 期):“自九一八事变以后,因东北四省之沦陷,西北区域益为国人视线所集。”王燕浪编著《西南与西北》(国民出版社 1943 年版,第 1 页):“自九一八事变后,辽、吉、黑三省相继沦陷,长城战役之结果,热河一省亦同归于尽,总计东北四省之失地有 128 万方公里,占全国总面积 11.5%,实为开国以来未有之奇变。”

117 交通部编:《战后两年来之公路概况》(1948 年),中国第二历史档案馆编:《中华民国史档案资料汇编》第 5 辑第 3 编《财政经济(7)》,江苏古籍出版社 1999 年版,第 432 页。

118 刘国铭主编:《中华民国国民政府军政职官人物志》,春秋出版社 1989 年版,第 976、977 页。

119 天鹤:《划时代的西南第一届剧展》(本刊特辑),《当代文艺》,1944 年第 5—6 期。

120 范晓春:《中国大行政区研究(1949—1954)》,中共中央党校中共党史专业博士论文,2007 年,第 65 页。

121 周昆田:《三民主义之边政建设》,《边政公论》,1941 年第 1 期;张少微《研究边疆社会之内容、方法及步骤》(《边政公论》,1941 年第 3、4 合期):“中国通常把本部与边疆对立,意思是除了本部十八行省之外,其余的疆域便是边疆。”杨作山《民国时期边疆民族政策刍议》(《固原师专学报》社科版,2000 年第 5 期):“民国以来，政府只承认蒙古、西藏、新疆为边疆，而视西南各少数民族地区为内域。”

122 1912 年，川督尹昌衡云：“藏卫为中国西南屏蔽，……”《尹昌衡、张培爵电》(1912 年 6 月 14 日)，四川省档案馆编：《近代康区档案资料选编》，四川大学出版社 1990 年版，第 1 页；1914 年川边特别区域设立前，川边经略使呈报：“稽其(川边)辖地，……匪独川滇之辅车，实为西南之屏藩。为巩固边防计，自非独成一区不足以便措施，而期完密。”四川省档案馆编：《近代康区档案资料选编》，四川大学出版社 1990 年版，第 19 页。

123 任美锷编著：《中国地理大纲》，正中书局 1944 年版，第 128 页。

124 《教育部关于 1943 年度边疆教育工作报告》(1944 年)，中国第二历史档案馆编：《中华民国史档案资料汇编》第五辑第二编《教育(2)》，江苏古籍出版社 1997 年版，第 195、202 页。

125 四川省档案馆编：《近代康区档案资料选编》，四川大学出版社 1990 年版，第 50—51 页；洪涤尘编著：《西藏史地大纲》，正中书局 1936 年版，第 1 页。

126 蔡锷：《致袁世凯及四川都督电》(1912 年 4 月 30 日)，蔡锷：《至袁世凯黎元洪黄兴电》(1912 年 5 月 6 日)，毛注青、李鳌、陈新宪编：《蔡锷集》，湖南人民出版社 1983 年版，第 225、232 页。

127 《四川筹边处总理黄煦昌呈》(1912 年 8 月 26 日)，四川省档案馆编：《近代康区档案资料选编》，四川大学出版社 1990 年版，第 2 页。

128 《蒙藏委员会请特派班禅为西陲宣化使并于青、康省内适当地点组织行署事致行政院呈》(1931 年 6 月 21 日)，中国第二历史档案馆编：《中华民国史档案资料汇编》第 5 辑第 1 编《政治、民族事务》，江苏古籍出版社 1994 年版，第 365 页。

129 《班禅为告在阿拉善旗成立宣化使公署事致蒙藏委员会电》(1935 年 2 月 8 日)，中国第二历史档案馆编：《中华民国史档案资料汇编》第 5 辑第 1 编《政治、民族事务》，江苏古籍出版社 1994 年版，第 397 页。

130 卢静远：《中央集权地方分权应因地制宜折》(宣统三年四月初三日)，故宫博物院明清档案部编：《清末筹备立宪档案史料》上册，中华书局 1979 年版，第 352 页。

131 周振鹤主编，傅林祥、郑宝恒著：《中国行政区划通史・中华民国卷》，复旦大学出版社 2007 年版，第 242—243 页。

132 寿恭藻：《西南各地工合运动概况》，《中国经济评论》，1942 年第 2 期。

133 陈雁翚：《张群与川康经济建设委员会》，《四川文史资料选辑》第 29 辑，第

188 页。

134 《财政部贸易委员会拟定外销物资增产计划大纲草案》(1940 年 8 月),中国第二历史档案馆编:《中华民国史档案资料汇编》第 5 辑第 2 编《财政经济(8)》,江苏古籍出版社 1997 年版,第 16—17 页。

135 交通部编:《战后两年来之公路概况》(1948 年),中国第二历史档案馆编:《中华民国史档案资料汇编》第 5 辑第 3 编《财政经济(7)》,江苏古籍出版社 2000 年版,第 422 页。

136 谢国度:《西南——我国之抗战根据地》,《明德》(月刊),1939 年第 1 期。

137 蒋君章:《边疆地理概述》(上世纪 60 年代),边疆论文集编纂委员会编:《边疆论文集》第 1 册,台北国防研究院 1964 年版,第 361 页。风按:蒋氏认定的"南方边疆",包括广西和广东的一部分(第 361 页),文内则将广西合并在"西南边疆"之下介绍,将广东则并入海疆叙述(第 368 页)。这与蒋氏 1944 年对"西南边疆"认定基本一致。蒋氏在 1944 年出版的《中国边疆地理》(文信书局 1944 年版)中说:"西南边疆包括西藏自治区、西康、云南、广西三省。"(第 148 页)同时,基于全国几何中心(甘肃武威)划分大区,又云:"云南金河以东的部分和广西省则属于东南区。惟我们一般人的西南边疆,往往将广西包括在内,……"。(第 2 页)

138 周昆田:《边疆历史概述》(上世纪 60 年代),边疆论文集编纂委员会编:《边疆论文集》第 1 册,台北国防研究院 1964 年版,第 3 页。

139 唐景升:《清儒西北地理学述略》,《东方杂志》,1931 年第 21 号;梁启超先生云:"自乾隆后边徼多事,嘉、道间学者渐留意西北边新疆、青海、西藏、蒙古诸地理,而徐松、张穆、何秋涛最名家。"梁启超著:《清代学术概论》,梁启超著:《中国历史研究法(外二种)》,河北教育出版社 2003 年版,第 327 页;金毓黻先生云:"清代嘉道以后,学人多究心西北地理,初仅以新疆伊犁为范围,继则扩及蒙古全部,后移其重心于元史,不惟亚洲西部、北部,在所究心,即欧洲东部,亦在研究范围之内。"金毓黻著:《中国史学史》,河北教育出版社 2003 年版,第 296 页。

140 贺长龄辑:《皇朝经世文编》卷 80《兵政十一 · 塞防上》,沈云龙主编:《近代中国史料丛刊续编》第 74 辑,文海出版社 1967 年版。

141 魏源撰:《圣武记》卷 5《外藩》,中华书局 1984 年版,第 219 页。

142 王韬著:《弢园文录外编》卷 2《除弊》,辽宁人民出版社 1994 年版,第 62 页。

143 [丹麦]索伦生《西藏旅行谈》之杰夫附志,《史地学报》,1922 年第 1 期。

144 黄兴:《在北京西北协进会欢迎会上的演讲》(1912 年 9 月 18 日),湖南省社会科学院编:《黄兴集》,中华书局 1981 年版,第 268—269 页。

145 胡嗣春:《开发西北问题新检讨》,《边疆》,1937 年第 1 期。

146 任乃强著:《康藏史地大纲》下册,健康日报社 1942 年印行,第 67—68 页。风按:学界向来认为西康建省之议始于傅嵩炑 1911 年 8 月提出的《西康建省折》,事实上,岑春煊建川西省之议在此之前。任乃强先生亦评价云:"西康建省之局,实定于此。"

147 国立中央图书馆筹备处编:《重庆各图书馆所藏西南问题联合书目》,国立中央图书馆筹备处 1939 年印行,第 57 页。

148 李国耀:《现在中国之地理教育》,《师大月刊》,1935 年第 19 期。

149 王文萱编:《西北问题图书目录》,鸡鸣书屋 1936 年版。

150 张国瑞:《如何建设西南》,西南导报社编:《中国今日之西南建设问题》,生活书店 1939 年版,第 18 页。

151 曾养甫:《建设西北为今后重要问题》,《建设》,1931 年西北专号。

152 陆象贤著:《新中国经济地理教程》,一般书店 1941 年版,第 151 页。

153 戴逸、张世明主编:《中国西部开发与近代化》,广东教育出版社 2006 年版,第 13—14 页。

154 斯英:《西康建省与开发西南》,《时事类编》,1938 年第 29 期。

155 载于《建设月刊》西南专号内的文章如:吴承宗的《西南电气建设初步计划》,刘晋柽的《西南灌溉事业之研究》,张范村的《西南畜牧事业之研究》,洪绅、李辑祥的《西南交通初步计划》,等等;此外,1930 年代初,认定康藏属于"西南"的文章还有:嵇翥青:《西南之边务与侨务》,《新亚细亚》,1931 年第 5 期;吴稣:《西南铁道系统与中国西北国防及其他》,《新亚细亚》,1932 年第 2 期。吴文界定的西南范围,有藏而无康,于理不合,只能认为是遗漏了西康;李亦琴:《不堪回首话西南》,《新中华杂志》,1933 年第 16 期;梁作民《西南之两大危机》,《海外月刊》,1934 年第 17 期。

156 《代理川滇边务大臣傅嵩炑奏请建设西康省折》(宣统三年闰六月十一日),吴丰培编:《赵尔丰川边奏稿》,四川民族出版社 1984 年版,第 505 页。

157 蒋介石:《蒋介石训词》(1939 年 1 月 1 日),四川省档案馆编:《近代康区档案资料选编》,四川大学出版社 1990 年版,第 71 页。

158 刘文辉:《完成西康建省之意义及今后施政之中心骨干》,《康导月刊》,1939 年第 5 期。

159 西南导报社编:《西南交通要览》,西南导报社 1938 年版,第 23 页。

160 田久安:《抗战建国期间西南边疆之国防建设》,《七七》,1940 年抗战建国 2 周年纪念刊。

161 张其昀:《中国地理的鸟瞰》,《独立评论》,1935 年第 167 号。

162 蒋君章著:《中国边疆地理》,文信书局 1944 年版,第 148 页。蒋氏强调:若以全国几何中心划分,“云南金河以东的部分和广西省则属于东南区。惟我们一般人的西南边疆,往往将广西包括在内,……”第 2 页。

163 陈正祥著:《西北区域地理》,商务印书馆 1946 年版,第 1 页。

164 马鹤天著:《甘青藏边区考察记》第 1 编,商务印书馆 1947 年版,第 11 页。

165 齐植璐:《由地理观点论西北、西南之经济依存关系》,《新经济》(半月刊),1943 年第 5 期。

166 齐植璐:《由地理观点论西北、西南之经济依存关系》,《新经济》(半月刊),1943 年第 5 期。

167 江今鸾著:《地理与国防》,正中书局 1941 年版,第 6 页。

168 张有龄:《西北与西南农田水利之展望》,《中农月刊》,1941 年第 7 期。

169 王金绂编:《新编中华地理分志》,求知学社 1924 年印行,第 14 页。

170 李旭旦著:《近代人生地理学之发达及其在我国之展望》,出版地不详,1942 年版,第 27—33 页。

171 丁骕:《地理学国防地理及地理设计》,《世界学生》,1942 年第 6 期。

172 任美锷:《地理研究与经济建设(一)》,初载于重庆《大公报》1942 年 6 月 8、9 日,今见任美锷著:《建设地理新论》,商务印书馆 1946 年版,第 9 页。

173 任美锷:《地理研究与经济建设(二)》,初载于重庆《大公报》1942 年 6 月 8、9 日,《东方杂志》,1943 年第 12 号,今见任美锷著:《建设地理新论》,商务印书馆 1946 年版,第 11 页。此外,区域地理研究思潮的兴起还体现在以下论著:葛绥成:《经济地理学的发达及其在地理学上的地位》,《大夏年刊》,1933 年创立九周年纪念特刊;顾颉刚、郑德坤《研究经济地理计划刍议》,《东方杂志》,1933 年第 5 号;洪思齐:《划分中国地理区域的初步研究(摘要)》,《地理学报》,1934 年第 2 期;刘文翩:《中国近世史之地理的解释》,《图书展望》,1936 年第 1 期;未署名:《从地理之观点论中国今昔之国防》,《史地社会论文摘要》,1936 年第 3 期;王成组:《地理学之区域观念》,《新史地》1937 年第 1 期;盛叙功:《论经济区域体系的建立》,《中国建设》,1945 年第 1 期;沙学浚:《南渡时代与西迁时代——中国国防史与国防地理之综合研究》,《学原》,1947 年第 1 期;任美锷:《经济地理学的最近发展》,《东方杂志》,1947 年第 13 号;任美锷:《最近三十年来中国地理学之进步》,《科学》,1948 年第 4 期;周立三:《地理区的涵义及区域特性的认识》,《学原》,1948 年第 2 期;李震明:《中国地形的区分》,《地理之友》,1948 年第 1 期;等等。

174　李新总编,韩信夫、姜克夫主编:《中华民国史大事记》第 4 册(1937—1943),中国文史出版社 1997 年版,第 237 页。

175　张其昀编:《钟山本国地理》上册,钟山书局 1938 年版,第 1—10 页。风按:当时的台湾为日本所踞,故未涉及。

176　袁著、胡云编著的《初中中国地理讲话》(浙江人民出版社 1957 年版)继承了张氏的大区划分方案;抗大政治文化教育科研究室编的《中国地理读本》(共 4 册,华北新华书店出版,第 1、2 分册初版时间依次为 1941 年、1942 年,第 3、4 分册出版时间不详)、任美锷的《中国地理大纲》(正中书局 1944 年版)则继承了张其昀的亚区划分方案。

177　张宪文、方庆秋、黄美真主编:《中华民国史大辞典》"华中维新政府成立宣言"、"华中维新政府组织机构"诸词条,江苏古籍出版社 2001 年版,第 704 页。

178　周振鹤主编,傅林祥、郑宝恒著:《中国行政区划通史(中华民国卷)》,复旦大学出版社 2007 年版,第 24 页。

179　李宗文《敌我"华中物资争夺战"》(《时代精神》,1939 年第 5 期):"华中是农产物资最丰富、工商业最发达的地方,就敌人(指日伪)惯常所用的范围来说,包括苏、浙、皖、赣、湘、鄂、川七省,现在其中六省都已成为战区。"

180　静全《华中劳工近况概述》(《企业周刊》,1943 年第 28 期):华中五省为范围,即苏、浙、皖、赣、鄂。董立《关于华中华南的农产物状况》(《大学之道》,1943 年第 10—12 合期)一文讨论的范围是华中五省两市(苏浙皖鄂赣,南京、汉口)及华南一省(粤),显然系敌占区而言。该文是根据 1940 年汪伪国民政府农矿部对上述华中、华南省份调查数据写就的。

181　以下论文均持"华中六省"说:潘英夫:《华中矿产开发现状》,《建设季刊》,1945

年第 2 期;未署名:《华中棉产改进的过去与远景》,《新世界月刊》,1946 年 6 月号;朱琛:《华中棉花增产状况及其展望》,《申报月刊》,1944 年第 4 号;等等。

182　黄汲清:《华中四省煤铁资源与重要工业中心》,《经济建设季刊》,1944 年第 2 期。

183　黄秉维:《华中地势概要》,《经济建设季刊》,1944 年第 2 期。

184　以下论文均持"华中四省"说:施雅风:《华中水理概要》,《经济建设季刊》,1944 年第 2 期;未署名:《华中四省与其他各省稻产比较》,《农业建设》,1937 年第 2 期;受之:《国防与华中谷米》,《农报》,1937 年第 9 期;郝景盛:《华中森林概况》,《经济建设季刊》,1944 年第 2 期;陈恩凤:《华中四省之土壤及其利用》,《经济建设季刊》,1944 年第 2 期;等等。

185　王节尧《华南国道设施之要点》(《南大工程》,1948 年第 2 期):抗战胜利后,中央统筹全国公路,重设公路总局,归交通部管辖,并将全国公路划为九区,每区设局管理。其中,华南区所辖及督导区域,"跨越粤桂闽台四省";一鸣《非常时期华南经济建设》(《汗血月刊》,1937 年第 3 期):"华南在地理上,以两广为主要区域。"1947 年 6 月,全国经济委员会内设华南输出入管理委员会,在广州设立,在梧州设办事处,以两广为主体。《华南输出入管理委员会组织规程》(1947 年 6 月 19 日),《金融周报》,1947 年第 25 期;思慕《华南战场论》(《半月文摘》,1938 年第 8 期):该文以两广为主体,其中一再提到"广州为华南政治、经济、文化与交通的中心"。并配有一幅以两广为主体的《华南战场形势图》;洪履和:《华南形势总检讨》,《半月文摘》,1938 年第 8 期;林焕平《华南在中日战争中的意义》(《半月文摘》,1938 年第 8 期)一文内说:"华南,当然是包括福建、广东和广西,但其中心意义,却在广东。"并认为:"在军事上,它是西南各省及现在政治中心的汉口的第一道国防线。"曾丽勋《华南蔗糖区域之气候》(《科学世界》,1938 年第 6、7 合期):"甘蔗系热带植物,性喜高温潮湿,土壤肥沃,我国长江流域之浙赣湘川滇,珠江流域之闽粤桂数省及台湾均产之,其中尤以华南之闽粤桂三省及台湾产蔗最富,……"管怀琮译《华南之化学工业》(《企业周刊》,1943 年第 25 期):以两广为主,偶及福建。

186　抗大政治文化教育科研究室编:《中国地理读本》(共 4 册),华北新华书店出版,第 1、2 分册初版时间依次为 1941 年、1942 年,第 3、4 分册出版时间不详。

187　邓启东:《华南区域特征》,《地理教学》,1947 年第 1 期。

188　韦开宇:《华南和西南》,《社会新报》,1949 年第 3 期。

189　李仲文:《看最近的华南建设》,《现代教学丛刊》,1948 年第 1 期。

190　《国防部关于反共军事总崩溃情况及部署军事反攻之业务报告》(1949 年 9 月),中国第二历史档案馆编:《中华民国史档案史料汇编》第 5 辑第 3 编《军事(1)》,江苏古籍出版社 1999 年版,第 613 页。

191　《行政院公布西北军政长官公署组织规程令》(1948 年 10 月 21),中国第二历史档案馆编:《中华民国史档案史料汇编》第 5 辑第 3 编《军事(1)》,江苏古籍出版社 1999 年版,第 329 页;彭铭鼎:《西北军政长官公署始末》,《湖南文史资料选辑》第 45 辑,第 35—47 页。

192　刘宗宽:《我在国民党西南军政长官公署的工作和见闻》,《重庆文史资料选辑》第 15 辑,第 171—182 页;宋希濂《我在西南的挣扎和被歼灭过程》(《文史资料选辑》第 50 辑,第 1 页)认为:"这时(1949 年)的西南,除川、康、滇、黔四省外,还应包括陕南及鄂西、湘西的一部分。"宋氏所说的"西南"范围,当是指 1949 年 4、5 月后国民政府重新部署军事防线后的情形。宋希濂时任调整后西南公署下辖的川湘鄂边区绥靖公署(设湖北恩施)主任,所谓"包括陕南及鄂西、湘西的一部分",是对西南公署辖区外围防线的表达,并非西南公署的实际管辖范围。

193　李新总编,韩信夫、姜克夫主编:《中华民国大事记》第 5 册(1944—1949),中国文史出版社 1997 年版,第 862 页。

194　李新总编,韩信夫、姜克夫主编:《中华民国大事记》第 5 册(1944—1949),中国文史出版社 1997 年版,第 932 页。

195　李新总编,韩信夫、姜克夫主编:《中华民国大事记》第 5 册(1944—1949),中国文史出版社 1997 年版,第 950 页。

196　李新总编,韩信夫、姜克夫主编:《中华民国大事记》第 5 册(1944—1949),中国文史出版社 1997 年版,第 952 页。

197　李新总编,韩信夫、姜克夫主编:《中华民国大事记》第 5 册(1944—1949),中国文史出版社 1997 年版,第 960 页。

198　李新总编,韩信夫、姜克夫主编:《中华民国大事记》第 5 册(1944—1949),中国文史出版社 1997 年版,第 970 页。

199　笔者所见由台湾学者编写的"维基百科"之"东南军政长官公署"词条,已将各公署明确称为"跨省级行政区"。

200　《行政院1947年度重大军事行政措施检讨报告》，中国第二历史档案馆编：《中华民国史档案史料汇编》第5辑第3编《军事（1）》，江苏古籍出版社1999年版，第607页。

201　《行政院改组各绥署剿匪总司令部决议案》（1938年6月23日），中国第二历史档案馆编：《中华民国史档案史料汇编》第5辑第3编《军事（1）》，江苏古籍出版社1999年版，第609页；万式炯：《白崇禧在华中、西南溃败及我在黔桂边区起义》，孙权科主编：《文史资料存稿选编·军事派系（下）》，中国文史出版社2001年版，第267页。

202　黄远炽、曾让泉编：《湖南省志·军事志》，中国文史出版社1994年版，第197页；李新总编，韩信夫、姜克夫主编：《中华民国大事记》第5册（1944—1949），中国文史出版社1997年版，第884页。

203　李新总编，韩信夫、姜克夫主编：《中华民国大事记》第5册（1944—1949），中国文史出版社1997年版，第915页。

204　李新总编，韩信夫、姜克夫主编：《中华民国大事记》第5册（1944—1949），中国文史出版社1997年版，第932页。

205　李新总编，韩信夫、姜克夫主编：《中华民国大事记》第5册（1944—1949），中国文史出版社1997年版，第943页。

206　杨元忠：《于役东南军政长官公署回忆》，《传记文学》，1989年总第321号；刘国铭主编的《中华民国国民政府军政职官人物志》（春秋出版社1989年版，第519页）内，该公署辖区也没有涉及海南。

207　李新总编，韩信夫、姜克夫主编：《中华民国大事记》第5册（1944—1949），中国文史出版社1997年版，第960页。

208　据台湾学者编写的“维基百科”之“东南军政长官公署”词条称，华南公署辖区为两广及海南。由于该公署设置时间十分短暂，详细情形史阙不详。

209　陈文南、陈学知：《中国大行政区制度研究》，《党史研究资料》，2003年第10期。

210　李新总编，韩信夫、姜克夫主编：《中华民国大事记》第5册（1944—1949），中国文史出版社1997年版，第917页。

211　周振鹤主编，李治安、薛磊著：《中国行政区划通史》（元代卷），复旦大学出版社2009年版，第6页。

212　范晓春：《中国大行政区研究（1949—1954）》，中共中央党校中共党史专业博士论文,2007 年,第 64 页。

213　范晓春:《中国大行政区研究(1949—1954)》,中共中央党校中共党史专业博士论文,2007 年,第 65 页。

214　毛泽东:《采取远距离包围迂回方法追歼逃敌》(1949 年 7 月 16 日),吴祯祥主编:《云岭朝霞——中国人民解放军第四兵团占领并经营云南三年纪实》,云南民族出版社 1992 年版,第 35 页。

215　范晓春:《中国大行政区研究(1949—1954)》,中共中央党校中共党史专业博士论文,2007 年,第 90 页。

216　邓小平:《关于西南工作情况报告》(1950 年 4 月 11 日),吴祯祥主编:《云岭朝霞——中国人民解放军第四兵团占领并经营云南三年纪实》,云南民族出版社 1992 年版,第 45—46 页;范晓春:《中国大行政区研究(1949—1954)》,中共中央党校中共党史专业博士论文,2007 年,第 90 页。

217　范晓春:《中国大行政区研究(1949—1954)》,中共中央党校中共党史专业博士论文,2007 年,第 91 页。

218　中共中央组织部等编:《中国共产党组织史资料》附卷一,中共党史出版社 2000 年版,第 446 页。

219　张明庚、张明聚著:《中国历代行政区划》,中国华侨出版社 1996 年版,第 537 页;唐泽江主编《论大西南战略地位及其开发》(四川省社会科学院出版社 1986 年版,第 1—2 页):"一九五〇年,西南军政委员会在重庆成立,至此,西南地区第一次有了较明确的地域概念:包括四川(川东、川南、川西、川北)、重庆市、云南、贵州、西康和西藏。尔后,撤销西康省,一部分并入西藏(即今昌都地区),一部分划归四川。一九五四年,西南行政区曾一度撤销,一九五六年又恢复,一直到'文化大革命'。此间,西南行政区包括四川(含重庆市)、云南、贵州、西藏四省区。"李绍明《西南民族研究的回顾与前瞻》(《贵州民族研究》,2004 年第 3 期):"1949 年后,'西南'的概念有了变化。中华人民共和国成立后,在划分行政区划时,将四川、云南、贵州、西康、西藏五省区和重庆市划为西南地区,并先后成立西南军政委员会和西南行政委员会进行管理。"

220　陈潮、陈洪玲等编:《中华人民共和国区划沿革地图集》,中国地图出版社 2003 年版,第 15 页。

221　中共中央组织部等编:《中国共产党组织史资料》附卷一,中共党史出版社 2000

年版，第446页。又参见范晓春《中国大行政区研究(1949—1954)》(中共中央党校2007年中共党史专业博士论文，第95—96页)提供的《表格3:1951年底各中央局、大行政区和华北事务部设立和管辖情况表》。持这一意见的论著还有:王静爱主编:《中国地理教程》，高等教育出版社2007年版，第231—232页;刘君德等编著:《中国政区地理》，科学出版社1999年版，第129页。

222 谷英编著《伟大祖国的西南》(新知识出版社1954年版，第5页):"伟大祖国的西南(原西南行政区)有四川、贵州、云南和西康四省。它们的北边和陕西、甘肃、青海相接，东边和湖北、湖南、广西交界，西边是号称'世界屋脊'的西藏。"

223 刘伯承、贺龙、邓小平:《西南军政委员会中国人民解放军西南军区布告》(1950年)，吴祯祥主编:《云岭朝霞——中国人民解放军第四兵团占领并经营云南三年纪实》，云南民族出版社1992年版，第64页。

224 贺龙:《迎接祖国的伟大建设——庆祝中华人民共和国成立三周年》(1952年10月1日)，该社编:《西南区三年来工作的成就》，西南人民出版社1952年版，第1—2页。

225 范晓春:《中国大行政区研究(1949—1954)》，中共中央党校中共党史专业博士论文，2007年，第89页。

226 华东区则大致以东南公署辖区(苏浙闽台)为基础，除纳入安徽外，此时还划入了山东。

227 张坚石等编:《地方政府的职能和组织结构》下册，华夏出版社1994年版，第52—55页。

228 范晓春:《中国大行政区研究(1949—1954)》，中共中央党校中共党史专业博士论文，2007年，第88页。

229 华伟:《大区体制的历史沿革与中国政治》，《战略与管理》，2000年第6期。

230 金冲及主编:《周恩来传》，中央文献出版社1998年版，第914—915页。

231 徐达深主编:《中华人民共和国实录》，第1卷上册，吉林人民出版社1994年版，第110—111页。

232 中共文献研究室编:《周恩来年谱》(1949—1976)上卷，中央文献出版社1997年版，第269页。

233 范晓春:《中国大行政区研究(1949—1954)》，中共中央党校中共党史专业博士论文，2007年，第226页。

234　中共中央文献研究室编:《建国以来重要文献选编》第5册,中央文献出版社1993年版,第317—318页。

235　范晓春:《中国大行政区研究(1949—1954)》,中共中央党校中共党史专业博士论文,2007年,第278—280页。

236　段先志:《关于中国经济区划之我见》,《南昌职业技术师范学院学报》,1996年第2期。1958年,曾划分全国为7个经济协作区,将中南区分为华中与华南2区,1961年又合并为中南区,调整为六大经济协作区。参见王静爱主编:《中国地理教程》,高等教育出版社2007年版,第261页。

237　段先志:《关于中国经济区划之我见》,《南昌职业技术师范学院学报》,1996年第2期。

238　段先志:《关于中国经济区划之我见》,《南昌职业技术师范学院学报》,1996年第2期。

239　国务院发展研究中心西南课题组:《联合开放开发,加快西南发展》,五省区七方《中国大西南在崛起》编写组编:《中国大西南在崛起》,广西教育出版社1994年版,第1—5页。

240　刘东良、郑平建:《基于多元分析的我国大经济区划初步研究》,《广西大学梧州分校学报》,2000年第2期;王静爱主编:《中国地理教程》,高等教育出版社2007年版,第261页。

241　中国科学院西南资源开发考察队著:《西南区域发展》,中国科学技术出版社1991年版,第1页。

242　张学波、武友德、李佩燊、暴向平:《基于“泛珠三角”区域合作的云南省地缘经济关系》,《资源开发与市场》,2006年第22期。

第五章

样本分析:西南大区演进研究的一项尝试

民国时期的西南范围界定与现代西南范围观有较大出入,经历了一个明显的演变和建构过程。而且,当时社会各界对西南大区的认识处于纷呈杂说的状态。材料的引证,始终容易被看作是孤证,是作者根据零碎支离的片面信息编汇出来的结果。因此,运用社会学研究经常采用的样本分析方法,进行区域地理学下的大区范围变化的探讨,从而反映西南范围界定及其演变的整体面貌、历史脉络以及基本变化态势,即可谓一种有益的尝试。

同时,在民国短短不足40年的时间里,中国社会处于急剧动荡的局面当中,军阀混战,边疆危机深重,政治上的实际分裂,随之而来的抗日战争、解放战争等等。面临不同的政治局面与国防态势,国家与地方都将重新调整战略以应对,这使得我国的地域格局也在不断变化当中。时人对西南大区范围的认识往往基于不同的社会形势、战略导向、地理分区意识、空间表达而做出,倘若能对这些意见进行深入、系统的分析与探讨,那么将对我们认识西南大区范围变化的趋势、影响因素以及大区界定依据有所帮助,而且也将为我们当前的区划工作提供有益的借鉴。

第一节　关于样本的说明

一、样本的来源与类别

本章所采样本来源于清末以来,一直到新中国成立前夕的各类著作、论文、时闻、调查报告、档案文献、信函等。[1] 笔者查阅了500余种与"西南"相关的文献资料,被采择为样本的基本标准有两个,第一个标准是:作者明确提到了西南的范围,并能以所涵盖的一级政区进行描述;此类样本的突出优点是相对准确,绝大多数作者都是明确界定西南包括了哪些省区,个别作者甚至回顾了"西南"概念的形成、发展,以及如何界定的标准。这不仅是上佳的样本,而且可以视为西南大区认识的早期研究成果。[2] 笔者将此类样本列为"第一类"样本。[3] 此类样本尽管精确,但总体容量较少,共85种,不能依此总结出一个令人信服的西南范围阶段性变化情形。第二个标准是:作者虽然没有明确指出西南范围,但从论著中能够识别出作者所认定的西南范围,此类亦在统计之中。笔者将此类样本列为"第二类"。至于其余以"西南"为名,但范围不明确,或者在西南大标题之下仅写一二省份的"大题小做"论著,则不计入统计表内。最终,笔者精心采择的第二类样本,只有40种,不足全部样本容量(125种)的1/3。

第二类样本受限于语境表述较大。例如,原作者一般会对"西南民族"作出界定,尽管作者心目中的西南范围,基本上与西南民族分布范围一致,但并不能说就是完全相等的。政治、经济、边疆、交通等其他语境中的"西南"均存在类似缺憾。不过,反过来考虑,西南范围的界定本身就是在历史语境中形成的,正如《史记·西南夷列传》撰成以后，西南夷的地域分布就成为认定西南范围的主要依据，而前近代时期的所谓“西南”，基本上与民族语境紧密联系，并影响着人们对西南的界定原则和区划思路。政治语境下的“西南”，之所以不能看作是纯粹的政治概念而弃之不顾，原因也在这里。民初西南地方派别的控制区域，显然对当时的西南范围认识有绝大影响。而大区范围的确定，往往也正是地理分异、政治态势、政区设置、民族分布、交通经济联系等多重因素与视域交互影响的结果，这与“鸡生蛋，蛋生鸡”的逻辑相同。尽管如此，笔者依旧惴惴不安，将之列入“第二类”，作为补充。最终，笔者共获取样本 125 种，[4] 也就是 125 种西南范围界定意见。

笔者采择的最早样本是1909 年黔籍湘人张百麟创办的《西南日报》，是从当时与张氏共谋革命的周素园先生遗著《贵州民党痛史》内得来，故统计时间上限即以本年开始。

二、样本缺陷与统计分期

需要说明的是，这个统计的缺陷也是比较明显的。首先，样本偏少，这影响到笔者进行合理地分期，以及其他的细部探讨，进而影响统计的准确率；其次，样本的时间连续性不足（见表 6），这与各阶段对西南的关注不平衡有很大关系；再者，尽管民国前期存在大量关于政治语境下的“西南”时论、电文，有些也可以勉强算作“第二类”样本，但语境单一化的缺点又很明显。

大致在 1930 年后，关于西南的论著逐渐增多，而且涵盖面较广，涉及到政治、经济、交通、民族等多个方面，样本连续性较好。直接原因是国民政府有意建设西南大后方的政策导向所致。样本最多的阶段集中在 1937—1939 年的三年间，共获得 41 种。1937—1939 年间的样本，在抗战救国的大语境下，涵盖面比较广泛,能够清晰反映出过去十几年间西南范围界定状况,而且可以清晰反映抗战形势变化对“西南”范围的重构影响。

表6　样本时间连续性反映表

<table>
<tr><th colspan="2">时间阶段</th><th>样本容量分年统计
(年份/样本容量)</th><th colspan="2">样本容量总计</th></tr>
<tr><td rowspan="2">1909—1936 年</td><td>1909—1930 年</td><td>1909/1,10/0,11/1,12/0,13/2,14/0,15/0,16/0,17/1,18/1,19/0,20/0,21/0,22/1,23/0,24/3,25/0,26/0,27/1,28/2,29/1,30/0</td><td>14</td><td rowspan="2">40</td></tr>
<tr><td>1931—1936 年</td><td>1931/2,32/7,33/3,34/0,35/6,36/8</td><td>26</td></tr>
<tr><td>1937—1939 年</td><td>1937—1939 年</td><td>1937/2,38/18,39/21</td><td>41</td><td>41</td></tr>
<tr><td rowspan="3">1940—1949 年</td><td>1940—1942 年</td><td>1940/9,41/9,42/3</td><td>21</td><td rowspan="3">44</td></tr>
<tr><td>1943—1945 年</td><td>1943/5,44/4,45/4</td><td>13</td></tr>
<tr><td>1946—1949 年</td><td>1946/0,47/1,48/6,49/3</td><td>10</td></tr>
</table>

倘若以全面抗战(1937 年)作为分期年份,1936 年前(含本年)的样本一共获得 40 种,从 1909 年算起,时间连续性显然是不够的,尤其是 1930 年(含本年)以前只有 14 种。除了关注度不平衡之外,民国前期由于尚缺乏大区认识的科学观,极少对西南范围进行界定。这一点可从附录 1 提供的样本情况反映出来:1909—1936 年间的 40 个样本中有 19 个第二类样本,占总数的 47.5%;而在 1937—1949 年间的 85 个样本中,第二类样本数只有 21 个,仅占总数的 24.7%。第二类样本的减少,说明人们越来越注重明确界定所研究的区域范围,反映了人们对地理区域认识的一种进步。具体而言,“西南”一词作为大区概念,是直到民国初期才频

繁使用的。此前多处于模糊状态,或者是像“西南夷”、“西南诸蛮夷”这些很难剥离语境的定位辅助词。1920 年代以后,“西南”概念才频繁使用。因此,民国前期样本连续性差的现象是不可避免的。

1940—1949 年间,共获得样本 44 种。其中抗战胜利后只有 10 种,对西南关注度下降是样本偏少的重要原因,同时笔者因时间、精力不够,以及资料收集困难的主观因素也非常大。因此影响了样本分析的准确度。但在样本连续性上,除 1946 年外的其他年份均有体现。

基于以上情况,笔者在样本分析中采用的分期原则是:

第一,以抗战作为主要分期标准。1937 年是国民政府和平解决两广“西南问题”的第二年,是全面抗战爆发的第一年,也是抗战形势最紧张、变化最快的一年,故以此年为重要分期。1938 年底至 1939 年初,广州、武汉、岳阳、南昌、海口等城市沦陷,湖南、广东成为抗战的前沿阵地,也是西南建设重心进一步向内转移的关键阶段,因此 1937—1939 年(抗战防御阶段)可以视为“西南”范围变化的转折时期。另外,这三年的样本充足,蕴涵的信息丰富,因此单独作为一个历史阶段。

第二,从分析的技术性考虑,由于样本偏少,样本年份不平衡,为了弥补这种缺陷,也采用了上述的三阶段分期法,即 1909—1936 年(40 种)、1937—1939 年(41 种)、1940—1949 年(44 种)。较大的缺陷出现在 1940—1945 年这一阶段分期。1944 年底,抗战形势变化重大变化,粤、湘、桂三省不仅沦为战区,大部地区沦陷,在区域认识上,西南与华中、华南呈现出由交错状态转而分离的明显变化。尤其是在解放前夕的 1948、1949 年里,西南范围大致确立了以川、滇、黔、康四省为主体的范围。但由于这一阶段样本太少的缘故，西南四省（川、滇、黔、康）说占据主流地位的特征在样本分析中很难体现出来。

尽管缺陷是存在的，但样本统计结果基本上可以较清晰地复原民国西南大区范围观演变的大致面貌。

第二节　各省西南认定率的纵比分析

一、各省西南认定率的全时段比较

民国时期，西南范围处于"迄无定论"的状态。"西南"作为全国性的大区概念，到底包括哪几个省份，各种意见纷乱复杂。鉴于此，我们有必要首先通过分析各省区的西南认定率，纵向比较哪些省区最有"资格"属于"西南"。所谓西南认定率，是指每个省被归属到西南之下的比率，通过计算每省被计入西南的次数，然后算出总比，根据西南认定率大小排列出一个序列。

通过表7，民国时期西南认定的大致面貌得以清晰呈现出来。云南以全比例成为西南认定率最高的省份，这可谓是对"西南"二字本身含义的最好说明。贵州、四川、广西三省接近100%的认定率，说明了民国时期对西南范围最普遍的一种认定，也可以说是民国时期包括云南在内的四省属于西南核心区的大致状况。

贵州之所以不是全比例，是由于个别学者以政治边疆定义西南的结果；四川的情况，除与贵州同样的原因外，则可能是地形、流域、民族人口比例以及内地化程度等因素综合影响的结果。尤其是民国早期存在按照黄河、长江、珠江流域将中国"内地十八省"分为三大区的分区意识，这种意识既体现了滇、黔、桂、粤四省的地域联系，也可能部分影响了对西南的区域认识。

表 7　各省西南认定率纵比表

省区		全样本(125 种)			第一类样本(85 种)		
		总序列	总次数	总比%	总序列	总次数	总比%
云南	全省	1	125	100.0	1	85	100.0
	部分		0	0.0		0	0.0
贵州	全省	2	123	98.4	2	83	97.6
	部分		0	0.0		0	0.0
四川	全省	3	119	95.2	1	81	95.3
	部分		1	0.8		1	1.2
广西	全省	4	112	89.6	4	75	88.2
	部分		4	3.2		4	4.7
西康	全省	5	69	55.2	5	54	63.5
	部分		2	1.6		2	2.4
湖南	全省	6	57	45.6	6	34	40.0
	部分		10	8.0		10	11.8
广东	全省	7	55	44.0	7	33	38.8
	部分		5	4.0		5	5.9
西藏	全省	8	17	13.6	8	12	14.1
	部分		2	1.6		2	2.4
湖北	全省	9	7	5.6	9	5	5.9
	部分		7	5.6		6	7.1
其他			8			10	

【表 7 说明】本表据附录 1 之清末至民国 125 种论著样本所提到的西南范围统计得出，具体说明如下：

1. 全样本是第一类与第二类相加所得。

2. 样本“全省”是指原作者认为该省区的全省面积均属于西南；“部分”表示原作者认为该省区部分地区属于西南。

3. “其他”即指其他省区而言，东南亚等海外地区不再计入。具体情况如下：全样本内江西、新疆全省各1次，青海部分地区1次，甘肃部分地区2次，陕西部分地区（陕南汉中）3次，另东南亚（中南半岛）4次，南亚1次；第一类样本内无江西，东南亚仅1次，其余与全样本同。该栏是全省与部分地区相加所得，作为许多全省区及部分的总和，不算其比例，也不参与排序。

4. 序号排列以全省区比率为依据，若全省区比率相同，则以部分地区比率高者为先。

5. 1928年以前的西康，为川边特别区域，统一计入西康省下；民国时期海南岛属于广东省，重庆虽曾建立直辖市，但为方便统计计，并入四川之下。

西康、湖南、广东三省总体上也体现出相当高的比率，不过就西康的地理区位而言，55.2%的比率实际上是偏低的。湖南与广东二省的比率接近，反映出将近一半的人认为二省属于西南，这是让人瞠目结舌的数据。我们注意到，湖南的“部分”认定率是所有省份中最高的，这或许是湘西的地理环境与西南核心区相近，地缘上山水相连、唇齿相依的一种反映。当然民族分布因素，以及历代的“西南诸蛮夷”的民族认识也影响巨大。

西藏、湖北的比例，大体上可以说明，当时人们基本上没有将其看作属于西南。从实际情形来看，西藏则在经营“边疆”视野下呈现出上升趋势，而湖北则更多地体现为在地域政治格局、国防地位上对西南的护佑意义。不过，湖北的“部分”（鄂西南）认定率达到了7次，影响因素大体与湘西相同。

第一类样本与全样本统计获得了大致相同的结果：总序列相同，前四省（滇、黔、川、桂）、后二省（藏、鄂）的总比与全样本结果变化甚微，而西康、湖南、广东三省则大致有5—8个百分点的差别。从第一类样本来看，西康的比例提高了8.3；湖南、广东则分别下降了5.6、5.2，由于第一类样本是从明确界定西南范围的论著中所得,结合历史背景,明确界定西南的论著主要产生于1930年代以后,受抗战形势与西南重心区域建设影响,这一时期开始出现了湘、粤淡出西南的趋势。

根据两种样本的比例等差来看,整个阶段的西南认定存在三个等差序列:川、滇、黔、桂四省可以看作是西南的核心区;康、湘、粤三省则是民国时期西南的延展区域;而藏、鄂两省只能看作是西南的边缘区域。

二、各省西南认定率的阶段性变化比较

表7仅能反映民国时期西南认定的总体面貌,阶段性变化无法呈现出来。以下我们通过表8来揭示其阶段性变化状况。从三个阶段的比较来看,各省变化明显。尽管滇、黔、川、桂四省仍旧保持着西南核心区的高比率,但四川、广西二省仍旧呈现出略微的变化。

1909—1936年间,四川87.5%的比率似乎偏低,而且排在广西之后,降至第四位,大致原因正如前述,民国初年部分论著呈现出以流域分区的特点。另外还有一些因素,例如,部分学者以西南沿边省份作为西南的认定依据,四川自然不在其内。这也是第三阶段四川只有90.9%认定率的主要原因。此外还有政治因素,1932—1936年间,以两广地方派为主体成立的西南政务委员会,原本的地域设计是"西南各省",但由于派系分合,从来没有实质性地管辖到四川。1937—1939年间,四川以及滇、黔二省的全比例现象,反映了以四川为西南抗战大后方之根据地的国防建设思路,受国民政府政策导向因素的影响是非常明显的,尤其是在抗战日亟的情势下,滇、黔、川三省成为西南抗战根据地的"重中之重"。

表 8　各省西南认定率阶段性变化纵比表

全样本 / 省区		1909—1936 年(40 种)			1937—1939 年(41 种)			1940—1949 年(44 种)		
		序号	次数	比例	序号	次数	比例	序号	次数	比例
云南	全省	1	40	100.0	1	41	100.0	1	44	100.0
	部分									
贵州	全省	2	39	97.5	1	41	100.0	2	42	95.5
	部分									
四川	全省	4	35	87.5	1	41	100.0	3	40	90.9
	部分								1	2.3
广西	全省	3	36	90.0	4	38	92.7	4	38	86.4
	部分					1	2.4		3	6.8
西康	全省	7	14	35.0	6	24	58.5	5	31	70.5
	部分								2	4.5
湖南	全省	6	18	45.0	5	25	61.0	6	14	31.8
	部分		2	5.0		2	4.9		6	13.6
广东	全省	5	24	60.0	7	20	48.9	7	11	25.0
	部分		2	5.0					3	6.8
西藏	全省	8	11	27.5	9	2	4.9	8	4	9.1
	部分					1	2.4		1	2.3
湖北	全省	9	3	7.5	8	3	7.3	9	1	2.3
	部分					2	4.9			

【表 8 说明】本表据附录 1 之清末至民国 125 种论著样本所提到的西南范围统计得出,具体说明如下:

1. 本表仅根据全样本统计得出,由于第一类样本统计数据反映的情况与全样本基本一致,且存在各阶段样本容量不平衡,无法与全样本对应分期等缺陷,因此不再列出第一类样本统计数据。

2."其他"省区不再附于表内,具体情况如下:1909—1938:甘部1;1939:陕部1;1940—1949:东南亚2,南亚1,陕部2,甘部1,青部1,新疆1。

3. 其他制表原则与表7相同,不再赘述。

与前两个阶段相比,1940－1949年间的广西,西南认定率呈现出下降趋势。地理分区认识的发展,汉语表述的现代化转型、"华南"现代大区概念的频繁使用,抗战阶段广西部分地区的沦陷都是导致这种变化的因素。1949年,韦开宇发表的《华南和西南》就是反映两个大区概念及其范围实现重构的一篇文章。而广西"部分"地区的认定则上升了,这既是尊重地理分异特点的反映,也体现出广西在地理方位、民族分布等方面与西南地区不可分割的地缘关系。

正如表8所示,西康呈现出迅猛上升的势头(35.0%→58.5%→70.5%)。仅从笔者采集的样本来看,1927年前没有人认为康、藏属于西南。抗战时期地域结构的影响是巨大的,不仅带来内方区的突破,大区的空间表述向外延展,而且1928年西康主体部分从四川析置出来,建立行省是不可忽视的重要因素。

湖南、广东二省的西南认定率总体上呈下降趋势,但在1937—1939年间,湖南的比率是上升的(45%→61%),湖南在抗战初期一度被作为抗战的重要根据地,国民政府宣称保卫武汉,以粤汉铁路以西为重点抗建区域,大量工厂也内迁到了湖南地区。不过,1938年10月广州、武汉的沦陷迫使西南重心建设区域再次向内转移,湖南、广东等地由原本的西南省份变成了西南抗战的"外卫区域"。1941年9月,长沙等中部地区大多陷入敌手,更加速了湖南淡出西南的步伐。

此外,"华中"概念的使用也是主要因素。"华中"最初是指从四川以下的长江流域七省(苏、浙、皖、赣、鄂、湘、川),在抗战影响下,1930年代后的长江流域七省实际上被分割为"西南"与"华中”两个政治空间，在地形上，前者属于以鄂西、湘西山地为界的高原地区，属于第二地理阶梯，后者则大多为平原、丘陵、盆地区；在政治军事格局上，“西南”属于抗战大后方的国统区，而“华中”则是作战区域、沦陷区。而且日本、汪伪势力更倾向于使用“华中”概念表述长江流域七省，由于实际情况，其所指的“华中”则又要排除四川在外。这样，“华中”与“西南”范围表述由原本的交错状态即体现出分离之势。

第三阶段内湖南只有 31. 8% 的西南认定率，可谓是多种因素影响下的现实状况。大概与广西相同的原因，湖南部分地区（湘西）属于西南的认定明显增加了。与西康相反，广东则呈现出直线下降的趋势（60% →48. 9% →25%），地域格局变化、“华南”概念引用及“西南一隅”表述功能（southwest）的强化，均是广东脱离西南的重要原因。民国时期湖北的西南认同率太低，可以说始终就不属于西南范围。而其“全省”比率的明显下降，以及“部分”比率的上升，与其他省份都有相似的原因。

出人意料的是西藏，1937 年后，西藏被纳入西南视域的比率反而从战前的 27. 5% 急剧下降至 4. 9%，似乎西藏越来越不属于西南了，这与整体历史发展情况是相悖的。民国初年，由于历史原因以及大区表述问题，西藏乃至西康（川边）或被看作是“真正的边疆”，长期以来没有纳入到内方区意识下的西南范围，反而被界定为西北的一部分。1930 年代以后，西南地域格局在抗战形势影响下有较大变化，国民政府对康、藏的积极经营，以及现代地理学对区域认识的发展，康、藏被越来越多的人视为“西南”的部分，原本的西北范围也呈现出收缩之势。

因此，早期西藏的 27. 5% 可能偏高。根据第一类统计结果显示，1909—1939 年间西藏出现 8 次，比率为 22. 2%，仍旧高于

1940—1949 年间的 13.3%。这 8 次中的 5 次均来源于 1932 年《建设》月刊出版的西南专号，该专号几乎每篇“西南”文章都包括了康、藏二地，体现出一致的西南范围观。专号性质的出版很可能体现的是一个学术群体的西南范围认识。如《西南导报》社将 1938—1939 年间的西南论文汇编成集，其中的文章多持西南六省（川、滇、黔、湘、粤、桂）说；1944 年第 2 期《经济建设季刊》出版的华中专号，内中文章均以华中四省（皖、赣、鄂、湘）为范围。这反映出样本统计不是万能的，缺陷与误差始终存在。

三、由纵比分析推拟西南范围及其变化

从序列变化来看，大致上是广东（5→7）、西康（7→5）易位，这也是民国初年到新中国成立前夕西南认定率变化的主体特征。根据上述数据推定西南空间范围的话，这个范围多大才较为合理？也就是说，在时人的心目中，西南范围大致包括了几个省份？笔者通过计算清末至民国时期西南涵盖的一级政区数量，得出下表：

表 9　西南范围说涵盖的一级政区（全省区）数比较表

一级政区数（全省区）	全样本（111 种）			第一类样本（71 种）		
	序号	次数	总比%	序号	次数	总比%
西南三省	6	4	3.6	6	2	2.8
西南四省	4	18	16.2	4	12	16.9
西南五省	2	31	27.9	1	21	29.6
西南六省	1	33	29.7	2	18	25.4
西南七省	3	19	17.1	3	13	18.3
西南八省	5	6	5.4	5	5	7.0

【表 9 说明】本表根据附录 1 之清末至民国 125 种论著样本所提到的西

南范围统计得出，具体说明如下：认为西南包含“部分”省区的样本排除在外；有3个包括海外地区的样本是以全省区来表述西南的，这些样本仍旧计算在内，但将海外地区排除不计。这样，125种样本内只有111种可以作为“全样本”；第一类样本则有71种。

西南范围涵盖的一级政区数，几乎没有阶段性变化。整体上来看，当时的“西南”范围是偏大的，三省说意见较少，持西南五省说和六省说的意见较多，七省说亦不在少数。西南四省说可谓是民国时期西南核心区（滇、黔、川、桂）的反映，但相对较少。全样本与第一类样本统计结果也没有本质的差别。那么，我们根据表9前四种西南范围涵盖数量的意见，并结合表8分析的各省西南认定率，大致推拟出整个阶段的西南范围，以及各阶段性的范围认识变化。

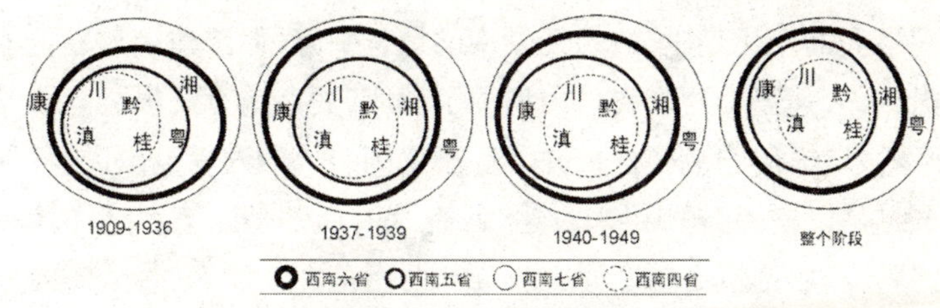

图22　西南范围认定之阶段性变化趋势推拟图

结合图22，从整个阶段来看，西南范围以滇、黔、川、桂为核心区域，呈现出向周边扩散的特点，西康受到历史因素以及政区设置等影响，其地位不如前四省那么稳固，但大致能够保持在“西南五省”内，湘、粤二省则体现出与西南核心区紧密的联系性，湖南在民族分布、地理环境以及交通格局上则与西南核心区不可分割，但不见得广东与西南核心区的地缘关系就不如湖南，实际上主要原因在于“西南”一词的方位指向，在“西南”这个传统大区概念实现了向现代大区概念转型之后，其双方位指向功能（south and west）丧失，而广东并不符合西南的中间方位指向（southwest），这是很重要的原因。

分阶段来看,1909—1936年间的西南范围,呈现出向东部延展的特征,不论西南五省还是西南六省,都体现了靠近内地或沿海的倾向。这或许是区域发展的自然要求,其直接表现则是地域政治结构上一系列以"西南"相号召,而"五省"或"六省"为西南地方势力实际控制区域的政治军事活动。1937—1939年间,形势大变,西南范围又呈现出向西部延展的特点。这直接反映了抗战以来,建设西南大后方的思路,沿海地区在国防上不那么"安全"了,尤其是1938年底广州的沦陷影响很大。1940—1949年间,广东已基本上淡出西南。由于抗战的延续,以及解放战争时期国民党政府的西南防线,一系列西南战略仍旧是靠内的。与1937—1939年间最大的变化是,抗战后期湖南的地位下降,西南建设重心更加向内转移,前五个西南省份内增加了西康,而湖南有淡出之势。

不过,纵向的范围推拟并不等于民国时人的西南范围说,各种论著总是以一个"范围"来表述"西南"的,而不是如笔者这样计算其比率,然后推拟出一个概率较高的西南范围。那么,若从横向分析来总结西南范围的界定意见,能否印证上述的推拟结果呢?

第三节　横向分析西南范围认定及其变化

一、16种西南范围说的总体比较

每个人心目中始终有一个整体的西南范围,而不是单独地看一个省。只有了解西南整体范围,我们才能大致清楚西南的地域格局全貌。唐泽江先生强调说:

> 西南的地域划分历史上迄无定论。近代以来,我国长期

> 存在"大西南"、"小西南"两种划分方法,且有"西南七省"(川、康、滇、黔、桂、湘、粤),"西南六省"(川、康、滇、黔、桂、湘),"西南五省"(川、康、滇、黔、桂),"西南四省"(川、康、滇、黔)等诸种说法。[5]

若横向分析清末至民国时期的西南范围认定状况,结果可谓是印证了今人说的"迄无定论",从表10来看,出现3次(含)以上的西南范围认定意见,就有14种,且没有一种意见超过20%,可见其纷乱复杂的状况。

唐泽江先生的这段文字被引用的频率很高,[6]不过,其中提到的西南范围说,却不能认为均是民国时期处于主流的范围说。根据表10的统计来看,达到10%以上的西南范围说其实只有3种:排列首位的是西南六省(川、滇、黔、桂、粤、湘)说,占16.8%;第二位的是西南五省(川、康、滇、黔、桂)说,占15.2%;第三位的是西南七省(川、康、滇、黔、桂、湘、粤)说,占11.2%。只有后二说与唐文相同。而从整个民国时期来看,唐氏文内提及的西南六省(川、康、滇、黔、桂、湘)说,仅占5.6%,排列第五。只有在抗战后期才超越"川滇黔桂粤湘"(4.5%)说,达到9.1%;唐文提及的西南四省(川、康、滇、黔)总比只有3.2%,远不及"川滇黔桂"四省说(8.8%)。其中,前三说内均有广西,两说内则均涵盖湘、粤,这些现代一般认知中不属于西南的省份,民国时期则保持着很高的西南认定率。

从样本统计来看,没有人认为只有川、滇、黔三省才是西南,即便是以西南夷为基础的认定。邓永龄先生在分析边民语言时以西南夷为依据,但于川、滇、黔之外加入了甘肃部分地区。[7]令人感到意外的是,"滇、黔、桂"三省说反出现3次,似乎体现了以西江水系为参照的流域分区意识、地形(云贵高原)、农业经济、民族等因素的综合影响。作为现代西南范围主导看法的“川滇黔渝藏”五省区市说，对应民国则大致是“川滇黔康藏”五省区说，但这一认定在民国时期少得可怜（样本内仅出现1次），这反映了目前“西南”概念圈定的空间范围，主要是受到新中国成立后行政区划（六大行政区之一）影响而形成的。政治因素可以说是影响西南范围变化的最关键因素，也是最直接的因素。不同的是，现代“西南”概念主要是受政区设置影响，而民国时期则主要受地域政治影响。不过，政治因素虽然是最直接、最关键的因素，但放在一个较长时段来看，其仍旧是整体地域格局的外部呈现。

从阶段性变化来看，1909—1936年间的西南六省（川、滇、黔、桂、粤、湘）说，在40种样本内出现了12次，30%的高认定率几乎可以代表一种主流认识。其他意见则没有超过10%，或许能够反映出民国初年西南六省政治态势的影响。另外有3种意见达到了7.5%，但均仅出现3次，样本偏少的情况下，偶然性很大，可以不置讨论。1937—1939年间，总体上来看，西南范围认定仍旧是混乱的。不过也出现了两个明显的变化：

第一，总体上西南范围认定意见较为集中，有四说超过了10%，此四说合计所占总比达到了56.1%，反映出抗战前期在西南大后方建设思路下，几种主流范围说的萌生。尤其是两种西南五省说（川滇黔桂湘，川滇黔桂康）的比例均上升到12.2%，是远离沿海省份，建设西南大后方战略思路的明确反映。至于这个“西南”是应该包括湖南，还是西康，其不明确性则是由于国民政府并没有界定西南范围，而同处内地的湖南、西康均属于抗战根据地，这反映在内迁工厂、人口、交通等诸多方面。尤其是抗战前期（1937—1939年），上至政府，下至社会舆论，对湖南更为看重。

表 10　西南范围说总况及阶段性变化统计表

主要的“西南”范围说		总序	总数	总比%	1909—1936(40种)			1937—1939(41种)			1940—1949(44种)		
					序号	次数	比例%	序号	次数	比例%	序号	次数	比例%
西南三省说	川滇黔	—	0	0.0	—	0	0.0	—	0	0.0	—	0	0.0
	滇黔桂	11	3	2.4	5	2	5.0	—	0	0.0	9	1	2.3
西南四省说	川滇黔康	9	4	3.2	—	0	0.0	8	2	49	5	2	4.5
	川滇黔桂	4	11	8.8	5	2	5.0	5	3	7.3	3	6	13.6
西南五省说	川滇黔桂粤	6	5	4.0	2	3	7.5	8	2	4.9	—	0	0.0
	川滇黔桂湘	6	5	4.0	—	0	0.0	3	5	12.2	—	0	0.0
	川滇黔桂康	2	19	15.2	5	2	5.0	3	5	12.2	1	12	27.3
	川滇黔康藏	16	1	0.8	8	1	2.5	—	0	0.0	—	0	0.0
西南六省说	川滇黔桂粤湘	1	21	16.8	1	12	30.0	1	7	17.1	5	2	4.5
	川滇黔桂湘康	5	7	5.6	—	0	0.0	5	3	7.3	4	4	9.1
	川滇黔桂康藏	8	4	3.2	2	3	7.5	10	1	2.4	—	0	0.0
	川滇黔桂粤康	11	3	2.4	8	1	2.5	10	1	2.4	9	1	2.3
西南七省说	川滇黔桂粤湘康	3	14	11.2	8	1	2.5	2	6	14.6	2	7	15.9
	川滇黔桂粤湘鄂	11	3	2.4	2	3	7.5	—	0	0.0	—	0	0.0
西南八省说	川滇黔桂粤湘康藏	9	4	3.2	8	1	2.5	10	1	2.4	5	2	4.5
	川滇黔桂粤湘鄂康	11	3	2.4	—	0	0.0	5	3	7.3	—	0	0.0
总　计		—	109	87.2	—	31	77.5	—	39	95.1	—	37	84.1

【表10说明】本表根据附录1之清末至民国125种论著样本所提到的“西南”范围统计得出，说明如下：

1. 为方便统计，涵盖省区“部分”地方一项，均按照涵盖全省统计，海外地区不计在内。全样本内仅14种样本的西南范围说包含了省区“部分”地区，对总体结果影响不大，故采取上述处理方法。

2. 表7列举的16种西南范围说并不是全部意见，而是根据全样本总数内主张较多的范围说列举出来的，仅出现2次(含)以下的范围说，没有计入在内。例外的是“川滇黔”三省说与“川滇黔康藏”五省区说，前者是西南的核心区，且目前多有学者以三省为西南者，故列出以对照；后者则是目前一般认定的西南范围的变体，亦供对照。

第二，西南六省(川、滇、黔、桂、粤、湘)说虽仍居首位，但比例明显下降(30.0%→17.1%)，与之相应的是纳入西康的西南七省说比例的显著提高(2.5%→14.6%)。除了抗战形势引起的地域格局变化之外，1928年西康建省的影响因素较大。不过，这两种意见并没有明显本质的差别。从表8可见，西康的西南认定率在抗战前期已体现出明显的上升趋势，在西康建省以后，随着内方区观念的破除，西康以其地理区位、地域格局关系，纳入西南已成为顺理成章的事。若从湘、粤的归属问题来审视，两种意见实际上是相同的，七省说可谓是六省说的延伸。而两说比例的合计则高达31.7%，体现出1936年前西南范围主流看法的延续性。

仅从样本分析，实质性变化出现在1940—1949年间。首先是“川滇黔桂康”五省说的比例上升为27.3%(此前分别只有5.0%、12.2%)，取代“川滇黔桂粤湘”六省说而占据了主要地位，后者则急剧下降为4.5%。当然，这种意见并没有完全消失，而作为这种看法的变体，纳入西康的七省说排在第二位，仍占较高比例(15.9%)。而“川滇黔桂”四省说的比例也呈现出节节上升(5.0%→7.3%→13.6%)的趋势。正如前述西康问题，“川滇黔桂”四省说与“川滇黔桂康”五省说也不存在实质的差别，两说总计的比率则达到40.9%,已处于绝对优势。

由于1945年后样本太少的缘故,笔者将1940—1949年合并为一个阶段,这是误差较大的一个地方。事实上,1945年后的广西也体现出脱离西南的特点,抗战阶段的地域格局背景下,广西已逐渐被视为西南的外卫区域,或者排除在"小西南"范围之外,而以川、滇、黔、康四省为西南重心建设区域。但其时的"川滇黔康"说并没有体现出稳定的态势。解放前夕,此说则逐渐体现为主流认定意见,而成为现代西南区域范围观(川、渝、滇、黔、藏)的雏形。这一演变以地域格局变化为主导,同时受到纷起的"华中"、"华南"概念使用、范围表述的影响,在区域范围的交错、分离与重组后体现出来的。西南六省(川、滇、黔、桂、湘、粤)为最初的西南形态,随着西康省的析置,而变为西南七省。至新中国成立后,则因多重因素影响,广东、广西入华南;湖南入华中,合而又称"中南"。相应的是,四川脱离华中,滇、黔脱离华南,最终形成以川、滇、黔、康为主体的西南范围认定态势。

二、四种主流意见的阶段性变化及其内在关系

总体上看,问题似乎相当复杂。从统计数据来看,民国时期主要形成了以下四种西南范围认识,排在第五的意见是"川滇黔桂湘康",仅占5.6%,远低于前四种。若集中分析总序列排在前四位的西南范围说,核心问题则能够清晰呈现出来。参照表10,前四种西南范围说如下图示:

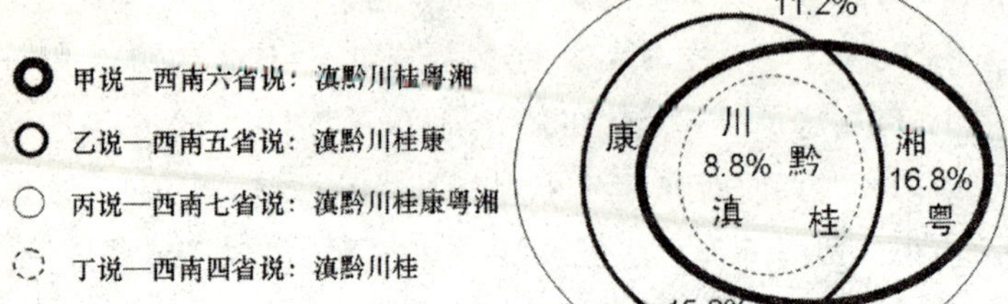

图 23　据表 10 所得西南范围界定的最主要四种意见

上述四种意见在整个阶段共出现 65 次，总比达到 52.0%，超过了一半，可以说是民国时期主要的四种西南范围认定意见。分阶段来看，总比分别是 42.5%、51.2%、61.4%，呈现出逐渐提高与集中的趋势。其中，甲说在第一阶段就有高达 30% 的比率。由于甲说总体上呈急速下降的趋势（30%→17.1%→4.5%），若排除甲说在外，其他三说的上升幅度（12.5%→34.1%→56.8%）就更大了，倘若不是地域格局发生了变化，对于一个大区概念所圈定的范围来说，发生如此巨大的变化几乎是不可能的，尤其是在如此密集的几十年当中。这同时也使西南区域界定的研究意义进一步呈现出来。那么，这四种意见又能体现出那些核心问题呢？

我们注意到，这四种意见实质上存在相似之处，四种意见呈现出以下的关系：

丁说 + 西康 = 乙说

甲说 + 西康 = 丙说

乙说 + 湘粤 = 丙说

丁说 + 湘粤 = 甲说

由此可见，四种意见实际上可以转变为两个主要问题：

1、西南是否包括西康。结合上文提到的西康情况，西康建省以后,不论以其地理方位还是地缘关系上看,都属于真正的西南省份,其纳入西南也是顺理成章的事情。而且从表8来看,西康也呈现出上升为西南核心区的趋势。当然,这种“顺理成章”的变化,仍旧关系到政区设置、内方区观念、抗战形势下的地域格局等因素。

2、西南是否包括湘、粤二省。在解决西康的“归属”问题基础上,丙说即可视为甲说的一种延伸;乙说则是丁说的一种变体。由此,我们可以总结出两种基本意见,即“包含湘粤说”(甲说+丙说)与“不含湘粤说”(乙说+丁说)。

下面我们结合表11来看民国时期两种基本意见的阶段性变化情况:如表11所示,“包含湘粤说”接近30%,在整个阶段内甚至还要稍具优势。这至少说明,民国时期认为湘、粤二省属于西南的看法代表了相当一部分人的认识。而阶段性变化也很明显,1909—1936年间,“包含湘粤说”处于绝对主导地位,其中据表10可知所谓西南六省(川、滇、黔、桂、粤、湘)说就占有30%的份额,体现了民国前期西南范围认识的主体面貌。而“不含湘粤说”则仅有10%的比率,甚至很难看作是一种重要意见。1937—1939年间,“包含湘粤说”的变化并不大,可以看作是此前西南范围认识的一种延续。尤其是全面抗战刚刚爆发,尽管广州、武汉的沦陷,西南建设重心区域向内地转移。但这种社会形势发展并不会立即反映在西南范围变化上,西南范围认定作为一种习惯分区观念,它具有一定的延续性。

不过,样本统计无法反映出内在性的具体变化,事实上的转变正在悄悄开始。1938年后,开始形成了所谓“大、小西南”、“广、狭义西南”以及西南“中心、外卫”的区分认识,多数意见已将湘、粤二省纳入“大西南”、“广义西南”、“外卫区域”的范围,而不是笼统地表述为“西南”。与这种事实上的变化相应的是,“不含湘粤”

表 11　关于西南范围认定之两种基本意见阶段性变化表

“西南”范围的基本意见	总序号	总数	总比%	1909—1936(40 种)			1937—1939(41 种)			1940—1949(41 种)		
				序号	次数	比例%	序号	次数	比例%	序号	次数	比例%
包含湘粤说(甲说 + 丙说)	1(1/3)	35	28.0	1(1/8)	13	32.5	1(1/2)	13	31.7	2(5/2)	9	20.5
不含湘粤说(乙说 + 丁说)	2(2/4)	30	24.0	2(5/5)	4	10.0	2(3/5)	8	19.5	1(1/3)	18	40.9
总　计	——	65	52.0	——	17	42.5	——	21	51.2	——	27	61.4

【表 11 说明】本表是在表 10 基础上得出的，具体说明如下：

1.“包含湘粤说(甲说 + 丙说)”表示西南六省(川、滇、黔、桂、粤、湘)说与西南七省(川、滇、黔、桂、粤、湘、康)说的并合，所列数据也是两说的并合而成的数据；“不含湘粤说(乙说 + 丁说)”表示西南五省(川、滇、黔、桂、康)说与西南四省(川、滇、黔、桂)说的并合，所列数据也是两说的并合而成的数据。

2.“序号”栏下，括号外的序号是本表新序列；括号内数字则是对应表 10 内四说的原序列。

说将近提高了一倍的比率，这或许可以看作是抗战形势下西南范围重新界定的一种体现。在建设西南大后方的号召下，作为沿海省份的广东首先淡出西南视域，而武汉失守、粤汉铁路失去作用，湖南由原来西南抗战根据地的重点建设区域，转变为西南的外卫区域，也就是抗战的前沿阵地，这导致了西南大后方建设的整体地域格局的巨大变化。由此，西南范围开始呈现出由它的中部、南部延展区向内收缩的趋势。

1940 年后，“不含湘粤说”则占据了主导地位，西南五省（川、滇、黔、桂、康）与西南四省（川、滇、黔、桂）二说高达 40.9% 的比率，预示着西南范围的阶段性重构完成了。而“包含湘粤说”则下降至 20.5%，基本上不属于主流认识了，尤其是 1936 年前占据绝对主导地位的西南六省（川、滇、黔、桂、粤、湘）说，更是跌至 4.5%。当然，总体来看“包含湘粤说”20.5% 的比率还相当高，这种看法并没有立即消失。正如陈序经先生在 1947 年前后，还热衷于构建以广东为主体的“西南文化”。[8] 而在部分两广地方势力头脑中的“西南”，包含湘、粤的意见可能更为顽固。[9]

第四节　从多语境角度看西南范围认定与变化

一、样本的语境分析方法

西南范围的认定与历史语境的关系相当密切，由政治、经济、交通、民族等多种因素构成的地域结构是西南范围认定及其变化的基础，但每一种因素都具体体现在各自的语境内。通过语境分析，不仅能够呈现西南范围在该语境中的具体状况，而且也能直观反映该语境背后的因素对西南范围认定产生了多大的影响。

为了细化分析,我对每个样本进行了语境归纳,分为以下6种语境类型:政治、经济、民族、抗战、交通、边疆。

划分语境是很困难的,而且主观因素很大。一般来说,每一种论著都有自己的语境,而且可能有多种语境的重叠。所谓抗战语境,本身就是一种综合语境,与其他语境并不是平行关系。全面抗战爆发后,几乎所有与"西南"相关的论著都具有抗战语境。边疆语境则往往与民族、抗战、政治等语境夹缠在一起,尤其是边疆与民族

表12 语境类型划分说明表

语境类型	样本数/2类样本数	内部分类说明(就125种样本而言)
政治	17/10	大致包括政区设置、地方政治、军阀活动、政党等。
抗战	83/22	全面抗战爆发以来与抗战相关的经济、国防建设,交通发展、边疆民族教育、社会改良等所有因素。
经济	62/20	农业水利、畜牧、科技、资源开发、交通经济、金融贸易等。
民族	14/8	西南民族、西南夷语境、苗族、边民、边疆民族、西南夷胞
交通	18/5	铁路、公路、航空、运输、通讯
边疆	11/2	西南边疆、边疆民族、边民等

两种语境,1930年代以后基本上混一了。不过,由于民国初年普遍多以蒙、藏、新等地为"边疆",而以滇、黔、桂等地为"内地",对于这些地区内的民族问题,并没有看作是属于"边疆"的民族问题。"西南边疆"一词,大致也才在上世纪20—30年代出现。1930年代前期的"西南民族"研究以及国民政府蒙藏委员会的设

置、中国边疆学会以蒙、藏为主体的特点,都能反映这种趋向。交通语境实际上也体现的是经济、政治、抗战的综合情形,这样就会有多种语境重叠出现的情况。

对此,笔者采取了各归其类、分别统计的办法。“地理”本可以看作一个独立的语境,但实际操作中很难识别,地理分区意识明显的样本,仅仅4—5种,只能作为论文进行个案讨论与引证的重要参考资料。正如表12反映的,某些语境样本实在太少,除了抗战、经济建设两种语境外,其余语境样本均不能进行阶段变化的分析。即便抗战与经济语境,也面临着分期的困难。如前述,语境划分的主观判断较明显,是不够严谨的,因此,语境分析只能作为参考。[10]

二、多语境下各省西南认定率的纵比分析

前文已经介绍,通过事实的分析,大体上可以将样本分为政治、抗战、经济、民族、交通、边疆6大语境,每一语境背后,都可以看作是西南范围认定可依托的一种现实因素。由于样本容量的关系,笔者对样本进行语境分类后,每种历史语境下的样本容量不足以支撑进行分阶段探讨。因此,结合表13、表14,我们分省区讨论西南范围认定在多语境之下出现的差别。

表13反映的云南情形与表7的统计结果自然是一致的,其全比例、序位相加指数最低的特点,体现出语境或者说该语境背后的社会因素,对大区范围认定没有决定性的影响。在坐标与范围确定的基础上,地理方位的指向是最根本的因素。倘若我们评选一个“最西南”的省份,自然是非云南莫属。贵州除边疆语境外,接近全比例,而其边疆序位则处于第四位。究其原因,个别学者从沿边境省份(政治边疆)角度定义“西南边疆”(共有3个样本,即1935年张其昀的《中国地理的鸟瞰》;1944年蒋君章的《中国边疆

表 13　六种语境下各省西南认定率纵比表

语境类型	样本总数及2类样本数	云南		贵州		四川		广西		西康		湖南		广东		西藏		湖北	
		全	部	全	部	全	部	全	部	全	部	全	部	全	部	全	部	全	部
政治	17/10	100.0	0.0	100.0	0.0	82.4	0.0	88.2	0.0	11.8	0.0	58.8	5.9	76.5	0.0	0.0	0.0	11.8	5.9
抗战	83/22	100.0	0.0	98.8	0.0	97.6	0.0	91.6	3.6	60.2	1.2	50.6	9.6	41.0	4.8	10.8	2.4	4.8	4.8
经济	62/20	100.0	0.0	100.0	0.0	95.2	0.0	90.3	3.2	54.8	3.2	40.3	6.5	35.5	4.8	11.3	1.6	3.2	1.6
民族	14/8	100.0	0.0	100.0	0.0	92.9	7.1	92.9	0.0	64.3	0.0	64.3	14.3	64.3	14.3	28.6	7.1	7.1	7.1
交通	18/5	100.0	0.0	100.0	0.0	100.0	0.0	94.4	5.6	38.9	0.0	55.6	16.7	66.7	11.1	16.7	0.0	0.0	5.6
边疆	11/2	100.0	0.0	72.7	0.0	54.5	9.1	81.8	9.1	81.8	0.0	18.2	27.3	27.3	18.2	45.5	9.1	0.0	18.2

【表 13 说明】本表根据附录 1 之清末至民国 125 种论著样本所提到的西南范围统计得出。说明如下：

1. 样本容量提供了各种语境下的全样本总数与第 2 类样本数，之所以提供第 2 类样本数，是由于第 2 类样本受具体语境影响更大，例如政治语境下的 17 个样本，有 10 个来自第 2 类样本。

2. 湖北之下的其他省份或地区不在计入。

3. 全：表示原作者认为全省属于西南；部：表示该省区部分地区属于西南。

地理》；1948 年杨德安的《中国国防地理》），贵州因此没有算入。边疆语境样本太少，实际上即便在边疆语境下，贵州的比例也可能要高于 72.7%。由于样本语境是相重叠的，导致抗战语境下的贵州比例也略有下降，可不置讨论。

四川的比例最低的是在边疆语境内（54.5%），序位甚至跌出前四，其基本原因与贵州相同，即从政治边疆角度认定。可以注意到，四川的序位普遍落后于滇、黔二省，政治语境内甚至居广西之后。原因大致如下：四川在传统分区意识上体现了自为一区的特点，如 1924 年某文曰："西南三省，曰滇，曰黔，曰桂。"[11]刘晋桎《西南灌溉事业之研究》（1932 年）内的西南是指桂、滇、黔、康、藏五省区；[12]衣复得《西南之农田水利》（1942 年）内的西南指滇、黔、桂三省。[13]这尽管与作者的研究范围有关，但仍旧体现出从地理分异、社会经济进行分区的特征。

表 14　六种语境下各省西南认定率序列变化表

语境类型	云南	贵州	四川	广西	西康	湖南	广东	西藏	湖北
政治	1	1	4	3	8	6	5	9	7
抗战	1	2	3	4	5	6	7	8	9
经济	1	1	3	4	5	6	7	8	9
民族	1	1	3	4	7	5	5	8	9
交通	1	1	1	4	7	6	5	8	9
边疆	1	4	5	2	3	8	7	6	9
相加指数	6	10	19	21	34	37	36	47	52

【表 14 说明】本表是在表 13 的基础上得出的，具体说明如下：

1. 表内主要列举了依照各省的西南认定率在具体语境内的高低，而排列的序位。

2. 序位是根据全省归属"西南"的比率得出的，若全省比率相同，则参照"部分"比率而定。

3. 相加指数是将 6 种语境下每省的序位直接相加得出的总数，显然，这个相加指数与西南认定率成反比，指数越低，认定该省区属于"西南"的意见就越多。

此外,作为控御西藏等地的前沿,四川与康、藏等地的关系比其他西南省份更为紧密,因此常联以称为“西部”。如清末卢静远提出变更行政区划,于“沿边各省”,“仿各国边境设都督府之制,分设各路陆军都督”,就是要以川、藏设置西路陆军都督府,以滇、黔、桂三省设西南陆军都督府。[14]由于上述原因,抗战、经济等语境下四川的西南认定率均受影响。

四川的西南认定率在民族语境下往往会以“部分”地区出现,如毛筠如、李元福的《西南边疆的民间文学》云:“我们知道,中国西南边疆包括整个的康、滇、黔、桂四省和四川的西南部,湖南的西部,广东的北部,和海南,及一直南伸入中南半岛的越、暹、缅。”[15]该文主要体现为边疆、民族两种语境,多数省份以“部分”属于西南的情况,说明其显然是以“西南民族”的分布区域来界定“西南边疆”的。而四川的“部分”,一般就是指“川西南”,这个认识则是以西南夷为基础就确立下来了。当然,民族分布是地理环境的反映,地理因素仍是根本因素。四川在政治语境下的西南认定率也偏低,这与1920年后期的地域政治格局有较大关系,两广地方派常以“西南”为号召,但总体上与四川的关系并不密切。

广西作为民国时期西南的核心省份,比例大体平衡,序位大体居于第四位。广西作为民国西南核心区而言,政治、边疆语境下的比率是偏低的,则与民国后期“西南”概念重新界定有密切联系。从17个政治样本看,只有2个样本没有将广西纳入西南,但均集中于1949年。其中一个谈到了解放前夕国民政府设置的一个军区:西南军政长官公署,设于重庆,是以川、滇、黔、康、湘西、鄂西、陕南为管辖范围;[16]另一个样本则提到了西南地方实力派的所谓“西南集团”,没有算入广西。当时以李宗仁、白崇禧为代表的广西原地方派,已经成长为可与蒋介石相抗衡的中央内部派别,李宗仁其时担任国民政府代总统,白崇禧则任“华中剿总”,桂系势力遍及华中(皖、赣、豫、鄂、湘)、华南(粤、桂、琼),并产生两个反共的军政大区建置:华中军政长官公署与华南军政长官公署(辖区同前),形成特殊的政治势力范围。

解放前夕,以第四野战军为主力对这一广大区域展开斗争,习惯上又称为华中解放区与华南解放区,在此基础上产生了合并华中与华南的中南军政委员会的政区设置。而西南解放区的解放斗争是以刘伯承、邓小平率领的第二野战军为主力展开的,作战对象就是以川、滇、黔、康四省为主体辖区的西南军政公署,解放后在这一地域基础上设立西南军政委员会,正式成为高于省的一级政区,由此确立了现代西南范围。

边疆语境下的广西偏低,受到1个第二类样本的影响,张其昀先生的《中国地理的鸟瞰》是以全国几何中心(甘肃武威)来界定“西南边疆”范围的,广西在地理方位上属于东南,故不在其内。但从政治、边疆语境下的序位来看,广西则又处于相对靠前的位置。这显示出近代地域政治格局对广西的影响较大,同时也显示出民国时期以政治边疆定义“西南”的一种思路。

从前面的分析可知,西康的归属变化较大。从最高的语境比例及序位来看,边疆因素对西康纳入西南有较大的影响。尽管民国初年的西康已属一级政区,1928年实现建省,但受到历史传统于地域格局影响,并没有马上进入人们的西南视域。从表8数据可知,1937—1939年间,西康的西南认定率从原来的35%提高到了58.5%,说明抗战时期是影响其归属变化的重要原因。

表13显示,西康比例较高的语境分别是边疆、民族、抗战。边疆、民族语境可谓是地理区位与地理环境的直接反映,而抗战语境则显然与国民政府内迁,建设西南大后方战略有密切关系。尤其

是作为政治边疆,在抗战时期体现出的国防地位,则可谓是西康纳入西南的关键因素。正如抗战背景下,田久安先生评价多种西南范围说时强调:“四省之说(川、滇、黔、桂),略西康而不言,考西康,当川、藏两地之冲,外邻缅、印为国防要路,实我西南边疆的主要地区,何可舍而不论耶?故此说更较不当。”[17]

此外,在抗战、经济语境下,西康仅居滇、黔、川、桂之后,位列第五。结合表10,则大致是民国时期西南五省(川、滇、黔、桂、康)说的比例步步升高(5%→12.2%→27.3%)的一种反映。田久安先生也表示:“察诸五省之说,较各说为合理,一般研究西南边疆者,大都以此为其范围。”[18]政治语境内的西康比例相当低,唯一的1个政治语境样本表明其属于西南,是1949年西南军政长官公署的管辖范围。此前的政治样本均不及西康,这大致反映的是民国前期西南地域政治格局的情况。

湖南的比例则以民族语境最高(全64.4%,部14.3%),体现出当时对“西南民族”分布区域的主体认识状况;交通语境其次,则说明湖南作为南北交通要冲的地位,尤其是粤汉铁路的价值体现;而政治、抗战语境下的湖南都体现出超过一半的西南认定率,抗战语境是西南大后方建设下地域结构的反映;政治语境下的更高比例,则主要反映了湖南地方政治力量长期与滇、黔、川、桂、粤等西南地方派的密切联系,当然这种政治联系也是交通、经济因素的外在体现。

值得注意的是,湖南、湖北二省在多种语境下的“部分”地区(即湘西、鄂西南)归属西南的比例相当高,如民族语境下,湘西14.3%,鄂西南7.1%,是两地民族群体与“西南民族”不可分割的证明;交通语境下,两地分别为16.7%、5.6%,主要体现为抗战阶段湘西、鄂西南山地作为自然屏障的价值;边疆语境下,湘西甚至达到27.3%,远远超过了全省比例(18.2%),而边疆语境下的湖北,没有人认为其全省属于“边疆”,否则就“太不成话了”,但鄂西南则仍旧有18.2%的较高比例,这充分反映了以地理、民族、经济为基础认定的文化边疆分区观念;在政治语境下,湖北也表现出较高的西南认定率(全11.8%,部5.9%)。结合附录1提供的样本情况可知,早期政治语境内湖北的西南认定率多表述为全省,后期则多表述为“鄂西”等部分。1913年成立的西南协会,就将湖北纳入了西南七省(滇、黔、川、桂、粤、湘、鄂)范围,强调了两湖作为西南核心区交通“咽喉”的地位,而这种考虑则主要是出于抵制英法势力范围扩散的政治意图。[19]护国运动前夕,唐继尧欲反对二十一条,分别致电上述七省将军:

> 欲为中央后援,端在西南各省。窃念我湘、鄂、川、粤、桂、黔、滇各省,相依车辅,同处漏舟,……近日,军备作何计划,内部作何整理,尚希示我周行,互相提挈。念唇齿之无寒,亦犄角之共恃。[20]

唐继尧显然是基于西南地域政治格局而言的。抗战语境下,时人常从国防地理角度将鄂西、湘西看作是西南的“关系地带”,而将之纳入西南范围。

广东的大区归属较为复杂。从序位来看,在政治、民族、交通语境下分列第五,体现出仅次于西南核心省份的高比率;而在抗战、经济建设、边疆语境下又纷纷跌落至第七。尤其是在政治语境下的比例(76.5%)甚至接近于核心区,体现了广东长期为西南地方势力控制,以及曾一度作为西南政治视域中心的影响。[21]

交通语境下广东的西南认定率(66.7%)也相当高。民国时期,由于钦、廉地区归广东管辖,广东是西南核心区重要的出海通道,这对西南整体交通格局影响很大。除此之外,还直接与孙中山先生的西南铁路建设计划有关。孙中山先生在1917年提出若干实业计划,欲于中国北部、中部、南部各建设一个世界大港,其中选定广州为南方大港,并改良广州水路系统;建设中国西南铁路系统等计划。孙中山先生还明确界定西南范围为川、滇、黔、桂,以及湘、粤两省之一部。在此基础上提出修筑广渝(广州—重庆)、广成(广州—经广西—成都)、广大(广州—大理)、广思(广州—思茅)等主要铁路干线,[22]由此奠定了西南铁路系统建设的未来蓝图。众所周知,孙中山先生在民国时期具有的崇高地位,使得此后的西南铁路建设常以孙氏计划为基础,而且在西南范围认定上也与孙中山先生趋于一致。如吴龢先生云:

> 中国西南国境包有四川、云南、广西、广东、贵州、湖南、西藏诸省。总理《实业计划》中,在西南地方除西藏另设立高原铁路系统外,建设一西南铁道大系统,以联贯此各省区。[23]

除西藏之外,所云西南铁道系统正是基于孙中山先生的设计。

民族语境下广东的高认定率(64.3%)也很能说明问题。1920年代后期,"西南民族"研究首先发萌于广州中山大学,其以中山大学历史语言研究所出版的《西南民族》专号为代表,由此开启了"西南民族"这一领域与研究范式的大门。西南民族学研究不仅发端于广州,而最初(1927—1928年前后)所谓"西南民族"研究的地域范围,也主要集中于广东惠阳、连州、韶山等地。[24]其后"西南民族"研究的地域范围也多将广东纳入其内。[25]

西藏的情形,整个民国时期变化不大,针对其大区归属是比较混乱的,部分人认为属于"西北",部分人则完全将其视为"西陲"边疆,而西藏也只是在政治边疆语境下的西南认定率比较高,但仍旧没有超过50%(序位则可进入前六),其真正纳入西南视域,则是在新中国成立以后。

三、多语境下西南范围的推拟与实际结果比较

结合以上分析,以及表14的序列状况,我们根据民国时期西南范围认定最多的六省、五省、七省、四省这四种范围意见,可以推拟出不同语境下西南范围认定的基本状况。

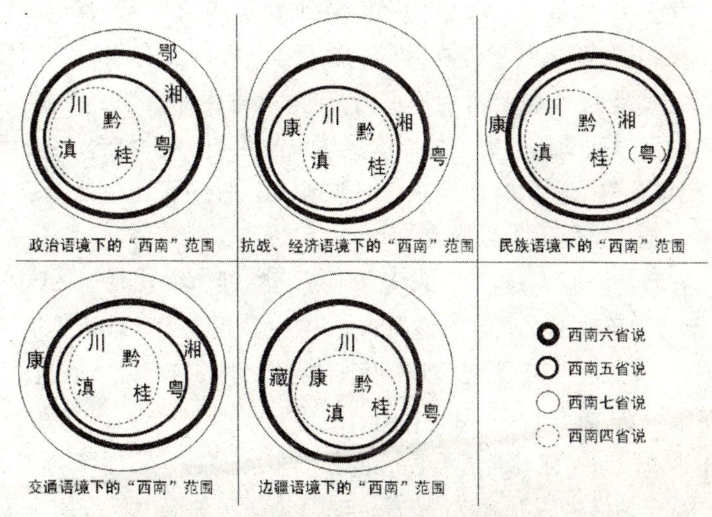

图24　六种语境下的西南范围认定推拟图

【图24说明】

1. 本图据表13所得。

2. 民族语境下的西南范围一图,出现了"(粤)"的情况,这表示推拟的西南五省存在两种:"川滇黔桂湘"与"川滇黔桂粤",因为不论从全省范围还是部分范围来看,湖南与广东的比例都是相同的,分别是:全省64.3%、14.3%,整体序列均为第五。

图24所示,是在多种语境下各省西南认定率的推拟结果。这只是一种理想模式,那么在多种语境下,民国时人所持的西南范围

说又如何呢？笔者通过对附录1提供的语境样本，进行横向比对后，得出了表15。需要说明的是，由于边疆、民族两种语境的样本太少，其中每一种范围说的出现次数均没有超过2次，因此总结序列也就失去了实际意义，故将此二种语境排除在外。原则上，我将列举各类语境下的前四种意见，但政治、交通两种语境也存在上述问题，故仅总结出现次数在3次（含）以上的范围认定意见。

从表15来看，民国时期存在的主要认定意见大致与作者的推拟结果相同，西南六省说在政治、交通语境内均具有相当高的比率。尤其是17个政治语境样本内，西南六省说即出现了7次，体现出时人对西南地方势力控制区域认识的明确性，而结合表10来看，此说是整个民国时期最流行的范围认识，也反证出政治因素对西南范围认定的巨大影响力。

在政治语境下，西南五省说（川、滇、黔、桂、粤）出现了3次之多，部分地反映了地域政治格局的变化，尤其是湖南在政治上逐渐脱离西南范围。甚至著名地理学家胡焕庸先生亦持此说。[26]在抗战、经济语境下，西南五省（川、滇、黔、桂、康）说均超越了西南六省说，这正是抗战时期建设西南大后方战略下西南地域格局的主要反映。

从推拟结果以及表15来看，抗战、经济两种语境体现出高度的一致性。经济语境主要是在抗战建国阶段加强国防经济建设的背景下提出的，此前所谓对西南的经济问题探讨相当少，此后则呈现出显著下降趋势。当然，推拟结果也存在着与现实的西南范围说不相符合的情况，如图24显示，抗战、经济语境下的西南六省是：川、滇、黔、桂、湘、康，而现实中存在的主要意见却是有粤而无康。这种误差主要是由于推拟表是根据纵向统计得出的，就个体归属而言，相当容量的样本是纳入粤而忽视康的，两种统计方法并不完全处于平行状态。

表 15　多种语境下西南范围界定之主要意见比较

语境类型 / 主要的西南范围说		政治(17 种)			抗战(83 种)			经济(62 种)			交通(18 种)		
		序号	次数	总比	序号	次数	总比	序号	次数	总比	序号	次数	总比
西南四省说	川滇黔桂				4	9	10.8	3	8	12.9			
西南五省说	川滇黔桂粤	2	3	17.6									
	川滇黔桂康				1	14	16.9	1	13	21.0			
西南六省说	川滇黔桂粤湘	1	7	41.2	2	13	15.7	2	11	17.7	1	5	27.8
西南七省说	川滇黔桂粤湘康				3	11	13.3	4	7	11.9			

注　释

1 清末样本有2个，集中在1909年与1911年，因其能反映民国创立前夕的“西南”认定状况，故一并纳入样本统计当中。

2 对于其中的一些主要意见，笔者进行了整理，与新中国成立后的主要意见，一并汇录于文后。

3 笔者采用的资料主要是以“西南”命名的书籍或论文，个别书籍并没有以“西南”命名，但明确提到了西南范围，自然也在第一类统计之列。

4 笔者将这125种样本汇编为《清末至民国时期125种论著反映的西南空间范围统计表》，并整理其资料来源，已一并附录于论文后，参见附录1。需要说明的具体情况，见附录1之该表表例。

5 唐泽江主编：《论大西南战略地位及其开发》，四川省社会科学院出版社1986年版，第1—2页。

6 下列论著均采用了该书的观点：周天豹、凌承学主编：《抗日战争时期西南经济发展概述》，西南师范大学出版社1988年版，第2页；黄立人著：《抗日战争时期大后方经济研究》，中国档案出版社1998年版，第33—34页；王红曼：《四联总处与西南区域金融网络》，《中国社会经济史研究》，2004年4期；戴逸、张世明主编：《中国西部开发与近代化》，广东教育出版社2006年版，第13页。

7 邓永龄：《探究西南方音及西南民族历史语言之管见》，《国立中央大学半月刊》，1929年第5期。

8 陈序经：《研究西南文化的意义》，《社会学讯》，1947年第7期。

9 李宗仁口述，唐德刚撰写：《李宗仁回忆录》下册，广西人民出版社1980年版，第980页。如李宗仁在自己的回忆录内表示：“美民主党政府如能于此最后五分钟改变对华政策，则西南川、滇、黔、湘、桂、粤、闽七省，或许不致土崩瓦解。”李氏口中的“西南”，甚至包括了福建，显然是恋恋于1930年代的西南政务委员会。

10 对语境分类原则的说明，参见附录1表例。

11 未署名：《西南职业教育之策进》，《教育与职业》，1924年，无期号。

12 刘晋柽：《西南灌溉事业之研究》，《建设》，1932年第13期。

13 衣复得：《西南之农田水利》，《中农月刊》，1942年第12期。

14 卢静远：《中央集权地方分权应因地制宜折》（宣统三年四月初三日），故宫博物院明清档案部编:《清末筹备立宪档案史料》上册,中华书局 1979 年版,第 352 页。

15 毛筠如、李元福:《西南边疆的的民间文学》,《东方杂志》,1943 年第 15 号。

16 宋希濂:《我在西南的挣扎和被歼灭过程》,《文史资料选辑》第 50 辑,第 1 页。

17 田久安:《抗战建国期间西南边疆之国防建设》,《七七》,1940 年抗战建国 2 周年纪念刊。

18 田久安:《抗战建国期间西南边疆之国防建设》,《七七》,1940 年抗战建国 2 周年纪念刊。

19 张百麟:《西南协会第二次宣言书》,《平论报》,1913 年第 1 号。

20 唐继尧:《唐继尧等为中日交涉建议西南整理军备互相提挈密电》(1915 年 2 月 25 日),中国第二历史档案馆、云南省档案馆编:《中华民国史档案资料丛刊·护国运动》,江苏古籍出版社 1988 年版,第 38 页。

21 1932 年,两广地方派及国民党元老派曾在广州设立"西南"两机关,其中,西南政务委员会带有大行政区性质,管辖"西南各省",另外一个"西南"机关,则是国民党中央执行委员会西南执行部,是国民党在西南的最高党务机关。蒋介石国民政府在内忧外患的状况下,暂时默认了两机关的存在。两广地方派则以"西南"两机关为号召,与蒋介石领导的国民政府处于和平对峙状态。直到 1936 年西南异动得以和平解决,国民政府正式撤销两机关,随之迎来了全面抗战。

22 孙中山:《建国方略》,辽宁人民出版社 1994 年版,第 158 页,173—180 页。

23 吴稣:《西南铁道系统与中国西北国防及其他》,《新亚细亚》,1932 年第 2 期。

24 施爱东:《中山大学民俗学会与早期西南民族调查》,《文化遗产》,2008 年第 3 期。

25 马长寿先生云:"中国西南民族系指四川、云南、湖南、贵州、广西、广东诸省所有之原始民族而言。"马长寿:《中国西南民族分类》,该文原发表于《民族学研究集刊》,1936 年第 1 期,今见马长寿著,周伟洲编:《马长寿民族学论集》,人民出版社 2003 年版,第 49 页;凌纯声先生亦云:"所谓西南民族,系指云南、贵州、四川、湖南、广西、广东诸省的非汉民族而言。"凌纯声:《云南民族的地理分布》,《地理学报》,1936 年第 3 期。

26 胡焕庸:《西南亟应建造之铁道》,《时代公报》,1932 年第 3 号。

结　　语

本书是针对民国时期西南大区观念、区划实践和建构过程的研究。“西南”作为我国的地理大区,具有在政治、经济、国防等多种因素影响下的人为区划特征。其复杂的演进过程主要体现为西南范围演变与地域格局的密切关系。笔者侧重于从探讨这一关系着手,立足于区域地理学,以历史地理区划研究为基础方法,探讨大区形成的地理基础、地理分区观念、各省区之间的地缘关系、交通网络、地域政治格局、地域经济联系等内容,通过复原历史区域在地域格局主导下形成的地域相似性、内联性、整体性,梳理各阶段西南范围认识和界定的总体轮廓,概括其变化的基本趋势,探究导致其变化的影响因素。

本书的主要结论如下:

第一,总体上,本书初步梳理了西南大区范围变化与地域格局的关系脉络。认为民国时期西南大区区划演进的总体趋势,体现为从自然发展下区域横向(东西向)联系向国防战略下纵断(南北向)联系的转变过程。

抗战前的西南,主要以西南六省(川、滇、黔、桂、粤、湘)为主体范围,整体上呈现出西南范围向东部沿海地区延展的趋势。这一范围是直接受到民初军阀政治下的政治区域影响而形成的，但本质上，它反映了贯通“三沿”（沿海、沿江、沿边）地带的自然要求，是近代以来地域格局的综合呈现，也是我国东西向地域联系态势的突出反映。

抗战以来，西南范围逐渐转变为以西南五省（川、滇、黔、桂、康）说为主导看法；新中国成立前夕，西南四省（川、滇、黔、康）说则呈现出急剧上升的趋势。与抗战前相比，抗战以来的“西南”受到国防战略影响，呈现出向内收缩、向西部高地（西康）延展的特点。与此同时，粤、湘、桂三省则开始逐渐脱离西南范围。这一转变主要是受以下因素影响而实现的：西南大后方战略、抗战形势下的地域格局变化以及军事战略区域（国统区、战区、沦陷区）的既成事实，等等。

至新中国成立前后，西南四省（川、滇、黔、康）最终以军政大区（如西南军政长官公署、西南大行政区）形式基本确立下来，从而奠定了现代西南大区范围的认识基础。新中国成立后的大行政区、西南经济协作区，延续民国后期大区区划思维，强调南北纵断联系，割裂同一流域省份，导致作为民国西南核心区省份的广西长期被排除在西南之外。这一定程度上制约了西南经济的发展。改革开放以来，西部开发战略下的西南范围界定，充分尊重区域横向联系的自然要求，将广西纳入现代大西南经济圈内，贯通三沿地带的地缘经济格局得以复现。

第二，本书认为，坐标系的建立、地理区位与空间整体范围（指我国疆域或“内地”）是影响大区划分与范围界定的基本因素。传统研究认为，大区是以政治中心为坐标中心而确立的，政治中心的转移将影响大区范围的变化。但笔者认为，这大体在宋元以前可以成立，倘若盖及整个历史时期，尚有待进一步研究。

我的初步看法是,至少从明代开始,也就是内边分野意识的前提下,以“内地”为整体范围,大致以“内地”几何中心为坐标中心的“四隅”分区已有较明确的体现,而政治中心转移影响大区范围变化的态势已有所减弱。这一变化趋势明确体现在明代吏部掣签分区状况当中。因此,民国前期的西南主要体现为在“内地”范围内使用的内方区概念,这也是抗战前西康、西藏往往被排除在西南之外的重要原因。

第三,本书针对民国时期的地域格局研究,着重强调了自然地理、交通布局、民族分布、省级行政区划等因素对西南大区范围演变的重要影响。分述如下:

1、由地形、地势、山脉、河流形成的自然地理界线是大区区划的重要依据,尤其是为地理界线横贯切割的省份(如湖南、湖北、西康等省),在大区界定中,总是体现出较强的“亦此亦彼”性。

2、交通布局则是研究空间结构的第一要素,本书对抗战前后西南交通格局进行了系统、全面的论述,在自然经济发展状态下,西南交通格局体现出东西向联系更为紧密与贯通“三沿”地带的总体特征。抗战以来,日军对我国沿海地区进行封锁,破坏与占领粤汉铁路,控制西南国际交通线,都对抗战背景下西南大后方建设的战略区规划产生了深远影响。

3、民族分布也是影响大区区划的重要因素,但并非所有大区的界定都受其影响。然就西南而言,民族分布格局为西南范围认定提供了重要的区划依据。秦汉时期西南夷的地域分布奠定了此后西南界定的基础;宋元以来对“西南诸蛮夷”分布的认识直接影响到了民国时期“西南民族”研究的地域范围。

4、省级行政区划也在西南大区范围界定方面扮演着重要角色。如民国时期的钦、廉地区归广东管辖,这造成广西无独立的出海通道,广东与滇、黔、桂等省在地缘关系上体现出不可分离之势。这一局面事实上加强了民国时期广东的"西南"归属性。再如:四川宁雅二属(今四川西昌一带)划归西康,对西康进入西南大后方建设战略区也具有重要意义。

第四,本书突破就"西南"言"西南"思路,从民国时期大区范围认识及其区划实践入手,探讨西南范围的演变。通过对内边分野下的地理分区进行探讨,笔者认为西南与华中、华南原本是两种区划模式下的大区概念。

"西南"是至少在明代已有明确体现的"习惯"大区区划,而华中、华南则是基于沿三大流域东西向联系的经济区划,具体以黄河流域为"北部"或"华北";以长江流域区为"中部"或"华中";以珠江流域区为"南部"或"华南"。西南大区在范围上与华中、华南的交错状态明显。二者实际上并非是可以并列使用的大区概念。

抗战时期,国防地理取代经济地理成为战略大区区划的首要考虑。整体上,大区区划呈现出更强调地形原则,尤其是太行山—巫山—雪峰山一线,作为第一阶梯与第二阶梯分界线,成为认定西南、西北大后方战略区的重要依据。加之,随着抗战形势发展,此线以东多为战区或沦陷区,此线以西则为国统区,事实上形成了战略大区、政治区域的空间分异状态。在大区区划上,这导致的直接结果是,长江、珠江上游省份(川、滇黔)脱离华中、华南大区范围;湖南、广东、广西则脱离西南范围。抗战胜利后,由于西南与华中、华南在空间范围上的分离,它们演变成为可并行使用的大区概念。

新中国成立前夕,国民政府设置五个军政长官公署(西北、西南、华中、东南、华南);新中国成立初期,中央政府设置六大行政区(华北、东北、西北、西南、华东、中南),基本确立了现代大区的范围认定。

第五,本书通过分析西南大后方战略,以及抗战初期西南范围认定状况,认为西南大后方战略以及抗战态势直接促使了“西南”的空间分层,形成了以川、滇、黔、康四省为主体范围的西南抗战建设“中心区域”,而以湖南、广东、广西为西南的“外卫区域”。“西南”的空间分层可能直接导致了“大西南”与“小西南”划分的出现。

第六,本书通过对大量历史文献、民国论著的引证,认为“西南”概念具有的双指向(south and west)功能,得出如下结论:

从构词法及空间表达功能来看,传统语境下的“西南”、“西北”等方位概念,有时是并列结构式的连接词。除了“一隅”指向(southwest)之外,实际上还存在一种“双方位指向”(south and west)的表达功能。“西南”这一空间表述功能,自历史时期一直延续到民国,均有显著体现。早期的体现,如“西南夷”是“西夷”与“南夷”的合称;民国时期,胡焕庸先生则以人口密度分界线——“腾冲—瑷珲线”将我国划分为“西北”与“东南”两个半壁,可谓具体落实了半壁斜式分区法。

目前学界对此少有认识。表面看来,这一结论微不足道,无关宏旨,但它为“西南”可以涵盖那些看似不符合其地理方位指向的省份,提供了重要的空间表达依据。传统语境下西南可涵盖广东;西北可包括西康、西藏,都是这一半壁斜式分区法的具体体现。同时,这也为我们深入认识历史时期的“西北”与“东南”的概念内涵和区域认识具有启示意义。

综上所述,西南大区范围演变事实上与各时期的地域格局、战略导向、分区观念等诸多因素有着错综复杂的关系。作为大区,“西南”一方面长期处于人们的习惯认识状态,另一方面也经历了近代以来以现代地理学为主导的人为区划与科学界定历程,整个过程中伴随着传统与现代的交融认识，区域单元在不同因素影响下的重组与整合，“西南”的整体范围由此也经历着不断的建构与重构。

西南大区区划演进、范围演变及其与地域格局的关系，是目前很少有人注意的创新性研究，本书研究虽属草创，但对建立起一个完整的体系，不无裨益。

附　　录

附　录　1

清末至民国时期 125 种论著反映的西南空间范围统计表

年份	作者及论著名称	论著类型	界定的“西南”范围（以一级政区为准）										语境	备注
			川	滇	黔	桂	粤	湘	康	藏	鄂	其他		
1909	张百麟：西南日报	刊物	√	√	√	√	√	√					政治	
1911	卢静远：中央集权地方分权应因地制宜折	奏折		√	√	√							政治/边疆	
1913	唐允义：西南协会第一次宣言书	宣言书	√	√	√	√	√	√			√		政治	
1913	张百麟：西南协会第二次宣言书	宣言书	√	√	√	√	√	√			√		政治	
1917	孙中山：建国方略	著作	√	√	√	√	部	部					经济	

续表

年份	作者及论著名称	论著类型	界定的“西南”范围(以一级政区为准)										语境	备注
			川	滇	黔	桂	粤	湘	康	藏	鄂	其他		
1918	李烈钧:致方声涛电	电文	√	√	√	√	√	√					政治	2
1922	章太炎:与西南六省	电文	√	√	√	√	√	√					政治	2
1924	未署名:西南职业教育之策进	论文		√	√	√							——	
1924	大　山:北伐声中的西南团结运动	政论	√	√	√	√	√	√					政治	2
1924	陈独秀:西南团结与国民革命	政论	√	√	√	√	√	√					政治	2
1927	广州中山大学语言历史研究所.周刊:西南民族专号	期刊	√	√	√	√	√	√	√	√		中南半岛	民族	2
1928	竞　化:中国建设时代的西南	论文	√	√	√	√	√						政治	2
1928	未署名:西南四省之新经济计划	要闻		√	√	√	√						政治/经济	2
1929	邓永龄:探究西南方音及西南民族历史语言之管见	论文	√	√	√							甘部	民族	
1931	万斯年:国立北平图书馆西南各省方志目录	著作	√	√	√	√			√				——	

续表

年份	作者及论著名称	论著类型	界定的“西南”范围（以一级政区为准）										语境	备注
			川	滇	黔	桂	粤	湘	康	藏	鄂	其他		
1931	楼桐茂：中国西南各省科学调查之实况：中山大学五年来对于滇黔湘桂粤川康各地之科学调查的工作	调查报告	√	√	√	√	√	√	√				经济	
1932	吴　稣：西南铁道系统与中国西北国防及其他	论文	√	√	√	√	√	√		√			交通	
1932	刘晋榁：西南灌溉事业之研究	论文		√	√	√			√	√			经济	
1932	张范村：西南畜牧事业之研究	论文	√	√	√	√			√	√			经济	
1932	洪　绅，李辑祥：西南交通初步计划	论文	√	√	√	√			√	√			经济/交通	
1932	胡焕庸：西南亟应建造之铁道	论文	√	√	√	√	√						交通	
1932	陈大受：开发西南各省区铜铅锌铁锰水银钴石油等矿产之研究	论文	√	√	√	√			√				经济	2
1932	吴承宗：西南电气建设初步计划	论文	√	√	√	√			√	√			经济	
1933	丁步武：抗日准备与整理西南	论文	√	√	√	√	√	√					政治/抗战	2

续表

年份	作者及论著名称	论著类型	界定的“西南”范围（以一级政区为准）										语境	备注
			川	滇	黔	桂	粤	湘	康	藏	鄂	其他		
1933	未署名：粤省拟设西南银行	要闻	√	√	√	√	√						政治/经济	2
1933	王伯群：致西南人士及当局论成广铁路有速成之必要书	倡议书	√	√	√	√	√		√				交通/抗战	2
1935	侯鸿鉴：西南漫游记（又名：西南七省漫游记）	著作	√	√	√	√	√	√			√		——	2
1935	刘　咸：国防建设与边疆民族	论文	√	√	√	√	√		√	√			边疆/民族	2
1935	亦　琴：历代研究西南民族之谬误	论文	√	√	√	√	√		√	√		东南亚	民族	2
1935	张其昀：中国地理的鸟瞰	论文		√					√	√			边疆	2
1935	章江波：西南交通建设计划书（上）	论文	√	√	√	√	粤西	湘西	√	√			交通/经济/抗战	
1935	骆继常：开发西南之矿业问题	论文	√	√	√			√					经济/抗战	
1936	汤惠荪：西南各省之农业问题	论文	√	√	√	√							经济/抗战	
1936	马长寿：中国西南民族分类	论文	√	√	√	√	√	√					民族	2
1936	凌纯声：云南民族的地理分布	论文	√	√	√	√	√	√					民族	2

续表

年份	作者及论著名称	论著类型	界定的“西南”范围(以一级政区为准)										语境	备注
			川	滇	黔	桂	粤	湘	康	藏	鄂	其他		
1936	佘贻泽:清代之土司制度	论文	√	√	√	√							民族	2
1936	朱鹤宾:统一救亡声中的西南铁路建设	论文	√	√	√	√	√	√					交通/经济/抗战/政治	2
1936	章　勃:完成西南铁路系统与民族复兴	论文	√	√	√	√	√	√					交通/经济/抗战	
1936	周开庆:开发西南的前提	论文	√	√	√				√	√			经济/抗战	
1936	勃　君:建设西南交通中心计划之管见	论文	√	√	√	√	√	√					交通/经济/抗战	
1937	张俊德:琼崖开发与西南国防	论文	√	√	√	√	√	√	√	√			经济/抗战	
1937	许晓泉:西南交通与农村经济	论文	√	√	√	√	√						交通/经济/抗战	
1938	卫挺生:调整西南各省区划刍议	论文	√	√	√	√	√	√					政治/抗战	
1938	张国瑞:如何建设西南	论文	√	√	√	√	√	√	√				经济/抗战	
1938	王成组:抗战期中推进西南垦荒之商榷	论文	√	√	√	√							经济/抗战	

续表

年份	作者及论著名称	论著类型	界定的“西南”范围（以一级政区为准）										语境	备注
			川	滇	黔	桂	粤	湘	康	藏	鄂	其他		
1938	王伯群：抗战建国与西南交通	论文	√	√	√	√		√					交通/抗战	2
1938	未署名：西南各省银行业勃兴	论文	√	√	√	√	√	√					经济/抗战	2
1938	孙亚夫：民众内移西南问题	论文	√	√	√	√			√				抗战	
1938	中国航空建设协会贵州分会：贵阳指南	著作	√	√	√	√		√					经济/交通/抗战	2
1938	孙福熙：西南是建国的田园	论文	√	√	√	√	√	√	√		√		抗战	
1938	凌民复：建设西南边疆的重要	论文	√	√	√	√							边疆/抗战	
1938	斯　英：西康建省与开发西南	论文	√	√	√	√	√	√	√				经济/抗战	
1938	未署名：西南六省交通建设之猛晋	论文	√	√	√	√	√	√					交通/抗战	
1938	贾士毅：从战时经济说到西南经济建设	论文	√	√	√	√	√	√					经济/抗战	2
1938	陆鼎揆：建设西南的必然性及其方案	论文	√	√	√	√		√					经济/抗战	2
1938	胡竟铭：西南交通问题之商榷	论文	√	√	√	√	√	√	√				交通/抗战	

续表

年份	作者及论著名称	论著类型	界定的“西南”范围（以一级政区为准）										语境	备注
			川	滇	黔	桂	粤	湘	康	藏	鄂	其他		
1938	陈国钧：西南新建设中的苗族问题	论文	√	√	√	√	√	√	√				民族/抗战	
1938	余定义：西南六省社会经济之鸟瞰	论文	√	√	√	√	√	√					经济/抗战	
1938	史维焕：西南经济建设管见	论文	√	√	√	√	√	√	√				经济/抗战	
1938	范云迁：发展西南合作事业与抗战前途	论文	√	√	√	√	√	√	√		√		经济/抗战	
1939	袁　著：论西南之国际交通线	论文	√	√	√	√	√	√					交通/抗战	
1939	方显廷等：西南经济建设论	著作	√	√	√				√				经济/抗战	
1939	中国旅行社：西南揽胜	著作	√	√	√	√		√					抗战	
1939	赵君豪：西南印象	著作	√	√	√	√		√					抗战	
1939	施建生：西南工业建设方案	著作	√	√	√				√				经济/抗战	
1939	白　水：今日的新西南	著作	√	√	√	√			√				抗战	2
1939	中央图书馆筹备处：重庆各图书馆所藏西南问题联合书目	著作	√	√	√	√			√	√			抗战	2

续表

年份	作者及论著名称	论著类型	界定的“西南”范围（以一级政区为准）										语境	备注
			川	滇	黔	桂	粤	湘	康	藏	鄂	其他		
1939	林熙春：今日西南各省之食的问题	论文	√	√	√	√							经济/抗战	
1939	屈均远：建设西南与开发水产	论文	√	√	√	√	√	√	√				经济/抗战	
1939	史可京：论西南应否作我民族复兴之根据地	论文	√	√	√	部		部	√		部		抗战	
1939	黄汲清：西南煤田之分布与工业中心	论文	√	√	√	√		√	√	藏东	√	陕南	经济/抗战	
1939	孙良录：西南：民族复兴的根据地	论文	√	√	√	√		√	√				抗战	
1939	蔡　泽：今日西南各省之行的问题	论文	√	√	√	√	√	湘西	√		鄂西南		交通/抗战	
1939	编　者：西南六省暨西北六省人口面积比较统计	统计表	√	√	√	√		√	√				抗战	
1939	未署名：西南资源与经济建设	论文	√	√	√	√	√	√					经济/抗战	
1939	谢国度：西南——我国之抗战根据地	论文	√	√	√	√		√					抗战	

续表

年份	作者及论著名称	论著类型	界定的“西南”范围(以一级政区为准)										语境	备注
			川	滇	黔	桂	粤	湘	康	藏	鄂	其他		
1939	董汝舟:战时西南工业建设问题	论文	√	√	√	√			√				经济/抗战	
1939	寿景伟:对外易货问题与西南经济建设	论文	√	√	√	√	√		√				经济/抗战	
1939	未署名:发展西南经济刍议	论文	√	√	√	√			√				经济/抗战	
1939	未署名:西南——新中国的根据地	范文	√	√	√	√		√	√				抗战	
1939	中央青委给少共国际的信:关于中国目前青运的情况	信函	√	√	√	√	√						政治	
1940	陈安仁:经济作战之农村生产问题	论文	√	√	√	√	√	√					经济/抗战	2
1940	高玉柱:西南夷胞与西南国防	论文	√	√	√	√	√	√	√				民族/抗战	2
1940	田久安:抗战建国期间西南边疆之国防建设	论文	√	√	√	桂西南		湘西	√		鄂西南		边疆/抗战	
1940	陈立夫:如何共同建设西南		√	√	√	√	√	√	√				抗战	
1940	聂光堉:提倡及改良我国麻业之管见	论文	√	√	√	√							经济/抗战	

续表

年份	作者及论著名称	论著类型	界定的“西南”范围(以一级政区为准)										语境	备注
			川	滇	黔	桂	粤	湘	康	藏	鄂	其他		
1940	翁文灏:西南经济建设之前瞻	论文	√	√	√	√							经济/抗战	2
1940	蔡次薛:开发西南与交通建设	论文	√	√	√	√			√				交通/经济/抗战	
1940	何咏南:抗战重心的西南	论文	√	√	√	√			√				抗战	
1940	蒋滋福:西南经济建设四大要素之检讨	论文	√	√	√	√		√	√				经济/抗战	
1941	蒋君章:战时西南桐油问题	论文	√	√	√	√		湘西	√				经济/抗战	
1941	张廷休:西南青年的责任	论文	√	√	√	√	√	√	√	√		东南亚、南亚	抗战	
1941	好逸:由西北形势的优越谈到和西南交通联络的重要	论文	√	√	√	部	部	部	√				经济/交通/抗战	
1941	丁道谦:西南证券市场之我见	论文	√	√	√	√							经济/抗战	2
1941	徐曰琨:西南农村金融问题与合作金库	论文	√	√	√	√	√	√	√				经济/抗战	2
1941	张有龄:西北与西南农田水利之展望	论文	√	√	√	√			部				经济/抗战	

续表

年份	作者及论著名称	论著类型	界定的“西南”范围(以一级政区为准)										语境	备注
			川	滇	黔	桂	粤	湘	康	藏	鄂	其他		
1941	丁　颖:西南各省公路沿线之农业概况	论文	√	√	√	√	√	√				赣	经济/交通/抗战	2
1941	郭荣生:四年来西南西北金融网之建立	论文	√	√	√	√			√				经济/抗战	2
1941	陆象贤:新中国经济地理教程	著作	√	√	√	√	√	√					经济/抗战	
1942	闻　宥:西南边民语言的分类	论文	√	√	√	√	部	部	√	部	部	青甘陕部	边疆/民族/抗战	
1942	衣复得:西南之农田水利	论文		√	√	√							经济/抗战	2
1942	叶良辅:抗战初期我国西南之矿产业	论文	√	√	√	√			√				经济/抗战	2
1943	王燕浪:西南与西北	论文	√	√	√	√			√				抗战	
1943	陈　原:中国地理基础教程	著作	√	√	√	√	√		√				抗战	
1943	毛筠如、李元福:西南边疆的的民间文学	论文	川西南	√	√	√	粤北及海南	湘西	√			东南亚之越暹缅	边疆/民族/抗战	

续表

年份	作者及论著名称	论著类型	界定的“西南”范围(以一级政区为准)										语境	备注
			川	滇	黔	桂	粤	湘	康	藏	鄂	其他		
1943	郑鹤声:清代对于西南宗族的抚绥	论文	√	√	√	√		√			√		民族/抗战	2
1943	贾静贞:论西南的水土	论文	√	√	√	√							抗战	
1944	蒋君章:中国边疆地理	著作		√		√	√	√					边疆/抗战	
1944	任美锷:中国西南国防工业区域的轮廓	论文	√	√	√	√			√				经济/抗战	
1944	贺 湄:中国地理讲话	著作	√	√	√	√	√	√	√				抗战	
1944	陶云逵:西南边疆社会	论文	√	√	√	√	√	√	√	√			民族/边疆/抗战	
1945	俞履圻:西南各省之粳稻	论文	√	√	√	√		√	√				经济/抗战	2
1945	鲍觉民:西南经济建设与水力利用	论文	√	√	√	√							经济/抗战	
1945	张肖梅:对开发西南实业应有的认识	论文	√	√	√	√			√				经济/抗战	
1945	李卓敏:中国西南之经济发展	论文	√	√	√	√			√				经济/抗战	

续表

年份	作者及论著名称	论著类型	界定的“西南”范围(以一级政区为准)										语境	备注
			川	滇	黔	桂	粤	湘	康	藏	鄂	其他		
1947	蒋君章:西南经济地理	著作	√	√	√	√			√				经济	
1948	江应樑:请确定西南边疆政策	论文	√	√	√	√	√	√	√				边疆/民族	
1948	胡　某:论西南棉区	论文	√	√	√	√			√				经济	
1948	宋达泉:西南棉区之土壤	论文	√	√	√	√							经济	2
1948	俞启保:西南棉区之棉种	论文	√	√	√	√		√	√				经济	2
1948	傅盛发:西南棉区之虫害问题	论文	√	√	√	部			部				经济	
1948	杨德安:中国国防地理	著作		√		√			√	√		新疆	边疆	
1949	宋希濂:我在西南的挣扎和被歼灭过程	文章	√	√	√			湘西	√		鄂西	陕南	政治	
1949	韦开宇:华南和西南	论文	√	√	√				√				——	
1949	横　眉:酝酿中的西南集团	论文	√	√	√				√				政治	2

【表例】

1. 民国以“西南”命名的著作、论文,笔者大致看到500余种,其中精选出上述论著。限于条件、时间及精力,遗漏是非常多的,这是本统计存在的一个缺憾。各样本来源见本书参考文献。

2. 本统计以民国时期一级政区为认定标准,其中“重庆”不再单独列出,而是涵盖在四川之下。海南涵盖在广东之下;通常情况下,用“√”符号表示作者认定该省属于“西南”。有些省区只是部分地区被纳入到“西南”视域之下,我将用“部”的形式注明。通常包括两种,一种是作者仅表述“西南”包含“湖南之一部”,即以“部”标明;

另一类是作者表述“西南”包含“湘西、湖南西部”，即以“湘西”标明。

3. 统计表将以下列顺序自左向右编排：年代、作者及论著名称、作品类型、界定的“西南”范围、语境、备注。共6栏。在“界定的‘西南’范围”之下，另列滇、黔、川、桂、粤、湘、康、藏、鄂、其他（省份）共10栏。各省区的先后顺序没有差别，单独列出10省，则是根据论著中出现次数较多的省份归纳出来的。

4. 备注一栏内之“2”字样，表示该样本属于第二类样本，具体说明，参见文内相关部分。

5. 年份的确定，是根据作为样本的论著的初版年代为准，仅标明年份；对于无法区别是否初版或再版的，则以该论著注明年代为准。

6. 由于文化意识、语言表述的差异，原稿使用外文写就的论著不在统计之列。

7. 一般情况下，所涉及的论著作者，若为同一人，只统计一次；倘若其在不同论著中所谈到的“西南”范围不相同，则分别计入。

8. 有些论著较为详细地区别了广义的、狭义的“西南”，或者是“大西南”与“小西南”等概念及其范围，可能提出多种“西南”范围论，面对这种情况，笔者在统计时则采取作者最终在该文中认定的“西南”范围；倘若作者没有明确认定“自己”的西南，则以作者文内讨论范围为准；再次则以广义西南或大西南范围为准。

9. 为了细化分析，笔者对每个样本进行了语境归纳，分为以下6种语境类型：政治、经济建设（经济）、民族、抗战、交通、边疆、社会。笔者对样本的语境分类，主要采取以下原则：(1)尽量归纳明显的语境；(2)尽量以大语境进行分类，小语境则归入大语境之下。(3)鉴于部分样本的语境太具体，例如“职业教育”等等，很难归纳，则以“——”标明。具体说明，参见文内相关部分。

附 录 2

近代以来关于西南范围界定的主要意见

1. **张百麟《西南协会第二次宣言书》**(1913年)

【原文摘录】 人类的生活,地域的生活也。……今者西南协会之结合,地域的结合也。两湖据长江上游,左接黔、蜀,右邻桂、粤;滇、黔、蜀三省与中原之交通,湘、汉且为其咽喉焉。若夫两粤之形势,则一方近邻南海,直接英人之租借地;一方逼于法越,强邻酣睡于卧榻之侧,欧风美雨之逼近更不自今日始也。至于四川夙称天府之国,近接滇、黔、湘、鄂,密迩西藏,沃野千里,本足以有为,而大利所在,野心国早已注意及之矣。云南后接川、桂、黔三省,前临缅甸、越南,外患之逼,较他省尤有岌岌不可终日之势。贵州据山傍岭,旧称岩疆,然襟滇带楚,近桂邻川,以地势而论,实为西南各省之中心点,更不能以山国小之。夫然则西南各省之关系切近,固彰明较著也。就政治上说,苟一省不治,必将扰及邻封,譬诸人身,指臂腹心,血脉本互相联络,一部有病,则害及全体,不待周身病作,始谓之为险症也。地域生活之关系,岂有以异哉。就经济上说,西南各省均有生产交换之关系,交通业与工商业之进退,常直接间接互有利害于邻地,一省人民之生计,辄影响及各省之治安,此亦识者所能详道者也。民国成立,庶政待举,两国内交通不便,政治上、经济上之阻碍尤多,若吾西南人士能互相为谋,先求旨趣之结合,继谋文化之并进,则大之足以助中央之统一,小之亦足以增地方之福利。况光复以后,法律、道德,初经残破,尚未回复,各省平民势力,极其薄弱,共和之精神,几无从实现,同人有鉴于此,组织斯会,不能稍缓,意在以团体资格,作社会之导师,为官厅之诤友。日以血诚公义,呼号于西南官吏、人民之前,一方化除内讧,以共御外侮;一方互相提携,以整顿内政。果急起直追,始终以西南幸福为前提,则他日成绩,当不在各政党下也,惟是知之非艰,言之非艰,行之为艰,实事求是,是在吾西南协会之同志。

【资料来源】 《平论报》,1913 年第 1 号。

【说　　明】 周素园《贵州民党痛史》云:"吾侪政治活动本以国家为对象,今鞭长莫及,至少亦团结西南数省形势才有可为,谓宜定名为'西南日报'。(风按:前为张百麟语)……其后编排顺序,中央要闻后,贵州、四川、湖南、广西、云南、广东平列为六栏;特约通讯,力谋六省关系之接近。(入民国后,军阀横恣,民党活动之根据地,乃专恃西南以为对抗,百麟于此,若有先知启示者,亦异矣)。"参见中国史学会主编:《中国近代史资料丛刊·辛亥革命(六)》,上海人民出版社 1957 年版,第 422 页。

2. 孙中山著:《建国方略》(1917 年)

【原文摘录】 中国西南一部,所包含者:四川,中国本部最大且最富之省分也;云南,次大之省也;广西、贵州,皆矿产最丰之地也;而又有广东、湖南两省之一部。此区面积有六十万英方里,人口过一万万。

【资料来源】 辽宁人民出版社 1994 年版,第 173 页。

【说　　明】 原文写作于 1917 年,时间以此为准。

3. 邓永龄:《探究西南方音及西南民族历史语言之管见》(1929年)

【原文摘录】 所谓西南者,本迁书《西南夷传》,指今川、滇、黔(甘肃一部分)等省。今又有以之并斥粤、桂者,义则稍爹。(迁书别立《南越传》)

【资料来源】 《国立中央大学半月刊》,1929年第5期。

【说　　明】 爹,音奢,空泛义。

4. 章江波:《西南交通建设计划书(上)》(1935年)

【原文摘录】 然则我国交通事业,应如何分定区域耶,此问题甚大,非广集专家,共同商榷,不易置答。而兹所欲陈者,西南必须特划为一建设交通之区域耳,虽然昔之言西南者,多笼统指西南各省,或合西康、西藏等处,今既欲为具体筹划,必须确定筹划之范围。鄙意以为西南应包括四川、贵州、云南、广西、广东(西部)、湖南(西部)、西康、西藏八处,……

【资料来源】 《四川经济月刊》,1935年第3期。

5. 张其昀:《中国地理的鸟瞰》(1935年)

【原文摘录】 近年来通俗的论文,常常提到东北、西北、东南等名词,东北范围较为确定,包括辽、吉、黑三省,即所谓东三省,热河省后来勉强加入的。"西北"二字很容易引起误会,世人对于陕、甘、青海、宁夏等省亦多称为西北,其实甘肃凉州为我国疆域上真正中心点,陕、甘等省乃是中国的中部,嘉峪关外如新疆、外蒙古可称为真正的西北,至青海地位则偏于中国西南部。西藏、西康、云南等地组成我国西南边疆,而青海与热河二省其实均为内地。照这样的分区,则东北边疆为对日的,西北为对俄的,西南为对英的,在政治地理上确有相当重要。

【资料来源】 《独立评论》,1935年第167号。

6. 向尚等著:《西南旅行杂写·南柳杂写》(1937年)

【原文摘录】　他们(风按:盖指新桂系军政要人)对"西南"二字的范围很重视,常根据《唐史》以说明"西南"二字在中国版图上,不仅是指粤、桂、滇、黔几个省,而是包括着安南、缅甸、暹罗以及其他被外人劫去了的大小属国。广西有志之士对于所谓"西南"二字的意义,便大有和德意志对于东普鲁士一样的,有着重大的意味和志趣。

【资料来源】　中华书局1937年版,第98页。

7. 张俊德:《琼崖开发与西南国防》(1937年)

【原文摘录】　欲明琼崖与西南之国防,吾人当应明了西南在地理上之范围者如何,盖今指西南乃包括广东、广西、湖南、云南、贵州、四川、西康、西藏八省区也。而此八省区若比一屋宇,则两广为此屋宇之门户;而琼崖又为此门户之锁钥。琼崖存,则两广存;琼崖亡,则两广亡,两广亡则西南危矣。

【资料来源】　《边事研究》,1937年第1期。

8. 卫挺生:《调整西南各省区划刍议》(1938年)

【原文摘录】　今湖广以西,五岭以南,今之所谓西南各省也。其大而富者,如广东,如四川,其土地人口物产皆与欧洲中部之各大国略可相等。其瘠而贫者,如贵州,如西康,其物产财赋曾不敌江浙之一大县。云南、广西亦甚贫瘠,自给维难。

【资料来源】　《时事类编》,1938年第29期。

【说　　明】　卫挺生《西南经济建设之我见》(《西南实业通讯》,1940年第6期,)又云:"所谓西南,其范围系包括川、黔、桂、湘、滇、粤六省而言。"卫氏在《开发西南经济意见》(《四川经济月刊》,1938年第3期,)一文中,则主张以川、滇、黔为西南重点建设省份。

9. 史维焕:《西南经济建设管见》(1938 年)

【原文摘录】 惟西南各省,居全国西陲,宁、青、西藏屏障于西北,陕、皖、赣、鄂掩护其东北,安南、缅甸围绕其南,除广东滨海部分外,大抵可作国防工业及一般产业之重心。

【资料来源】 《时事类编》,1938 年第 27 期。

【说　明】 分析作者所言,其所谓"西南各省",当是指康、川、滇、黔、桂、湘、粤七省而言。此条也体现了复合方位词的双方位表述特点,所谓"陕、皖、赣、鄂掩护其东北",陕西在正北,江西属正东。

10. 孙福熙:《西南是建国的田园》(1938 年)

【原文摘录】 西南各省包含云南、贵州、四川、西康为轴心,而以广东、广西、湖北、湖南为外卫。

【资料来源】 《旅行杂志》,1938 年第 11 期。

11. 孙亚夫:《民众内移西南问题》(1938 年)

【原文摘录】 至现有地区,可划为三区:一为复兴区域,西南之川、康、黔、滇、桂五省是也;二为发展区域,西北之青海、甘肃、新疆三省;三为军事区域,今之粤、闽、赣、鄂、湘、陕、宁及皖、浙、豫之未失县区是也。

【资料来源】 《中外经济拔萃》,1938 年第 10 期。

【说　明】 此则似亦能体现湘、粤作为西南外卫区域的人为区划特点。

12. 方显廷等著:《西南经济建设论》(1939 年)

【原文摘录】 西南一词,恒指粤、桂、川、康、滇、黔等省。自军兴以来,我国最高当局采取以空间战胜时间之抗战政策,西南各省,遂一跃而为全国军事政治经济及交通之重心,开发西南运动,遂为朝野上下所注目。最近,闻行营有西南经济建设委员会之设,划川、康、滇、黔为该会工作对象，于是西南一词，包括范围较狭，然含义则更见肯定。良以战区日广，即位居西南之粤、桂等省，从经济建设之场言之，自应另划为外卫区域，而以川、康、滇、黔四省为建设之中心，本文所指之西南，亦照行营定义，庶免混淆。

【资料来源】 独立出版社1939年版，第4—5页。

13. **张国瑞：《我们需要一个西南最高的经济计划机关》**（1939年）

【原文摘录】 现在西南经济建设之外卫区域（即湘、粤），我忠勇将士正与强敌浴血苦战，我们应立即在中心区域（即川、康、桂、滇、黔）建设图强的工业，即军备工业，以及作为军备工业之基础的重工业，使国防军的需要能自己供给，即是敌人封锁我海口，亦影响不了我们抗战的能力。

【资料来源】 该文原载张国瑞编：《开发资源与西南新经济建设》，中国建设出版社1939年11月初版；今见重庆市档案馆编：《抗战时期大后方经济开发文献资料选编》（内部发行），2005年。

【说　　明】 相似表述又见：张国瑞《西南经济建设委员会之设置问题》，《西南导报》，1939年第4期；张国瑞《如何建设西南》（《西南导报》，1938年第1期，）又云："这里所谓西南，其范围是指川、康、黔、滇、湘、桂、粤数省区域而言，……"

14. **黄汲清：《西南煤田之分布与工业中心》**（1939年）

【原文摘录】 普通所谓西南并没有一定的地理学上的意义。我们现在不妨分别一个"大西南"和一个"小西南"。小西南就是川、滇、黔三省，再加上西康和西藏东部的地方。从地理的眼光看来，小西南的范围，北面有岷山山地和青海草原分界，有巴山山脉和汉江流域分界，有名的阴平道和南栈道即在其间，这是天然的长城。东南的三峡是"不可侵入的"，湘西的武陵山和雪峰山也是天然的屏障。南而广西的石灰岩山地,从广西的东北部延展到广西的西南,而云南南部的万山错杂,就是从安南进攻也是极困难的。大西南除包括小西南在内,尚有广西、湖南、湖北和陕南汉中区域;北面的终南山、伏牛山、大别山,东面的幕阜山、九岭山、武功山、万洋山和南岭山脉,都是很容易防守的。我们相信,只要没有洪承畴、吴三桂,小西南是绝对可以防守的。大西南的防守就比较困难,目前的抗战形势就是好例;我们应该要建筑南阳武胜关、马当湖口武穴和钦州湾三个马卿诺防线,来包围我们的大西南。在不得已的时候我们只好忍痛放弃沿海各省和华北,但大西南是不能放弃的,小西南尤其绝对不能放弃。大西南是中华民族的生命线,小西南尤其是我们的生命线。我们要依靠我们的西南,来恢复我们的沿海、华北和东北四省。

【资料来源】《新经济》,1939 年第 7 期。

15. 孙良录:《西南——民族复兴的根据地》(1939 年)

【原文摘录】 当中国人一谈到西南为中国民族复兴及抗战最后胜利的根据地时,他会在脑子里联想到中国的这一部分土地。这部分土地包括湖南、广西、云南、贵州、四川及西康六省。

【资料来源】《黄埔》,1939 年第 25 期。

【说　　明】《英文自修大学》(半月刊)1939 年第 1 期《地理知识》栏目内,收录一篇作为普通学生英汉对照学习材料的未署名文章,名曰《西南——新中国的根据地》,开首云:"中国人一讲到西南,他心目中是有一定的领域。它意思是指湖南、广西、云南、贵州、四川和西康六省。"从全文来看,此文当自孙良录文改写而来。作为学习教材,亦可见湖南、广西二省作为"西南"的一部分,至少属于一种较普遍的区域范围认识。

16. 谢国度:《西南——我国之抗战根据地》(1939 年)

【原文摘录】　我国地理习惯区域之划分,常与政治区域之划分,微有不同。政治区域概及全国二十八省,一地方,六直辖市,二行政区,分为中部地方、南部地方、北部地方、东北地方、漠南北地方及西部地方等六部。中部地方包括江苏至四川等九省市,南部地方包括福建至云南等五省,北部地方包括河北至甘肃等十一省市,东北地方包括辽宁至热河等五省区,漠南北地方包括察、绥、宁、蒙四省区,西部地方包括新、青、康、藏四省区。而习惯区域则有东北、华北、华中、华南、西北、西南诸多称。东北、华北、华中、华南诸地或在政治区分上,犹可与上列之东北、北部、中部、南部四"地方"所包括之省区相浑合,至若西南与西北两地域,如以与上述各"地方"之省区相对照,则不能丝丝如窍。因我国疆域辽阔,西北与西南之界说,有广义与狭义之不同,狭义的西北系指陕、甘,而广义的西北则可包括陕、甘、绥、宁、青海及蒙新一带;狭义的西南仅指两广、云贵,而广义的西南则可包括两广、云贵、四川、西康与湖南之一部,其范围约可与总理(孙中山)实业计划中之西南铁路系统所展布之地域相同。惟湘、粤两省之一部,一则邻近战区,一则以遭侵略者之铁蹄蹂躏,对于抗战建国,只能视为前卫,殊难倚作根据。故于本文之内,拟将湘、粤两省除外。而本题所指"西南",虽系就广义的西南立言,亦仅限于四川、西康、云南、贵州、广西五省。

【资料来源】　《明德》(月刊),1939 年第 1 期。

17. 蔡　泽:《今日西南各省之行的问题》(1939 年)

【原文摘录】　西南范围,普通指四川、西康、贵州、云南、广西、广东六省,但事实上,湖南省粤汉路以西四分之三以上的面积和湖北省长江西南松滋、恩施各属六分之一以上的面积,也都在今日大西南的“关系地带”以内。就目前抗战形势而言，这种区划更为明显密切。

【资料来源】《时代精神》，1939 年第 4 期。

18. **蒋滋福：《西南经济建设四大要素之检讨》（1940 年）**

【原文摘录】 在检讨各项经济建设要素之先，吾人必须假定西南界说，平时所谓西南，系指川、康、黔、滇四省而言，惟现时所谓西南乃指我国抗战后方之整个西南单位，湘、桂两省均应列入范畴之内，……

【资料来源】 中国经济学社编：《战时经济问题》，商务印书馆 1940 年版，第 366 页。

19. **田久安：《抗战建国期间西南边疆之国防建设》（1940 年）**

【原文摘录】 论西南边疆之国防建设，并非单纯指毗邻边境之几处国防线或国防重镇地带的建设而言，乃系指整个“大西南”地带之国防建设，建设整个西南国防力量之政治、经济、文化等，方可巩固西南国防，否则将无成功之希望。因此在未论及西南边疆国防建设的本质之前，对所称应建设西南边疆之范围，应予以概括的说明。研究边疆之学者与专家，对于西南边疆之范围划分的观点，虽无大出入，但亦不尽同，有以四川、西康、贵州、云南、广西、广东六省属之者，有以四川、云南、贵州、广西四省属之者，介乎两说之间者，则以四川、西康、云南、贵州、广西五省属之。按诸地理，度之情形，三说皆不尽合。考六省之说，将广东省划入，以地理位置而论，实超出其范围，似较不当；四省之说，略西康而不言，考西康，当川、藏两地之冲，外邻缅、印为国防要路，实我西南边疆的主要地区，何可舍而不论耶？故此说更较不当；察诸五省之说，较各说为合理，一般研究西南边疆者，大都以此为其范围，但此说徒以政治区划为其范围标准，大体上视之，固相差甚微，唯考诸地理，察诸实际，亦未免有牵强之处，尤其当此抗战建国的目今形势之下，正从事大西南之建设时代，其所谓西南国防建设之“关系地带”，自不应仅此之呆板的划分。川、康、滇、黔、桂五省固在范围之内，此外事实上，湖南省西部沅水流域一带即乾城（第四区）、邵阳（第六区）两督察专员区所属十五县之地，与湖北省大江西南，即恩施（第七区）督察专员区所属八县及长阳、五峰占全省六分之一的面积，均应包括于今日西南边疆的范围之内，无论于地理位置与在抗战情势而论，此种划分较为切当。

【资料来源】《七七》，1940 年抗战建国 2 周年纪念刊。

20. 张廷休：《西南青年的责任》（1941 年）

【原文摘录】此地所说的西南，除川、康、藏、滇、黔、粤、桂、湘等地而外，印度支那半岛、马来半岛及其附近各岛屿都包括在内。

【资料来源】《中国青年》，1941 年第 6 期。

【说　　明】所见西南范围，以此说最大，非普通之方区认知，而是体现了作者依照国防地理的人为建构意识。

21. 张有龄：《西北与西南农田水利之展望》（1941 年）

【原文摘录】抗战以来，人皆曰西北或西南，试述其简略分法。置地图于案端，可知除东三省外，吾国主要省份乃在经线 100 度至 120 度与纬线 23 度至 43 度间，将此正方于 110 度经线上对分为二，西半之地距海面 1000—4000 公尺不等，可称之华西高地，将此长条再于纬度 33 线上对分为二，则北部可称为西北高原，南部称为西南山地。南北之分出于地理环境；西北全年平均气温约摄氏 12 度，西南为 16 度，西北全年平均雨量为 400 公厘，西南为 1000 公厘；西北包括陕西、甘肃、宁夏、绥远及青海之一角，大部在黄土区域，山层埋没于下，表面广大平原，是以称为西北高原；西南包括四川、贵州、云南、广西及西康之一角，按地质学家之研究，乃古代湖海，因地壳之演化而突升陆地者，表面土层浅薄，是以称为西南山地。

【资料来源】《中农月刊》，1941年第7期。

22. 闻　宥：《西南边民语言的分类》（1942年）

【原文摘录】“西南边疆”这一个名词，近年来颇习用于一部分人士的口头和笔下。但是“西南”二字的范围如何，却谁也没有下过相当的区划。本文所讲，拟以西经91至东经113，南纬22至北纬36为大体的界限。这完全是为了说明语言种类的方便，从别的学问上看来，也许全不适用，亦未可知。

就上述范围而论，大体上包括西康、四川、云南、贵州、广西诸省的全部，和青海、甘肃、湖南、湖北、陕西、广东诸省以及西藏的一部分。

【资料来源】《学思》，1942年第1期。

23. 毛筠如、李元福：《西南边疆的民间文学》（1943年）

【原文摘录】我们知道，中国西南边疆包括整个的康、滇、黔、桂四省和四川的西南部，湖南的西部，广东的北部，和海南，及一直南伸入中南半岛的越暹缅。

【资料来源】《东方杂志》，1943年第15号。

24. 蒋君章著：《西南经济地理》（1947年）

【原文摘录】汉所谓“西南”实包括今贵州、云南及四川西部，附带及于陇南，……此与现时所言之西南，颇为不同。按民国肇兴以后，护法政府当时目为西南政府，其势力所及为两广及川滇黔；国父《建国方略》中的西南铁路系统，则以四川、云南、贵州、广西四省并湖南、广东各一部分为范围；地质学家谢家荣先生以经济为观点，分全国煤矿为6大区，其中一区为西南区，包括云南、贵州、四川、广西四省之煤田;黄汲清先生则以地理为观点,分西南为“大西南”与“小西南”两种,小西南包括川、滇、黔、康四省和西藏东部,而以湖北、湖南(风按:蒋文内没有“湖南”,我根据黄汲清先生原文补入)、广东(风按:黄汲清先生没有提及“广东”)、广西以及陕西之汉中区为小西南之前卫,合并称为“大西南”;经济学家史维焕、蒋滋福两先生则谓西南应包括川、康、滇、黔、湘、桂六省。由此可知西南之说甚多,实系泛指而无一定之范围。按我国领土几何上之中心为甘肃省的凉州,所以真正的西南,实仅滇西及康、藏而已;若以南京为中心,则江西省也算在西南之范围以内,那就不成话了;若以现时首都重庆为中心而言,则川、康北部,桂、黔东部皆不得谓之西南,今参酌各家所说,及国防经济上彼此相依的特点,酌定川、黔、桂、滇、康五省为西南,又西南无出海口,为使西南经济发展便利起见,应以广东钦县为西南出口港(粤、桂省界应调整),那末广东西南部与整个西南,也有不可分离之势。

【资料来源】 商务印书馆1947年版,第1—2页。

25. 韦开宇:《华南和西南》(1949年)

【原文摘录】 从习惯上来说:以长江南岸,江苏、安徽、湖北等省的一部,及浙江、安徽、福建、广东、广西、台湾、海南等省的全部称做华南。这地方正当东海、南海的围绕,和西南围绕线接近,是中华民族将来消灭帝国主义一个重要地区,在边防上尤其重要。西南则指贵州、四川、云南、西康等省而言,这个地区,在我们革命的任务上来说更是重要,不但接近边防,而且还有少数民族,我们不能不努力争取。

【资料来源】 《社会新报》,1949年第3期。

【说　　明】 从此文来看,1949年,已将“西南”与“华南”两个方区范围剥离得非常清晰。

26. **谷英编著:《伟大祖国的西南》**(1954年)

【原文摘录】 伟大祖国的西南(原西南行政区)有四川、贵州、云南和西康四省。它们的北边和陕西、甘肃、青海相接,东边和湖北、湖南、广西交界,西边是号称"世界屋脊"的西藏。

【资料来源】 新知识出版社1954年版,第5页。

27. **马之骕著:《中国的婚俗》**(1981年)

【原文摘录】 西南是我国版图上之西南地区而言,如滇、黔、蜀、湘、桂等均属之。

【资料来源】 原书初版于台湾经世书局1981年,今见马之骕著:《中国的婚俗》,岳麓书社1988年版,第312页。

【说　　明】 此则似乎能够代表现代部分台湾学者对"西南"范围的认识。

28. **未署名:《开发大西南战略学术讨论会第一次会议纪要》**(1986年)

【原文摘录】 大西南的外延有三种:(1)"小西南":范围是指四川、云南、贵州三省,包括重庆市。(2)"中西南":含义是指四川、云南、贵州、广西和重庆市,按照四省(区)五方经济协调会议的行政管辖范围。(3)"大西南":外延是指四川、云南、贵州、广西和重庆市,再加上西藏藏族自治区。本纪要所说的大西南,是指除西藏而外的四省区五方经济协调会议的管辖范围。

【资料来源】 唐泽江主编:《经济社会发展战略研究理论与实践》附录,四川社会科学院出版社1986年版,第173—174页。

29. **唐泽江主编:《论大西南战略地位及其开发》**(1986年)

【原文摘录】 本书所论及的大西南,其范围包括:四川省、云南省、贵州省、广西壮族自治区和重庆市共四省(区)一市,是一个拥有137.86万平方公里国土面积,2.02亿人口,自然条件和经济发展水平相似,联系比较密切的经济区域。

历史上,大西南是一个地域范围不确定的概念。人们一般把位于祖国西南边陲的一大片地区泛称为"西南"或"大西南"。抗日战争时期,西南成为全国的战略后方,但在西南的地域划分上不尽一致,有"西南七省"(川、康、滇、黔、桂、湘、粤)、"西南六省"(川、康、滇、黔、桂、湘)、"西南五省"(川、康、滇、黔、桂)和"西南四省"(川、康、滇、黔)等诸种说法。但从这一时期国民党政府开发西南的规划和实践来看,西南主要包括川、康、滇、黔、桂五省,这与我们现在的划分大体一致。

解放战争时期,中国人民解放军进军大西南,一九五〇年,西南军政委员会在重庆成立,至此,西南地区第一次有了较明确的地域概念:包括四川(川东、川南、川西、川北)、重庆市、云南、贵州、西康和西藏。尔后,撤销西康省,一部分并入西藏(即今昌都地区),一部分划归四川。一九五四年,西南行政区曾一度撤销,一九五六年又恢复,一直到"文化大革命"。此间,西南行政区包括四川(含重庆市)、云南、贵州、西藏四省区。

一九八四年,有四省区五方参加的经济协调会议决定成立西南经济协作区,五方包括四川、云南、贵州、广西和重庆市。

【资料来源】　四川省社会科学院出版社1986年版,第1—2页。

30. 方国瑜著:《中国西南历史地理考释》(1987年)

【原文摘录】　本书所说西南地区的范围,即现在云南全省,又四川省大渡河以南、贵州省贵阳以西,这是自汉至元代我国的一个重要政治区域——两汉为西南夷,魏晋为南中,南朝为宁州,唐为云南安抚司,沿至元代为云南行省,——各时期疆界虽有出入,而大体相同。到明代成立贵州省,又把金沙江以北划归四川省,故明、清限于云南一省。而云南省的西南边境，自明季西方殖民主义的侵略势力不断伸展，以至清季缅甸、老挝、越南沦为英、法帝国殖民地，且强占我国边土，改变了自古以来的边界线，所以有些地方就在现今国界之外。

【资料来源】 中华书局1987年版，第1页。

31. 中国科学院西南资源开发考察队著：《西南区域发展》(1991年)

【原文摘录】 川、滇、黔、桂四省区……是一个境域辽阔，人口众多，地貌类型多样，气候条件复杂，自然资源丰富，经济发展相对落后，内部差别异常明显的地区。川、滇、黔三省，由于地理位置和自然条件存在着较大的相似性，在历史和文化上也有密切的联系，历来被看成全国一个大地域单元。1984年，川、滇、黔、桂、渝四省区五方在自愿互利的基础上结成跨省区、开放式、松散型的横向经济协调组织，并在国家"七五"计划中列为全国一级经济区之一，于是广西壮族自治区也成为大西南的组成部分。广西虽属沿海省区，在历史、文化、经济上同广东联系更为密切，但它参加西南区域联合，也有充分的理由。因为广西不仅面临着同川、滇、黔大致相似的发展中的问题，如工业化水平低，经济落后，少数民族分布集中，贫困面广，山区和能矿资源开发任务繁重，而且在铁路、港口、煤电和某些原材料工业的建设，以及物资交流等方面有着许多共同的利益，需要相互支持。把广西包括在内，西南地区更加强了它的整体性。

【资料来源】 中国科学技术出版社1991年版，第1页。

32. 徐新建著：《西南研究论》(1992年)

【原文摘录】 由于"西南"作为某种反映主观判断的动态概念，其常常语焉不详，在不同时期每每指代不同的区域和范围。比较而论,迄今为止的诸种表述中,可分为狭义的"小西南"与广义的"大西南"两种。前者多以司马迁《史记》为准,将"西南"界定在"巴蜀西南外"的滇、黔两省及川西南之一部分;后者则不受《史记》华夷相分及郡县设置的限制,将历史概念与自然地理结合起来,划出一个以今川、藏、滇、黔为主体的统一地区。这两种划分各有各的依据,各有各的作用,并无是非优劣的区别。

【资料来源】 云南教育出版社 1992 年版,第 104—105 页。

33. **谢本书:《西南地区近代化问题的历史考察》**(1999 年)

【原文摘录】 中国"西南",在历史实际中是一个动态的概念,除所处的方位、方向大体相似以外,各个历史时期所指的西南地区的地域范围并不完全一致。即使进入近代以后,"西南"的概念也没有固定,狭义地讲"西南"主要指川、滇、黔三省;广义的"西南"还包括藏、桂两地甚至湘、鄂、粤西部地区;而研究民国初年西南军阀的"西南",则涉及川、滇、黔、桂、湘、粤六省区。本文叙述所引用的"西南"材料的范围,则限于川、滇、黔三省,换言之,使用的是狭义的"西南"概念。

【资料来源】 杨光彦、秦志仁主编:《跨世纪的大西南——近现代西南经济开发与社会发展历史考察》,重庆出版社 1999 年版,第 16—17 页。

34. **罗二虎著:《秦汉时代的中国西南》**(2000 年)

【原文摘录】 本书所研究的对象是秦汉帝国时期的西南地区。当时秦汉帝国的西南地区基本上与现在根据自然地理学所划分的中国西南地区大体相当,但又略为宽广一些。它的位置大体位于北纬 22 度至 34 度,以及东经 96 度至 112 度之间。这一地区大致包括了现在中国的四川省东部和西部的部分地区,重庆市全境,贵州省、云南省的绝大部分地区,以及湖北省西部、陕西省南部和甘肃省东南部等地区。此外,在东汉时期大概还包括了缅甸东北部的部分地区,总面积大约在80万平方公里以上。

【资料来源】 天地出版社2000年版,第10页。

35. **王泉根著:《现代中国儿童文学主潮》(2000年)**

【原文摘录】 "西南"一词代表的是某种相对的方向和方位。就中国地理而言,西南有狭义、广义之分,狭义的西南是指云南、贵州、四川、重庆三省一市;广义的西南,则还包括西藏、广西两地甚至湖南、湖北西部一些地区,泛称"大西南"或"长江上游"。

本文所涉的"西南",指的是前者,即云、贵、川、渝三省一市。

【资料来源】 重庆出版社2000年版,第398页。

36. **朱惠荣:《汉晋时期西南边疆的地理分区》(2001年)**

【原文摘录】 西南夷、南中等地名的长期流行与使用,反映了西南边疆作为单一的区域早已被人们认同,延续的时间长,指称的范围稳定;但界线比较模糊。……西南边疆大体包括今云南、贵州两省,四川省大渡河以南一片,及今境外部分地区,处于青藏高原向低山丘陵过渡的第二级阶梯,自成一个完整的地理单元。

【资料来源】 复旦大学历史地理研究中心主编:《面向新世纪的中国历史地理学:2000年国际中国历史地理学术讨论会论文集》,齐鲁书社2001年版,第159页。

37. **杨民康:《西南传统民间仪式音乐的地域、跨地域文化特征》(2003年)**

【原文摘录】 在中国境内,"西南"是一个相对的空间概念,包含文化区域和地理区域两层意义。综合两种意义来看,自先秦时期开始,"中国"始被看作是众多国家的中央地区,四邻的少数民族则称"四夷"(见《礼记·中庸》)。而从自然地理来说,"西南"则有狭义和广义之分,狭义的西南,系指司马迁《史记》以来的一种观点，即"西南巴蜀外"的滇、黔两省及川西南的一部分。而广义的西南则将历史概念与地理概念结合起来，划出一个以今天的川、滇、黔三省为主体，其外延可及广西、西藏甚至湘、鄂西部的地理区域。

【资料来源】　曹本冶主编：《中国传统民间仪式音乐研究（西南卷）》，云南人民出版社2003年版，第29页。

38. 李孝聪著：《中国区域历史地理》（2004年）

【原文摘录】　"西南"在今天的政区地理上主要指四川、重庆、云南、贵州、西藏等五省、市、自治区，但在自然地理上的"西南"，则指秦岭以南的四川盆地、云贵高原及青藏高原等地理单元。这两个"西南"在地域上是并不咬合的，出于地缘政治上的考虑，本地区的政区边界打破了自然地理单元的界限，保持着一种"犬牙相制"的态势。本章所述之"西南"为地理上的"西南"，在政区上其范围涵盖今天四川、重庆、贵州、云南、西藏以及陕西省秦岭以南的汉中地区。

【资料来源】　北京大学出版社2004年版，第79页。

39. 李绍明：《西南民族研究的回顾与前瞻》（2004年）

【原文摘录】　进行西南民族研究的回顾与前瞻，应明确"西南民族研究"这个概念。首先，谈"西南"这个概念的变化过程。一般来说，大家都知道，西南是一个地理概念，指中国西南部地区。追根溯源，"西南"这个概念形成于1920至1930年间，最初是由民族学界提出的。我这里有一张"西南民族分布与分类略图"，是1930年以前绘制的。1950年我在华西协合大学读书时就看到过，文革后遍寻不得。1999年，我赴美国华盛顿大学讲学期间，访问了沃拉沃拉市的惠特曼学院，在查阅有关葛维汉（D. C. Graham）的资料时，再次看到这个地图，并复制了一份带回来。地图表明，当时的西南包括了四川、云南、西康、西藏、广西和湖南的湘西，以及广东的海南岛，乃至青海玉树、甘肃甘南等地，代表了20世纪30年代学术界对西南及西南民族分布的认识。1949年后，“西南”的概念有了变化。中华人民共和国成立后，在划分行政区划时，将四川、云南、贵州、西康、西藏五省区和重庆市划为西南地区，并先后成立西南军政委员会和西南行政委员会进行管理。这样，西南由一个地理概念变成一个行政区划概念，其范围也有了变化。

改革开放以后，中国西南民族研究学会(筹)于1980年提出，西南地区不仅是一个人文区划概念，也是一个经济区划概念，应该加强西南各省区的经济文化的合作与交流。这个区域应包括四川、云南、贵州、西藏、广西五省区在内。1981年，中国西南民族研究学会正式成立，就包括上述区域。1982年，成立了西南经济协作区，这个协作区也包括了川、滇、黔、桂、藏五省区。随着国家宏观调控政策的变化，此后，又将四川省的计划单列市成都市和重庆市作为经济区域单独列出，称为西南“五省七方经济协作区”。这样，“西南”就不仅是一个地理概念，而且成为了一个经济协作区的概念。现在，西南经济协作区包括川、滇、黔、桂、藏、渝六个省市自治区。1999年，国家开始实施西部大开发战略后，将湘西(湖南湘西州)、鄂西(湖北恩施州)也列为享受西部大开发待遇的地区。因此，上述两地亦在经济地理概念上进入西部的“西南”范围。……我们现在所讲的西南民族研究，在地理范围上，是指对四川、云南、贵州、西藏、广西、重庆，以及湘西、鄂西等地区各少数民族和民族地区的研究。

【资料来源】　《贵州民族研究》，2004年第3期。

40. **王文光、龙晓燕、陈斌著:《中国西南民族关系史》(2005年)**

【原文摘录】 按习惯的说法,中国西南有广义与狭义之分。狭义的“中国西南”相当于今天的四川省、重庆市、云南省、贵州省,而广义的“中国西南”则还包括西藏和广西两个民族自治区。但在传统的西南民族研究中,常以川、渝、滇、黔为主。

【资料来源】 中国社会科学出版社2005年版,见序言。

41. **戴逸、张世明主编:《中国西部开发与近代化》(2006年)**

【原文摘录】 至于西南的地域范围划分,历史上亦众论各殊,如,抗日战争时期存在“大西南”和“小西南”两种划法,且“西南七省”(川、康、滇、黔、桂、湘、粤)、“西南六省”(川、康、滇、黔、桂、湘)、“西南五省”(川、康、滇、黔、桂)以及“西南四省”(川、康、滇、黔)等诸种说法。所谓大后方,在国民党文献中一般指的是四川、云南、贵州等西南三省与陕西、甘肃、宁夏、青海、新疆等西北五省。如果广义地理解,随战事的变化,湖南、广西、广东、福建、浙江、江西、湖北、河南等,有时也被包括在内,共计16省。不过,从战争发展现状来看,在陆地上一直未受到日军侵扰的,只有西南和西北。据地理位置、交通运输、物质资源等各种条件比较,西南地区尤为重要。而其重中之重,则在川、滇、黔三省。

【资料来源】 广东教育出版社2006年版,第13页。

42. **方 铁:《论西南古代区域史的特点以及研究的内容与方法》(2007年)**

【原文摘录】 狭义的西南地区,包括云南、贵州、广西和四川的西南部,研究古代某些历史时段时,还应包括曾受中国封建王朝管辖位于中南半岛北部的缅甸、老挝、泰国、越南的北部地区。广义的西南地区,则应包括四川全省、重庆市乃至海南省。(原注:

为便于叙述,以下的内容大致以狭义西南地区为限)大部分学者对西南地区的划分,主要考虑到以下因素:西南地区在中国的地理位置;西南部历史疆域形成发展的过程;这一地区特殊的地理气候环境及其衍生的特有动植物资源,以及与之相适应的大多数居民的生产与生活方式;当地少数民族的基本分布及其历史活动;我国西南部与周边地区的历史联系以及相关区域的大致划分;西南地区的政治、经济、文化、民族关系等方面的状况,在历史发展过程中,西南地区逐渐形成的区域性特征。

【资料来源】 《西南民族大学学报》(人文社科版),2007 年第 9 期。

【说　　明】 方铁先生主编的《西南通史》(中州古籍出版社 2003 年版)采用了其界定的狭义西南概念。

43. 陈红民:《胡汉民、西南政权与广东实力派(1932—1936)》(2007 年)

【原文摘录】 1932—1936 年间的"西南",通常是一个政治概念,而非地理概念,有时,它用来指称广东与广西这两个"华南"省份,而非云南、贵州、四川等在地理上真正处于中国西南部的省份。但有时,"西南"的概念更大,除了上述省份外,还包括了福建与湖南。这个概念与"西南政权"——西南执行部、西南政务委员会的合法权限与实际权限间的差别密切相关。

【资料来源】 《浙江大学学报》,2007 年第 1 期。

附 录 3

民国时期以“西南”命名的机构地域分布表

成立时间	机构名称	性质	机构说明	驻地
1918.1.15	西南各省联合会议	政治机构	护法期间，由西南军阀发起，目的在于架空由孙中山领导的护法军政府。	广州
1928	西南实业公司（拟议）	经济部门	广州政治分会主席李济深召集滇黔桂三省代表开会，拟订组织西南实业公司，专以发展西南四省实业为宗旨。	广州
1928	西南实业银行（拟议）	金融部门	广州方面李济深倡议粤、桂、湘、滇、黔五省联合成立西南实业银行。与此同时，当局组织西南实业银行，以流通四省金融。预定资本为大洋2000万元，股本由粤、桂、滇、黔四省筹集，并拟统一四省币制。	广州

续表

成立时间	机构名称	性质	机构说明	驻地
1932.1	国民党中央执行委员会西南执行部	党务机关	是由国民党元老派胡汉民、邹鲁、萧佛成等人发起而成立的国民党中央执行委员会西南执行部,1936年撤消,是两广地方派与国民党元老派对抗蒋介石政府的政治机构,也是所谓"西南政府"之高级党务机关。	广州
1932.1	西南政务委员会	行政机关	广州国民政府第四次全国代表大会之议决案,设西南政务委员会,直隶于国民政府,监督、指挥西南区域内之内政、军政、财政、交通、实业、教育、司法等行政及审计事宜;国民政府西南政务委员会以西南各省为管辖之区域。该委员会具备了大行政区性质,1936年撤消,是两广地方派与国民党元老派对抗蒋介石政府的机构,也是所谓"西南政府"之高级行政机关。该条例通过日期为1931年12月31日。	广州
1932.1	军事委员会西南分会	军事机构	广州国民政府第四次全国代表大会之议决案同时设立,并选举出27个西南军分会常委	广州
1932.1	西南财政委员会	经济部门	广州国民政府第四次全国代表大会之议决案同时设立,	广州
1932.8	最高法院西南分院	司法机关	"西南政府"之高级司法机关。曾明文规定:最高法院西南分院,为广东、广西、福建、云南、贵州五省终审机关。	广州
1933.3	西南国防委员会	军事机构	西南各省委员由西南各省军政长官兼任;该委员会下设有军事讨论、兵器、空防、海防、要塞、财政、军用化学等专门委员会。暂以粤、桂、闽为范围,计划布置"西南五省"国防事宜,所谓五省,可能系指桂、粤、闽、滇、黔。	广州
1933.11.25	西南外交讨论委员会	涉外机关	西南政务委员会下属机构。	广州

续表

成立时间	机构名称	性质	机构说明	驻地
1933.12	西南行政裁判委员会	仲裁机构	掌管西南各省行政诉讼示事宜，由西南政务委员会委员兼任之。	广州
1933	西南国外贸易委员会	经济部门	西南政务委员会下设机构，以“西南各省”为范围。	广州
1933	西南教育改革委员会	教育机关	邹鲁担任主席，曾推出《西南改革学制大纲》。	广州
1933	西南航空公司	官营企业	两广当局曾通电粤、桂、闽、滇、黔、湘等省主席参加筹备会议，但最终加入者只有两广政府。	广州
1933	西南银行（拟议）	金融机构	由粤桂滇黔川五省合组，总行设于广州，余四省各设分行。	广州
1934年前后	西南科学研究院（提议）	研究机构	唐绍仪向西南政务委员会提出的议案，唐氏认为西南诸省地临热带，资源丰富，倡议设立西南科学研究院于广州。	广州
1936	西南社会调查所	研究机构	岭南大学下设学术机构。	广州
1937.10.1	西南进出口物资运输总经理处（简称西南运输处）	运输机构	负责在西南接运英美各国援华军品，隶属军事委员会，在香港、河内、桂林、长沙等地设立办事处。1938年2月后，在滇、黔、桂、鄂、粤、湘、川、港、越、缅等地均设立运输分处；并于湖南、广西、广东等省设立汽车技工训练所。1938年9月因抗战形势恶化迁往昆明，续办由缅甸内运事宜。1941年底，该处结束。	广州、昆明
1925	西南美术专科学校	教育机构	不详。	重庆
1938	西南边疆民族文化经济协进会	社会团体	高玉柱等人发起，该会宗旨是促进西面边疆民族的经济文化提高。总会设重庆，西南各省成立分支会，边疆各地设办事处。1938年呈报中央社会部，令更名为“西南边疆文化经济协进会”。	重庆

续表

成立时间	机构名称	性质	机构说明	驻地
1938	西南经济建设委员会	政治机关	据《银行周报》消息，由财政部长孔祥熙任委员长，张群任副委员长，其他有关部门部长及川、滇、黔、康四省省长任委员。显然是以四省为重心建设区域，同时该会确立首要目标是建设粤、桂、滇、黔、川西南五省铁路交通网络，即宝成、川康、成渝、川黔、黔桂、粤桂、湘黔、滇黔、滇缅、湘桂、桂趣等11线，共长6400公里。据方显廷先生说，该会作为国民政府领导西南经济建设的一级机关，确立了以川滇黔康四省为主要建设区域。而方氏认为，湘、粤、桂等地应当作为外卫区域。	重庆
1939.9	西南实业协会	商业团体	除上海设有分会、新加坡设有办事处外，在重庆设有四川分会，贵州、云南均设分会，成都设有办事处。重庆与上海是该会的主要活动地区。该会尚发行有《西南实业通讯》刊物。工作范围主要集中在川、康、滇、黔四省。	重庆
1940年下	西南工作委员会	中共组织	直属中共中央南方局，管辖川康、川东、鄂西、湘鄂边、云南等地党组织。	重庆
1946前后	西南学院	教育机构	民主同盟创办，校长周明初。	
1947年底	民盟西南总支部	政治团体	领导川、康、滇、黔四省民盟工作，潘大逵任主任委员，鲜特生、张志和、楚图南等人为委员。主要在重庆活动，但这个机构由于受到政治迫害，并没有成立。	重庆

续表

成立时间	机构名称	性质	机构说明	驻地
1949. 1	西南军政长官公署	军事机关	1949 年 1 月，西南军政长官公署由 1946 年成立的重庆行营改组而成，驻地重庆，长官为张群，属于国民政府与国防部的派出机关，与川、滇黔、康、渝四省一市地方军政机关是指导关系，不是隶属关系。对辖区内的部队有督练、命令、指挥、调遣之权，但无人事和经理之权。各部队的人事经理直属于国防部。4、5 月后，下辖川黔湘鄂边区绥靖公署、川陕鄂边区绥靖公署、川陕甘边区绥靖公署、贵州绥靖公署、云南绥靖公署等机构，负责组织西南防御。	重庆
1930. 2	西南大学	教育机构	中共创办，原重庆西南学院被查封后，在成都建。	成都
1942 年前后	西南社会研究所	研究机构	不详。	成都
1938. 4	西南联合大学	文化机构	以所处地域命名。	昆明
1942.	西南文化研究室	学术机构	由云南大学文史、社会二系教授担任研究员，开展西南地区的历史地理、民族文化等研究。	昆明
1941 年前后	国立西南师范学校	文教机构	不详。	昭通
1938	西南公路运输管理局	政府部门	因全国经济委员会撤消，西南公路运输总管理处改隶交通部，更名而成。统筹管理西南滇、黔、川、湘、桂五省内部运输事宜（最初尚包括赣粤入西南内地之公路运输），主要线路是以贵阳为中心，形成十字架构，辐射为梅花形，紧密联系五省。	贵阳
1942. 1	西南公路运输局	政府部门	经运输机构频繁改组后而形成，仅负责贵阳至重庆公路运输。	贵阳

续表

成立时间	机构名称	性质	机构说明	驻地
1944.8.8	西南进口物资督运委员会	政府部门	隶属交通部，由龚学遂兼任主任委员。12 月底结束，归并入战时运输管理局。	贵阳
1945.10	西南兽疫防治处	农林部门	中央农林部下属机构，在昆明、长沙等地设有兽医站。	贵阳
1939.2	西南蚕丝改良场	农业机构	广西省政府与中山大学合办，拨广西龙津县荒地 1.2 万亩植桑。	广西
1938.12	西南行营	军事机构	该机构正式名称为“军事委员会委员长桂林行营”，以白崇禧为行营主任，与甘肃天水成立的“西北行营”相对。1940 年 4 月裁撤，改设军事委员会桂林办公厅。	桂林
1939.11.22	保卫大西南工作委员会	社会团体	南宁沦陷前夕，广西各界发起成立。	桂林
1944.2	西南第一届戏剧展览会	文化交流	有 8 省 30 多个剧团参加省会，展览会期间还召开了西南戏剧工作者大会。	桂林
1938.1.1	西南公路运输总管理处	政府部门	由西南各省公路联运委员会改组而成，仍隶属全国经济委员会。	长沙
1938.8	中国工业合作协会西南区	社会组织	该会分设有西南区、西北区、东南区、川康区、云南区 5 个办事处，前三区分别办有《西南工合》、《西北工合》、《东南工合》期刊。西南区包括湘、桂、黔三省，办事处设在湖南邵阳；西北区包括陕、甘、豫、晋、冀五省；东南区包括赣、粤、闽、浙、皖五省；川康区包括川康二省；云南区包括云南全省。	邵阳

续表

成立时间	机构名称	性质	机构说明	驻地
1939. 2. 15	西南游击干部训练班	军事机构	国共两党共同筹办，简称南岳训练班，至1940年3月共举办三期，参加受训军官3000余人。	湖南南岳
1940. 6	军事委员会西南干部训练班	军事机构	直属国民政府军事委员会，为中英合作项目。1940年6月，原称“军事委员会军训部游击干部训练班西南班”，由江西漫江迁回湖南祁阳山川塘后，改名如前。蒋介石兼任班主任，李默庵任教育长，英人詹森担任顾问。1945年撤消。	湖南祁阳
1913. 1. 12	西南协会	政治团体	西南协会是联络川、滇、黔、桂、粤、湘、鄂七省人士的具有政党性质的政治组织。	上海
1934. 5. 26	西南夷族文化促进会	文化团体	可能以川、藏为主。	南京
1925. 12. 12	西南各省区代表联合会	政治团体	不详。	北京
1937. 7	西南各省公路联运委员会	国家机关	隶属全国经济委员会。行政院、军事委员会、全国经济委员会、军政部、交通部、铁道部及川滇黔湘各省当局在南京集会，决议组建本委员会。以贵阳为中心，将长贵路、渝贵路、贵昆路发展为联运线。	
1940前后	中央农业实验所西南各省工作站	农业机构	该所直属经济部，设立工作站的范围是川、黔、滇、桂、湘。	

【资料来源】笔者主要根据以下资料统计：张宪文、方庆秋、黄美真主编：《中华民国史大辞典》，江苏古籍出版社2001年版；尚海、孔凡军、何虎生主编：《民国史大辞典》，中国广播电视出版社1991年版；陈旭麓主编：《中国近代史词典》，上海辞书出版社1982年版；田子渝、刘德军主编：《中国近代军阀史词典》，档案出版社1989年版。并根据民国论文、专著、档案等资料增补。

附 录 4

民国时期以“西南”命名的刊物地域分布表

成立时间	组织名称	驻地	备注
1932	西南	广州	广东法科学院广西同学会编
1932	西南执行部党务年刊	广州	中国国民党中央执行委员会西南执行部编
1932	西南党务年刊	广州	中国国民党中央执行委员会西南执行部秘书处编
1932	西南党务月刊	广州	中国国民党中央执行委员会西南执行部秘书处编
1932	西南国民半月刊	广州	广东省党部西南各省国民对外协会党部编辑，前身名《西南国民周刊》
1932	国民政府西南政务委员会公报	广州	该会秘书处编辑

续表

成立时间	组织名称	驻地	备注
1932	国民政府西南政务委员会审计处会报	广州	该处编辑
1932	西南研究	广州	广州国立中山大学西南研究会主办
1940	西南	广州	军委会西南运输处特别党部编
1941	西南文艺	广东梅县	杨伊嘤编
1932	西南校刊	香港	西南男女中学学生自治会编辑
1931	西南和平法会特刊	四川	该法会编
1938	西南周刊	重庆	重庆人民日报社编辑
1938. 5. 4	西南日报	重庆	重庆人民日报社之附刊
1938	西南导报	重庆	张国瑞负责
1940. 1	西南实业通讯	重庆	张群负责
1927	西南教育	成都	(国立)成都师范大学教育研究会编辑
1932	西南周报	成都	该刊社编辑
1932	西南义勇周刊	成都	该刊社编辑
1941	西南研究	成都	闻在宥负责,似为华西大学之学术刊物,也可能是广州中山大学《西南研究》之后身

续表

成立时间	组织名称	驻地	备注
1941	新西南	成都	彭善承编辑
1942	西南邮刊	成都	该刊社编辑
1938.10	西南边疆	昆明	凌纯声负责
1938	国立西南联合大学校刊	昆明	该校编辑
1939	云南西南日报	昆明	沈圣安负责
1940	西南研究	昆明	西南学会编辑
1941	西南文艺	昆明	中华全国文艺界抗战协会昆明分会，该刊编委会编辑
1941	西南机工	昆明	军委会西南运输处政训处编辑
1946	西南导报	昆明	胡亚云编辑
1946	西南教育周刊	昭通	西南教育社编辑，西南师范学校主办
1943	西南师范	昭通	（国立）西南师范学校编辑
1909.6	西南日报	贵阳	张百麟创办
1938	西南公路	贵阳	交通部西南公路运输管理局公报，该局编辑
1943	西南风	贵阳	马晓凉编辑
1939	西南青年	桂林	该月刊社编
1939	西南儿童	桂林	该报社编

续表

成立时间	组织名称	驻地	备注
1947	西南邮风	柳州	同仁邮学研究会编辑，湘桂黔邮学会发行
1939	西南工合	邵阳	中国工业合作协会西南区办事处编辑
1930. 3	西南评论	南京	川滇黔康
1933	新西南	南京	该刊社编
1937	西南建设	南京	西南协会编辑
1935	西南风半月刊	北平	云南旅平学会《西南风半月刊》编委会编辑
1941	西南医学杂志	上海	该社编辑
1940	西南游击干部训练班周刊	江西修水	该训练班编辑

【资料来源】主要根据任杰主编的《中文期刊大词典》（北京大学出版社2000年版）进行统计；并据以下资料增补：全国第一中心图书馆委员会编：《全国中文期刊联合目录（1833—1949）》，北京图书馆1961年版；王桧林、朱汉国主编：《中国报刊辞典》（1815—1949），书海出版社1992年版；中国第二历史档案馆编：《中华民国史档案史料汇编》第5辑第2编《文化》（共二册），江苏古籍出版社1998年版。

附　录　5

清末以来“西南”相关
省、区、市政区调整略述

由于本研究针对“西南”范围是依据一级政区（一般是省、地方或自治区、直辖市，建国初大行政区时期则属于二级政区）名称表述的，政区设置变化直接影响到“西南”范围表述的变化，因此有必要就民国以来相关一级行政区（省、区、市）的设置变化进行略述，一级行政区划内部的设置变化，由于不影响“西南”范围表述，一概从略。

四川省

四川省简称“川”或“蜀”，东邻重庆，北倚陕西、甘肃、青海，西接西藏，南界云南、贵州。清宣统三年（1911 年），四川总督兼巡抚驻成都府（今四川省成都市区）。全省计辖府级政区：15 府、9 直隶州；县级政区：11 厅、11 州、120 县。另在西康地区乍丫、察木多设理事官；在得荣、江卡、贡觉等地设有委员。辖境大致相当于今四川省（除攀枝花市金沙江以南地区）、重庆市全境，西藏自治区的江达、贡觉、江卡一线以东，青海黄河以南的久治、达日等县区域。

民国成立后沿用旧名，省会在成都县（在今四川省成都市区）。1913年2月，民国政府置川西、川东、上川南、下川南、川北5道及川边。同年3月，以川边原置康安、边北2道改置边东、边西2道，合为7道。1914年6月，改置西川、东川、建昌、永宁、嘉陵5道，共146县；边东、边西2道（共30县）另设川边特别区域。1927年1月后，隶属武汉国民政府，"四一二"政变后改隶南京国民政府。1928年11月7日置四川省政府委员会。1930年前后撤道，实行省、县二级制。1930年2月，设成都市（以省会城郊区域设置），同时为省会。1936年后，在全省先后分设18个行政督察区。1938年7月，原辖之雅安、芦山、天全、荥经、汉源、宝兴、越嶲、冕宁、西昌、会理、昭觉、盐边、盐源、宁南等14县及金汤、宁东2设治局，划归西康省管辖。1939年5月，重庆市因系陪都，直隶于行政院。到1947年6月底止，该省计辖16个行政督察区，139县，2市，5设治局及1管理局。土地面积为303318平方公里。

1949年底四川省实现解放。1950年5—7月间，四川省先后析置为川东（5月24日设，治重庆）、川南（5月24日设，治泸州）、川西（7月初设，治成都）、川北（7月初，治南充）4个行署区，由西南军政委员会（1950年7月）领导。1952年8月7日，中央人民政府批准撤销4个行署区，合并恢复四川省。1955年7撤销西康省后，金沙江以东地区并入四川省。1954年6月19日，西南大行政区正式撤销，四川省改由中央直辖。

重庆市

重庆简称"渝"或"巴"，今辖区东接湖南、湖北，西连四川，北接陕西，南界贵州。重庆今辖地，在民国多数时期为四川省管辖。重庆原为四川省巴县、江北二县分辖地区。1927年以前已设有市政商埠都办公署,处理日常政务。1927 年 3 月,改组为重庆市政府,划巴县城区置重庆市,隶属于四川省政府。抗战爆发后,西南大后方战略方针确立,1937 年 11 月国民政府迁都重庆,成为战时首都。1939 年 5 月 5 日,重庆改为院辖市,1940 年 9 月 6 日,国民政府明令定重庆为陪都。1945 年 12 月时,辖境面积为 300 平方公里。

1949 年 11 月 30 日,重庆解放。1953 年 3 月 1 日,政务院批准将由西南行政委员会辖的重庆市改为中央直辖市,仍由西南行政委员会代管。1954 年 6 月 19 日,随着西南大区撤销,中央人民政府批准将重庆市划归四川省管辖,由中央直辖市降为四川省辖市。1997 年 5 月,为推动西部经济加快发展,设重庆市为直辖市,辖重庆、万县、涪陵 3 市和黔江地区。

云南省

云南省简称“滇”或“云”,今辖区东接广西、贵州,西界缅甸,北连四川,南邻越南、老挝、缅甸等国。清宣统三年(1911 年),云贵总督驻昆明县(今云南省昆明市区)。全省计辖府级政区:14 府、5 直隶厅、3 直隶州;县级政区:13 厅、26 州、41 县。辖境相当于今云南省全部、四川省渡口市局部,以及缅甸的相邻地区。

民国成立后沿用旧名,省会仍设昆明县。1913 年 4 月,置滇中、滇西、滇南、临安开广 4 道。1914 年 6 月改置滇中、蒙自、普洱、腾越 4 道,共 97 县。1927 年 3 月 9 日,成立云南省政务委员会,接受广州国民政府领导。1927 年前后废道,实行省、县二级制。1928 年后,改隶南京国民政府。1935 年 3 月,经行政院核准,设昆明市(以云南省会城郊区域设置),为云南省省会。到 1937 年 6 月底,全省计辖 112 县,1 市及 14 个设治局。1940 年起,全省先后置13个区行政督察专署,作为省政府辅助机关。抗战胜利后,全省计辖112县、1市及16设治局,土地面积为420465平方公里。

1949年12月9日,云南省和平解放。1950年10月,云南省人民政府成立,以昆明市为省会。1950年7月后归西南军政委员会管辖。1954年6月19日,西南大行政区正式撤销,四川省改由中央直辖。

贵州省

贵州省简称“黔”或“贵”,今辖区东接湖南,西界云南,北连四川、重庆,南邻广西。清宣统三年(1911年),贵州巡抚驻贵阳府城(今贵州省贵阳市)。全省计辖府级政区:12府、1直隶州、1直隶厅;县级政区:13厅、13州、34县。除局部界线有所差异外,辖境基本与今贵州省相近。

1927年2月21日,成立贵州省政务委员会,隶属于武汉国民政府,1929年10月后隶属南京国民政府。1936年6月,全省分设8个区行政督察专署,为省政府辅助机关。民国成立后沿用旧名,省会设贵阳县。1913年1月,置黔中、黔东、黔西3道;1914年6月,改置黔中、镇远、贵西3道,共81县。1923年前后撤道,实行省、县二级制。1930年8月设贵阳市。至1947年6月止,全省计辖78县,1市及1设治局,土地面积为170196平方公里。1949年11月15日,省城贵阳解放。1949年11月20日,贵州省人民政府成立,驻贵阳市。

广西壮族自治区

广西省简称“桂”(民国前亦简称“粤”),今辖区东邻广东,北接湖南、贵州,西界云南,南连越南及海境。清宣统三年(1911年),广西巡抚驻桂林府(今广西桂林市)。全省计辖府级政区:11府、2直隶厅、2直隶州,县级政区:8厅、15州、49县;另有40多个土属行政区域。辖境约今广西壮族自治区大部(不包括钦州市、北海市全部及防城港市的港口区和东兴市等区域)、广东省的怀集县。

民国成立后沿用旧名。省会自1912年6月始由桂林改为南宁,但军政府6司中的军政、教育、司法3司仍留桂林办公。1915年6月,北洋政府曾有省会复迁桂林之令,遭到广西方面反对,没有实施。1936年10月,新桂系李宗仁等以南宁不便防守为由,将省会复迁桂林。1940年6月,设桂林市。1944年日军发动桂柳会战,省会由桂林迁往宜山。抗战胜利后,省会回迁桂林,直至1949年11月22日,省会桂林解放。

1913年2月,广西改置邕南、郁江、漓江、柳江、田南、镇南6道。1914年6月,按原6道辖区置南宁、苍梧、桂林、柳江、田南、镇南6道。1926年,撤道设区,全省共90县。1940年,省内划为12个行政督察区,1944年改为10个。抗战后,行政督察区并为9个。1946年8月增设柳州、梧州、南宁3市。到1947年6月,该省计辖99县,4市,土地面积为218923平方公里。

1950年2月8日,广西省人民政府成立,驻南宁市。归中南军政委员会管辖。1951年,广东省钦州地区合浦、钦县、灵山、防城4县和北海市委托广西省代管。1952年,上述4县1市划归广西省,至此广西拥有了自己的出海通道(1955年上述4县1市又曾划归广东省,1965年重划归广西)。1954年9月后改由中央直辖。1957年7月15日,第一届全国人大第四次会议决定撤销广西省,设立广西僮族自治区(同年9月4日成立筹备委员会,次年

3 月 5 日正式成立)。1965 年 10 月 12 日,国务院批准改广西僮族自治区为广西壮族自治区。

广东省·广州市

广东省简称"粤",今辖区东接福建,北邻江西、湖南,西界广西,南邻南海,隔琼州海峡与海南省相望。清宣统三年(1911 年),两广总督兼巡抚驻广州府城(今广东省广州市区),全省计辖府级政区:9 府、3 直隶厅、7 直隶州;县级政区:1 厅、4 州、79 县。辖境大致为今广东省、海南省全部,广西壮族自治区的钦州市、北海市全部及防城港市的港口区和东兴市等区域。

民国成立后沿用旧名,省会初设番禺县(在今广东省广州市区)。1914 年 6 月,置粤海、岭南、潮循、高雷、琼崖、钦廉 6 道。1918 年于广州城设广州市政局(市政公所),此为广州市市名之始。1920 年撤废道制,实行省、县二级制。1921 年 4 月 7 日成立广州市政厅。1925 年 7 月划广州城区及附近地域正式设市,隶属广东省。1925 年 7 月 1 日,广州国民政府设立广东省政府,1927 年后改隶南京国民政府。1930 年 1 月,广州市改为特别市,直隶于行政院,同年 8 月又划为省辖市。12 月设汕头市(以澄海县汕头地方设置)。抗日战争爆发后,广州于 1938 年 10 月沦陷,省会先后迁往韶关(1938 年 10 月)、龙川(1945 年 1 月)等地。1936 年 10 月 3 日以后,全省划为 9 个行政督察区。抗战胜利后,省会迁回广州。1945 年底设湛江市(以旧广州州湾租借地区改置)。1947 年 6 月,广州市重新划为院辖市,辖区面积为 253.25 平方公里。至此,全省计辖 9 行政督察区、98 县、2 市,土池面积为 218511 平方公里。

1949 年 10 月 14 日,广州市解放。1949 年 11 月 6 日,广东省人民政府成立,广州市为省会,同时保留直辖市地位。1950 年 2 月后归中南军政委员会管辖,1954 年 6 月 19 日,中央人民政府决定将广州市划归广东省管辖,由中央直辖市降为广东省辖市。同时中南大行政区(1952 年后改为西南行政委员会,由实变虚,为中央派出机构)撤销,广东省改由中央直辖。

海南省

海南岛,简称“琼”,今辖区四面邻海,隔琼州海峡与广东雷州半岛相望,西北则与越南、广西隔北部湾相对。自明代以来,海南即归广东省管辖。1914 年 5 月置琼崖道,辖 13 县。1930 年代曾有设立海南特别区域之议案。1932 年 5 月 27 日,西南政务委员会修正公布《琼崖特别区长官公署组织条例》,设立琼崖特别区,设特别区长官,直隶国民政府。后因西南政务委员会被撤销而未能实行。抗战时期,海南成为沦陷区,一度使西南抗战大后方国际通道被阻断,抗战随之陷入被动。抗战胜利后,海南国防地位提高,遂有建省之议。1947 年 8 月,行政院院务会议决议设立海南特区,辖境包括海南岛与南海诸岛(此前暂由海军管辖,亦未列入广东省),直隶于行政院。1949 年 4 月,海南特区正式成立,区行政长官公署驻海口市,下辖 1 市 16 县。广东省辖境随之缩小。

1950 年,广东省琼崖专区更名为海南行政区。1952 年设广东省海南黎族苗族自治区。1984 年重设海南行政区。此前均由广东省政府管辖。1988 年 4 月 20 日,海南建省,辖海南岛及南海诸岛,行政中心驻海口市。

湖南省

湖南省,简称“湘”,今辖区东接江西,北邻湖北,西界四川、贵州,南接广东、广西。清宣统三年(1911 年),湖南巡抚驻长沙府(今湖南长沙市),全省计辖府级政区:9 府、5 直隶厅及 4 直隶州,县级政区:1 厅、3 州及 64 县。除个别界线有调整外,辖境与今湖南省相近。

民国成立后沿用清旧名,省会于 1933 年 8 月前驻长沙县(在今长沙市区)。南京国民政府成立前,全国各省大致采用省、道、县三级制。1913 年 9 月,全省置长宝、衡永郴桂、岳常澧、辰沅永靖 4 道;1914 年 6 月,依各道原辖区置湘江、衡阳、武陵、辰沅 4 道。1916 年 10 月,裁撤武陵道,重新调整道、县辖区后,全省置湘江、衡阳、辰沅 3 道。1920 年裁道,实行省、县二级制。1926 年 8 月 3 日,广州国民政府设立湖南省政府;1927 年 1 月,改隶武汉国民政府。9 月隶南京国民政府。1933 年 8 月,设长沙市(在今湖南省长沙市区),省会亦驻此。1936 年 7 月起,全省设 4 个区行政督察专署,作为省政府的辅助机关。抗战爆发后,省会曾由长沙迁往郴县,并将原设 4 个行政督察区扩增为 10 区,增设湘南、洪江 2 行署。1943 年 2 月,设衡阳市(由衡阳县析置)。抗战胜利后,省会迁回长沙市,于省内设 8 个行政督察区。至 1947 年 6 月止,全省计辖 8 个行政督区,2 市,77 县。土地面积 204771 平方公里。

1949 年 8 月 4 日,湖南省和平解放。同年 8 月 29 日,湖南省人民政府成立,驻长沙市。1950 年 2 月后,归中南军政委员会管辖。直至 1954 年中南行政区撤销,改由中央直辖。

西藏藏族自治区

西藏藏族自治区简称“藏”,今辖区东邻四川,北接青海、新疆,西、南两边与印度、不丹、尼泊尔诸国接壤。民国成立后沿用旧名。域内分前藏、后藏、阿里 3 部,47 城,首邑设拉萨。其区划为:

前藏,达赖喇嘛驻拉萨,辖30城;后藏及阿里,班禅喇嘛驻日喀则,辖17城。西藏地方行政区域,清代以“营”分,民国时期以“宗”分,均相当于内地省之县治。南京国民政府成立后,据蒙藏委员会称,全藏设有90县,其中前藏有53县,后藏有37县,嗣后又改为宗,计前藏辖92宗,后藏辖31宗。1947年6月,计辖123宗。土地内积为1215780平方公里。

1951年5月23日,西藏和平解放。1955年3月9日,国务院(前为政务院)第七次会议批准将昌都地区并入西藏地方。同年3月28日,国务院命令设立西藏自治区筹备委员会。次年4月22日正式成立。1965年9月9日,西藏自治区正式成立,驻拉萨。

西康省·昌都地方

西康省(今已撤销)简称“康”,民国时期其辖区东接四川,西邻西藏,北倚青海,南界云南、印度。清代西康地区大致以金沙江为界分属四川、西藏。清光绪三十年(1904年),清政府为防止英军进犯,设置川滇边务大臣,驻巴塘(今四川巴塘县驻地夏邛镇),统辖四川西部打箭炉厅(治今四川康定县)及所属土司和西藏康部。1907年,两广总督首倡于该地设川西省之议。宣统三年(1911年),代理川滇边务大臣傅嵩奏请设置“西康省”,“东自打箭炉起,西至丹达山顶止,计三千余里,南抵维西、中甸,北至甘肃西宁,计四千余里,应设州县八、九十缺”。并建议“(川滇)边务大臣改为西康巡抚”。因清亡,未及施行。

民国成立后,1913年原川滇边务大臣改设川边镇抚使(6月后改川边经略使),辖区包括新设之四川边东、边西二道(边东道辖:康定、安良、泸定、雅江、道孚、理化、怀柔、稻城、贡嘎、巴安、义敦、盐井、甘孜、炉霍、丹巴、定乡等16县;边西道辖:昌都、德荣、武成、宁静、察雅、贡县、察隅、科麦、恩达、邓柯、石渠、白玉、德格、同普、嘉黎、硕督、太昭等17县)。1914年1月改设川边镇守使,驻巴安县,总管辖区内军、民两政,受四川都督节制。1914年4月,撤销四川省边东、边西2道,以两道之地置川边特别区域,仍设川边镇守使,驻康定县(今四川省康定县)。至此,西康地区成为省级行政区划。1916年1月,按原边东、边西2道辖区置川边道。道尹暂驻康定县。川边道隶属四川巡按使。由此,川边实现川边镇守使负责军事、道尹主管民政的军民分治局面。本年4月8日,为统一事权,川边道改隶川边镇守使,由此,川边地区成为与热河等地相同性质的特别区域。1925年2月,更名为西康特别行政区域,裁镇守使,置西康屯垦使,兼管民政。辖川边道(后分设康东道、康北道)、30县及1设治局。

1928年9月17日,国民政府将西康特别行政区域改建为西康省,治康定。1939年,西康省政府正式成立。1934年12月25日,行政院第192次国务会议决议成立西康建省委员会,任命刘文辉为委员长,筹备西康建省事宜,并负责西康地区临时政务。1935年7月22日,西康建省委员会在雅安成立;1936年9月,西康建省委员会移驻康定。全面抗战爆发后,国民政府西迁,于1938年7月划原属四川省之雅安、芦山、天全、荥经、汉源、宝兴、越嶲、冕宁、西昌、会理、昭觉、盐边、盐源、宁南等14县及金汤、宁东2设治局,改隶西康。1939年元旦,西康省政府在康定成立,省会设康定,计辖46县、2设治局。同时划全省为5个行政督察区。1945年1月增设德昌县;同年12月析置乾宁县;1946年3月,增设普格、泸宁2设治局。至1947年6月止,该省计辖48县及4设治局,土地而积估计约为451521平方公里。而该省实际控制区域,东至雅安金鸡关与四川分界,西至德格、巴安以金沙江与西藏相接,北至石渠一带与青海相连,南至会理、盐边与云南相邻。金沙江以西,至泡河老—鹿马岭—屈罗穆达一线区域(事实上即昌都地区,共13县),被藏兵控制。

1949年12月19日,西康省和平解放(不含昌都地区),1950年5月,西康省人民政府成立,驻康定。1950年7月,属西南军政委员会管辖,省会由康定县迁治雅安县(今四川雅安市)。原为藏兵控制的西康省境内金沙江以西、西藏江达以东地区于1950年10月23日解放,中央人民政府划该地为昌都地方,设昌都地区人民委员会,直隶于中央人民政府。1954年6月19日西南行政委员会撤销后,西康省、昌都地区统由中央人民政府直接统辖。1955年7月30日,第一届全国人大第二次会议决定撤销西康省,其地域并入四川省。1955年3月9日经国务院批准,昌都地区划归西藏自治区筹备委员会管辖。

【参考资料】1. 周振鹤主编,傅林祥、郑宝恒著:《中国行政区划通史·中华民国卷》,复旦大学出版社2007年版。2. 内政部编:《中华民国行政区域简表》,商务印书馆1947年版。3. 内政部职方司第一科编制:《各省区域沿革一览表》,1913年8月刊行。4. 内政部职方司第一科编制:《最新全国行政区划表》,1917年11月刊行。5.《现行行政区划一览表》,商务印书馆1930年8月再版。6. 范晓春:《中国大行政区研究(1949—1954)》,中共中央党校博士论文,2007年。7. 陈潮、陈洪玲等编:《中华人民共和国区划沿革地图集》,中国地图出版社2003年版。8. 张明庚、张明聚著:《中国历代行政区划》,中国华侨出版社1996年版。9. 张宪文、方庆秋、黄美真主编:《中华民国史大辞典》,江苏古籍出版社2001年版。

参考文献

一、文献资料

1.《史记》,中华书局 1959 年版。
2.《汉书》,中华书局 1976 年版。
3.《后汉书》,中华书局 1965 年版。
4.《三国志》,中华书局 1959 年版。
5.《晋书》,中华书局 1974 年版。
6.《隋书》,中华书局 1973 年版。
7.《旧唐书》,中华书局 1975 年版。
8.《新五代史》,中华书局 1974 年版。
9.《宋史》,中华书局 1985 年版。
10.《元史》,中华书局 1976 年版。
11.《明史》,中华书局 1974 年版。
12.《清史稿》,中华书局 1977 年版。
13.《清实录·宣统政纪》,中华书局 1987 年影印版。
14. 贺长龄辑:《皇朝经世文编》,沈云龙主编:《近代中国史料丛刊续编》第74辑,文海出版社1967年版。

15. 方国瑜主编:《云南史料丛刊》第5卷,云南大学出版社1998年版。

16. 朱彧撰:《萍洲可谈》,李伟国点校,中华书局2007年版。

17. 邵廷采撰:《西南纪事》,上海古籍出版社1996年版。

18. 王士性撰:《广志绎》,中华书局1981年版。

19. 瞿式耜撰:《瞿式耜集》,上海古籍出版社1981年版。

20. 赵翼撰:《陔余丛考》,商务印书馆1957年版。

21. 毕沅等撰:《续资治通鉴》,岳麓书社1999年版。

22. 魏源撰:《圣武记》,中华书局1984年版。

23. 王韬著:《弢园文录外编》,辽宁人民出版社1994年版。

24. 吴丰培编:《赵尔丰川边奏稿》,四川民族出版社1984年版。

25. 存萃学社编集:《辛亥革命资料汇编》,香港大东图书公司1980年印行。

26. 张枬、王忍之编:《辛亥革命前十年间时论选集》,北京三联书店1960年版。

27. 故宫博物院明清档案部编:《清末筹备立宪档案史料》,中华书局1979年版。

28. 中国第二历史档案馆编:《中华民国史档案资料汇编》(共5辑,90册),江苏古籍出版社。

29.《军政府公报》,军政府印铸局公报处发行。

30. 秦孝仪主编:《中华民国重要史料初编》,台北中国国民党中央委员会党史委员会。

31. 左舜生选辑:《中国近百年史资料续编》,台湾中华书局1983年版。

32. 中国第二历史档案馆编:《国民党政府政治制度档案史料选编》(共2册),安徽教育出版社1994年版。

33. 中国第二历史档案馆、云南省档案馆编:《中华民国史档案资料丛刊·护国运动》,江苏古籍出版社1988年版。

34. 中国第二历史档案馆、云南省档案馆合编:《中华民国史档案资料丛刊·护法运动》,档案出版社1993年版。

35. 中共中央组织部等编:《中国共产党组织史资料》,中共党史出版社2000年版。

36. 中共中央文献研究室编:《建国以来重要文献选编》(共20册),中央文献出版社1992—1998年版。

37. 团中央青运史研究室、中央档案馆编:《中共中央青年运动文件选编(1921.7—1949.9)》,中国青年出版社1988年版。

38. 宓汝成编:《中国近代铁路史资料》(共3册),中华书局1963年版。

39. 李云汉编:《抗战前华北政局史料》,台北正中书局1982年版。

40. 重庆市档案馆编:《抗战时期大后方经济开发文献资料选编》(内部发行),2005年印行。

41. 四川省文史研究馆编:《四川军阀史料》(共4辑),四川人民出版社1985年版。

42. 四川省档案馆编:《近代康区档案资料选编》,四川大学出版社1990年版。

43. 马鹤天著:《甘青藏边区考察记》,商务印书馆1947年版。

44.《国民政府西南政务委员会组织条例》,《广东省政府公报》,1932年第181期。

45.《最高法院西南分院组织暂行条例》(1932年8月16日),

《广东省政府公报》,1932 年第 197 期。

46.《中央执行委员会议决撤销西南执行部及西南政务委员会》,《安徽教育周刊》,1936 年第 74、75 期。

47.《华南输出入管理委员会组织规程》(1947 年 6 月 19 日),《金融周报》,1947 年第 25 期。

48. 程契生编:《蒋委员长抗战言论集》,生活书店 1939 年版。

49. 国民政府军事委员会政治部、军事委员会政治部编:《峨嵋山训练集选辑》,黄埔出版社 1939 年版。

50. 云南通志馆编:《续云南通志长编》,云南省志编纂委员会办公室 1985 年印行。

51. 黄远炽、曾让泉编:《湖南省志 · 军事志》,中国文史出版社 1994 年版。

52. 贵州省地方志编纂委员会编:《贵州省志 · 交通志》,贵州人民出版社 1991 年版。

53. 四川省地方志编纂委员会编:《四川省志 · 军事志》,四川人民出版社 1999 年版。

54. 中国社会科学院近代史研究所中华民国史研究室、中山大学历史系孙中山研究室、广东省社会科学院历史研究室合编:《孙中山全集》(共 11 卷),中华书局 1981—1986 年版。

55. 张品兴主编:《梁启超全集》,北京出版社 1999 年版。

56. 湖南省社会科学院编:《黄兴集》,中华书局 1981 年版。

57. 莫世祥编:《马君武集(1900—1919)》,华中师范大学出版社 1991 年版。

58. 饶怀民编:《刘揆一集》,华中师范大学出版社 1991 年版。

59. 毛注青、李鳌、陈新宪编:《蔡锷集》,湖南人民出版社 1983 年版。

60. 蔡端编:《蔡锷集》,文史资料出版社 1982 年版。

61. 周元高、孟彭兴、舒颖云编:《李烈钧集》,中华书局 1996 年版。

62. 汪精卫著:《汪精卫全集》(共 4 册),三民公司 1929 年版。

63. 郅志选注:《猛回头:陈天华、邹容集》,辽宁人民出版社 1994 年版。

64. 于右任著:《于右任先生文集》,台北国史馆 1978 年版。

65. 唐文权、桑兵编:《戴季陶集(1909—1920)》,华中师范大学出版社 1990 年版。

66. 唐文权编:《雷铁厓集》,华中师范大学出版社 1986 年版。

67. 欧阳哲生编:《胡适文集》,北京大学出版社 1998 年版。

68. 丁文江、赵丰田编:《梁启超年谱长编》,上海人民出版社 1983 年版。

69. 陈布雷著:《蒋介石先生年表》,台北传记文学社 1987 年版。

70. 中共文献研究室编:《周恩来年谱》(1949—1976 年),中央文献出版社 1997 年版。

71. 李宗仁口述、唐德刚撰写:《李宗仁回忆录》(共 2 册),广西人民出版社 1980 年版。

72. 苏志荣等编:《白崇禧回忆录》,解放军出版社 1987 年版。

73. 戴光中著:《书生本色—翁文灏传》,杭州出版社 2004 年版。

74. 金冲及主编:《周恩来传》,中央文献出版社 1998 年版。

75. 孙中山:《建国方略》,辽宁人民出版社 1994 年版。

76. 中国生计调查会编:《秘密生涯:中国无职业人生活问题》,世界书局 1920 年版。

77. 交通部西南公路管理处编订:《三年来之西南公路》,交通部西南公路管理处1938年印行。

78. 西南导报社编:《西南交通要览》,西南导报社1938年印行。

79. 冯自由著:《革命逸史》,中华书局1981年版。

80. 李根源著:《新编曲石文录》,李希泌编校,云南人民出版社1988年版。

81. 湖南善后协会编纂:《湘灾纪略》,中华书局2007年版。

82. 潘公弼著:《时事新报社评集》,四社出版部1934年版。

83. 陈嘉庚著:《南侨回忆录》,南洋印刷社1946年版。

84. 陈诚著:《八年抗战经过概要》,国防部史料局编印,印行时间不详。

85. 向尚等著:《西南旅行杂写》,中华书局1937年版。

86. 周素园:《贵州民党痛史》,中国史学会主编:《中国近代史资料丛刊·辛亥革命》第六册,上海人民出版社1957年版。

87. 章太炎:《太炎先生自定年谱》,《近代史资料》总12号。

88.《南京临时政治公报(第24号)》(1912年2月28日),《近代史资料》总25号。

89. 孙中山:《支那现势地图》,《近代史资料》总54号。

90. 杨天石整理:《四川保路运动传单·川人哀告文》(1911年8月),《近代史资料》总72号。

91. 钱昌照:《国民党政府资源委员会的始末》,《文史资料选辑》第15辑。

92. 宋希濂:《我在西南的挣扎和被歼灭过程》,《文史资料选辑》第50辑。

93. 赵祖康:《旧中国公路建设片段回忆》,《文史资料选辑》

第83辑。

94. 万式炯:《白崇禧在华中、西南溃败及我在黔桂边区起义》,孙权科主编:《文史资料存稿选编·军事派系(下)》,中国文史出版社2001年版。

95. 张为炯:《西康建省及刘文辉的统治》,《四川文史资料选辑》第16辑。

96. 陈雁翚:《张群与川康经济建设委员会》,《四川文史资料选辑》第29辑。

97. 廖石诚:《中国西南实业协会与中国国民经济研究所》,《四川文史资料选辑》第29辑。

98. 潘大逵:《参加民盟西南总支部活动的回忆》,《四川文史资料选辑》第30辑。

99. 林虎:《西南事变时蒋介石想利用我倒陈济棠的一幕》,《广西文史资料》第17辑。

100. 王家烈:《贵州桐梓系军阀与新桂系军阀的关系》,《广西文史资料》第9辑。

101. 覃华儒:《卢焘传略》,《广西文史资料》第21辑。

102. 程思远:《两广事变》,《广西文史资料》第22辑。

103. 彭继良:《谈〈南风报〉的特点》,《广西文史资料》第34辑。

104. 李昊、熊壮猷:《西南干部训练班及突击队》,《湖南文史资料选辑》第4辑。

105. 彭铭鼎:《西北军政长官公署始末》,《湖南文史资料选辑》第45辑。

106. 刘宗宽:《我在国民党西南军政长官公署的工作和见闻》,《重庆文史资料选辑》第15辑。

107. 苟乃谦:《蒋介石派参谋团“剿共”图川》,《成都文史资料选辑》第13辑。

108. 杨元忠:《于役东南军政长官公署回忆》,《传记文学》,1989年总第321号。

109. 吴祯祥主编:《云岭朝霞——中国人民解放军第四兵团占领并经营云南三年纪实》,云南民族出版社1992年版。

110. 谭其骧主编:《中国历史地图集》,中国地图出版社1982年版。

111. 张海鹏编著:《中国近代史地图集》,地图出版社1984年版。

112. 郭利民编制、林增平审订:《中国近代史参考地图(1840—1919)》,湖南教育出版社1984年版。

113. 陈潮等编:《中华人民共和国区划沿革地图集》,中国地图出版社2003年版。

114. 阎平、孙青果等编、韩北沙摄影:《中华古地图集珍》,西安地图出版社1995年版。

115. 李孝聪著:《欧洲收藏部分中文古地图叙录》,国际文化出版公司1996年版。

116. 内政部职方司第一科编制:《各省区域沿革一览表》,1913年8月刊行。

117. 内政部职方司第一科编制:《最新全国行政区划表》,1917年11月刊行。

118. 内政部编:《现行行政区划一览表》,商务印书馆1930年8月再版。

119. 内政部编:《中华民国行政区域简表》,商务印书馆1947年版。

120. 王文萱编:《西北问题图书目录》,鸡鸣书屋1936年版。

121. 国立中央图书馆筹备处编:《重庆各图书馆所藏西南问题联合书目》,国立中央图书馆筹备处1939年印行。

122. 万斯年编:《国立北平图书馆西南各省方志目录》,图书季刊社编《图书季刊》单行本,1941年印行。

123. 李新总编,韩信夫、姜克夫主编:《中华民国史大事记》(共5册),中国文史出版社1997年版。

124. 中国社会科学院近代史研究所中华民国史组编:《中华民国史资料丛稿·大事记》(1905—1939年),中华书局1973—1981年版。

125. 广东政协文史资料研究委员会编:《广东军阀史大事记》,广东人民出版社1984年版。

126. 徐达深主编:《中华人民共和国实录》,吉林人民出版社1994年版。

127. 刘国铭主编:《中华民国国民政府军政职官人物志》,春秋出版社1989年版。

128. 陈旭麓主编:《中国近代史词典》,上海辞书出版社1982年版。

129. 张宪文、方庆秋、黄美真主编:《中华民国史大辞典》,江苏古籍出版社2001年版。

130. 尚海、孔凡军、何虎生主编:《民国史大辞典》,中国广播电视出版社1991年版。

131. 田子渝、刘德军主编:《中国近代军阀史词典》,档案出版社1989年版。

132. 廖盖隆主编:《中国共产党历史大辞典(新民主主义革命时期)》,中共中央党校出版社2001年版。

133. 全国第一中心图书馆委员会编:《全国中文期刊联合目录(1833—1949)》,北京图书馆 1961 年版。

134. 上海图书馆编:《中国近代期刊篇目汇录》(共 3 卷,6 册),上海人民出版社 1965—1984 年版。

135. 王桧林、朱汉国主编:《中国报刊辞典》(1815—1949 年),书海出版社 1992 年版。

136. 任杰主编:《中文期刊大词典》,北京大学出版社 2000 年版。

二、研究著作

(一)民国

137. 刘师培撰:《中国地理教科书》(共 2 册),国学保存会 1905 年印行。

138. 王金绂编:《新编中华地理分志》,求知学社 1924 年版。

139. 吴美继著:《中国人文地理》,中山书局 1929 年版。

140. 葛绥成编:《新编高中本国地理》(共 3 册),中华书局 1937 年版。

141. 张其昀编:《钟山本国地理》(共 2 册),钟山书局 1938 年版。

142. 江今鸾著:《地理与国防》,正中书局 1941 年版。

143. 陆象贤著:《新中国经济地理教程》,一般书店 1941 年版。

144. 李旭旦著:《近代人生地理学之发达及其在我国之展望》,出版社不详,1942 年版。

145. 抗大政治文化教育科研究室编:《中国地理读本》(共 4

册),华北新华书店出版,第1、第2分册初版时间依次为1941年、1942年,第3、第4分册出版时间不详。

146. 陈原著:《中国地理基础教程》,文化供应社1943年版。

147. 贺湄编著:《中国地理讲话》,实学书局1944年版。

148. [美]斯坦普(L. D. Stamp)著:《中国地理》,冯绳武译,出版地不详,1944年版。

149. 蒋君章著:《中国边疆地理》,文信书局1944年版。

150. 任美锷编著:《中国地理大纲》,正中书局1944年版。

151. [美]葛德石(G. B. Cressey)著:《中国的地理基础》,开明书店1945年版。

152. 任美锷著:《建设地理新论》,商务印书馆1946年版。

153. 杨德安编著:《中国国防地理》,当代出版社1948年版。

154. 西南导报社编:《中国今日之西南建设问题》,生活书店1939年版。

155. 白水编著:《今日的新云南》,言行出版社1939年版。

156. 方显廷等著:《西南经济建设论》,独立出版社1939印行。

157. 施建生著:《西南工业建设方案》,中山文化教育馆1939年编印。

158. 王燕浪编著:《西南与西北》,国民出版社1943年版。

159. 杨纪著:《战时西南》,百新书店1946年版。

160. 陈正祥编著:《广西地理》,正中书局1946年版。

161. 陈正祥著:《西北区域地理》,商务印书馆1946年版。

162. 蒋君章著:《西南经济地理》,商务印书馆1947年版。

163. 曲直生著:《华北民众食料的一个初步研究》,参谋本部国防设计委员会1934年印行。

164. 钱穆著:《政学私言》,商务印书馆 1944 年版。

165. 钱端升等著:《民国政制史》,商务印书馆 1945 年版。

166. 龚学遂著:《中国战时交通史》,商务印书馆 1947 年版。

167. 冯子超著:《中国抗战史》,正气书局 1948 年版。

168. 冀朝鼎著:《中国历史上的基本经济区与水利事业的发展》,中国社会科学出版社 1981 年版。

169. [美]拉铁摩尔著:《中国的亚洲内陆边疆》,唐晓峰译,江苏人民出版社 2005 年版。

170. 李济著:《中国民族的形成》,张光直主编:《李济文集》第 1 卷,上海人民出版社 2006 年版。

171. 李剑农著:《中国近百年政治史(1840—1926)》,复旦大学出版社 2002 年版。

172. 梁启超著:《中国历史研究法(外二种)》,河北教育出版社 2003 年版。

173. 金毓黻著:《中国史学史》,河北教育出版社 2003 年版。

174. 吕思勉著:《吕著中国通史》,华东师范大学出版社 2005 年版。

(二)1949 年后

175. 褚绍唐编著:《新中国地理》,地图出版社 1954 年版。

176. 袁著、胡云编著:《初中中国地理讲话》,浙江人民出版社 1957 年版。

177. 方国瑜著:《中国西南历史地理考释》,中华书局 1987 年版。

178. 张文奎编著:《人文地理学概论》,东北师范大学出版社 1987 年版。

179. 任美锷主编:《中国自然地理纲要》,商务印书馆 1992 年修订第3版。

180. 杨庭硕、罗康隆著:《西南与中原》,云南教育出版社1992年版。

181. 徐新建著:《西南研究论》,云南教育出版社1992年版。

182. 侯甬坚著:《区域历史地理学的空间发展过程》,陕西人民教育出版社1995年版。

183. 张明庚、张明聚著:《中国历代行政区划》,中国华侨出版社1996年版。

184. 陆韧著:《云南对外交通史》,云南民族出版社1997年版。

185. 蓝勇著:《西南历史文化地理》,西南师范大学出版社1997年版。

186. 王恩涌等编著:《政治地理学:时空中的政治格局》,高等教育出版社1998年版。

187. 华林甫著:《中国地名学源流》,湖南人民出版社1998年版。

188. 刘君德等编著:《中国政区地理》,科学出版社1999年版。

189. 周立三主编:《中国农业地理》,科学出版社2000年版。

190. 邹逸麟主编:《中国历史人文地理》,科学出版社2001年版。

191. 李孝聪著:《中国区域历史地理》,北京大学出版社2004年版。

192. 周振鹤著:《中国地方行政制度史》,上海人民出版社2005年版。

193. 田穗生、罗辉、曾伟著:《中国行政区域概论》,北京大学出版社 2005 年版。

194. 复旦大学历史地理研究中心编:《港口—腹地和中国现代化进程》,齐鲁书社 2005 年版。

195. 浦善新著:《中国行政区划改革研究》,商务印书馆 2006 年版。

196. 周振鹤主编,傅林祥、郑宝恒著:《中国行政区划通史(中华民国卷)》,复旦大学出版社 2007 年版。

197. 周振鹤著:《中国行政区划通史·总论》,复旦大学出版社 2009 年版。

198. 王静爱主编:《中国地理教程》,高等教育出版社 2007 年版。

199. 刘玉、冯健编著:《中国经济地理:变化中的区域格局》,首都经济贸易大学出版社 2008 年版。

200. 边疆论文集编纂委员会编:《边疆论文集》第 1 册,台北国防研究院 1964 年印行。

201. 沈云龙著:《现代政治人物述评》,见沈云龙主编《近代中国史料丛刊》第 2 辑,台北文海出版社 1966 年印行。

202. 周开庆著:《四川与对日抗战》,台北商务印书馆 1971 年版。

203. 杜松柏著:《蒋总统处变慎谋的历史回顾》,台北黎明文化事业公司 1973 年版。

204. [美]薛君度著:《黄兴与中国革命》,杨慎之译,湖南人民出版社 1980 年版。

205. 方国瑜编著:《云南地方史讲义》,云南广播电视大学 1983 年印行。

206. 唐泽江主编:《论大西南战略地位及其开发》,四川省社会科学院出版社 1986 年版。

207. 马之骕著:《中国的婚俗》,岳麓书社 1988 年版。

208. 周天豹、凌承学主编:《抗日战争时期西南经济发展概述》,西南师范大学出版社 1988 年版。

209. 费孝通著:《中华民族多元一体格局》,中央民族学院出版社 1989 年版。

210. 中国公路交通史编审委员会编著:《中国公路运输史》,人民交通出版社 1990 年版。

211. 中国科学院西南资源开发考察队编著:《西南区域发展》,中国科学技术出版社 1991 年版。

212. 谢本书、冯祖贻主编:《西南军阀史》(共 3 卷),贵州人民出版社 1991、1994 年版。

213. [美]费正清编:《剑桥中华民国史:1912—1949 年》上册,杨品泉等译,中国社会科学出版社 1994 年版。

214. [美]费正清、费维恺编:《剑桥中华民国史:1912—1949 年》下册,刘敬坤等译,中国社会科学出版社 1994 年版。

215. 张坚石等编:《地方政府的职能和组织结构》,华夏出版社 1994 年版。

216. 五省区七方《中国大西南在崛起》编写组编:《中国大西南在崛起》,广西教育出版社 1994 年版。

217. 黎东方著:《细说抗战》,台北远流出版事业有限公司 1995 年版。

218. 黄立人著:《抗日战争时期大后方经济研究》,中国档案出版社 1998 年版。

219. 唐润明著:《中国民族学理论探索与实践》,中央民族大学出版社 1999 年版。

220. [美]施坚雅主编:《中华帝国晚期的城市》,叶光庭等译,中华书局2000年版。

221. 罗二虎著:《秦汉时代的中国西南》,天地出版社2000年版。

222. 胡春惠著:《民初的地方主义与联省自治》,中国社会科学出版社2001年版。

223. 方铁主编:《西南通史》,中州古籍出版社2003年版。

224. 王文光、龙晓燕、陈斌著:《中国西南民族关系史》,中国社会科学出版社2005年版。

225. 章开沅、严昌洪主编:《辛亥革命与中国政治发展》,华中师范大学出版社2005年版。

226. 李国忠著:《民国时期中央与地方关系》,天津人民出版社2005年版。

227. 杨妍著:《地域主义与国家认同:民国初期省籍意识的政治文化分析》,天津人民出版社2007年版。

228. 谢俊美著:《政治制度与近代中国》,上海人民出版社1995年版。

229. 王东杰著:《国家与学术的地方互动:四川大学国立化进程(1925—1939)》,北京三联书店2005年版。

230. 马玉华著:《国民政府对西南少数民族调查之研究(1929—1948)》,云南人民出版社2006年版。

231. 戴逸、张世明主编:《中国西部开发与近代化》,广东教育出版社2006年版。

232. 周勇主编:《西南抗战史》,重庆出版社2006年版。

三、论文

（一）民国

233. 鲍觉民:《西南经济建设与水力利用》,《云南建设》,1945 年第 1 期。

234. 编者:《西南六省暨西北六省人口面积比较统计》,《江西统计》,1939 年第 11 期。

235. 勃君:《建设西南交通中心计划之管见》,《交通杂志》,1936 年第 6 期。

236. 蔡泽:《今日西南各省之行的问题》,《时代精神》,1939 年第 4 期。

237. 蔡次薛:《开发西南与交通建设》,《东方杂志》,1940 年第 3 期。

238. 陈安仁:《经济作战之农村生产问题》,《东方杂志》,1940 年第 21 号。

239. 陈大受:《开发西南各省区铜铅锌铁锰水银钴石油等矿产之研究》,《建设》,1932 年第 13 期《西南专号》。

240. 陈独秀:《联省自治与新西南主义》,《向导》,1923 年第 49 期。

241. 陈恩凤:《华中四省之土壤及其利用》,《经济建设季刊》,1944 年第 2 期。

242. 陈国钧:《西南新建设中的苗族问题》,《中华评论》,1938 年第 4 期。

243. 陈立夫:《如何共同建设西南》,《西南实业通讯》,1940 年创刊号。

244. 陈启修:《从“北洋政策”到“西南政策”:从军国主义到文化主义》,《北京大学月刊》,1919 年第 3 期。

245. 陈序经:《研究西南文化的意义》,《社会学讯》,1947 年第 7 期。

246. 程纯枢:《黄土高原及内西北之气候》,《地理学报》,1943 年第 10 期。

247. 大山:《北伐声中的西南团结运动》,《东方杂志》,1924 年第 18 号。

248. 大山:《东南大战及其前途》,《东方杂志》,1924 年第 17 号。

249. [麦]索伦生:《西藏旅行谈》,《史地学报》,1922 年第 1 期。

250. 邓启东:《华南区域特征》,《地理教学》,1947 年第 1 期。

251. 邓永龄:《探究西南方音及西南民族历史语言之管见》,《国立中央大学半月刊》,1929 年第 5 期。

252. 丁骕:《地理学国防地理及地理设计》,《世界学生》,1942 年第 6 期。

253. 丁颖:《西南各省公路沿线之农业概况》,《农声》,1941 年总第 222 期。

254. 丁步武:《抗日准备与整理西南》,《人民周报》,1933 年第 56 期。

255. 丁道谦:《西南证券市场之我见》,《新经济》,1941 年第 3 期。董立:《关于华中华南的农产物状况》,《大学之道》,1943 年第 10—12 合期。

256. 董汝舟:《战时西南工业建设问题》,《国是公论》,1939 年第 25 期。

257. 独秀:《西南团结与国民革命》,《向导》(周报),1924 年第 84 期。

258. [法]Andre Siegfried 演讲:《中国之经济地理》,班文茗译,《桂潮》,1934 年第 5、6 合期。

259. 范云迁:《发展西南合作事业与抗战前途》,《西南导报》,1938 年第 3 期。

260. 冯和法:《敌人统制华中贸易批判》,《贸易月刊》,1941 年第 9 期。

261. 傅盛发:《西南棉区之虫害问题》,《中国棉讯》,1948 年第 19 期《西南棉区专号》。

262. 高玉柱:《西南夷胞与西南国防》,《民族公论》,1940 年第 3 期。

263. 葛绥成:《经济地理学的发达及其在地理学上的地位》,《大夏年刊》,1933 年创立九周年纪念特刊。

264. 鹄:《西南政策》,《戊午评论》,1918 年第 4 期。

265. 顾颉刚、郑德坤:《研究经济地理计划刍议》,《东方杂志》,1933 年第 5 号。

266. 管怀琮:《华南之化学工业》,《企业周刊》,1943 年第 25 期。

267. 郭荣生:《四年来西南西北金融网之建立》,《财政评论》,1941 年第 4 期。

268. 好逸:《由西北形势的优越谈到和西南交通联络的重要》,《陇铎》,1941 年第 3 期。

269. 郝景盛:《华中森林概况》,《经济建设季刊》,1944 年第2 期。

270. 何咏南:《抗战重心的西南》,《安徽儿童》,1940 年第

3 期。

271. 和森:《西南形势之进步》,《向导》,1923 年第 22 期。

272. 横眉:《酝酿中的西南集团》,《展望》,1949 年第 15 期。

273. 洪绅、李辑祥:《西南交通初步计划》,《建设》,1932 年第 13 期。

274. 洪履和:《华南形势总检讨》,《半月文摘》,1938 年第 8 期。

275. 洪思齐:《划分中国地理区域的初步研究(摘要)》,《地理学报》,1934 年第 2 期。

276. 胡某:《论西南棉区》,《中国棉讯》,1948 年第 19 期《西南棉区专号》。

277. 胡适:《联省自治与军阀割据》,《东方杂志》,1922 年第 17 号。

278. 胡焕庸:《西南亟应建造之铁道》,《时代公报》,1932 年第 3 号。

279. 胡焕庸:《中国人口之分布》,《地理学报》,1935 年第 2 期。

280. 胡竞铭:《西南交通问题之商榷》,《国是公论》,1938 年第 12 期。

281. 胡嗣春:《开发西北问题新检讨》,《边疆》,1937 年第 1 期。

282. 黄秉维:《华中地势概要》,《经济建设季刊》,1944 年第2 期。

283. 黄汲清:《华中四省煤铁资源与重要工业中心》,《经济建设季刊》,1944 年第 2 期。

284. 黄汲清:《西南煤田之分布与工业中心》,《新经济》,

1939 年第 7 期。

285. 晦鸣:《黔省内战与西南关系》,《社会新闻》,1933 年第 21 期。

286. 嵇翥青:《西南之边务与侨务》,《新亚细亚》,1931 年第5 期。

287. 贾静贞:《论西南的水土》,《旅行杂志》,1943 年第 2 期。

288. 贾士毅:《从战时经济说到西南经济建设》,《西南导报》,1938 年第 2 期。

289. 江亢虎:《西南四省及港澳越台教育情形》,《教育杂志》,1935 年第 1 号。

290. 江应樑:《请确定西南边疆政策》,《边政公论》,1948 年第 1 期。

291. 蒋君章:《战时西南桐油问题》,《青年中国》,1941 年第 2 期。

292. 蒋滋福:《西南经济建设四大要素之检讨》,见中国经济学社编:《战时经济问题》,商务印书馆 1940 年版。

293. 金喻:《日本觊觎中之华南之资源》,《民族公论》,1939 年第 4 期。

294. 竞化:《中国建设时代的西南》,《革命周报》,1928 年第 61—70 期。

295. 静全:《华中劳工近况概述》,《企业周刊》,1943 年第 28 期。

296. 李国耀:《现在中国之地理教育》,《师大月刊》,1935 年第 19 期。

297. 李姚黄:《在建设中的西南》,《先导》,1933 年第 9 期。

298. 李亦琴:《不堪回首话西南》,《新中华杂志》,1933 年第

16 期。

299. 李震明:《中国地形的区分》,《地理之友》,1948 年第 1 期。

300. 李仲文:《看最近的华南建设》,《现代教学丛刊》,1948 年第 1 期。

301. 李卓敏:《中国西南之经济发展》,原载《华侨经济》1945 年第 2 期,今见重庆市档案馆编:《抗战时期大后方经济开发文献资料选编》(内部发行),2005 年。

302. 李宗文:《敌我"华中物资争夺战"》,《时代精神》,1939 年第 5 期。

303. 梁作民:《西南之两大危机》,《海外月刊》,1934 年第 17 期。

304. 林焕平:《华南在中日战争中的意义》,《半月文摘》,1938 年第 8 期。

305. 林熙春:《今日西南各省之食的问题》,《时代精神》,1939 年第 4 期。

306. 凌纯声:《苗族名称的递变》,原载《中国民族学会十周年纪念论文集》(1944 年 12 月),今见李绍明、程贤敏编:《西南民族研究论文选 1904—1949》,四川大学出版社 1991 年版。

307. 凌纯声:《云南民族的地理分布》,《地理学报》,1936 年第 3 期。

308. 凌民复:《建设西南边疆的重要》,《西南边疆》,1938 年第 2 期。

309. 刘咸:《国防建设与边疆民族》,《东方杂志》,1935 年第9 号。

310. 刘晋柽:《西南灌溉事业之研究》,《建设》,1932 年第

13 期。

311. 刘文翮:《中国近世史之地理的解释》,《图书展望》,1936 年第 1 期。

312. 刘文辉:《完成西康建省之意义及今后施政之中心骨干》,《康导月刊》,第 1 卷第 5 期。

313. 刘行骥:《西北畜牧事业之展望》,《新经济》,1940 年第3 期。

314. 楼桐茂:《中国西南各省科学调查之实况:中山大学五年来对于滇黔湘桂粤川康各地之科学调查的工作》,《新亚细亚》,1931 年第 6 期。

315. 陆鼎揆:《建设西南的必然性及其方案》,《西南导报》,1938 年第 2 期。

316. 罗鸿诏:《华北与华南》,《中国新论》,1936 年第 6 期。

317. 骆继常:《开发西南之矿业问题》,《明耻》(半月刊),1935 年第 11 期。

318. 马长寿:《中国西南民族分类》,原载《民族学研究集刊》,1936 年第 1 期,见马长寿著,周伟洲编:《马长寿民族学论集》,人民出版社 2003 年版。

319. 马存坤:《西南国防委员会之设立》,《时代公论》,1933 年第 47 号。

320. 毛筠如、李元福:《西南边疆的民间文学》,《东方杂志》,1943 年第 15 号。

321. 敏:《从西南战局说起》,《群众》,1944 年第 19 期。

322. 聂光堉:《提倡及改良我国麻业之管见》,《西南实业通讯》,1940 年第 2 期。

323. 宁墨公:《缩小省区与军事区域之分野》,《军事杂志》,

1931 年第 36 期。

324. 潘英夫:《华中矿产开发现状》,《建设季刊》,1945 年第2 期。

325. 彭莹:《西南异动》,《挺进月刊》,1936 年第 4 期。

326. 齐植璐:《由地理观点论西北、西南之经济依存关系》,《新经济》,1943 年第 5 期。

327. 屈均远:《建设西南与开发水产》,《建设研究》,1939 年第 4 期。

328. 任美锷:《经济地理学的最近发展》,《东方杂志》,1947 年第 13 号。

329. 任美锷:《中国西南国防工业区域的轮廓》,见任美锷著:《建设地理新论》,商务印书馆 1946 年版。

330. 任美锷:《最近三十年来中国地理学之进步》,《科学》,1948 年第 4 期。

331. 沙学浚:《南渡时代与西迁时代——中国国防史与国防地理之综合研究》,《学原》,1947 年第 1 期。

332. 佘贻泽:《清代之土司制度》,《禹贡》,1936 年第 5 期。

333. 盛叙功:《论经济区域体系的建立》,《中国建设》,1945 年第 1 期。

334. 施雅风:《华中水理概要》,《经济建设季刊》,1944 年第2 期。

335. 史可京:《论西南应否作我民族复兴之根据地》,《国是公论》,1939 年第 24 期。

336. 史维焕:《西南经济建设管见》,《时事类编》,1938 年 27 期。

337. 寿景伟:《对外易货问题与西南经济建设》,《财政评论》,1939 年第 3 期。

338. 寿恭藻:《西南各地工合运动概况》,《中国经济评论》,1942 年第 2 期。

339. 受之:《国防与华中谷米》,《农报》,1937 年第 9 期。

340. 朔一:《东南各省的和平运动》,《东方杂志》,1923 年第 15 号。

341. 思慕:《华南战场论》,《半月文摘》,1938 年第 8 期。

342. 斯英:《西康建省与开发西南》,《时事类编》,1938 年 29 期。

343. 宋达泉:《西南棉区之土壤》,《中国棉讯》,1948 年第 19 期《西南棉区专号》。

344. 孙福熙:《西南是建国的田园》,《旅行杂志》,1938 年第 11 期。

345. 孙良录:《西南:民族复兴的根据地》,《黄埔》,1939 年第 25 期。

346. 孙亚夫:《民众内移西南问题》,《中外经济拔萃》,1938 年第 10 期。

347. 太真:《中国的进展:西南问题》,《中华月报》,1934 年第 6 期。

348. 汤惠荪:《西南各省之农业问题》,《农报》,1936 年第 17 期。

349. 唐景升:《清儒西北地理学述略》,《东方杂志》,1931 年第 21 号。

350. 唐允义:《西南协会第一次宣言书》,《平论报》,1913 年第 1 号。

351. 陶云逵:《西南边疆社会》,《边政公论》,1944 年第 9 期。

352. 天鹤:《划时代的西南第一届剧展》,《当代文艺》,1944年第5、6合期。

353. 田久安:《抗战建国期间西南边疆之国防建设》,《七七》,1940年《抗战建国2周年纪念刊》。

354. 王伯群:《抗战建国与西南交通》,《东方杂志》,1938年第16号

355. 王伯群:《致西南人士及当局论成广铁路有速成之必要书》,《交通杂志》,1933年第6、7合期。

356. 王成组:《地理学之区域观念》,《新史地》,1937年第1期。

357. 王成组:《抗战期中推进西南垦荒之商榷》,《东方杂志》,1938年第15号。

358. 王节尧:《华南国道设施之要点》,《南大工程》,1948年第2期。

359. 王玮西:《怎样发展西南特种民族教育》,《西南导报》,1939年第1期。

360. 韦开宇:《华南和西南》,《社会新报》,1949年第3期。

361. 卫玉:《异哉所谓西南问题》,《国讯》,1934年总第132期。

362. 卫挺生:《调整西南各省区划刍议》,《时事类编》,1938年第29期。

363. 卫挺生:《开发西南经济意见》,《四川经济月刊》,1938年第3期。

364. 卫挺生:《西南经济建设之我见》,《西南实业通讯》,1940年第6期。

365. 未署名:《从地理之观点论中国今昔之国防》,《史地社会

论文摘要》,1936 年第 3 期。

366. 未署名:《发展西南经济刍议》,《中外经济拔萃》,1939 年第 7、8 合期。

367. 未署名:《各国将承认西南为交战团体说》,《戊午评论》,1918 年第 7 期。

368. 未署名:《国务院致西南劝和电文》,《学生杂志》,1918 年第 12 号。

369. 未署名:《华中棉产改进的过去与远景》,《新世界月刊》,1946 年 6 月号。

370. 未署名:《华中四省与其他各省稻产比较》,《农业建设》,1937 年第 2 期。

371. 未署名:《经济开发中华北棉产的现况》,《商业月刊》,1936 年 12 期。

372. 未署名:《西南各省银行业勃兴》,《银行周报》,1938 年第 30 期。

373. 未署名:《西南六省交通建设之猛晋》,《银行周报》,1938 年第 32 期。

374. 未署名:《西南四省之新经济计划》,《银行周报》,1928 年第 25 期。

375. 未署名:《西南问题和平解决》,《新夷族》,1937 年第 2 期。

376. 未署名:《西南——新中国的根据地》,《英文自修大学》(半月刊),1939 年第 1 期。

377. 未署名:《西南异动》,《竞存月刊》,1936 年第 2 期。

378. 未署名:《西南职业教育之策进》,《教育与职业》,1924 年,无期号。

379. 未署名:《西南资源与经济建设》,《经济研究月刊》,1939 年第 1 期。

380. 未署名:《西南组织统一机关》,《戊午评论》,1918 年第4 期。

381. 闻宥:《西南边民语言的分类》,《学思》,1942 年第 1 期。

382. 翁文灏:《西南经济建设之前瞻》,《西南实业通讯》,1940 年第 3 期。

383. 吴稣:《西南铁道系统与中国西北国防及其他》,《新亚细亚》,1932 年第 2 期。

384. 吴承宗:《西南电气建设初步计划》,《建设》,1932 年第 13 期《西南专号》。

385. 谢国度:《西南——我国之抗战根据地》,《明德》(月刊),1939 年第 1 期。

386. 徐益棠:《试拟国立边地文化教育馆组织大纲草案》,《边政公论》,1940 年第 5、6 合期。

387. 徐曰琨:《西南农村金融问题与合作金库》,《西南实业通讯》,1941 年第 3 期。

388. 许晓泉:《西南交通与农村经济》,《交通职工》,1937 年第 1 期。

389. 许逸超:《论中国的地理位置和疆域》,《中等教育》,1942 年第 2 期。

390. 杨成志:《西南边疆文化建设之三个建议》,《青年中国》(季刊),1939 年第 1 期。

391. 叶良辅:《抗战初期我国西南之矿产业》,《思想与时代》,1942 年第 9 期。

392. 一鸣:《非常时期华南经济建设》,《汗血月刊》,1937 年第3期。

393. 衣复得:《西南之农田水利》,《中农月刊》,1942年第12期。

394. 亦琴:《历代研究西南民族之谬误》,《新亚细亚》,1935年第6期。

395. 佚名:《东北战局中两方兵力之调查》,《东方杂志》,1924年第17号。

396. 佚名:《东南战局中两方兵力之调查》,《东方杂志》,1924年第17号。

397. 于曙峦:《贵州苗族杂谭》,《东方杂志》,1923年第13号。

398. 余定义:《西南六省社会经济之鸟瞰》,《中外经济拔萃》,1938年第4、5、10期。

399. 俞履圻:《西南各省之粳稻》,《中华农学会通讯》,1945年第50期。

400. 俞启保:《西南棉区之棉种》,《中国棉讯》,1948年第19期《西南棉区专号》。

401. 袁著:《论西南之国际交通线》,《西南导报》,1939年第1期。

402. 曾丽勋:《华南蔗糖区域之气候》,《科学世界》,1938年第6、7合期。

403. 曾养甫:《建设西北为今后重要问题》,《建设》,1931年《西北专号》。

404. 张百麟:《西南协会第二次宣言书》,《平论报》,1913年第1号。

405. 张范村:《西南畜牧事业之研究》,《建设》,1932年第

13 期。

406. 张国瑞:《如何建设西南》,《西南导报》,1938 年第 1 期。

407. 张国瑞:《西南经济建设委员会之设置问题》,《西南导报》,1939 年第 4 期。

408. 张俊德:《琼崖开发与西南国防》,《边事研究》,1937 年第 1 期。

409. 张其昀:《中国地理的鸟瞰》,《独立评论》,1935 年总第 167 号。

410. 张少微:《研究边疆社会之内容、方法及步骤》,《边政公论》,1941 年第 3、4 合期。

411. 张廷休:《西南青年的责任》,《中国青年》,1941 年第 6 期。

412. 张肖梅:《对开发西南实业应有的认识》《民主与科学》,1945 年第 5、6 合期。

413. 张有龄:《西北与西南农田水利之展望》,《中农月刊》,1941 年第 7 期。

414. 章勃:《完成西南铁路系统与民族复兴》,《交通杂志》,1936 年第 10 期。

415. 章江波:《西南交通建设计划书(上)》,《四川经济月刊》,1935 年第 3 期。

416. 昭琛:《中央和西南》,《清华周刊》,1936 年第 8 期。

417. 郑鹤声:《清代对于西南宗族的抚绥》,《边政公论》,1943 年第 6、7、8 合期。

418. 只眼:《西南简直是反叛》,《每周评论》,1919 年总 25 号。

419. 周开庆:《开发西南的前提》,《西南评论》,1936 年第

1 期。

420. 周昆田:《三民主义之边政建设》,《边政公论》,1941 年第 1 期。

421. 周立三:《地理区的涵义及区域特性的认识》,《学原》,1948 年第 2 期。

422. 朱琛:《华中棉花增产状况及其展望》,《申报月刊》,1944 年第 4 号。

423. 朱鹤宾:《统一救亡声中的西南铁路建设》,《中外月刊》,1936 第 9 期。

424. 成:《西南问题之清算》,《国闻周报》,1936 年第 30 期。

(二)1949 年后

425. 朱智宾:《大区制度研究(1949—1954)》,中国人民大学硕士论文,2004 年。

426. 杨世宁:《西南军政委员会与建国初期西南区的政权接管》,四川大学博士论文,2005 年。

427. 毛立坤:《晚清时期香港对中国的转口贸易(1869—1911)》,复旦大学博士论文,2006 年。

428. 范晓春:《中国大行政区研究(1949—1954)》,中共中央党校博士论文,2007 年。

429. 何廉:《抗战初期政府机构的变更》,《民国档案》,1987 年第 1 期。

430. 杨天石:《胡汉民的军事倒蒋密谋及胡蒋和解》,《抗日战争研究》,1991 年第 1 期。

431. 段先志:《关于中国经济区划之我见》,《南昌职业技术师范学院学报》,1996 年第 2 期。

432. 梅莉、晏昌贵、龚胜生:《明清时期中国瘴病的分布与变迁》,《中国历史地理论丛》,1997 年 2 期。

433. 李格:《略论建国初期大行政区的建立》,《党的文献》,1998 年第 5 期。

434. 元江:《论人民解放军进军西南的主要特点和经验》,《四川党史》,1999 年第 5 期。

435. 杨扬:《国民政府抗战后方的确定及其影响》,《成都教育学院学报》,1999 年第 3 期。

436. 刘伟:《晚清“省”意识的变化与社会变迁》,《史学月刊》,1999 年第 5 期。

437. 华伟:《大区体制的历史沿革与中国政治》,《战略与管理》,2000 年第 6 期。

438. 杨作山:《民国时期边疆民族政策刍议》,《固原师专学报》(社科版),2000 年第 5 期。

439. 刘东良、郑平建:《基于多元分析的我国大经济区划初步研究》,《广西大学梧州分校学报》,2000 年第 2 期。

440. 徐燕、朱端强:《云南史料笔记随录(二)》,《昆明大学学报》,2001 年第 2 期。

441. 邹逸麟:《我国古代经济区的划分原则及其意义》,《历史研究》,2001 年第 4 期。

442. 苏德:《试论晚清边疆、内地一体化政策》,《中国边疆史地研究》,2001 年第 3 期。

443. 张则振:《新中国大行政区制的历史演变》,《百年潮》,2001 年第 12 期。

444. 包红君:《试论西南地方实力派在民主革命中的地位和作用》,《辽宁师范大学》(社会科学版),2002 年第 3 期。

445. 张连松:《抗日战争时期中国西南反封锁作战的实践及

启示》,《军事历史研究》,2002 年第 4 期。

446. 陈文南、陈学知:《中国大行政区制度研究》,《党史研究资料》,2003 年第 10 期。

447. 夏兆营:《论抗战时期的西南运输总处》,《抗日战争研究》,2003 年第 3 期。

448. 李绍明:《西南民族研究的回顾与前瞻》,《贵州民族研究》,2004 年第 3 期。

449. 才雅南:《方位词"东、西、南、北"的汉英比较研究》,《牡丹江教育学院学报》,2004 年第 5 期。

450. 王红曼:《四联总处与西南区域金融网络》,《中国社会经济史研究》,2004 年 4 期。

451. 罗志田:《国际竞争与地方意识:中山舰事件前后广东政局的新陈代谢》,《历史研究》,2004 年第 2 期。

452. 张学波、武友德、李佩燊、暴向平:《基于"泛珠三角"区域合作的云南省地缘经济关系》,《资源开发与市场》,2006 年第 22 期。

453. 张利民:《"华北"考》,《史学月刊》,2006 年第 4 期。

454. 张利民:《论华北区域的空间界定与演变》,《天津社会科学》,2006 年第 5 期。

455. 张利民:《区域史研究中的空间范围界定》,《学术月刊》,2006 年第 3 期。

456. 罗敏:《从对立走向交涉:福建事变前后的西南与中央》,《历史研究》,2006 年第 2 期。

457. 陈征平:《民国时期唐继尧地方实力派与西南军政府的关系》,《学术探索》,2006 年第 5 期。

458. 陈红民:《胡汉民、西南政权与广东实力派(1932—

1936)》,《浙江大学学报》,2007 年第 1 期。

459. 罗敏:《"矛盾政策"中找寻出路:四届五中全会前后的胡汉民与西南时局》,《近代史研究》,2007 年第 5 期。

460. 黄权生、杨光华:《浅释中国古代一级政区方位名称变迁》,《湖北社会科学》,2007 年第 10 期。

461. 江远山:《近代中国地域政治化与国家建设——以省为考察对象》,《上海行政学院学报》,2007 年第 5 期。

462. 车辚:《滇越铁路与近代云南社会观念变迁》,《云南师范大学学报》(哲学社科版),2007 年第 3 期。

463. 沈海梅:《文化中心主义下的西南研究》,《西南民族大学学报》(人文社科版),2008 年第 3 期。

464. 施爱东:《中山大学民俗学会与早期西南民族调查》,《文化遗产》,2008 年第 3 期。

465. 方铁:《论西南古代区域史的特点以及研究的内容与方法》,《西南民族大学学报》(人文社科版),2007 年第 9 期。

466. [加]陈志让:《中国军阀派系诠释》,见张玉法主编:《中国现代史论集》第五辑《军阀政治》,台北联经出版事业公司 1980 年版。

467. 谢本书、王永康:《西南军阀史研究中的几个问题》,见西南军阀史研究会编:《西南军阀史研究丛刊》第 1 辑,四川人民出版社 1982 年版。

468. 尤中:《汉晋时期的"西南夷"》,见尤中著:《西南民族史论集》,云南民出版社 1982 年版。

469. 谭其骧:《历代行政区划概说》,见王力等著:《中国古代文化史讲座》,中央广播电视大学出版社 1984 年版。

470. 刘君:《简论西康建省》,见张宪文、陈兴唐、郑会欣编:

《民国档案与民国史学术谈论会论文集》,档案出版社 1988 年版。

471. 孙代兴:《西南军阀史研究述评》,见张宪文、陈兴唐、郑会欣编:《民国档案与民国史学术讨论会论文集》,档案出版社 1988 年版。

472. 谢本书:《西南地区近代化问题的历史考察》,见杨光彦、秦志仁主编:《跨世纪的大西南:近现代西南经济开发与社会发展历史考察》,重庆出版社 1999 年版。

473. 朱惠荣:《汉晋时期西南边疆的地理分区》,见复旦大学历史地理研究中心主编:《面向新世纪的中国历史地理学:2000 年国际中国历史地理学术讨论会论文集》,齐鲁书社 2001 年版。

474. 郑宝恒:《民国时期川边(西康)特别区域、西康省行政区划述略》,见复旦大学历史地理研究中心编:《面向新世纪的中国历史地理学:2000 年国际中国历史地理学术讨论会论文集》,齐鲁书社 2001 年版。

475. 林超民、秦树才:《秦汉西南夷新论》,见中国秦汉史研究会主编:《秦汉史论丛》第 8 辑,云南大学出版社 2001 年版。

476. 孙江:《"东洋"的变迁——近代中国语境里的"东洋"概念》,见孙江主编:《新史学》第 2 卷,中华书局 2008 年版。

后　记

本书作为大区演变研究的初步成果，是在笔者的博士论文《民国时期西南大区区划演进研究》的基础上修改而成的。目前对大区演变的研究少之又少，本书对学界乃至社会有否贡献，实不敢言，我只能说：第一，我可以保证它是原创性的研究，学术腐败向来为我深恶痛绝；第二是草创性的研究，本研究的理论体系尚不明晰，一切处于起步阶段，错误和缺陷在所难免。因此，尽管书稿初步完成，但问题还远远没有解决。大区演变的研究才刚刚开始，我对西南大区建构的空间过程进行的探索仍旧属于脉络性的回溯，尚未深入到理论体系的建构，而且对相当多的问题都未能展开论述。这既是一个缺憾，也是我日后深入研究的动力。

在此，我将衷心感谢我的导师——陆韧师。自 2006 年始，我师从陆韧师攻读历史人文地理学方向的博士学位。3 年来，我受益良多。毫不夸张地说，陆韧师是我遇到的最值得庆幸的导师了。她平日和蔼可亲，是深具“温、良、恭、俭、让”传统的学者。然而她性格直爽，对学生真正地负责，该批评时她会严厉批评。我喜欢这样的老师，内心里尊敬这样的导师！

我攻读博士学位期间，陆韧师严谨的治学态度深深感染了我，她开阔的学术视野时常给予我无限的启发。陆韧师对我谆谆教诲，通过耐心细致的谈话，意味深长的课程安排，一步步地将我这个“地理盲”引到正路上来。我开始逐渐强化了空间感，并通过系统学习、研究，加深了对政区沿革地理、区域地理学的理解；通过系统阅读历史地理学著作，撰写相关学术论文，以及参加历史地理学教学实践，初步掌握了历史地理学知识体系、理论与研究方法。在陆韧师的着意培养与悉心引导下，我初步具备了独立思考、独立研究的能力。

回顾本书研究的整个过程，陆韧师对我有过这样的提醒：民国初年的“西南”概念具有特殊性。这个提醒对我来说，有“一语点醒梦中人”的触动。此后，我不再坚持以“西南六省”来定义当时的区域范围，并先入为主地研究其所谓内部结构，而是彻底将研究思路倒转过来，研究它的“特殊性”以及这个“特殊性”的形成过程。这为论文写作思路奠定了基调。在博士论文即将完成的时候，又是陆韧师的当头棒喝，让我警醒。她以其强大的“纠错功能”，将我从文化史写作方法中“拉”了回来。正由于她的严厉批评，使我在短短十几天内对历史地理学的认识又提升了一个层次。在此，我对陆韧师表达我最衷心的感激，她的教诲，使我的研究避免了走入一个误区。除此之外，陆韧师还对我的生活与家庭给予了细致入微的关心和帮助。

这几年来，是云大历史系给予了我“家”的温暖。林文勋、吴晓亮、朱惠荣、吕昭义、罗群、陈庆江、周琼等诸位老师对我的学业与生活非常的关心，并提供了力所能及的帮助。我在此向他们表达我最衷心、最真挚的感谢。我与韩杰师有多年的师生之谊，他与陆韧师一样，给予我的鼓励与帮助是很难用语言来形容的，倘若用言语来表达我内心的感激，那是苍白无力的。历史系的王芳、罗廷娱老师让我感觉像家人一般的亲切;辛亦武、沙文涛、陈碧芬等老师与我年岁相当,但比我有更多、更丰富的人生经验,我们心心相融,时常聊得很开心。与他们在一起,我觉得生活更有了意义。在此,我还将感谢远在中国人民大学学习的桂涛先生,他不仅对我的研究有诸多启发,还为我提供了查阅资料的诸多便利。有他这样的朋友,我觉得生而无憾。

历史地理专业的同学一向是团结齐心、积极进取、勤勉务实的。3年来,我们不仅相处得很愉快,很融洽,而且相互促进,是一个真正的同学亦友的集体。在此,我向于晓燕、马琦、苏月秋、凌永忠、彭洪俊、许新民、钱秉毅、杨海挺等同学表达我真诚的感谢。我只想说,与你们在一起,真的很愉快,有"乐而忘忧"之感。

我的儿子小弘毅,在我紧张地准备博士论文时来到了人间,来到了我跟"他妈"中间。"士不可以不弘毅",我希望他能够真正地弘厚而坚毅,体味厚德载物、自强不息的真儒精神。这个小生命给了我无限的动力与生活的勇气。除此之外,还有未能尽量照顾他的愧疚。正如一则手表广告说的那样:上一秒,父亲的孩子;下一秒,孩子的父亲。但有时候对我来说,这一秒钟走得特别慢。我正在一点点地学习承担更多的责任。在此,我还要感谢我的妻子杨静,我的妈妈、姐姐、岳父、岳母,多年来他们给我莫大的支持和帮助,在此献上我真挚的感激之情!

张轲风

2012年9月29日于昆明拾香斋

图书在版编目（CIP）数据

民国时期西南大区区划演进研究 / 张轲风著.
-北京：人民出版社，2012
（中国边疆研究丛书 / 林文勋主编）
ISBN 978-7-01-011352-4

Ⅰ.①民… Ⅱ.①张… Ⅲ.①行政区划-研究-西南地区-民国
Ⅳ.①K928.2

中国版本图书馆 CIP 数据核字（2012）第 248226 号

民国时期西南大区区划演进研究

MINGUOSHIQI XINANDAQU QUHUA YANJINYANJIU

丛书主编：林文勋
作　　者：张轲风
责任编辑：张秀平
封面设计：徐　晖

人民出版社 出版发行
地　　址：北京朝阳门内大街 166 号
邮政编码：100706　http://www.peoplepress.net
经　　销：新华书店总店北京发行所经销
印刷装订：北京昌平百善印刷厂
出版日期：2012 年 10 月第 1 版　2012 年 10 月第 1 次印刷
开　　本：880 毫米×1230 毫米　1/32
印　　张：13
字　　数：330 千字
书　　号：ISBN 978-7-01-011352-4
定　　价：38.00 元

人民东方图书销售中心电话：（010）65250042　65289539